Hans-Josef Klauck

Die apokryphe Bibel

Tria Corda

Jenaer Vorlesungen zu Judentum, Antike und Christentum

Herausgegeben von

Walter Ameling, Karl-Wilhelm Niebuhr und Meinolf Vielberg

4

Hans-Josef Klauck

Die apokryphe Bibel

Ein anderer Zugang zum frühen Christentum

Mohr Siebeck

Hans-Josef Klauck, geboren 1946; Promotion 1977, Habilitation 1980; 1981–1982 Professor für Neues Testament in Bonn, 1982–1997 in Würzburg, 1997–2001 in München; seit 2001 „Professor of New Testament and Early Christianity" an der Divinity School der University of Chicago.

ISBN 978-3-16-149686-8
ISSN 1865-5629 (Tria Corda)

Die Deutsche Bibliothek verzeichnet diese Publikation in der Deutschen Nationalbibliographie; detaillierte bibliographische Daten sind im Internet über *http://dnb.d-nb.de* abrufbar.

Das Buch wurde von Martin Fischer in Tübingen aus der Garamond Antiqua gesetzt, von Gulde-Druck in Tübingen auf alterungsbeständiges Werkdruckpapier gedruckt und von der Buchbinderei Held in Rottenburg gebunden.

Der theologischen Fakultät der Universität Zürich
gewidmet
als Zeichen der Dankbarkeit
für die Verleihung der Würde eines Ehrendoktors
am 26. April 2008

Vorwort

Die folgenden Ausführungen gehen auf Vorlesungen zurück, die ich im Rahmen der Tria-Corda-Reihe im Juni 2007 an der Universität in Jena gehalten habe. Für den Druck wurden sie etwas erweitert und mit Anmerkungen versehen. Im Haupttext wurde der Vortragscharakter im Wesentlichen beibehalten (zum siebten Kapitel, das neu hinzukam, vergleiche man die erste Fußnote an Ort und Stelle).

Die Mitwirkung an dieser nicht nur dem Namen nach interdisziplinären Veranstaltung an traditionsreicher Stätte hat mir große Freude bereitet. Es ist mir ein ausgesprochenes Bedürfnis, den beteiligten Kollegen aus dem Alten und Neuen Testament in der theologischen Fakultät und aus dem Institut für Altertumswissenschaft in der philosophischen Fakultät für die freundliche Einladung, die rege Teilnahme und die vorbildliche Gastfreundschaft ganz herzlich zu danken. Namentlich hervorheben möchte ich Karl-Wilhelm Niebuhr, der als unmittelbarer Fachkollege mit den Mitarbeitern an seinem Lehrstuhl für Details der Organisation und der Durchführung verantwortlich zeichnete. Auch bei der Vorbereitung der Drucklegung erfuhr ich wertvolle Hilfe von seiner Seite. Hierbei hat sich Herr stud. theol. et phil. Alexander Lucke besonders verdient gemacht. Für beides möchte ich gleichfalls meinen verbindlichen Dank aussprechen.

Chicago, im November 2007 Hans-Josef Klauck

Inhalt

Einführung

Was sind apokryphe Schriften? Was macht den Bestand der apokryphen Bibel aus? Die Antwort auf diese Fragen fällt gar nicht so leicht, wie man zunächst meinen möchte. Einige der wichtigsten Problemfelder seien eingangs kurz umrissen.

Als erstes müssen wir eine Unterscheidung anbringen, die das Verhältnis von Altem Testament und Neuem Testament in diesem Punkt betrifft. Der alttestamentliche Kanon der katholischen und der orthodoxen Kirche orientiert sich bekanntlich, allgemein gesagt, am Umfang der Septuaginta, das heißt der griechischen Bibel. Er enthält also auch Schriften, die in der hebräischen Bibel fehlen. Dazu zählen etwa die Makkabäerbücher, die Weisheit Salomos, Jesus Sirach, Tobit und andere mehr. Die Kirchen der Reformation haben den Kanon des Judentums übernommen und bezeichnen seitdem die eben erwähnte, deuterokanonische Schriftengruppe als „alttestamentliche Apokryphen".[1] Frühjüdisches Schrifttum außerhalb der Bibel[2] hingegen wird unter der nicht immer zutreffenden Bezeichnung „alttestamentliche

[1] Zu ihnen vgl. D. A. de Silva, Introducing the Apocrypha: Message, Context, and Significance, Grand Rapids, Mich. 2002.

[2] Vgl. die alte, zeitweilig unentbehrliche Sammlung von P. Riessler, Altjüdisches Schrifttum außerhalb der Bibel, Augsburg 1928; mit diesem Buch, das sich immer noch in der Originalausgabe in meinem Besitz befindet, bin ich sozusagen aufgewachsen.

Pseudepigraphen"[3] zusammengefasst, so etwa in der Ausgabe von J.A. Fabricius, Codex pseudepigraphus Veteris Testamenti (1713), die Maßstäbe setzte.[4] Diese Entscheidung war in mancher Hinsicht unglücklich, ist aber wohl nicht mehr zu ändern.[5]

Wir fragen im Folgenden gezielt nach apokryphen Schriften des frühen Christentums, wobei das Attribut „früh" auch eine zeitliche Begrenzung anzeigt, die lediglich aus pragmatischen Gründen eingeführt wird.[6] Die Produktion von Apokryphen ging weiter, auch über die Zeit der alten

---

[3] Diese Bezeichnung trifft deswegen nicht immer zu, weil der Ausdruck „pseudepigraph" eine fiktive oder falsche Verfasserangabe anzeigt. Für das vierte Esrabuch oder die syrische Baruchapokalypse stimmt das, für das vierte Makkabäerbuch oder den Bekehrungsroman *Joseph und Aseneth* aber nicht.

[4] Als Sammlung neueren Datums vgl. J.H. CHARLESWORTH (Hrsg.), The Old Testament Pseudepigrapha. Bd. 1–2, Garden City, N.Y. 1983–1985. Die älteren Sammelwerke versuchten, beide Corpora abzudecken, mit wechselndem Erfolg, vgl. R.H. CHARLES (Hrsg.), The Apocrypha and Pseudepigrapha of the Old Testament in English. Volume I: Apocrypa; Volume II: Pseudepigrapha, Oxford 1913 (zahlreiche Reprints, bis zu seiner Ablösung durch H.F.D. SPARKS, The Apocryphal Old Testament, Oxford 1984); E. KAUTZSCH (Hrsg.), Die Apokryphen und Pseudepigraphen des Alten Testaments. Erster Band: Die Apokryphen des Alten Testaments; Zweiter Band: Die Pseudepigraphen des Alten Testaments, Tübingen 1900; Repr. Darmstadt 1962.

[5] Manchmal wird, wie schon bei Rießler, versucht, sie durch eine andere Terminologie zu umgehen, vgl. (mit der vielsagenden Doppelung von Ober- und Untertitel) A.-M. DENIS (Hrsg.), Introduction à la littérature religieuse judéo-hellénistique (Pseudépigraphes de l'Ancien Testament). Bd. 1–2, Turnhout 2000, und die Serie „Jüdische Schriften aus hellenistisch-römischer Zeit", Gütersloh.

[6] Zu dieser zeitlichen Eingrenzung vgl. C. MARKSCHIES, „Neutestamentliche Apokryphen". Bemerkungen zu Geschichte und Zukunft einer von Edgar Hennecke im Jahr 1904 begründeten Quellensammlung, Apocrypha 9 (1998) 97–132.

Kirche hinaus (ein wenig mehr dazu unten in Kapitel 1). Gleichfalls unberücksichtigt bleibt die Tatsache, dass es bei manchen alttestamentlichen Pseudepigraphen wie z. B. den Testamenten der Zwölf Patriarchen oder der Ascensio Isaiae schwer fällt, sauber zwischen jüdischen und christlichen Bestandteilen zu trennen, und man deshalb fragen kann, ob man sie nicht besser zu den christlichen Apokryphen rechnen sollte.[7]

Aber auch mit diesen wesentlichen Einschränkungungen sind wir der Antwort auf unsere Eingangsfragen noch nicht viel näher gekommen. Auch die Erforschung der apokryphen frühchristlichen Literatur hat zunehmend Schwierigkeiten mit der Konstitution des Gegenstands, dem sie sich zuwenden will.[8] Man könnte es sich einfach machen und all die Texte als neutestamentliche Apokryphen ansehen, die in Sammelwerken unter diesem Titel abgedruckt sind.[9] Aber

---

[7] Vgl. J. R. Davila, The Provenance of the Pseudepigrapha: Jewish, Christian, or Other? (JSJ.S 105), Leiden 2005.

[8] Das zeigt jetzt exemplarisch auf: T. Nicklas, Semiotik – Intertextualität – Apokryphität: Eine Annäherung an den Begriff „christlicher Apokryphen", Apocrypha 17 (2006) 55–78; er geht von der prinzipiellen Unabgeschlossenheit des Phänomens apokrypher Schriften aus und zeigt dann einige Wege auf, die eine sinnvolle Handhabung dieses Textkorpus ermöglichen.

[9] Die derzeit führenden Werke für ein breiteres Publikum sind W. Schneemelcher, Neutestamentliche Apokryphen in deutscher Übersetzung. Bd. I: Die Evangelien, Tübingen [5]1987; [6]1990; Bd. II: Apostolisches, Apokalypsen und Verwandtes, Tübingen [5]1989 (auch als Paperback 1999); F. Bovon / P. Geoltrain, Écrits apocryphes chrétiens I; P. Geoltrain / J.-D. Kaestli, Écrits apocryphes chrétiens II; J. K. Elliott, The Apocryphal New Testament, in Weiterführung des verdienstvollen Werks von M. R. James, The Apocryphal New Testament, Oxford 1924 (zahlreiche Neuauflagen). Am vollständigsten ist das vorzügliche französische Werk in zwei Bänden, das lediglich im Umgang mit dem Schrifttum aus Nag Hammadi größere Zu-

damit würden wir im Grunde einem Zirkelschluss erliegen, denn alle Unternehmen dieser Art können nur eine Auswahl aus dem Vorhandenen bieten. Sie beruhen außerdem auf Kriterien, die ihrerseits hinterfragbar und umstritten sind, und sie haben im Verlauf der Geschichte seit dem berühmtem Codex apocryphus Novi Testamenti von J.A. Fabricius (1703) mannigfache Wandlungen hinsichtlich ihres Inhalts erfahren.[10]

Diese Wandlungen sind teils als durchaus substantiell anzusehen. Die Erstauflage des Standardwerks Neutestamentliche Apokryphen von Edgar Hennecke (1904)[11] enthielt noch Autoren (Ignatius, Polykarp, Clemens, Barnabas) und Schriften (Hirt des Hermas, Didache),[12] die üblicherweise unter dem Titel „Apostolische Väter"[13] gesondert behandelt

---

rückhaltung an den Tag legt. Zu dieser beneidenswerten Ausgabe vgl. T. Nicklas, „Écrits apocryphes chrétiens": ein Sammelband als Spiegel eines weitreichenden Paradigmenwechsels in der Apokryphenforschung, VigChr 61 (2007) 70–95.

[10] Als eindrückliche Untersuchung und Reflexion der Geschichte dieser Werke vgl. J.-C. Picard, L'apocryphe à l'étroit. Notes historiographiques sur les corpus d'apocryphes bibliques, in: Apocrypha 1 (1990) 69–117; auch in: Ders., Le continent apocryphe: Essai sur les littératures apocryphes juive et chrétienne (IP 36), Turnhout 1999, 13–51.

[11] E. Hennecke, Neutestamentliche Apokryphen; dazu als Begleitband E. Hennecke, Handbuch zu den Neutestamentlichen Apokryphen in Verbindung mit Fachgelehrten, Tübingen 1904 (dieses Handbuch kommt fast einem Kommentarwerk gleich; dass es in den späteren Auflagen fehlt, gereicht diesen nicht unbedingt zum Vorteil).

[12] Die „Zweite, völlig umgearbeitete und vermehrte Auflage" von 1924 bietet weiterhin diese Texte, auf verschiedene Kapitel aufgeteilt; neu hinzugekommen sind z.B. der Brief an Diognet, die Oden Salomos und die Sprüche des Sextus. Das meiste davon fiel in den Neuauflagen dem Rigorismus von W. Schneemelcher zum Opfer.

[13] Vgl. A. Lindemann / H. Paulsen, Die Apostolischen Väter. Die zweite griechisch-deutsche Ausgabe in drei Bänden (Darmstadt 1970,

werden. Es ist in der Tat nicht ganz einzusehen, warum der Hirt des Hermas zu den Apostolischen Vätern zählt und nicht als apokryphe frühchristliche Apokalypse eingestuft wird, zumal sich die Bezeichnung „Apostolische Väter" vor dem 17. Jahrhundert überhaupt nicht nachweisen lässt und wahrscheinlich auf eine Druckausgabe von J.-B. Cotelier im Jahr 1672 zurückgeht.[14] Manchmal kann man sich des Eindrucks nicht erwehren, als verdankten all die anderen Schriftenkorpora neben dem und außerhalb des Neuen Testaments ihre Existenz nicht einmal so sehr der Kanonisierung des Neuen Testaments, sondern erst der Erfindung des Buchdrucks und den dadurch möglich gewordenen Sammelausgaben der frühen Neuzeit. Namentlich J.A. Fabricius wirft einen langen Schatten.

Die Frage nach dem Charakter der apokryphen Bibel gleicht, wie wir sehen, dem sprichwörtlichen Stich in ein Wespennest. Halten wir aus der ausufernden Diskussion für unsere Zwecke nur die folgenden drei Gesichtspunkte fest:

1. Der Terminus „apokryph" hat sich im Verlauf der Kirchengeschichte zum Gegenbegriff von „kanonisch" entwickelt.[15] Apokryphe Schriften sind von der autoritativen

---

1984, 1998) weicht auf den Reihentitel „Schriften des Urchristentums" aus, der aber, wenn man ihn streng nimmt, auch das gesamte Neue Testament umfassen würde; vgl. J.A. Fischer, Die Apostolischen Väter (nur zu 1 Clemens, Ignatius, Polykarp und dem Quadratus-Fragment, was programmatisch gemeint war); K. Wengst, Didache (Apostellehre); U.H.J. Körtner/M. Leutzsch, Papiasfragmente; Papias und Diognet sind Neuankömmlinge in diesem Korpus; sie werden denn auch nicht berücksichtigt in der Konkordanz von H. Kraft/U. Früchtel, Clavis Patrum Apostolorum, Darmstadt 1963.

[14] Vgl. C. Schöllgen, Apostolische Väter, LThK³ 1 (1993) 875.

[15] Vgl. dazu immer noch R. Meyer/A. Oepke, C. Beilage: Kanonisch und apokryph, ThWNT 3 (1938) 979–999, mit der bezeichnenden Vorbemerkung (979 Anm. 46): „Diese Beilage wird, obschon über

Sammlung Heiliger Schriften, denen sie in der Form und der Gattung nach teils ähneln, ausgeschlossen und dadurch im Ergebnis apokryph geworden.[16] Manche mögen, mit Luther, nützlich zu lesen sein (von Luther allerdings auf die alttestamentlichen Apokryphen gemünzt). Andere gehören aus der Sicht der beginnenden Orthodoxie eher in den Giftschrank. Kanonisch sind sie nicht und waren sie fast nie.[17] Doch ist dabei zu beachten, dass der Kanon des Neuen Testaments selbst, auch wenn sich seine Grenzen schon ab der Mitte des zweiten Jahrhunderts n. Chr. abzuzeichnen beginnen, erst im vierten Jahrhundert zu seinem Abschluss kam und mehr eine Kategorie der Rezeption als der Produktion darstellt.[18] Diese Einsicht leitet schon zur folgenden Beobachtung über.

---

den Rahmen eines ThW-Artikels hinausgehend, beigegeben, weil um besonderer, in der Gegenwart erörterter Fragen willen aus dem Leserkreis dahingehende Bitten ausgesprochen wurden"; ebd. 995,34 prägt A. Oepke das Oxymoron „(e)cht apokryph".

[16] Zum Ausdruck gebracht durch die Titelformulierung bei D. Lührmann, Fragmente apokryph gewordener Evangelien; Ders., Die apokryph gewordenen Evangelien. Studien zu neuen Texten und zu neuen Fragen (NT.S 112), Leiden 2004.

[17] Vgl. S. C. Mimouni, Le concept d'apocryphité dans le christianisme ancien et médiéval: réflexions en guise d'introduction, in: Ders. (Hrsg.), Apocryphité. Histoire d'un concept transversal aux religions de livre. En hommage à Pierre Geoltrain (BEHE.R 113), Tournhout 2002, 1–30, hier 1: „Au point de départ, le concept d'apocryphité suppose le concept de canonicité. C'est donc d'abord la constitution d'un corpus d'écrits dits canonisés qui a généré ensuite de diverses manières une littérature définie comme apocryphe."

[18] Die Forschungen zum Kanon des Neuen Testaments haben offenbar neuen Auftrieb erhalten, vermutlich auch durch das zunehmende Interesse an einer kanonischen Exegese; aus der Fülle der neueren Arbeiten nenne ich nur L. M. McDonald, The Formation of the Christian Biblical Canon. Revised and Expanded Edition, Peabody, Ma. 1995 [jetzt auch in dritter Auflage als: L. M. McDonald, The

2. Ganz anders sieht nämlich das Selbstverständnis dieses Schrifttums in nicht wenigen Fällen aus, und es ist nicht einmal völlig klar, ob es mit „kanonisch" zutreffend beschrieben wäre. „Dies sind die verborgenen (‚apokryphen' im Original) Worte, die Jesus, der lebendige, sprach …", so lautet die gewichtige Eingangszeile des Thomasevangeliums. Ein in Nag Hammadi mehrfach vertretener, programmatischer Traktat trägt den Titel „Das Apokryphon des Johannes", was hier soviel besagt wie „Die Geheimschrift des Johannes".[19] Lebenswichtige Offenbarung war in der Sicht ihrer Benutzer darin niedergelegt. Diese ursprüngliche, zugleich elitäre und esoterische Konnotation von „apokryph" ging später verloren, weil sie ganz vom Gebrauch von „apokryph" als „unecht" oder „nicht kanonisch" in den Kanonsverzeichnissen und der sie begleitenden Diskussion überlagert wurde. Mit der Erwähnung des Thomasevangeliums und des Apokryphons des Johannes ist zugleich eine weitere Aufgabe angedeutet, die darin besteht, die 1945 aufgefundenen

---

Biblical Canon: Its Origin, Transmission, and Authority, Peabody, Ma. 2007]; J.-M. Auwers / H. J. de Jonge (Hrsg.), The Biblical Canons (BEThL 163), Leuven 2003 (mit Beiträgen auch zur kanonischen Exegese); H. von Lips, Der neutestamentliche Kanon. Seine Geschichte und seine Bedeutung, Zürich 2004; C. Helmer / C. Landmesser (Hrsg.), One Scripture or Many? Canon from Biblical, Theological and Philosophical Perspectives, Oxford 2004; G. Aragione / E. Junod / E. Norelli (Hrsg.), Le canon du Nouveau Testament. Regards nouveaux sur l'histoire de sa formation (MoBi 54), Genf 2005; T. Söding, Einheit der Heiligen Schrift? Zur Theologie des biblischen Kanons (QD 211), Freiburg i. Br. 2005. Einen vernachlässigten Aspekt beleuchtet D. Dungan, Constantine's Bible: Politics and the Making of the New Testament, Minneapolis 2007, der aber den Akzent zu sehr auf die politische Einflussnahme verlegt.

[19] Vgl. den Kommentar zu dieser Schrift von K. L. King, The Secret Revelation of John, Cambridge, Ma. 2006.

Texte von Nag Hammadi in einen sinnvollen Bezug zu dem bereits bestehenden Korpus apokrypher Texte zu setzen.

3. Zu unerwarteter Popularität bringen es manche apokryphe Schriften wieder im 20. und 21. Jahrhundert im Rahmen einer Hermeneutik des Verdachts. Besonders die amerikanische Gesellschaft entwickelt ein geradezu morbides Interesse an Verschwörungstheorien aller Art, das wie alle amerikanischen Erfindungen auch auf den Kontinent übergreift. Was immer von Kaiser Konstantin verboten wurde, was heterodoxe Mönche im Wüstensand vergraben haben und was der Vatikan in geheimen Archiven unter Verschluss hält, all das hat, wenn es wieder ans Tageslicht gebracht wird, beste Aussichten auf journalistischen Erfolg; es muss nur geschickt genug vermarktet werden. Endlich, so meint man im Publikum, kommen wir damit der verschwiegenen, vollen Wahrheit näher. Hier tauschen „kanonisch" und „apokryph" fast ihre Plätze, und das, wie selbst manche Forscher meinen, ganz zu Recht.

Der Wissenschaft bleibt die undankbare Aufgabe, genauer hinzusehen und, wie immer, Zweifel zu säen, aber auch für ein angemessenes Verständnis der Texte zu werben. Wir wollen das als erstes durchspielen anhand von drei Evangelien, die man angesichts ihrer Erstveröffentlichung 2006 (Judasevangelium), 1959 (Thomasevangelium) und 1973 (Geheimes Markusevangelium) als relativ „neu" bezeichnen kann (besonders im Vergleich zu den apokryphen Evangelien, die seit den Tagen der alten Kirche bekannt sind, wie „Das Protevangelium des Jakobus" oder „Die Kindheitserzählung des Thomas"). Wir verfolgen sodann den damit eingeschlagenen Pfad weiter und orientieren uns an den großen Gattungen, die das neutestamentliche und das apokryphe Schrifttum zumindest dem Namen nach miteinander teilen. Es sind dies – neben den Evangelien – die

Apostelgeschichte oder Apostelakte, die Apokalypse und die Briefliteratur. Sie werden hier aber nicht so sehr als solche, das heißt als Vertreter einer bestimmten Gattung, sondern mehr nach Art von „Fallstudien" unter Bezug auf wichtige Inhalte vorgestellt. Durch die Besprechung der koptischen Paulusapokalypse und einen längeren Abschnitt im Kapitel zur Polymorphie des Erlösers kommen auch die Texte von Nag Hammadi wenigstens ansatzweise zu ihrem Recht. Die Pseudoclementinen, die man am ehesten mit den Apostelakten vergleichen kann, sollten in einer solchen Übersicht nicht fehlen, zumal sie in den gängigen Sammlungen neutestamentlicher Apokryphen (mit Ausnahme der französischen!)[20] recht stiefmütterlich behandelt werden (NTApo[1] z. B. übergeht sie ganz,[21] spätere Auflagen bringen unzureichende Exzerpte). Eine Reihe von Querverbindungen ergibt sich dabei fast von selbst, ehe im letzten Beitrag die Orientierung an den Gattungen zugunsten einer thematischen Fragestellung aufgegeben wird.

---

[20] P. Geoltrain / J.-D. Kaestli, Écrits apocryphes chrétiens II, 1173–2003; die Pseudoclementinen machen etwas mehr als ein Drittel des Umfangs dieses Bandes aus (830 von – unter Einschluss der mit römischen Ziffern paginierten Einleitung – 2206 Seiten).

[21] Der Herausgeber Edgar Hennecke weiß um diese Lücke und gibt eine Rechtfertigung in E. Hennecke (Hrsg.), Handbuch zu den Neutestamentlichen Apokryphen (s. Anm. 11), V. Auch die Problematik der ganzen Sammlung konzediert er hier deutlicher als andernorts, wenn er ebd. schreibt: „Freilich complicirt (*sic*) sich damit die Frage der Anordnung und Verteilung des an sich recht bunten und verschiedenwertigen Stoffes weiterhin, und es wird darauf ankommen, ob nicht der für die bisherige Zusammenstellung gewählte Haupttitel in seiner Anwendung auf einzelne Stücke in steigendem Maße Bedenken begegnet."

Kapitel 1

Endlich die volle Wahrheit? Neue apokryphe Evangelien[1]

I. Verräter oder Freund? Das Evangelium des Judas

„Zwölf Apostel und doch nur ein einziger Judas darunter? Würbe der Göttliche heut, zählte er mindestens elf" – dieses Epigramm schuf im 19. Jahrhundert der Dramatiker und Dichter Christian Friedrich Hebbel (1813–1863).[2] Er ist damit nicht so weit entfernt von *einer* Sicht auf die Gestalt des Judas auch im Neuen Testament. Es handelt sich um die Ansage seiner Tat in Mk 14,17–21: „Einer von euch, den Zwölf, wird mich ausliefern, einer, der mit mir aus einer Schüssel isst." Da wurden die Jünger sehr traurig, und einer nach dem anderen, reihum stellen sie die bestürzte und erschrockene Frage: „Doch nicht etwa ich?" Sie scheinen zu ahnen, dass potentiell jeder von ihnen diese Rolle übernehmen könnte.

---

[1] Dieses erste Kapitel wurde nicht nur in Jena vorgetragen (hier teilweise), sondern zuvor schon komplett bei einem STUDIENTAG der Katholischen Akademie in München am 7. Oktober 2006, vgl. die Veröffentlichung in deren Hauszeitschrift Zur Debatte 36/7 (2006) 37–39; 37/1 (2007) 34–36; 37/2 (2007) 29–32.

[2] In: F. HEBBEL, Sämmtliche Werke, hrsg. von R. M. Werner (Säkular Ausgabe), Berlin o. J. [1913]), Bd. 6, 445 (im Abschnitt „Neue Epigramme" unter dem Titel „Christus und seine Apostel"); vgl. M. KRIEG / G. ZANGGER-DERRON, Judas. Ein literarisch-theologisches Lesebuch, Zürich 1996, 273–274.

1. Annäherung: Irenäus von Lyon

Diese kurze Reflexion mag uns als erste Annäherung an das Phänomen dienen und daran erinnern, dass die Gestalt des Judas im Neuen Testament und in den außerkanonischen Quellen verschiedene Dimensionen hat, darunter auch eine historische Dimension im strikten Sinn der Faktizität, nur wissen wir darüber leider nicht sehr viel; wir kommen darauf gegen Ende zurück. In der Regel wird die Figur des Judas instrumentalisiert und funktionalisiert, zur Warnung, Mahnung und Abschreckung, aber auch im Dienst von Polemik, Protest und Subversion.

Wer mit einem eher traditionellen Judasbild aufgewachsen ist, wird bereits angesichts der bloßen Formulierung „Judasevangelium", „Evangelium des Judas" einen Schock empfinden. Das scheint einfach nicht zusammen zu passen, der sogenannte „Verräter" Jesu und die frohe Botschaft. Dennoch war die Existenz eines Judasevangeliums bereits in der alten Kirche bekannt. Unser wichtigster Zeuge ist hier Irenäus von Lyon. Er verfasste um 180 n. Chr. sein Hauptwerk *Überführung und Widerlegung der fälschlich so genannten Gnosis* oder kürzer und einfacher *Gegen die Häresien.* Darin berichtet er von einer Gruppe, die Kain, Esau, Korach und die Sodomiter verehrt und die von Judas sagt, „er habe allein von allen (Jüngern) die Wahrheit erkannt und das Geheimnis (*mysterium*) des Verrats vollendet; durch ihn sei alles Irdische und Himmlische getrennt (oder aufgelöst) worden".[3] Judas übernimmt hier eine zentrale Aufgabe im Drama der Erlösung. Das war offenbar niedergelegt in einem Judasevangelium. Irenäus scheint es nicht aus eigener Anschauung zu kennen und sagt darüber lediglich: „Sie

[3] Adversus Haereses I 31,1.

legen ein Machwerk mit diesem Inhalt vor und nennen es das ‚Evangelium des Judas'".[4]

Die Aufgabe des Judas bestand in diesem nach ihm benannten Evangelium wohl darin, gegen den massiven Widerstand der Weltmächte, die alles daransetzen, es zu verhindern, den Erlösungsvorgang in Gang zu bringen, das heißt Jesus in den Tod auszuliefern. Er wird damit insgesamt gesehen in dieser Literatur zum Urtyp des Gnostikers stilisiert, der allein über das heilsnotwendige Wissen verfügt und das vordergründige Spiel als einziger durchschaut.

In der Wahl ihrer Heroen: Kain, die Bewohner Sodoms, Judas, die Schlange aus dem Paradies (es gab unter ihnen auch die Ophiten, die Schlangenverehrer), in der Wahl ihrer Heroen also legen diese Gruppen einen unleugbaren Zug zur Subversion an den Tag. Sie entwerfen eine Gegenwelt zu dem, was in der Großkirche als orthodox gilt. Das hat bereits vor langen Jahren Hans Jonas in seiner wegweisenden Gnosisstudie herausgestellt. Er spricht von der revolutionären Protestexegese der Gnosis.[5]

---

[4] Ebd. Die Schlussfolgerung von C. Scholten, Kainiten, RAC 19 (2001) 972–82, hier 975, Irenäus spreche gar nicht von einem „Judasevangelium", sondern verwende den Begriff „Evangelium" nur allgemein im Sinne eines sich auf Judas berufenden Verkündigungsinhalts, scheint mir nicht zwingend zu sein.

[5] H. Jonas, Gnosis und spätantiker Geist I: Die mythologische Gnosis (FRLANT 51), Göttingen 1934, [3]1964, 216–223. Vgl. auch H. Jonas, Gnosis. Die Botschaft des fremden Gottes (The Gnostic Religion: The Message of the Alien God and the Beginnings of Christianity, Boston 1958, [2]1963, deutsch von C. Wiese), Frankfurt a. M. 1999, 120–126, dazu die kritische Reflexion bei M. A. Williams, Rethinking „Gnosticism": An Argument for Dismantling a Dubious Category, Princeton, N. J. 1999, 54–79 (obwohl ich den Unterschied zwischen „Protestexegese" und „hermeneutischer Problemlösung" nicht so hoch veranschlagen würde, wie er es tut).

Über die Existenz eines Judasevangeliums waren wir also informiert, auch durch weitere verstreute Zeugnisse, zum Beispiel bei Pseudo-Tertullian und Ephiphanius von Salamis, die aber von Irenäus abhängig sein dürften.[6] Über seinen vermutlichen Inhalt konnten wir uns eine sehr allgemeine Vorstellung machen. Aber es stand uns kein einziges echtes Textzeugnis zur Verfügung.

2. Der neue Fund: Das „Evangelium des Judas"

a) Zur historischen Verortung

Das hat sich inzwischen geändert. Pünktlich zu Ostern 2006 hat der Verlag National Geographic Society im Rahmen einer medienwirksamen Veranstaltung in Washington, D.C., die vorläufige englische Version eines koptischen Originaltextes vorgestellt, der den Titel „Das Evangelium des Judas" trägt (im Folgenden EvJud).[7] Nach gängigem an-

---

[6] Epiphanius von Salamis, Panarion XXXVIII 31,3.5; Ps.-Tertullian, Adversus omnes haereses 2,5f.; siehe auch Theodoret von Cyrus, Haereticarum fabularum compendium 1,15.

[7] Erfreulicherweise steht inzwischen die kritische Ausgabe mit Fotos und einer überarbeiteten englischen Übersetzung zur Verfügung: R. KASSER / G. WURST (Hrsg.), The Gospel of Judas. Critical Edition: Together with the Letter of Peter to Philip, James, and a Book of Allogenes from Codex Tchacos, Washington, D. C. 2007, 177–235 (im Folgenden zitiert als Critical Edition); bislang war die Arbeit am Text im wesentlichen angewiesen auf die vorläufige englische Übersetzung in: R. KASSER / M. W. MEYER / G. WURST (Hrsg.), The Gospel of Judas from Codex Tchacos. With Additional Commentary by B. D. Ehrman, Washington, D. C. 2006, 19–45 (im Folgenden zitiert als KMW) und auf den koptischem Text im Internet (unter www.nationalgeographic.com). Eine eigenständige Übersetzung ins Englische bietet Karen L. King, in: E. Pagels / K. L. King, Reading Judas: The Gospel of Judas and the Shaping of Christianity, New York 2007, 109–122; eine mit

tikem Brauch findet sich diese Bezeichnung nicht als Überschrift, sondern erst als *subscriptio,* als „Unterschrift" also, in den letzten beiden Zeilen (58,27f.: *peuanggelion nioudas*). Ob die Formulierung „Evangelium *des* Judas" anstelle der vertrauteren Wendung „Evangelium *nach* Judas" bereits darauf hindeutet, dass hier eine frohe Botschaft über Judas Iskarioth verkündet werde, nicht aber ein Evangelium, das sich auf sein Zeugnis stützt,[8] kann man erwägen. Jedenfalls ist mit dem Titel nicht etwa die Behauptung verbunden, das Evangelium sei von Judas verfasst worden, wie aus dem Inhalt noch deutlicher hervorgehen wird.

Der koptische Kodex, in dem sich diese brisante Schrift als eine von vieren findet,[9] besteht aus Papyrus, nicht aus Pergament. Er wurde anscheinend um 1978 in Mittelägypten gefunden und war schon 1983 auf dem Antiquitätenmarkt im Angebot, moderte dann aber in einem Banksafe in der Nähe New Yorks jahrelang vor sich hin, weil sich der ägyptische Eigentümer und potentielle Käufer nicht über die

---

wertvollen Anmerkungen versehene Übersetzung ins Deutsche findet sich bei P. Nagel, Das Evangelium des Judas. Während der Drucklegung erschien eine weitere, sehr hilfreiche zweisprachige Ausgabe des gesamten Fundes: J. Brankaer / H.-G. Bethge, Codex Tchacos, vgl. bes. 2455–372: „CT 2: Das Judasevangelium."

[8] So KMW 45, Anm. 1.

[9] Voran stehen dem EvJud zwei andere, bereits in den Nag-Hammadi-Codices bezeugte Texte, nämlich *Der Brief des Petrus an Philippus* (vgl. NHC VIII,2) und eine Version von *Die Erste Apokalypse des Jakobus* (vgl. NHC V,3). Dem EvJud folgt ein unbekannter Text, dem die Herausgeber vorläufig den Namen „Buch des Allogenes" beigelegt haben (KMW 14, 49f; ohne Verbindung zu NHC XI,3). Zur Nähe des EvJud zu einigen Nag-Hammadi-Codices siehe J. M. Robinson, From *The Nag Hammadi Codices* to *The Gospel of Mary* and *The Gospel of Judas* (Occasional Papers 48), Claremont, Ca. 2006.

Kaufsumme einig werden konnten.[10] Ein amerikanischer Zwischenhändler scheint das Manuskript sogar in seiner Tiefkühltruhe eingefroren zu haben, mit katastrophalen Folgen für den Erhaltungszustand.[11] Die genauen Fundumstände sind nach wie vor nicht völlig geklärt, was zum Beispiel die renommierte Beinecke Library der Yale University vom Erwerb des Kodex abgehalten hat. Für uns genügt es zu wissen, dass an seiner Echtheit kein Zweifel besteht und dass er aufgrund von paläographischen Kriterien und eines Radiokarbon-Tests ins frühe 4. Jahrhundert n. Chr. datiert werden kann, oder sagen wir der Einfachheit halber, er kann um 300 n. Chr. angesetzt werden (was der Radiokarbontest anscheinend erlaubt).

Da diese Schrift nicht die Erstfassung des Judasevangeliums darstellt, sondern wie zahlreiche andere koptische Texte mit Sicherheit aus dem Griechischen übersetzt worden ist, können ihre Inhalte erheblich älter als 300 n. Chr. sein. Irenäus von Lyon bezeugte oder vermutete, wie erinnerlich, die Existenz eines Judasevangeliums für spätestens 180 n. Chr., so dass man mit dem Text selbst sogar auf circa 150 n. Chr. herab gehen kann, was uns nahe an das Neue Testament heranbringt. Die Kernfrage ist sicher die, ob es sich bei dem neu gefundenen „Evangelium des Judas“ um das Judasevangelium des Irenäus handelt oder nicht. Eine Identifizierung hat sogar einige Wahrscheinlichkeit für sich, aber auch Zwischenlösungen wären denkbar. Es könnte sich

---

[10] Über die verwickelte Fund- und Editionsgeschichte unterrichtet H. Krosney, The Lost Gospel: The Quest for the Gospel of Judas Iscariot, Washington, D.C. 2006. Siehe dazu auch die kritischeren Anmerkungen bei J. M. Robinson, The Secrets of Judas: The Story of the Misunderstood Disciple and His Lost Gospel, Fully Revised and Updated, San Francisco 2007.

[11] Vgl. R. Kasser, in KMW 60f.

etwa auch so verhalten, dass wir in dem koptischen Kodex eine alternative Fassung oder eine – unter Umständen mehrfach – überarbeitete Fassung eines älteren Judasevangeliums in Griechisch vor uns haben.

Im Folgenden seien die wichtigsten Inhalte kurz skizziert. Dabei müssen wir uns bereits auf einen fundamentalen Dissens einlassen, der sich in der Forschung aufgetan hat. Die Erstherausgeber bewerten die Figur des Judas positiv. Eine Reihe von Spezialisten, die sich inzwischen mit dem Text beschäftigt haben, plädiert für eine negative Einschätzung des Judas.[12] Die Diskussion darüber ist im vollen Gang. Ich folge hier zunächst der positiven Sichtweise und fasse dann die Argumente für eine gegenläufige Lektüre zusammen, um mit einer eigenen Stellungnahme diesen Abschnitt zu beschließen.

b) Der Inhalt

– Überschrift und Erzählbeginn

In der eigentlichen Überschrift definiert sich der Text selbst als „Der geheime Bericht über die Offenbarung"[13] (33,1–2),

---

[12] Mit dieser neuen Perspektive wurde ich zum ersten Mal konfrontiert auf einer Konferenz über das Judasevangelium an der University of Illinois in Chicago (UIC) am 10. November 2006. John D. Turner und Einar Thomassen trugen ihre kritischen Bedenken vor. Vor allem Einar Thomassen bin ich für selbstlose Hilfe zu Dank verpflichtet.

[13] Das hier verwendete Wort ἀπόφασις meint unter anderem „Meinungsäußerung", „Ausspruch", „Erklärung", „Bescheid"; ein gnostisches Lehrstück bei Hippolyt trägt den Titel Ἀπόφασις μεγάλη. Vgl. die eingehende Diskussion der grammatischen Eigentümlichkeiten der Eingangszeile bei P. Nagel, Das Evangelium des Judas 233–237, die in den Übersetzungsvorschlag mündet: „Das geheime Gespräch der Unterweisung, in dem Jesus mit Judas Iskariot gesprochen hat" bzw. „das Jesus mit Judas Iskariot geführt hat".

die Jesus kurz vor seinem letzten Paschafest dem Judas Iskarioth zuteil werden ließ. Die Erzählung beginnt mit einem Rückblick auf die Berufung der zwölf Jünger, zu denen Jesus über die Geheimnisse dieser Welt sprach, ohne dass sie, wie sich im Rückblick zeigt, etwas davon verstanden hätten. Manchmal, so erfahren wir, erschien Jesus unter ihnen nicht in seiner üblichen Gestalt, sondern als Kind[14] (33,21). Das wäre (falls nicht eher „als ein Phantasma" zu übersetzen ist) ein aus anderen gnostischen Texten wohlbekannter Zug, für den wir nur an die apokryphen Johannesakten zu erinnern brauchen: Jakobus sieht bei der Jüngerberufung ein Kind am Seeufer stehen, während sein Bruder Johannes gleichzeitig einen wohlgestalten, erwachsenen Mann wahrnimmt (ActJoh 88).

– Das Dankgebet

Jesus trifft nun seine zwölf Jünger bei Frömmigkeitsübungen an. Genauer gesagt sprechen sie ein Dankgebet über das Brot der Eucharistie. Jesus beginnt zu lachen, was er in diesem Evangelium erstaunlich oft tut. Die Jünger fühlen sich verständlicherweise irritiert, reagieren wenig später sogar mit Unwillen und Zorn. Jesus erklärt ihnen, dass sie mit diesem Ritus lediglich den Willen *ihres* Gottes erfüllen, der, so ist mitzuhören, nicht der seinige, der Gott Jesu ist. Fraglich bleibt sogar, ob man das weltentrückte höchste Wesen, das Jesus im Blick hat, überhaupt noch mit dem Namen „Gott" belegen sollte. Die Jünger aber insistieren: „Du bist der Sohn *unseres* Gottes" (34,12). Jesus antwortet mit der Feststellung, dass die Menschen dieser Weltzeit ihn nicht wirklich erkennen können, selbst die Jünger nicht.

---

14 Diese Übersetzung aus KMW wird in der Critical Edition allerdings mit Fragezeichen versehen und in den Apparat verbannt.

Das bleibt dem auserwählten Geschlecht der Gnostiker vorbehalten.

Hier zeigt sich schon, dass dieses Evangelium eindeutig Front bezieht gegenüber einer Sozialgestalt des Christentums, die wir aus späterer Perspektive als Orthodoxie oder Großkirche bezeichnen. Im Text wird sie durch die Jünger repräsentiert, in der Realität zum Beispiel durch Irenäus von Lyon. Ihre orthodoxen Sakramente werden regelrecht verspottet, und ihr Gottesbild wird grundsätzlich in Frage gestellt.

– Ein „Messiasbekenntnis“

Jesus provoziert die Zwölf sodann mit der Aufforderung, wer unter ihnen in seinem Innern den vollkommenen Menschen trage, solle sich vor ihn hinstellen (Gnostiker werden in anderen Texten als „unbewegliche Rasse“ gesehen, die immer und überall festen Stand hat[15]). Niemand von den Jüngern vermag es, diese einfache Übung auszuführen (wir können hier vielleicht an die Verhaftung Jesu bei Johannes denken, wo seine Häscher zu Boden fallen, vgl. Joh 18,6), niemand vermag es außer Judas, der allerdings auch selbst Jesus nicht in die Augen zu sehen vermag und sein Gesicht abwenden muss (35,12–14). Er und nicht Petrus formuliert ein korrektes Bekenntnis, wenn er zu Jesus sagt:[16] „Du stammst aus dem Bereich der unsterblichen Barbelo, und ich bin nicht würdig, den Namen dessen auszusprechen,

---

[15] Vgl. M. A. WILLIAMS, The Immovable Race: A Gnostic Designation and the Theme of Stability in Late Antiquity (NHS 29), Leiden 1985.

[16] Diese Szene erinnert nicht nur an das Messiasbekenntnis des Petrus bei Caesarea Philippi in den synoptischen Evangelien, sondern auch an die Rolle des Thomas im Thomasevangelium, vgl. EvThom 13.

der dich gesandt hat" (35,17–20). Der rätselhafte Name „Barbelo" zielt auf eine gnostische Muttergottheit und dürfte auf das Tetragramm, den geheimen Gottesnamen mit vier Buchstaben, anspielen (*arba* im Hebräischen bedeutet „vier", *b-arb-el* also „in-vier-Gott", das heißt „Gott in vier Buchstaben").[17]

Jesus fordert Judas auf, sich von den übrigen Jüngern zu trennen und sich von ihm über die Geheimnisse des Gottesreiches belehren zu lassen (vgl. Mk 4,11). Ein anderer werde seinen Platz unter den Zwölfen einnehmen, durch Intervention *ihres* Gottes (wir fühlen uns nicht zufällig an die Nachwahl des Matthias durch Losentscheid in Apg 1,24 f. erinnert; ein Gott, der Lose benutzt, kann nicht sehr zuverlässig sein, so die Logik der Erzählung).

– Eine Vision der Jünger

Hier bricht der Offenbarungsdialog zwischen Jesus und Judas zunächst einmal ab. Am nächsten Morgen nimmt Jesus ihn wieder auf, diesmal mit allen Jüngern. Auf ihre Bitte hin (36,19–21: „Herr, welches ist das große und heilige Geschlecht, das uns überlegen ist, da es sich jetzt nicht in diesen [unteren] Bereichen aufhält?") handelt Jesus von dieser Größe, dem großen und heiligen Geschlecht, dem die Jünger selbst offenbar nicht angehören. Ob Judas hinzugehört oder nicht, dürfte eine entscheidende Frage sein.

Die Jünger berichten als nächstes von einer Vision, die sie hatten und die Jesus für sie auslegt (38–40). In der Vision sahen sie ein großen Haus, wohl den Tempel, mit einem Altar und zwölf Männer, die in Gottes oder Jesu Namen Opfer darbrachten. Bei der Gelegenheit opferten sie sogar ihre eigenen Kinder und Frauen, hatten Verkehr mit

[17] Vgl. KMW 23, Anm. 22.

Männern, begingen Morde und andere Missetaten, all das unter Anrufung des Namens Jesu.

Wir ahnen schon, wie die allegorische Entschlüsselung des Traums durch Jesus aussehen wird: Der Tempel steht für die Großkirche, die zwölf Priester für die Jünger (ohne Judas) und spätere Amtsträger, die diversen Verbrechen für deren zweifelhafte Lebensführung, die ganze Opferpraxis für die Sühnetheologie, die als verfehlt angesehen wird, die Opfertiere und Kinder für die vielen Menschen und „Gotteskinder", die durch solche Lehrer in die Irre geführt und spirituell gemordet werden. Im Hintergrund steht letztlich das falsche Gottesbild: „Das ist der Gott, dem ihr dient" (39,21–22). Der abschließende Appell kann daher nur lauten: „Hört auf mit dem Opfern" (41,1–2). Über die Schärfe der hier geführten Polemik sollte man sich also besser keine Illusionen machen. Auch die apostolische Sukzession wird attackiert, ebenso die Fastenpraxis und Menschen, die sagen, „Wir sind wie Engel" (40,15–16). Letzteres könnte sich auf das „engelgleiche Leben" des entstehenden Mönchtums beziehen.[18]

– Der Mensch und sein Stern

Aus dem weiteren Verlauf dieses Abschnitts sei noch die Aussage festgehalten, dass es „einen Stern für jeden unter euch gibt" (42,7–9), weil sie später auf Judas angewendet wird. Die Zuordnung jeder Menschenseele zu einem himmlischen Stern lässt sich von Platon an durch die antike Religionsgeschichte verfolgen und gewinnt in der Spät-

[18] Siehe S. Frank, Angelikos Bios. Begriffsanalytische und begriffsgeschichtliche Untersuchung zum „engelgleichen Leben" im frühen Mönchtum (BGAM 26), Münster 1964.

antike unter astrologischem Vorzeichen noch an Gewicht.[19] Zwei Rückfragen durch Judas fördern außerdem noch eine eschatologische Belehrung durch Jesus zutage: Nicht nur die Körper, auch die Seelen aller Menschen sterben. Nur bei denen, die dem besonderen Geschlecht angehören, wird der Geist die Seele am Leben erhalten und in die oberen Gefilde geleiten (43–44).

– Der dreizehnte Jünger

Der dritte Gesprächsgang (ab 44,15) spielt sich nur noch zwischen Judas und Jesus ab und enthält die eingangs versprochene geheime Offenbarung. Jesus redet Judas als „dreizehnter Geist" an. Die Zahl „dreizehn" hebt Judas von der Zahl der zwölf Jesusjünger ab. Aus der Außenperspektive mag er fortan als „outcast" erscheinen, von innen her betrachtet erweist sich diese Isolierung als Glücksfall für ihn (und die Dreizehn als Glückszahl, aber das ist vielleicht zu modern gedacht). Für „Geist" verwendet das Koptische den griechischen Begriff δαίμων, der hier besser nicht mit unserem „Dämon" zu verwechseln ist. Eher können wir an den Daimon oder Genius des Sokrates denken, der als eine Art Schutzgeist fungiert.[20] Judas ist, mit anderen Worten, mehr als ein bloßer, natürlicher Mensch.

---

19 Vgl. die Diskussion bei M. W. Meyer, in KMW 163–165. Aufschlussreich ist als Beleg für die Verbreitung des Phänomens auch seine Kritik bei Plinius dem Älteren, Historia Naturalis 2,38–39: „Die Gestirne … sind nicht, wie die große Menge meint, den einzelnen unter uns zugeteilt … Eine so enge Gemeinschaft mit dem Himmel haben wir nicht, dass entsprechend unserem Schicksal auch der Glanz der Sterne dort oben vergänglich wäre."

20 Vgl. KMW 31, Anm. 74.

– Die Vision des Judas

Judas hatte, so erfahren wir weiter, seinerseits eine Vision. Er sah, wie ihn die zwölf Jünger verfolgten und steinigten.[21] Er gelangte dann zu einem Haus, in das er aufgenommen zu werden wünschte (vgl. Joh 14,2–3). Jesus erklärt ihm, dass dieses Haus als himmlisches Heiligtum für die Heiligen reserviert sei, die mit den heiligen Engeln dort wohnen werden (45,14–24). Er bestätigt ihm außerdem, dass Vertreter der anderen, minderen Menschenklassen ihn verfluchen werden, dass er, Judas, aber am Ende über sie triumphieren wird (46,20–23). Wir gehen sicher nicht fehl, wenn wir das verstehen als polemische Bezugnahme auf das traditionelle Judasbild und als Trost angesichts seiner düsteren Einfärbung. Zum Ausgleich wird Judas jetzt schon erleben, „was keines Engels Auge je geschaut, was kein Gedanke eines Herzens je begriffen und was noch nie einen Namen erhalten hat" (47,10–13), was aber, um mit dem Zitat aus dem ersten Korintherbrief fortzufahren, Gott „denen bereitet hat, die ihn lieben".[22]

– Die Entstehung der Welt

An dieser Stelle setzt ein relativ selbständiger Bericht über die Entstehung von Welt und Menschheit ein, der sich ohne Unterbrechung über die nächsten fünf Seiten hinzieht (ab 47,14 bis 53,7). Solche Schöpfungsmythen, die für den Durchschnittsleser geradezu bizarr wirken, gehören zum Standardrepertoire vieler gnostischer Schriften, in denen

[21] Vgl. EvThom 13: Die anderen Jünger würden Thomas steinigen, wenn er die drei Worte, die Jesus zu ihm gesagt hatte, an sie weitergäbe.

[22] Vgl. 1 Kor 2,9; EvThom 17; KMW 33f., Anm. 81; M. W. Meyer, in KMW 144f.

sich zu unserem Textstück denn auch durchgehend enge Parallelen finden. Gezeigt werden soll auf diese Weise, warum die real existierende Welt im Grunde ein einziges Desaster darstellt, weshalb eine grundlegende Reparatur nicht möglich ist und ihre Überwindung folglich der einzige Ausweg bleibt.

Die transzendente Geisterwelt, in der auch Adamas als Prototyp des künftigen Adam und sein dritter Sohn Seth als Vorbild der späteren Gnostiker ihren Platz finden, entfaltet sich in der Abfolge von 12, 24, 72 und 360 Größen. Diese Expansion des Göttlichen folgt leicht erkennbaren mathematischen Gesetzmäßigkeiten (2 × 12, 3 × 24, 5 × 72). Irgendwo geschieht der Umschlag, das Ganze kippt, und wir befinden uns in der wenig erfreulichen Gesellschaft der Götter dieser Welt. Sie tragen Namen wie El, genommen vom alttestamentlichen Gott, Nebro, was sich im Sinne von „Rebell" verstehen lässt, und Saklas, was auf Aramäisch „Tölpel" oder „Narr" bedeutet. Ein Rebell, ein Tölpel und El, der als veraltet angesehen wird – das ist kein sehr überzeugendes Trio, das sich hier um die Schöpfung kümmert. Der Schöpfer des ersten Menschenpaares ist nicht etwa der oberste Gott, sondern eben dieser Saklas, ein später, missratener Abkömmling der Geisterwelt.

– Das Geschick der Menschheit und die Endereignisse

Nach dem Bericht von der Erschaffung des Menschen geht die mythische Erzählung in einen katechetischen Dialog zwischen Jesus und Judas über, der das Geschick des Menschengeschlechts und einen Ausblick auf die Endereignisse zum Inhalt hat (53–54). Judas muss lernen, dass die Lebenszeit der Menschen begrenzt ist. Zudem haben die meisten Menschengeschöpfe den Geist nur als Leihgabe empfangen, und zwar von Michael auf Befehl (des jüdischen) Gottes.[23] Nur den wenigen, die keinen Herrscher brauchen (ein Ehrenprädikat für Gnostiker), ist Geist und Seele auf Dauer geschenkt, durch Gabriel auf Geheiß des höchsten Gottes (vgl. evtl. Lk 1,35?).

Einige weitere Streiflichter: Adam bekommt nur eine unvollkommene Form von γνῶσις, „Erkenntnis", mit auf den Weg, so dass er und seine Nachkommen zur leichten Beute für die Herrscher über Chaos und Unterwelt werden. Die für Saklas, den minderwertigen Menschenschöpfer, festgesetzte Zeit läuft langsam aus. Judas hingegen wird zu einem echten „Star" befördert werden, denn sein Stern wird im dreizehnten Bereich aufgehen, wenn alle anderen herabfallen (unser Text ist hier teils lückenhaft, aber dass die Seelen von Verstorbenen zu Sternbildern am Himmel werden, ist eine gleichfalls gut belegte antike Konzeption, man denke nur an Dan 12,3: „Die Verständigen werden strahlen, wie der Himmel strahlt; und die Männer, die viele zum rechten Tun geführt haben, werden immer und ewig wie die Sterne leuchten"; 4 Makk 17,5). Die sechs Planeten aber, wandernde und irrende Sterne, werden mit ihren Kreaturen untergehen. „Planeten" ist abgeleitet vom griechischen Verb πλανάω, das unter anderem „in die Irre gehen" bedeutet und ebenso wie das Substantiv πλάνη, „Irrtum", in unserem Text gebraucht wird. Jesus bricht angesichts dessen erneut in Lachen aus (55,12). Man könnte dieses Evangelium auch überschreiben mit: „Und Jesus lachte."

---

[23] Vgl. zur Verleihung des Lebensgeistes Gen 2,7; zur Mitwirkung Michaels Gen 1,26: „Lasst *uns* den Menschen machen …". Der Plural „uns" wurde in jüdischer und christlicher Exegese auf das Zusammenwirken des Schöpfergottes mit seinen Engeln gedeutet.

– Der Auftrag an Judas

Judas fragt weiter nach dem Verhalten derer, die auf den Namen Jesu getauft worden sind. Die Erwiderung Jesu, die möglicherweise eine erneute Kritik am großkirchlichen Ritus enthielt, ist leider einer Lücke von mehreren Zeilen im Text zum Opfer gefallen. Wieder deutlich lesbar ist hingegen eine Schlüsselaussage bezüglich der Hauptaufgabe, die Judas zu erfüllen hat: „Du aber wirst sie alle übertreffen, denn den Menschen, der mich trägt, wirst du opfern" (56,18–20).[24] Im Klartext will das besagen: Judas hat dafür zu sorgen, dass Jesus bald und effektiv zu Tode kommt. Aber das wird nicht etwa als Katastrophe angesehen, ganz im Gegenteil. Der spirituelle Erlöser kann sich dann endlich ganz von seinem defizitären menschlichen Erscheinungsbild freimachen. Das ist gedanklich die genaue Gegenbewegung zur Inkarnation, zur bleibenden Fleisch- und Menschwerdung des Gottesworts. Ein kleines Gedicht im Stil der Psalmen unterstreicht den Stellenwert, der im Text dieser Beschreibung der Tat des Judas beigemessen wird (56,21–24):

Schon ist dein Horn erhöht (vgl. Ps 75,10; 1 Kön 2,1.10),

und dein Zorn ist entflammt (vgl. Ps 2,12; Jes 30,27),

und dein Stern ist aufgegangen (vgl. Num 24,17),

und dein Herz [ist stark geworden] (vgl. Ps 27,3; 33,21; 57,8; 112,8).[25]

---

[24] So auch die Übersetzung dieser kontroversen Stelle bei P. NAGEL, Das Evangelium des Judas 257; vgl. die detaillierte Begründung ebd. 265–270.

[25] Vgl. dazu (mit Kritik an der Rekonstruktion der letzten Zeile durch die Herausgeber) P. NAGEL, Das Evangelium des Judas 257f.

– Die Verklärung des Judas

Im Anschluss daran fordert Jesus Judas auf, die Augen zu erheben und eine lichte Wolke, die von Sternen umgeben ist, zu betrachten. Er setzt hinzu: „Der Stern, der den Weg führt, ist dein Stern" (57,19–20). Judas leistet dem Folge und tut mehr als das. Er betrachtet die Wolke nicht nur, sondern betritt sie, und die Zuschauer unten auf der Erde hören, wie aus der Wolke eine Stimme spricht. Dies ist vielleicht noch nicht als die Himmelfahrt des Judas aufzufassen, wohl aber als seine Verklärung, die ganz parallel zur Verklärung Jesu in den synoptischen Evangelien gestaltet wird.

– Die Schlussszene

Nach diesem spektakulären Höhepunkt wirken die Schlusszeilen sehr prosaisch (58,9–26). Wir befinden uns wieder auf der Erde, genauer im Abendmahlssaal (der koptische Text enthält hier das griechische Wort *κατάλυμα*, „Herberge", „Unterkunft", „Gastzimmer", das in Mk 14,14 und Lk 22,11 für den Saal des letzten Abendmahls gebraucht wird). Hohepriester und Schriftgelehrte sind anwesend und beobachten die Szene, immer auf der Suche nach einer Möglichkeit, Jesus festzunehmen. Judas tut ihnen den Gefallen. Er nimmt Geld von ihnen an und liefert ihnen Jesus aus. Hier steht im Koptischen jenes griechische Wort, das in den kanonischen Evangelien für die Benennung der Tat des Judas ausschließlich eingesetzt wird, nämlich *παραδιδόναι*, was nicht „verraten" heißt, sondern „aushändigen", „ausliefern", „übergeben" (58,25–26).

Es ist sicher mehr als bloßer Zufall, wenn ausgerechnet mit diesem Wort *παραδιδόναι* das Evangelium des Judas schließt. Darin steckt bereits eine kritische Reflexion der Rolle, die Judas in der Evangelienüberlieferung und in der

Heilsgeschichte zugeschrieben wird. Bei einer positiven Einschätzung seiner Rolle können wir das bisher Gesagte so zusammenfassen: Weil Judas als der einzige unter den Jüngern den inneren Zusammenhang verstanden hat, musste er bei der Durchführung des Programms helfen, und er hat seine Aufgabe getreulich erfüllt. Gerade durch seine Tat, den so genannten Verrat, erweist er sich als wahrer Freund.

c) Die Gegenprobe

Es scheint schwer zu sein, zu dieser in sich geschlossenen Lektüre einen Gegenentwurf zu schaffen, aber unmöglich ist es nicht.[26] Zunächst einmal wird die Auslegung behindert durch die zahlreichen Lücken im Text, die teils gewagte Konjekturen und Rekonstruktionen erfordern. Das betrifft auch eine zentrale Frage wie die, ob wenigstens Judas zum obersten Geschlecht der Erlösten gehört oder nicht. Was in der Erstedition noch so klingt: „Du (Jesus) hast mich (Judas) ausgesondert *für* dieses heilige Geschlecht" (46,17–18), wird man wohl besser übersetzen mit „Du hast mich getrennt *von* diesem heiligen Geschlecht". Was in der Erstübersetzung noch wiedergegeben war mit „it is possible for you to reach it" (sc. das Königreich), hört sich in der kritischen Ausgabe so an: „not so that you will go there" (sc. in das Königreich).[27]

[26] Im Folgenden beziehe ich mich vor allem auf die Vorträge von Einar Thomassen und John D. Turner, die ich teils aus dem Gedächtnis, teils nach schriftlicher Vorlage zitiere. Erst während der Arbeit am Manuskript wurden mir zugänglich: L. Painchaud, À propos de la (re)découverte de l'‘Évangile de Judas', LTP 62 (2006) 553–568, und A. D. DeConick, The Thirteenth Apostle: What the Gospel of Judas Really Says, London 2007, wo ebenfalls diese alternative Sicht vertreten wird. Auch J. Brankaer / H.-G. Bethge, Codex Tchacos 255–372, schließen sich ihr an.

[27] 35,25; vgl. KMW 23, Critical Edition 189.

Ein korrupter Vers, den die Erstübersetzung als Beleg für den Aufstieg des Judas in den himmlischen Bereich in Anspruch nahm, ist inzwischen korrigiert worden und lautet nun: „… damit du *nicht* emporsteigen wirst zu dem heiligen Geschlecht."[28] Das öfter angesprochene Königreich und seine Geheimnisse könnten auf die irdische Welt und ihre Funktionsweise beschränkt sein. Die Zahl dreizehn mag so Glück verheißend gar nicht sein, denn in der sethianischen Gnosis gibt es dreizehn üble Äonen in der unteren Welt. Judas wäre dann lediglich der Oberste dieser Bande. Der kleine Psalm in 56,21–24 ließe sich auch kritisch auf die unangebrachten Emotionen des Judas beziehen, auf seinen Stolz und seinen Ärger. Anstatt eine Führung des Judas durch einen gütigen Stern anzunehmen, kann die ganze astrale Thematik auch anders gedeutet werden (vgl. das an Judas gerichtete Jesuswort in 45,13: „Dein Stern hat dich in die Irre geführt"). Die Sterne sind mitleidlose Mächte, deren Diktat die Menschen hilflos ausgeliefert sind. Auch Judas muss dem Kommando seines Sterns, dem er in der Wolke begegnet, willenlos folgen und Jesus ausliefern (falls nicht sogar Jesus anstelle von Judas in die Wolke geht, was von der Grammatik her nicht unmöglich wäre). Betroffen ist davon aber nur eine leere Schale, neben der Jesus, der sich die ganze Zeit über völlig frei zwischen Himmel und Erde bewegt, steht und lacht. Außerdem gibt der Auftrag an Judas, den Mann, der Jesus trägt, zu *opfern,* sehr zu denken, denn die Opferthematik ist an allen anderen Stellen im Judasevangelium negativ konnotiert. Judas würde dann dem Irrtum aller anderen Jünger aufsitzen, gegen den das Evan-

[28] 46,25–47,1; KMW 33; Critical Edition 210–213 (die in der Fußnote auf S. 211 gegebene Erklärung wirkt etwas gezwungen); vgl. L. PAINCHAUD, À propos de la (re)découverte (s. Anm. 26) 560.

gelium unter seinem Namen gerade polemisiert, nämlich Erlösung und Heil an ein blutiges Opfer zu binden, an das als Sühnetod verstandene Sterben Jesu am Kreuz und dessen Repräsentation in der Eucharistie. Die Gesamtsicht auf die Gestalt des Judas sieht dann etwa so aus: „En effet, si le Judas de l'*Évangile de Judas* est un héros, il est un héros de tragi-comédie, jouet de l'influence trompeuse de son étoile et objet de moqueries de Jésus."[29]

Das herkömmliche Bild der christlichen Ursprünge würde bei dieser zweiten Lesart eher noch gründlicher destruiert als bei der ersten. Schwer zu sehen ist, was dann noch die eigentliche Botschaft des Textes ausmachen soll, wer sich davon angesprochen fühlt, und wo sich das heilige Geschlecht eigentlich verbirgt. Ich tendiere nach wie vor etwas mehr zu der ersten, positiven Wertung der Judasgestalt in unserem Text, aber Vorsicht ist angebracht, und es ist besser, wenn man um die verschiedenen Optionen weiß.

Deutlich sollte auch geworden sein, dass unter beiden Aspekten, positiv wie negativ, dem Judasevangelium keine neuen historischen Informationen über Judas und Jesus zu entnehmen sind. Wertvolle Einblicke gewährt der Text hingegen in die gnostische Gedankenwelt des zweiten und dritten Jahrhunderts n. Chr. Sein Judasbild lässt sich ohne weiteres in die Tendenz einordnen, die wir oben bereits mit Hans Jonas als gnostische „Protestexegese" bezeichnet haben. Diese exegetische Strategie wird im Judasevangelium in seltener Eindrücklichkeit vor Augen geführt. Auf seine Weise instrumentalisiert auch das Judasevangelium die Gestalt des Judas, diesmal nicht im Dienst der Abschreckung und der Mahnung, sondern im Dienst der Polemik gegen

---

[29] L. Painchaud, À propos de la (re)découverte (s. Anm. 26) 554.

andere kirchliche Strömungen, entweder indem es ihn aus der Reihe der großkirchlichen Jünger als Identifikationsfigur herausnimmt oder indem es die Großkirche zusätzlich dadurch demontiert, dass der Außenseiter und „Verräter“ unter den Jüngern als ihr oberster Repräsentant auftritt.

3. Konfrontationen: Gnostische Rezeption und historische Kritik

a) Konkurrierende Wahrnehmungen

Sehr viel mehr lässt sich dem Judasevangelium in der Sachfrage meines Erachtens nicht entnehmen. Aber wir können dennoch nicht einfach bei dieser Zwischenbilanz stehenbleiben, sondern müssen dieses Ergebnis noch einmal mit weiteren Gegebenheiten konfrontieren. Ausgehen können wir dafür von den Erwartungen, die man in der Öffentlichkeit und den Medien an das Judasevangelium gerichtet hat. In einer Ausgabe des Magazins *Focus* wurde auf dem Titelblatt, das dem Judasevangelium gewidmet war, die Behauptung aufgestellt: „Wissenschaftler enträtseln die wahren Motive des Jesus-Verräters“ – eine klare Angabe des erhofften Ziels. Man hofft auf neue historische Erkenntnisse hinsichtlich der rätselhaften Gestalt dieses Jesusjüngers; man hofft darauf, endlich der vollen Wahrheit auf die Spur zu kommen.

Aufschlussreich ist von der anderen Seite her die Tatsache, dass in der historisch-kritischen Exegese der letzten hundert Jahre einige überraschende Behauptungen in der Judasfrage aufgestellt wurden, die sich an der ein oder anderen Stelle sogar mit der positiven Sichtweise berühren.[30] So findet sich

---

[30] Für die historischen Fragen erlaube ich mir den generellen Hinweis auf H.-J. KLAUCK, Judas – ein Jünger des Herrn (QD 111), Frei-

in mehreren exegetischen Arbeiten die These, dass Judas der beste Freund Jesu gewesen sei, sein Lieblingsjünger sozusagen. Er sei als einziger bereit gewesen, das zu tun, was um der Rettung der Menschen willen getan werden musste, nämlich Jesus in den Tod auszuliefern. Das sei der Sinn der Aufforderung Jesu in Joh 13,27: „Was du tun willst, das tue bald!" Die anderen Jünger hätten ihm das nicht gedankt. Alternativ wird angenommen, Judas habe Jesus dazu zwingen wollen, endlich das Signal zum Angriff zu geben (so schon Klopstock in seinem Epos *Der Messias*). Sicher beherzigenswert ist die Warnung davor, allzu unbekümmert mit dem Begriff des „Verrats" zu operieren, wenn das Neue Testament stattdessen von einem „Ausliefern" spricht. Eine extreme Variante historischer Kritik wird von einer Position markiert, die von der Ungeschichtlichkeit der Judasgestalt ausgeht. Die frühen Christen hätten diese Figur einfach erfunden, um das jüdische Volk, das Jesus mehrheitlich ablehnte, zu treffen. Daher der Name „Judas", mit dem man fast zwangsläufig das Judentum assoziiert. Der Antisemitismus ist zu allen Zeiten jedenfalls nicht davor zurückgeschreckt, diese Assoziation als Waffe einzusetzen,

---

burg i. Br. 1987, bzw. auf die aktualisierte französische Übersetzung: Judas, un disciple de Jésus: Exégèse et répercussions historiques. Übers. von Joseph Hoffmann (Lectio Divina 212), Paris 2006, wo sich auch die neuere Literatur findet. Außerdem seien an zusammenfassenden Darstellungen mit Bibliographien erwähnt: W. Klassen, Judas – Betrayer or Friend of Jesus?, Minneapolis 1996; M. Meiser, Judas Iskariot. Einer von uns (Biblische Gestalten 10), Leipzig 2004; K. Paffenroth, Judas: Images of the Lost Disciple, Louisville, Ky. 2001; A. W. Zwiep, Judas and the Choice of Matthias: A Study on Context and Concern of Acts 1:15–26 (WUNT II / 187), Tübingen 2004. Einen verlässlichen Überblick unter Einbezug des Judasevangeliums gibt auch H. E. Lona, Judas Iskariot – Legende und Wahrheit. Judas in den Evangelien und das Evangelium des Judas, Freiburg i. Br. 2007.

indem er Schlagworte wie „ein Volk von habgierigen Verrätern und Christusfeinden" prägte.

b) Der „harte Kern"

Angesichts dieses verwirrenden Befunds mag es hilfreich sein, kurz den harten historischen Kern zu skizzieren, wie er sich aus meiner Sicht darstellt. Wenn man dem Eigennamen „Judas" überhaupt etwas entnehmen will, dann vor allem dies, dass dieser Mann aus einer traditionsbewussten jüdischen Familie kam, die ihrem Sohn den beliebten, verbreiteten und stolzen Patriarchennamen gab (Juda, der Sohn Jakobs; Judas Makkabäus, und so fort). Jesus („Jeschua") von Nazareth und seine Brüder Jakobus, Joses („Josef"), Juda oder, in Griechisch, Judas (!) und Simon in Mk 6,3 wären ein vergleichbarer Fall.

Eben weil der Name Judas populär war und genügend Träger dieses Namens gleichzeitig lebten, wurden Namenszusätze erforderlich, wie zum Beispiel „Iskarioth". Dieses Attribut verweist am ehesten auf die geographische Herkunft, im Sinn von „Mann (*isch*) aus (dem jüdäischen) Kerioth" (vgl. Jos 15,25), und wurde primär als Unterscheidungsmerkmal benötigt. Mit einem geographischen Bezugspunkt arbeitet auch die Hypothese, *keriotha* könne im Sinn von „Stadt" für Jerusalem, die Stadt schlechthin, gebraucht werden. Dadurch würde Judas zum „Mann aus der Stadt", mit Jerusalemer Herkunft. Von den zahlreichen anderen Theorien, die sich um die Bezeichnung „Iskarioth" gerankt haben, seien nur die folgenden beiden noch erwähnt: Einige Autoren leiten „Iskarioth" von den Sikkariern ab, die ihren Dolch (*sicca*) verborgen im Gewand trugen und zu Meuchelmorden einsetzten. Das würde aus Judas einen Zeloten machen, aber diese Gruppe erstarkte erst später, in den

Jahren unmittelbar vor dem Jüdischen Krieg. Andere Vorschläge greifen auf aramäische Etymologien zurück, die den Sinn „Mann der Falschheit" oder „Mann des Aushändigens" ergeben. In dem Fall wäre dieses Epithet Judas erst nach getaner Tat und das heißt nach Ostern zugelegt worden. Aber das würde besser zu der Theorie von der konsequenten Fiktivität seiner Gestalt passen.

Jesus hat diesen Judas in seine Nachfolge berufen und in den Zwölferkreis aufgenommen, was schon isoliert betrachtet einiges bedeutet, haben die Zwölf doch nach Mk 3,14 die Aufgabe, „mit ihm (Jesus) zu sein". Sie repräsentieren außerdem das Gottesvolk Israel, das in der Endzeit wieder zur Vollgestalt seiner zwölf Stämme zurückfindet (faktisch existierten nur noch zwei oder zweieinhalb Stämme). Jemand mit dem Namen eines Patriarchen mochte als besonders geeignet für diese Rolle erscheinen. Die Annahme, Jesus habe von Anfang an bewusst einen Saboteur in dieser Gruppe toleriert, macht historisch gesehen wenig Sinn, auch wenn nicht erst spätere christliche Apologeten, sondern schon das Johannesevangelium (vgl. Joh 6,69f.) in dieser Richtung argumentieren, aus durchsichtigen Gründen.

Während der letzten Tage in Jerusalem und im Zusammenhang mit der Verhaftung Jesu spielte Judas eine undurchsichtige Rolle. Offenbar hat er sich von Jesus abgewandt (das Recht dazu können wir ihm sowenig wie irgendeinem anderen Menschen absprechen) und hat auf irgendeine, sei es noch so unscheinbare Weise dazu beigetragen, dass die nächtliche Verhaftung Jesu ohne viel Aufhebens gelang. Was ihn zu dieser Verhaltensweise motivierte, liegt für uns im Dunkeln. Enttäuschte messianische Erwartungen – das scheint die am wenigsten vorbelastete Vermutung zu sein, die sich auch in den Kontext der Zeit einfügt. Seine Tat wird im Neuen Testament, historisch vermutlich korrekt und theologisch bedeutsam, als „Aushändigen", „Überliefern" oder „Dahingeben" bezeichnet, nicht aber als Verrat (so implizit nur Lk 6,16).

Seinen Bruch mit der Jesusbewegung betrachtete Judas als endgültig, ohne dass damit, das muss betont werden, auch eine Abwendung vom Gott Israels oder vom Glauben seines Volkes notwendig verbunden wäre. Judas ging seiner Wege und kehrte im Unterschied zu anderen Angehörigen des Zwölferkreises, Petrus etwa, nach Ostern nicht mehr zurück (diese Rückkehr markiert den Hauptunterschied zwischen dem „Verrat" des Judas und der „Verleugnung" des Petrus). Die christliche Gemeinde verlor Judas völlig aus dem Auge. Für sie war er gestorben, so gut wie tot. Deshalb konnten sich um seinen Tod so viele Geschichten ranken.

c) Die Expansion

Das ist nicht viel, aber mehr als nichts. Der Rest ist Deutung, Rezeption, Legende, Expansion. Das betrifft auch die Habgier und die dreißig Silberlinge, auch den Judaskuss, auch den Selbstmord. Schon die neutestamentlichen Autoren übertrafen sich gegenseitig in dieser Ausschmückung oder in ihrem Fall besser Schwarzmalerei. Ein schier unerschöpfliches Reservoir an Erzählmotiven stellte für sie das Alte Testament bereit. Außerdem spannten sie die Gestalt des Judas in das mythische Raster des Kampfes zwischen Gott und Satan. Rhetorisch gesehen statuierten sie ein Exempel, ein warnendes und abschreckendes Beispiel, ihrer Überzeugung nach zum Besten ihrer Adressaten.

Dabei bedarf das skizzenhafte historische Bild, das wir erarbeitet haben, einer Auffüllung gerade nicht an den Stellen, an denen die Tradition ansetzt, sondern an dem Punkt, den sie ausspart. Es müsste viel stärker ins Bewusstsein treten, dass Judas ein Jünger des Herrn war, nicht weniger berufen und nicht weniger begeistert als die anderen Jünger. Eine erzählerische Expansion verlangte jene gemeinsame Zeit mit Jesus, über die wir aus den Texten generell nur sehr unzureichend informiert sind.

Unter den Kirchenvätern hat nur Origenes mit gewohntem Scharfsinn diese Lücke erspäht. Nach ihm hat Judas ernsthaft und aus tiefstem Herzen an Jesus geglaubt. Jesus setzte seinerseits große Hoffnungen in ihn. Das Vertrauen, das Jesus und die restlichen Jünger Judas entgegenbrachten, hat er stets gerechtfertigt. Mit den anderen ist er ehrlich entrüstet über das Ansinnen der Zebedäussöhne Jakobus und Johannes, in seinem Reich zur Rechten und Linken von Jesus sitzen zu dürfen (Mk 10,41 spricht in der Tat davon, dass die *Zehn* darüber unwillig wurden – eine Zahlenangabe, die Judas einschließt und die beiden Zebedäussöhne ausschließt, eine glänzende exegetische Beobachtung des Kirchenvaters). Noch in der letzten Stunde hält keiner der übrigen Zwölf speziell Judas für fähig, einen Verrat zu begehen (siehe unser Eingangszitat aus Mk 14,18), was dem Charakter, den er zuvor an den Tag gelegt haben muss, ein gutes Zeugnis ausstellt. Am Selbstmord des Judas hält Origines fest, gibt ihm aber eine anrührende eigenständige Deutung: Judas wollte Jesus im Tode zuvorkommen, um ihm in der jenseitigen Welt mit nackter Seele entgegenzutreten und Verzeihung zu finden.

d) Zurück zum Judasevangelium

Kommen wir zurück zum Judasevangelium. Warum treiben wir historische Kritik? Eine Antwort könnte lauten: Damit uns ein Neufund wie der des Judasevangeliums nicht mehr sonderlich erschrecken kann. Tatsächlich war die Mehrzahl der neuen Fakten schon vorher bekannt, und die meisten diesbezüglichen Argumente waren bereits ausgetauscht. Es bestätigt sich im Rückblick, was wir bereits in der Zwischenbilanz festgehalten haben: Der schmale historische Kern wird durch das Judasevangelium nicht wirklich bereichert. Aber sein Verfasser, wer immer es war, erweist sich als scharfsinniger Leser der Evangelien, wie Origenes, nur mit anderer, radikalerer Tendenz. Er erkennt Lücken und Spannungen in den neutestamentlichen Texten, die das Ergebnis von Überarbeitungen und Überlagerungen der historischen Vorgaben sind. Er bürstet die Tradition gegen den Strich und restituiert den Anti-Helden als den wahren Helden der Geschichte. Was er macht, ist auf jeden Fall sehr lehrreich. Berührungen mit modernen kritischen Sichtweisen der Judasgestalt erklären sich am ehesten so, dass vergleichbare Lektüren durchgeführt werden und zu vergleichbaren Ergebnissen führen.

Als überraschendes Beispiel dafür, zu welchen intuitiven Einblicken eine aufmerksame Lektüre unserer Quellen gelangen kann, sei Søren Kierkegaard zitiert. Er bemerkt einmal: „nur dass es beinahe lächerlich ist mit Judas, so dass man versucht ist, aus inneren Gründen die geschichtliche Wahrheit zu bezweifeln …, dass er für 30 Silberlinge einen, wenn man so will, so ungeheuren Geldwert wie Jesus Christus veräußerte …“.[31] Er fährt fort: „Judas drückt etwas Unvollkommenes aus, einmal, dass er nur 30 Silberlinge nahm, und dann, dass er sich doch nicht ehren und preisen und nahezu verehren and anbeten ließ als Christi wahrer Anhänger!“[32] Zu dieser Ehrung und diesem Preis ist es,

---

[31] S. Kierkegaard, Der Augenblick. Aufsätze und Schriften des letzten Streits (Gesammelte Werke 34), Düsseldorf/Köln 1959, 47.

[32] Ebd. 48.

was Kierkegaard nicht wissen konnte, vielleicht doch gekommen: im „Evangelium des Judas".

II. Verborgene Worte Jesu? Das Evangelium nach Thomas

1. Zur Einführung: Der Zwillingsbruder Jesu

„Dies sind die verborgenen Worte, die der lebendige Jesus sagte, und Didymus Judas Thomas schrieb sie auf", mit dieser Titelzeile beginnt eine Schrift, die sich in der Schlusszeile als „Evangelium nach Thomas" zu erkennen gibt.[33] Das erste dieser Worte lautet sodann: „Und er (hier vermutlich noch Thomas und noch nicht Jesus) sagte: ‚Wer die Deutung dieser Worte findet, wird den Tod nicht schmecken.'"[34] Es

[33] Die gängige kritische Textausgabe ist B. LAYTON (Hrsg.), Gospel According to Thomas, 37–128.

[34] EvThom NHC II,2 p. 32,10–12 = EvThom 1 (Incipit); im Folgenden begnüge ich mich mit der Angabe der Paragraphenzählung, mit den Unterteilungen bei J. SCHRÖTER / H.-G. BETHGE, Das Evangelium nach Thomas (NHC II,2), in: H.-M. Schenke / H. G. Bethge / U. U. Kaiser (Hrsg.), Nag Hammadi Deutsch I, 151–181. Für eine umfassende Auflistung neuer und neuester Literatur verweise ich auf N. PERRIN, Recent Trends in *Gospel of Thomas* Research (1991–2006): Part I. The Historical Jesus and the Synoptic Gospels, Currents in Biblical Studies 5 (2007) 183–206, und die Fortsetzung. An Einzelwerken seien hervorgehoben: R. URO (Hrsg.), Thomas at the Crossroads: Essays on the Gospel of Thomas (Studies of the New Testament and Its World), Edinburgh 1998; J. LIEBENBERG, The Language of the Kingdom and Jesus: Parable, Aphorism, and Metaphor in the Sayings Material Common to the Synoptic Tradition and the Gospel of Thomas (BZNW 102), Berlin-New York 2001; R. URO, Thomas: Seeking the Historical Context of the Gospel of Thomas, London 2003; J. M. ASGEIRSSON / A. D. DECONICK / R. URO (Hrsg.), Thomasine Traditions in Antiquity: The Social and Cultural World of the Gospel of Thomas

korrespondieren miteinander: einerseits „die verborgenen Worte" und „die Deutung dieser Worte", andererseits „der lebendige Jesus" und „den Tod nicht schmecken". Die Worte sind verborgen oder geheim (in Griechisch und Koptisch „apokryph"), weil sie einer Deutung bedürfen, um verstanden zu werden. Für die richtige Deutung ist eine hohe Belohnung ausgesetzt, ein Leben, das den Tod überwindet, ein Leben wie der lebendige Jesus und mit ihm.

Wenn wir von hier aus auf das gesamte Werk vorausblicken, wird uns nicht mehr überraschen, zu erfahren, dass es in der Tat ausschließlich *Worte* Jesu enthält, stereotyp eingeleitet mit „Jesus spricht". Immer und immer wieder: „Jesus spricht" oder „er sagte". Ganz selten findet sich ein dialogisches Element, eine Frage der Jünger zum Beispiel. Noch seltener sind Situationsangaben anzutreffen. Erzählende Partien fehlen völlig. Das Thomasevangelium kommt folglich ohne die Leidensgeschichte Jesu aus und ohne die Berichte über das leere Grab und die Erscheinungen des Auferstandenen. Das dürfte durchaus Absicht sein. Erlösung und Heil sind nicht an das Kreuz gebunden, sondern an die rechte Einsicht und das Verstehen. Jesus lebt in seinen Worten weiter, nur darauf kommt es an.

(NHMS 59), Leiden 2006. Zum an sich nützlichen Kommentar von R. NORDSIECK, Das Thomas-Evangelium. Einleitung – Zur Frage des historischen Jesus – Kommentierung aller 114 Logien, Neukirchen-Vluyn 2004, vgl. die Vorbehalte in der Rez. von J. SCHRÖTER, ThR 70 (2005) 384–388. Während der Drucklegung erschien die sehr zu beachtende, mit einem umfassenden Literaturverzeichnis auf neuestem Stand versehene Monographie von E. E. POPKES, Das Menschenbild des Thomasevangeliums. Untersuchungen zu seiner religionsgeschichtlichen und chronologischen Einordnung (WUNT 206), Tübingen 2007 (der Autor hat mir dankenswerterweise den Text in elektronischer Form vorab zugänglich gemacht).

Eine Anmerkung noch zu dem seltsamen Eigennamen „Didymus Judas Thomas", ehe wir auf die Fundumstände und weitere einleitende Fragen eingehen. „Thomas" ist einer der Zwölf, bestens bekannt aus dem Johannesevangelium als der ungläubige, zweifelnde Thomas. Im Johannesevangelium wird er auch schon zusätzlich „Didymus" genannt. „Thomas" bedeutet auf Aramäisch soviel wie „Zwilling", und „Didymus" ist nichts anderes als die Übersetzung von „Zwilling" ins Griechische, für Leser, die des Aramäischen nicht kundig sind. Den Doppelnamen Judas Thomas kennt auch die syrische Textüberlieferung des Johannesevangeliums. In Mk 6,3 trägt einer der Brüder Jesu den Namen „Judas". Was aus all dem gefolgert wird, zeigt eine direkte Anrede des Thomas durch Jesus in einem anderen Text unter seinem Namen, dem „Buch des Thomas", wo wir hören:[35]

> Weil aber gesagt wurde, dass du mein Zwilling und mein einzig wahrer Freund bist, deshalb ergründe dich selbst und erkenne, wer du bist, wie du bist und wie du sein wirst. Weil du mein Bruder genannt wirst, darfst du nicht in Unkenntnis über dich selbst bleiben.

Der Apostel Thomas aus dem Zwölferkreis wird hier als Zwillingsbruder Jesu angesehen, das heißt als sein Sprachrohr, Repräsentant und irdischer Doppelgänger. Es gibt außerdem noch apokryphe Thomasakten, die ebenfalls mit dem Motiv von der Zwillingsbruderschaft arbeiten. Dieses ganze Schrifttum, das mit dem Namen des Thomas verbunden ist, dürfte in Syrien entstanden sein, wo sich Thomas besonderer Verehrung erfreute und von wo er der Legende nach zur Missionierung Indiens aufbrach.

---

[35] LibThom NHC II,7 p. 138,7–12.

Aber wo finden wir diese Schriften überhaupt? Oder anders gefragt: Was bedeutet „NHC" bei den Stellenangaben in den Anmerkungen? Dieses Sigel ist aufzulösen als „Nag-Hammadi-Codex". Der zweite Codex enthält das Thomasevangelium als Schrift Nummer zwei und das Buch des Thomas als Schrift Nummer sieben. Bevor wir unsere Beschäftigung mit den Inhalten des Thomasevangeliums fortsetzen, sollten wir also etwas mehr über Nag Hammadi und das dort gefundene Schrifttum wissen.

2. Die Nag-Hammadi-Codices und das Thomasevangelium

Nag Hammadi ist ein Ort am Nil in Oberägypten. In der Nähe dieses Ortes suchte ein Landarbeiter im Dezember 1945 nach fruchtbarem Humus und entdeckte dabei ein Tongefäß mit dreizehn in Leder gebundenen Codices.[36] Die Auswertung dieses Fundes durch die Forschung zog sich hin, aber die erste Phase der Bestandsaufnahme, der Sicherung der Texte durch zuverlässige Editionen und der Übersetzung in moderne Sprachen kann inzwischen als abgeschlossen gelten.

Die dreizehn Codices enthalten ca. 50 Einzeltexte in koptischer Sprache, einer Spätform des Ägyptischen. Ihr Charakter wird in der Regel als christlich-gnostisch bestimmt. Die Codices wurden um 350 n.Chr. produziert. Das geht aus datierten Quittungen und Verträgen hervor,

---

[36] Vgl. den anschaulichen Titel einer frühen Veröffentlichung von W.C. van Unnik, Evangelien aus dem Nilsand (Openbaringen uit egyptisch zand; deutsch von J. Landré), Frankfurt a.M. 1960. Eine Zwischenbilanz zieht der Sammelband von J.D. Turner/A. McGuire (Hrsg.), The Nag Hammadi Library After Fifty Years: Proceedings of the 1995 Society of Biblical Literature Commemoration (NHMS 44), Leiden 1997.

die zur Verstärkung der Ledereinbände verwendet worden waren. Über das Alter der einzelnen Texte ist damit noch keine Entscheidung gefällt, zumal alle Texte aus dem Griechischen, in Einzelfällen vielleicht auch aus dem Syrischen ins Koptische übersetzt worden sind. Wir wissen nicht, wer die Übersetzer, Schreiber, Sammler und Produzenten der Codices waren und wer sie schließlich in der Erde verborgen hat. Eine ansprechende Vermutung geht dahin, dass es sich um koptische Mönche handelte, die in der Antike ein nahe gelegenes Kloster bewohnten.[37] Das könnte zum Beispiel geschehen sein, um dieses Schrifttum zu retten, als 367 n. Chr. ein Rundschreiben des Bischofs Athanasius aus Alexandrien eintraf mit einer Auflistung der 27 Schriften des Neuen Testaments und dem Verbot der Benutzung von Schriften außerhalb dieses Kanons.

Von Anfang an hat das Thomasevangelium mehr Interesse erweckt als alle anderen Schriften aus diesem Fund. Dafür gibt es mehrere Gründe:

Erstens war ein Thomasevangelium, das von dem sogenannten Kindheitsevangelium des Thomas zu unterscheiden ist, in der alten Kirche bekannt. Origenes erwähnt es, die Manichäer scheinen es benutzt zu haben und Hippolytus zitiert daraus einen Satz, der Ähnlichkeiten aufweist mit Logion 4 aus unserem Thomasevangelium: „Wer mich sucht, wird mich finden in Kindern vom siebten Jahr an, denn dort, im vierzehnten Äon verborgen, offenbare ich mich".[38]

---

[37] Vgl. C. SCHOLTEN, Die Nag-Hammadi Texte als Buchbesitz der Pachomianer, JAC 31 (1988) 144–172; andere Möglichkeiten diskutiert A. H. B. LOGAN, The Gnostics: Identifying an Early Christian Cult, London 2006, 8–35.

[38] Hippolytus, Ref V 7,20.

Zweitens fühlten sich die Exegeten sofort an die Logienquelle Q erinnert, auch Spruchquelle genannt, eine hypothetisch erschlossene Größe, die Matthäus und Lukas als zweite Quelle neben Markus benutzten und die mehrheitlich aus Logien, aus Aussprüchen Jesu besteht. Allerdings ist bei näherem Hinsehen die Ähnlichkeit längst nicht so groß wie anfänglich angenommen. Q enthält deutlich mehr erzählende Abschnitte.

Drittens, und das ist wohl der wichtigsten Grund, stellte man erstaunt fest, dass man das Thomasevangelium teilweise schon kannte, ohne es zu wissen. Sogenannte *Logia Iēsou,* Sprüche Jesu, in Griechisch auf Papyri aus der ägyptischen Oase Oxyrhynchus festgehalten, sind unter diesem Titel bereits 1897 und 1904 publiziert werden.[39] Man wusste mit diesen außerkanonischen Herrenworten nichts Rechtes anzufangen, und sie gerieten zeitweise fast wieder in Vergessenheit. Inzwischen wissen wir, dass diese griechischen Jesusworte genaue Parallelen im koptischen Thomasevangelium haben.[40] Im Einzelnen entsprechen sich:

POxy 1	und	EvTh 26–33
POxy 654	und	EvTh 1–7
POxy 655	und	EvTh 36–39

[39] B. P. GRENFELL / A. S. HUNT, Logia Iesou: Sayings of Our Lord, London 1897 (= POxy 1); DIES., New Sayings of Jesus and Fragment of a Lost Gospel from Oxyrhynchus, London 1904 (= POxy 654); DIES., The Oxyrhynchus Papyri. Bd. 4, London 1904, 1–28 (= POxy 655).

[40] Dazu D. LÜHRMANN, „Das Reich Gottes ist ausgebreitet auf der Erde“: Die griechische Überlieferung des Thomasevangeliums, in: Ders., Die apokryph gewordenen Evangelien. Studien zu neuen Texten und zu neuen Fragen (NT.S 112), Leiden 2004, 144–181.

Diese drei Papyrusfragmente stammen aus drei verschiedenen Manuskripten, die voneinander unabhängig sind und auf einen gemeinsamen Archetyp zurückgehen. Das älteste unter ihnen, POxy 1, wird von den Papyrologen auf ca. 200 n. Chr. datiert. Das ist ein wichtiger Befund, denn wir gelangen damit für die Entstehung der Grundform des Thomasevangeliums ins zweite Jahrhundert zurück, vielleicht sogar auf einen Zeitraum zwischen 120 und 140 n. Chr. Zugleich mahnt der Vergleich zur Vorsicht im Umgang mit der koptischen Fassung. In manchen Details weichen der griechische und der koptische Text voneinander ab, und es lässt sich dann eigentlich immer zeigen, dass die griechische Version die ältere ist und die koptische das Resultat einer späteren Überarbeitung darstellt.

Damit kommen wir zu einigen strittigen Fragen, die in der Forschung nach wie vor sehr kontrovers diskutiert werden und nicht endgültig entschieden sind. Dazu ein konkretes Beispiel: Drei Arbeiten aus den letzten Jahren kommen zu ganz unterschiedlichen Ergebnissen hinsichtlich der Datierung des Thomasevangeliums und der Folgerungen, die sich daraus ergeben. Nicholas Perrin (2002) setzt das Thomasevangelium zwischen 175 und 190 n. Chr. an, also relativ spät.[41] Nach ihm ist es abhängig von Tatians Diatessearon (letzteres ist eine syrische Evangelienharmonie, die Tatian aus den vier kanonischen Evangelien herstellte und die in der syrischen Kirche zeitweilig ausschließlich in Gebrauch war). Von ganz anderer Seite, nämlich von der Suche nach der Anthropologie des Thomasevangeliums herkommend, datiert Enno Edzard Popkes das Werk gleichfalls

---

[41] N. Perrin, Thomas and Tatian: The Relationship between the Gospel of Thomas and the Diatessaron (Academia Biblica 5), Atlanta / Leiden 2002.

in „die zweite Hälfte des zweiten Jahrhunderts".[42] Dass im Thomasevangelium unabhängige Jesusüberlieferungen aufbewahrt worden seien, ist unter diesen Bedingungen eher auszuschließen. April DeConick geht demgegenüber in ihren letzten Arbeiten von einen Kernbestand von Jesusworten aus, aus dem sich das uns bekannte Thomasevangelium durch sukzessive Fortschreibung entwickelt habe.[43] Diese anfängliche Sammlung sei zwischen 30 und 50 n. Chr. in Jerusalem entstanden – ein extremer Frühansatz, in der Tat. Von einer Abhängigkeit von den kanonischen Evangelien, die zu diesem Zeitpunkt noch gar nicht existierten, kann also keine Rede sein. Damit hängt des Weiteren auch die Bewertung des gnostischen oder nicht-gnostischen Charakters des Thomasevangeliums zusammen.[44] Bei einem Frühansatz wird man gnostische Affinitäten ausschließen müssen, bei einem Spätansatz erhöht sich zumindest die Wahrscheinlichkeit solcher Affinitäten. So klar wie beim Judasevangelium liegt der Fall diesmal nicht.

Es wurde schon angedeutet, welche Lösung ich hinsichtlich der Datierung favorisiere. Wir behalten die offenen Fragen im Auge, wenn wir uns im Hauptteil unserer Ausführungen einigen inhaltlichen Schwerpunkten zuwenden. Alle Entscheidungen müssen schließlich auf der Basis des Textes selbst fallen und gegenüber den Aussagen des Textes verantwortet werden.

---

42 E. E. Popkes, Menschenbild (s. Anm. 34) 361.

43 A. D. DeConick, Recovering the Original Gospel of Thomas: A History of the Gospel and its Growth (Library of New Testament Studies 286), London 2005; Dies., Original Gospel of Thomas.

44 Gute Überlegungen zum Umgang mit dem Attribut „gnostisch" in Bezug auf das Thomasevangelium finden sich jetzt bei E. E. Popkes, Menschenbild (s. Anm. 34) 28–34.111–117.

3. Zu inhaltlichen Schwerpunkten

a) Titelzeile und Programm

Die Eingangszeile haben wir bereits besprochen. Fügen wir hier nur noch hinzu, dass die Verheißung „Wer die Deutung dieser Worte findet, wird den Tod nicht schmecken" an Joh 11,25 erinnert: „Ich bin die Auferstehung und das Leben. Wer an mich glaubt, wird leben, auch wenn er stirbt", oder auch an Joh 8,51: „Wenn jemand an meinem Wort festhält, wird er auf ewig den Tod nicht schauen". Angesichts der Bedeutung, die dem intensiven Verstehen zugemessen wird, ist es sicher kein Zufall, wenn wir später im Evangelium sechsmal auf den Weckruf treffen: „Wer Ohren hat zu hören, soll hören".[45]

b) Suchen und Finden

Nach der Herausforderung im Vorwort, die „Deutung dieser Worte zu *finden*", spricht Logion 2 sehr passend von dem kontinuierlichen Prozess des Suchens und *Findens,* der schließlich zum erhofften Ziel führt. Hier dürfte eine Textsynopse helfen, weil wir diesen Ausspruch in verschiedenen Versionen besitzen. Die ersten zwei Spalten folgen Clemens von Alexandrien, der das Wort in seinen *Stromateis* zitiert und dem Hebräerevangelium zuschreibt; es schließen sich an die koptische Version des Thomasevangeliums und die griechische Version aus den Oxyrhynchus-Papyri.

[45] EvThom 8,4; 21,11; 24,2; 63,4; 65,8; 96,3.

Strom II 45,5	Strom V 96,3	EvThom 2	POxy 654,5–9
Wie auch im Hebräer-evangelium geschrieben steht:	*Mit diesen (Worten) ist jenes gleich:*	*Jesus sagte:*	*Es spricht Jesus:*
	Nicht aufhören soll der Suchende,	Wer sucht, soll nicht aufhören zu suchen,	Nicht aufhören soll der Suchende zu suchen
	bis er findet;	bis er findet;	bis er findet;
	wenn er aber fand, wird er betroffen sein;	Und wenn er findet, wird er bestürzt sein;	und wenn er fand, wird er betroffen sein;
	wenn er aber betroffen ist,	und wenn er bestürzt ist,	und wenn er betroffen ist,
Wer zu staunen begann,		wird er erstaunt sein,	
wird herrschen;	wird er herrschen;	und er wird herrschen über das All.	wird er herrschen;
und wer zu herrschen begann, wird Ruhe finden.	wenn er aber zu herrschen begann, wird er Ruhe finden.		und wenn er zu herrschen begann, wird er Ruhe finden.

Die Hauptunterschiede zwischen dem koptischen Text und dem griechischen Text sind die folgenden: Das Koptische hat eine zusätzliche Zeile, die wir auch bei Clemens finden, „er wird erstaunt sein", und beschreibt das Ziel als „herrschen *über das All*", lässt dafür aber die Schlusszeile „er wird Ruhe finden" aus. Die Ruhe als Verheißungsgut kommt im Thomasevangelium aber später zur Geltung, in Logion 90,1–2: „Kommt zu mir, denn mein Joch ist sanft, und meine Herrschaft ist mild. Und ihr werdet Ruhe finden für euch“ (vgl. Mt 11,28–30). Wir können auch die Seligpreisung in Logion 58 vergleichen: „Selig ist der Mensch, der sich abgeplagt hat (nämlich mit der Entschlüsselung des verborgenen Sinns der Jesusworte). Er hat das Leben gefunden (in diesen Worten).“

Im Hintergrund steht, wenn auch in einigem Abstand, das Jesuswort „wer sucht, der findet“ aus der Bergpredigt (Mt 7,7). Aber es gibt mehr erhellende Parallelen. Clemens führt das Wort mit dem Zusatz „wer zu staunen begann“ im Kontext eines Zitats aus Platon an, für den das Staunen den Beginn allen Philosophierens darstellt. Das Herrschen lässt uns an den Zentralbegriff der Verkündigung Jesu, die Herrschaft Gottes, denken. Dass nur der weise Mensch als König herrscht, ist aber auch eine Grundüberzeugung stoischer Philosophie. Die Ruhe wurde vor allem in gnostischen Kreisen als höchstes Ziel angesehen. In der jüdischen Weisheitsliteratur ist die Gestalt der Weisheit Objekt intensiver Suche, und diese Tätigkeit trägt ihre Belohnung schon in sich. Vergleichen wir dazu nur Sirach 6,27f.:

ἐξίνευσον καὶ ζήτησον, καὶ γνωσθήσεταί σοι,
καὶ ἐγκρατὴς γενόμενος μὴ ἀφῇς αὐτήν·
ἐπ᾽ ἐσχάτων γὰρ εὑρήσεις τὴν ἀνάπαυσιν αὐτῆς,
καὶ στραφήσεταί σοι εἰς εὐφροσύνην·

Frage und forsche, suche und finde!
Hast du sie (die Weisheit) erfasst, lass sie nicht wieder los!
Denn schließlich wirst du bei ihr Ruhe finden,
sie wandelt sich dir in Freude.

Wir sehen, wie aus bekanntem Material unterschiedlicher Provenienz neue Jesusworte entstehen können.

c) Das Königreich

Mit einem Stichwortanschluss geht es weiter.[46] Das letzte Thema aus Logion 2, „er wird herrschen", wird in Logion 3 aufgenommen und mit einem neuen theologischen Konzept verbunden, der Königsherrschaft oder dem Königreich:

(1) Jesus spricht: „Wenn die, die euch führen [POxy 654 hat: in die Irre führen], zu euch sagen: ‚Siehe, im Himmel ist das Königreich!', dann werden euch die Vögel des Himmels zuvorkommen. (2) Wenn sie zu euch sagen: ‚Es ist im Meer', dann werden euch die Fische zuvorkommen. (3) Vielmehr: Das Königreich ist innerhalb von euch und außerhalb von euch."

In der Endzeitrede in Mk 13 spricht Jesus von denen, die die Jünger in die Irre führen, indem sie zu ihnen sagen: „Siehe, hier ist Christus, oder siehe, dort ist er" (V. 21). Das Thomasevangelium denkt bei diesen Führungsfiguren vielleicht präzise an Amtsträger und Theologen der Großkirche, die lehren, Gottes Herrschaft sei ein ausschließlich endzeitliches Phänomen; sie komme erst am Ende der Zeit. Das Thomasevangelium karikiert eine solche Sicht geradezu, wenn es die Vögel des Himmels und die Fische im Meer zum Vergleich heranzieht, unter Aufnahme im Übrigen von Dtn 30,12–14: Das Gotteswort, „nicht ist es im Himmel, so dass du sagen müsstest: ‚Wer steigt für uns in den Himmel hinauf, um es zu holen …?' Es ist auch nicht jenseits des Meeres, dass du sagen könntest: ‚Wer fährt für uns über das Meer, um es zu holen …?' Sondern ganz nah ist dir das Wort, in deinem Mund und in deinem Herzen …"

Das Thomasevangelium umschreibt die Gegenwart der Gottesherrschaft mit ähnlichen Worten wie Lk 17,21: „Man wird auch nicht sagen: ‚Siehe, hier!' oder: ‚dort!'; denn siehe,

[46] Vgl. zum folgenden Abschnitt E. E. Popkes, Menschenbild (s. Anm. 34) 68–75.

das Reich Gottes ist mitten unter euch." Logion 3, Vers 3 versteht die Gegenwart des Reiches sowohl individuell („innerhalb von euch") als auch in einer das Individuum transzendierenden Weise („außerhalb von euch"). Letzteres ist wohl so zu verstehen, dass viele „Einzelne" – auf diesen Begriff kommen wir im nächsten Schritt zurück – an diesem Reich teilhaben, und zwar durch Erkenntnis, auch Selbsterkenntnis. Der Stellenwert des richtigen Erkennens, als Resultat des Suchens und Findens, wird nämlich in den letzten beiden Versen von Logion 3 unterstrichen:

(4) Wenn ihr euch erkennt, dann werdet ihr erkannt werden, und ihr werdet begreifen, dass ihr die Kinder des lebendigen Vaters seid. (5) Wenn ihr euch aber nicht erkennt, dann existiert ihr in Armut, und ihr seid die Armut.

Jesu Botschaft vom Kommen der Gottesherrschaft hat ihre zeitliche und zukünftige Dimension verloren; sie wird als eine spirituelle, zeitlose Größe neu gefasst. Weitere Worte über das Reich und den Modus seiner Anwesenheit sind über den ganzen Text verteilt und münden in das vorletzte Logion 113, das mit Logion 3 einen gut konstruierten Rahmen um den Gesamttext legt. Logion 113 beginnt mit der Frage der Jünger: „Das Königreich – an welchem Tag wird es kommen?" Die Antwort lautet: Nicht, wenn ihr darauf wartet. Es ist bereits über die Erde ausgebreitet, wird nur von den Menschen nicht wahrgenommen.

d) Vereinzelt, einsam, eins

Logion 4 führt ein weiteres Leitmotiv ein, was wir aber erst deutlicher sehen, wenn wir einige weitere Logien damit vergleichen. Der Text von Logion 4 lautet:

(1) Jesus spricht: „Der Mensch, alt in seinen Tagen, wird nicht zögern, ein kleines Kind von sieben Tagen über den Ort des Lebens zu befragen, und er wird leben. (2) Denn viele Erste werden Letzte sein. (3) Und sie werden ein einziger sein."

Die Begegnung von Greis und Säugling, Letztem und Erstem, schließt einen Kreis, einen Lebenszyklus. Eine Rückkehr zum Anfang scheint möglich zu sein (man vgl. 18,3: „Selig ist der, der im Anfang stehen wird. Da wird er das Ende erkennen, und er wird den Tod nicht schmecken."), vielleicht sogar zu einem Anfang, der irdischer Existenz voraus liegt (vgl. 19,1: „Selig ist, wer war, bevor er wurde"). Damals hatte sich die verhängnisvolle Teilung noch nicht vollzogen, von der 11,4 spricht: „An dem Tage, als ihr einer wart, seid ihr zwei geworden. Wenn ihr aber zwei geworden seid, was werdet ihr tun?" Hier können wir bereits an die Ausdifferenzierung des einen, ursprünglichen Menschen in Mann und Frau im zweiten Schöpfungsbericht denken. Das Thema kommt später in Logion 22 zum Tragen: „Wenn ihr die zwei zu einem macht ..., damit ihr das Männliche und das Weibliche zu einem einzigen macht, auf dass das Männliche nicht (mehr) männlich und das Weibliche nicht (mehr) weiblich sei ...". Ziel muss also sein, wieder eins zu werden, und das wird vorweggenommen durch die Existenz als einzelner, als *monachos* mit einem weiteren griechischen Lehnwort (von dem sich unser „Mönch" herleitet): „Und sie werden dastehen als einzelne" (16,4); „Selig sind die einzelnen, die Erwählten" (49,1); „Viele stehen vor der Tür, aber die einzelnen sind es, die in den Hochzeitssaal eingehen werden" (75).[47]

---

[47] Ausführlich zu dieser Begrifflichkeit E. E. Popkes, Menschenbild (s. Anm. 34) 147–178.

Das dürfte auch der ursprüngliche Sinn von Logion 30 sein, das in seiner koptischen Version große Verständnisprobleme bereitet, das sich aber mit Hilfe der griechischen Vorlage POxy 1,23–27 folgendermaßen rekonstruieren lässt: Jesus spricht: „Wo drei sind, sind sie gottlos. Wo aber einer allein ist, ich sage (ihm): Ich bin mit ihm." Mt 18,20 („Wo zwei oder drei in meinem Namen versammelt sind …") wird hier auf den Kopf gestellt. Dies wäre eine gottlose Versammlung. Das sagt uns einiges über das Selbstverständnis und die Erfahrungswelt der Gruppe, die in irgendeiner Weise als Träger hinter solchen Texten stehen muss. Ihre Mitglieder, gering an Zahl, fühlten sich isoliert und marginalisiert, aber sie betrachteten das als eine Auszeichnung, in Übereinstimmung mit Jesu Ausspruch in Logion 23: „Ich werde euch auswählen, einen aus tausend und zwei aus zehntausend. Und ihr werdet dastehen als ein einziger." Wo es nur wenige gibt, ist jeder einzelne besonders wertvoll. Daher die Mahnung in Logion 25: „Liebe deinen Bruder wie dein Leben! Behüte ihn wie deinen Augapfel!"[48]

e) Mensch und Löwe

Wer dem Thomasevangelium zum ersten Mal begegnet, wird sich vermutlich vor allem durch Logion 7 irritiert fühlen, das leicht den Preis als rätselhaftestes Wort in einer Sammlung von Rätselsprüchen davon tragen dürfte:

(1) Jesus spricht: „Selig ist der Löwe, den der Mensch essen wird, und der Löwe wird Mensch sein. (2) Und abscheulich ist der Mensch, den der Löwe essen wird, und der Löwe wird Mensch sein."

---

[48] Zur Auslegung dieses Logions in seinem traditionsgeschichtlichen Kontext vgl. E. E. Popkes, Menschenbild (s. Anm. 34) 45–50.

Lassen wir den zweiten Vers einmal beiseite, weil hier möglicherweise ein früher Abschreibefehler vorliegt. Wir würden am Schluss erwarten: „und der Mensch wird Löwe sein“.[49] Konzentrieren wir uns auf Vers 1, dem wir vielleicht doch einen gewissen Sinn abgewinnen können.[50] Auf einer ersten Ebene könnten wir einfach von der Physiologie der Nahrungsaufnahme ausgehen. Was man isst, wird vom eigenen Organismus assimiliert und so zu einer Komponente des eigenen Selbst. Auch das Fleisch eines Löwen, einmal verzehrt, erfährt eine solche Transformation. Vielleicht existierte eine volkstümliche Vorstellung dergestalt, dass Löwenfleisch sogar besondere Kraft und Schnelligkeit verleihen kann.

Wir müssen aber noch einen Schritt weiter gehen. Den Schlüssel zu Logion 7 finden wir erst, wenn wir erkennen, dass hier Rudimente einer platonischen Anthropologie verarbeitet sind. An einer Stelle in der Politeia, die in einer schlechten Übersetzung ins Koptische sogar unter den Nag-Hammadi-Schriften aufbewahrt ist,[51] skizziert Platon das Bild einer Seele, die in sich selbst drei Gestalten vereint: ein vielköpfiges Monster, das für die wilden Leidenschaften steht, ein Löwe, der Mut und Zorn verkörpert, und ein menschliches Wesen, das als Vernunft die Kontrolle ausüben soll. Der Verzehr des Löwen durch den Menschen sym-

---

[49] Vgl. die Anmerkung zur Übersetzung bei J. Schröter / H.-G. Bethge, Das Evangelium nach Thomas (NHC II,2), in H.-M. Schenke / H. G. Bethge / U. U. Kaiser (Hrsg.), Nag Hammadi Deutsch I, 165 Anm. 45: „Die Wendung ‚und der Löwe wird Mensch sein‘ kann durch einen Abschreibefehler, eventuell schon in der griechischen Vorlage, entstanden sein, und ist deshalb vielleicht zu tilgen …“.

[50] Vgl. zum Folgenden H. D. Jackson, The Lion Becomes Man: The Gnostic Leontomorphic Creator and the Platonic Tradition (SBL.DS 81), Atlanta 1985.

[51] NHC VI,5 = *Politeia* 588B–589B.

bolisiert also den Sieg der Verstandeskraft (Mensch) über die irrationalen Impulse (Löwe), daher die Seligpreisung.[52]

f) Thomas und andere Jünger

In Logion 12 erwähnt Jesus „Jakobus, den Gerechten", der nach Ostern zur Autoritätsfigur für die anderen Jünger werden soll.[53] Aber eine gewisse Ironie ist in dieser Installierung des Jakobus doch versteckt. Warum? Schauen wir uns den Text genauer an:

> (1) Die Jünger sprachen zu Jesus: „Wir wissen, dass du von uns gehen wirst. Wer ist es, der dann über uns herrschen wird?" (2) Jesus sprach zu ihnen: „Woher auch immer ihr gekommen seid – zu Jakobus dem Gerechten sollt ihr gehen, um dessentwillen der Himmel und die Erde entstanden sind."

Das klingt sehr überschwänglich; wo also versteckt sich die Ironie? Fragen seitens der Jünger entpuppen sich im Thomasevangelium meist als törichte Fragen, die das Unverständnis der Mehrzahl der Jünger demonstrieren. Außerdem benötigten die elitär gesinnten Anhänger dieses Evangeliums keine menschlichen Führer und Herrscher. Schließlich ist auch der Ausdruck „Himmel und Erde" kritisch zu hinterfragen. Andere Logien im Thomasevangelium informieren uns darüber, dass Himmel und Erde komplett vergehen

---

[52] Eine neue Deutung hat neuerdings A. Crislip, Lion and Human in *Gospel of Thomas* Logion 7, JBL 126 (2007) 595–613, vorgelegt. Er bezieht Logion 7 auf frühchristliche Diskurse über die leibliche Auferstehung, wo z. B. die Frage erörtert wurde, was mit den Leibern von Menschen geschieht, die von Bestien verzehrt wurden, vor allem wenn ein anderer Mensch das betreffende Tier samt inkorporiertem menschlichen Leib später konsumiert; zu den von ihm angeführten Belegen könnte man noch Physiologus 1 stellen.

[53] Zu Logion 12 und Logion 13 siehe auch E. E. Popkes, Menschenbild (s. Anm. 34) 84–90.

werden. Daraus folgt, dass, wenn das geschieht, von der ganzen Herrlichkeit des Jakobus nichts mehr bleiben wird. Das folgende Logion 13 stellt überdies in aller Deutlichkeit klar, dass Thomas die spirituelle Vorreiterrolle übernimmt und niemand sonst. Dieses Logion ist in mehrfacher Hinsicht sehr bemerkenswert, auch weil es etwas mehr Handlung enthält als sonst üblich:

(1) *Jesus* sprach zu seinen Jüngern: „Vergleicht mich und sagt mir, wem ich gleiche."

(2) *Simon Petrus* sprach zu ihm: „Du gleichst einem gerechten Boten (oder Engel, *angelos*)."

(3) *Matthäus* sprach zu ihm: „Du gleichst einem besonders klugen Philosophen."

(4) *Thomas* sprach zu ihm: „Lehrer, mein Mund vermag es ganz und gar nicht zu ertragen zu sagen, wem du gleichst."

(5) *Jesus* sprach: „Ich bin nicht dein Lehrer. Denn du hast getrunken, du hast dich berauscht an der sprudelnden Quelle, die ich ausgemessen habe."

(6) Und er nahm ihn, und er zog sich zurück, und er sagte ihm drei Worte.

(7) Als Thomas aber zu seinen Gefährten kam, befragten sie ihn: „Was hat dir Jesus gesagt?"

(8) *Thomas* sprach zu ihnen: „Wenn ich euch eines von den Worten sage, die er mir gesagt hat, werdet ihr Steine aufheben und auf mich werfen, und Feuer wird aus den Steinen herauskommen und euch verbrennen."

In ihrer Gesamtanlage erinnert diese Perikope zunächst an die Messiasfrage bei Caesarea Philippi in Mk 8,27–30. Dort fragt Jesus seine Jünger, für wen ihn die *Leute* halten, und *Petrus* referiert einige Antworten („für Elija", „für einen von den Propheten"), ehe er selbst richtig feststellt: „Du bist der Messias". Dieser Vergleich fördert auch auffällige

Verschiebungen zu Tage. Die *Leute* spielen keine Rolle mehr. Referiert wird jetzt die Meinung anderer *Jünger,* und nicht *Petrus,* sondern *Thomas* gibt die richtige, nämlich ausweichende Antwort. Bei Markus verhält es sich sodann öfter so, dass Jesus nach einer Belehrung der *Menge* seine *Jünger* beiseite nimmt und ihnen eine gesonderte Auslegung gibt. In Logion 13 des Thomasevangeliums wird für diese geheime Offenbarung *Thomas* aus der Zahl der anderen *Jünger* ausgesondert. Man kann das so deuten, dass der ganze Ablauf sich jetzt in den innerchristlichen, innerkirchlichen Raum verlagert hat. Die Menge der Außenstehenden spielt keine Rolle mehr; die Jünger repräsentieren die Kirchenchristen, und Thomas repräsentiert eine kleine Gruppe, die sich tieferer Einsichten rühmt und die wir mangels besserer Bezeichnungen „Gnostiker" nennen können.

Die Antworten, die Simon Petrus und Matthäus geben, sind denn auch nicht völlig falsch, wenn sie auf eine alte Botenchristologie oder Engelchristologie rekurrieren und Jesus als erfolgreichen philosophischen Lehrer charakterisieren, aber sie genügen andererseits auch nicht. Thomas trifft das Richtige, wenn er erklärt, die Sprache sei grundsätzlich unzulänglich, um hinreichende Aussagen über Jesus zu machen. Daraufhin kann Jesus im Fall des Thomas die Anrede als „Lehrer" zurückweisen, nicht, weil auch sie hinter seiner tatsächlichen Würde zurückbleibt, sondern weil Thomas seiner als eines Lehrers nicht mehr bedarf. Thomas hat bereits teil an der verborgenen Weisheit, was V. 5 mittels der Metaphorik vom Trinken aus der sprudelnden Quelle, die Jesus selbst angelegt hat, anschaulich macht (hier können wir den Brunnen und das lebendige Wasser aus Joh 4 assoziieren). Dass dieses Trinken Angleichung an Christus und Offenbarungsempfang zur Folge hat, präzisiert über 13,5 hinaus gegen Ende des Thomasevangeliums auch das

Logion 108: „Wer von meinem Mund trinken wird, wird werden wie ich. Ich selbst werde zu ihm werden, und was verborgen ist, wird sich ihm offenbaren."

Deshalb ist, so wieder 13,6, nur Thomas jener Sonderbelehrung würdig, die in drei Worten besteht, die so unerhört sind, dass sie nicht einmal den anderen Jüngern weitergesagt werden dürfen. Darin reflektiert sich, wenn wir auch das zu übersetzen versuchen, die Erfahrung, die Anhänger der hier vertretenen esoterischen Form christlichen Glaubens und Lebens gemacht haben: Ihre zentralen Einsichten konnten sie nicht in die Gemeinden hinein vermitteln. Dafür waren sie zu skandalös, ja sie klangen für fromme Ohren geradezu blasphemisch. Die naheliegende Reaktion der Kirchenchristen, nämlich der Versuch der Steinigung der Abweichler als Strafe für Gotteslästerung, würde aber auf die Urheber zurückfallen. Übrig bleibt nur das Schweigen als die für alle Beteiligten günstigste Strategie. Drei Worte wären übrigens, auch im Griechischen, „Ich bin Christus", was blasphemisch wirkt, wenn es ein normaler Christ in den Mund nimmt, was aber im Philippusevangelium aus Nag Hammadi (NHC II,3) tatsächlich auf die Gläubigen schlechthin angewandt wird: Durch die Taufe werden wir zu Christen, durch die Salbung zu Christus (EvPhil 67).

g) Eine ‚gnostische' Situationsbeschreibung

Für die Einschätzung des Thomasevangeliums als gnostisch oder nicht gnostisch kommt dem Logion 28 besondere Bedeutung zu:

(1) Jesus spricht: „Ich stand in der Mitte der Welt, und ich offenbarte mich ihnen im Fleisch. (2) Ich fand sie alle trunken. Niemanden unter ihnen fand ich durstig. (3) Und meine Seele empfand Schmerz über die Kinder der Menschen, weil sie blind sind in ihrem Herzen, und sie sehen nicht …"

Auch Forscher, die von einer gnostischen Gesamtdeutung eigentlich wegkommen möchten, räumen ein, dass eine Nähe zur Gnosis hier unverkennbar ist.[54] In klassischen gnostischen Texten tritt immer wieder die Gestalt eines Erlösers unerkannt in der Welt auf und findet die Menschheit trunken, berauscht, blind und schlafend vor. Die Funktion des Erlösers besteht vor allem darin, Träger des Weckrufs zu sein, der an die Menschen ergeht und der einige von ihnen aufrüttelt und zur Selbsterkenntnis führt.

Zum festen Repertoire gnostischer Themen gehört auch der Aufstieg der Seele durch verschiedene himmlische Bereiche bis zum höchsten Himmel, sei es in einer visionären Schau, sei es als Heimkehr zum Ursprung nach dem Tod. Dieser Weg ist gefährdet, weil die unteren Himmel von widerständigen Mächten besetzt sind. Ihnen gegenüber muss sich die Seele ausweisen durch Kennworte und Zeichen. Genau diese Konstellation liegt in Logion 50 vor:[55]

> (1) Jesus spricht: „Wenn sie zu euch sagen: ‚Woher stammt ihr?', dann sagt ihnen: ‚Wir sind aus dem Licht gekommen, dem Ort, wo das Licht entstanden ist aus sich selbst, sich hingestellt hat und in ihrem Bild erschienen ist'. (2) Wenn sie zu euch sagen: ‚Seid ihr es?', dann sagt: ‚Wir sind seine Kinder, und wir sind die Erwählten des lebendigen Vaters.' (3) Wenn sie euch fragen: ‚Was ist das Zeichen eures Vaters unter euch?', dann sagt ihnen: ‚Bewegung ist es und Ruhe.'"

Ein Charakteristikum der Gnosis ist eine dualistische Kosmologie, in deren Rahmen Materie und Leiblichkeit als rein negative Größen angesehen werden. Das Thomasevangelium legt kein völlig negatives, wohl aber ein gebrochenes

[54] Vgl. z. B. R. Valantasis, The Gospel of Thomas (New Testament Readings), London 1997, 103.

[55] Siehe dazu E. E. Popkes, Menschenbild (s. Anm. 34) 218–227.

Weltverhältnis an den Tag, wenn es Jesus zum Beispiel sagen lässt: „Wer die Welt erkannt hat, hat eine Leiche gefunden. Und wer diese Leiche gefunden hat, dessen ist die Welt nicht würdig“ (56).

Das alles bedeutet nicht, dass alle Sprüche des Thomasevangeliums gnostisch seien, wohl aber, dass einige Sprüche Aspekte gnostischer Theologie und Mythologie aktualisieren und vor diesem Hintergrund besser verständlich werden.

An sich müssten wir alle 114 Logien des Thomasevangeliums in dieser Weise durchgehen und uns um ihr Verständnis bemühen. Wir erinnern uns: Nur für das vollkommene Verstehen ist ewiges Leben als Preis ausgesetzt. Nur auf diesem Wege sind auch echte Einsichten in den Text zu gewinnen, und nur so lassen sich begründete Antworten auf die eingangs formulierten Fragen finden. Es liegt auf der Hand, dass wir dieses Vorgehen aus Platzgründen nicht fortsetzen können, sondern mehr oder weniger hier abbrechen müssen.

h) Maria Magdalena männlich machen

Wir können uns aber dennoch vom Thomasevangelium nicht verabschieden, ohne das letzte Logion zu zitieren, das den Erklärern, die das Thomasevangelium am liebsten kanonisieren möchten, doch etwas schwer im Magen liegt:[56]

---

[56] Vgl. dazu M.W. Meyer, Making Mary Male: The Categories „Male“ and „Female“ in the *Gospel of Thomas,* NTS 31 (1985) 554–570; Ders., *Gospel of Thomas* Logion 114 Revisited, in: H.-G. Bethge et al. (Hrsg.), For the Children, Perfect Instruction: Studies in Honor of Hans-Martin Schenke on the Occasion of the Berliner Arbeitskreis für koptisch-gnostische Schriften's Thirtieth Year (NHMS 54), Leiden 2002, 101–111; beide Artikel auch in: Ders., Secret Gospels: Essays on Thomas and the Secret Gospel of Mark, Harrisburg, Pas. 2003, 76–106.

(1) Simon Petrus sprach zu ihnen: „Maria soll von uns weggehen, denn die Frauen sind des Lebens nicht wert." (2) Jesus sprach: „Siehe, ich werde sie ziehen, auf dass ich sie männlich mache, damit auch sie ein lebendiger, euch gleichender, männlicher Geist werde." (3) (Ich sage euch aber): „Jede Frau, die sich männlich macht, wird eingehen in das Königreich der Himmel."

Direkt darauf folgt die Unterschrift „Frohe Botschaft nach Thomas". Petrus protestiert also gegen die Anwesenheit von Maria Magdalena im Jüngerkreis. Er bringt großkirchliche Vorbehalte gegen die Mitwirkung von Frauen in den Gemeinden zur Geltung; mehr und Besseres ist von ihm nicht zu erwarten. Jesus ergreift die Partei Marias, aber das hat einen Preis: Er wird sie nämlich männlich machen. Dass hier von der Kategorie des Männlichen als Leitgröße aus gedacht und das Weibliche entsprechend negativ bewertet wird, lässt sich nicht bestreiten. Ein wenig relativiert sich diese Dissonanz, wenn man das letzte Ziel ins Auge fasst, um das es dabei geht: Die Trennung der Geschlechter soll prinzipiell überwunden werden; nur so ist das ersehnte Einswerden möglich (denken wir an Logion 11). In mehr egalitärer Sprache hatte es zuvor schon Logion 22 so formuliert: „... damit ihr das Männliche und das Weibliche zu einem einzigen macht" (vgl. Gal 3,28).

Weiterführend ist auch die Überlegung, wie sich das Männlich-Werden konkret darstellen mochte. Wenn man das Thomasevangelium auf dem Hintergrund des urchristlichen Wanderradikalismus liest, kann man sich vorstellen, dass Frauen, wenn sie an dieser unsteten, heimatlosen Lebensform partizipieren wollten, sich Männerkleider anlegten, um unbelästigt zu bleiben. Sie sind dann um des Himmelreichs willen äußerlich zu „Männern" geworden.[57]

[57] Vgl. S. PETERSEN, „Zerstört die Werke der Weiblichkeit!" Maria

Außerdem sollten wir nicht vergessen, dass das Thomasevangelium von ägyptischen Mönchen gelesen und tradiert wurde. Es macht durchaus Sinn, einmal alle asketischen und weltverneinenden Logien des Thomasevangeliums aus dieser Perspektive zu lesen. Logion 114 würde dann besagen: Frauen haben in Männerklöstern nichts zu suchen.

3. Zusammenfassung

Nach dieser exemplarischen Textlektüre dürfte eine knappe Zusammenfassung genügen. Ich halte an einer „mittleren" Datierung des Thomasevangeliums in die erste Hälfte des zweiten Jahrhunderts fest. Die Existenz der später kanonisch gewordenen Evangelien ist bereits vorausgesetzt, kann aber teils auch durch sekundäre Oralität vermittelt worden sein, das heißt durch das Hören dieser Texte in Gottesdienst und Katechese. Dass daneben in Einzelfällen auch selbständige Jesusüberlieferung vorliegen kann, würde ich nicht kategorisch ausschließen, auch wenn es nicht ganz leicht fällt, präzise Beispiele zu benennen. Die Theologie des Thomasevangeliums befindet sich auf dem Weg zu voll entwickelten Formen der Gnosis, ist dort aber noch nicht ganz angekommen.[58]

Im Grunde überfordert man das Thomasevangelium und wird ihm nicht gerecht, wenn man in ihm nach der vollen Wahrheit über den historischen Jesus sucht. Seine verborgene Weisheit liegt auf einem anderen Gebiet. Als

---

Magdalena, Salome und andere Jüngerinnen Jesu in christlich-gnostischen Schriften (NHMS 48), Leiden 1999, 169–178.

[58] Vgl. J. SCHRÖTER / H.-G. BETHGE, Das Evangelium nach Thomas (NHC II,2), in: H.-M. Schenke / H. G. Bethge / U. U. Kaiser (Hrsg.), Nag Hammadi Deutsch I, 163: „Jesusüberlieferung auf dem Weg zur Gnosis".

Beispiel sei abschließend das kürzeste Wort aus der Reihe der 114 Sprüche zitiert, Logion 42: Jesus spricht: „Werdet Vorübergehende" – dies auch deshalb, weil es vermutlich die Basis bildet für ein versprengtes Jesuswort aus islamischer Tradition, das lautet: „Die Welt ist eine Brücke. Geht über sie hinüber – aber lasst euch nicht auf ihr nieder!"[59] Fast ist man versucht hinzuzufügen: Das hätte auch Jesus nicht besser sagen können.

III. Skandalöse Riten bei Nacht? Das Geheime Evangelium nach Markus

Ein „Geheimes Evangelium nach Markus", das klingt verheißungsvoll. Bringt dieses Geheimdokument endlich all jene Wahrheiten ans Licht, die in der kanonischen Fassung des Markusevangeliums unterdrückt wurden? Selbst ernstzunehmende Gelehrte vertreten diese Position. Krassere Ansichten kann man jederzeit im Internet abrufen. Ich zitierte aus einem Zufallsfund: Das Geheime Evangelium nach Markus liefert den Beweis dafür, „dass die kirchliche Hierarchie ihre Gläubigen von Beginn an betrogen und belogen hat".

Wir besitzen von diesem kontroversen Text, der in den USA bereits viel höhere Wellen geschlagen hat als in Deutschland, nur ein längeres und ein kürzeres Fragment, die beide dazu noch eingebettet sind in einen nicht-evan-

---

[59] Vgl. M. W. Meyer, „Be Passersby": *Gospel of Thomas* Saying 42, Jesus Traditions, and Islamic Literature, in: J. M. Asgeirsson / A. D. De-Conick / R. Uro (Hrsg.), Thomasine Traditions in Antiquity 255–270; auch in: Ders., Secret Gospels: Essays on Thomas and the Secret Gospel of Mark, Harrisburg, Pas. 2003, 59–75.

geliaren, brieflichen Kontext, der für das Verständnis unentbehrlich ist. Wir gehen diesmal umgekehrt vor und stellen die Fragen nach Fundumständen, Überlieferung und Quellenwert vorerst zurück.[60] Zunächst lassen wir uns auf Text und Kontext ein. Da die meisten Sammelausgaben und Monographien nur den Text bzw. die Übersetzung der beiden Evangelienfragmente enthalten,[61] sei eine möglichst wortgetreue, zeilenkonkordante Übersetzung des ganzen Dokuments vorangestellt.[62]

---

[60] Vgl. dazu M. SMITH, Clement of Alexandria and a Secret Gospel of Mark, Cambridge, Ma. 1973; DERS., The Secret Gospel: The Discovery and Interpretation of the Secret Gospel According to Mark, New York 1973; repr. Clearlake, Calif. 1982; deutsche Ausgabe: Auf der Suche nach dem historischen Jesus: Entdeckung und Deutung des geheimen Evangeliums im Wüstenkloster Mar Saba. Übers. von Otto Weith, Frankfurt a. M. 1974. Zur Erklärung auch E. RAU, Das geheime Markusevangelium. Ein Schriftfund voller Rätsel, Neukirchen-Vluyn 2003; weitere Literaturangaben im Folgenden.

[61] Das ist z. B. der Fall bei H. MERKEL, Anhang: Das „geheime Evangelium" nach Markus, in: NTApo[6] I, 89–92, hier: 92; J. K. ELLIOTT, The Apocryphal New Testament, Oxford 1993, 149; R. J. MILLER, The Complete Gospels, San Francisco 1994, 411; U. K. PLISCH, Verborgene Worte Jesu – verworfene Evangelien. Apokryphe Schriften des frühen Christentums, o. O. 2000, 38; E. RAU, Das geheime Markusevangelium (s. Anm. 60) 16–17.

[62] Der vollständige griechische Text findet sich bei M. SMITH, Clement of Alexandria and a Secret Gospel of Mark (s. Anm. 60) 448–452, und bei S. G. BROWN, Mark's Other Gospel: Rethinking Morton Smith's Controversial Discovery (Studies in Christianity and Judaism 15), Waterloo, Ont. 2005, xvii–xxiii. Dieser griechische Text, auf dem auch die Übersetzung basiert, wird im Folgenden dargeboten mit Erlaubnis der Harvard University Press ©, für die vielmals gedankt sei.

1. Griechischer Text

Seite 1

01 + ἐκ τῶν ἐπιστολῶν τοῦ ἁγιωτάτου Κλήμεντος τοῦ στροματέως· Θεοδώρῳ

02 καλῶς ἐποίησας ἐπιστομίσας τὰς ἀῤῥήτους διδασκαλίας τῶν Καρποκρατιανῶν.

03 οὗτοι γὰρ οἱ προφητευθέντες »ἀστέρες πλανῆται,« οἱ ἀπὸ τῆς στενῆς τῶν ἐντολῶν

04 ὁδοῦ εἰς ἀπέρατον ἄβυσσον πλανώμενοι τῶν σαρκικῶν καὶ ἐνσωμάτων ἁμαρτιῶν.

05 πεφυσιωμένοι γὰρ εἰς γνῶσιν, ὡς λέγουσιν, »τῶν βαθέων τοῦ Σατανᾶ,« λανθάνουσιν εἰς

06 »τὸν ζόφον τοῦ σκότους,« τοῦ ψεύδους, ἑαυτοὺς ἀποῤῥίπποντες· καὶ καυχώμενοι

07 ἐλευθέρους εἶναι, δοῦλοι γεγόνασιν ἀνδραποδώδων ἐπιθυμιῶν. τούτοις οὖν

08 ἀντιστατέον πάντη τε καὶ πάντως, εἰ γὰρ καί τι ἀληθὲς λέγοιεν οὐδ᾽ οὕτω

09 συμφωνοίη ἂν αὐτοῖς ὁ τῆς ἀληθείας ἐραστής. οὐδὲ γὰρ πάντα τἀληθῆ ἀλήθεια. οὐδὲ

10 τὴν κατὰ τὰς ἀνθρωπίνας δόξας φαινομένην ἀλήθειαν προκριτέον τῆς

11 ἀληθοῦς ἀληθείας τῆς κατὰ τὴν πίστιν. τῶν τοίνυν θρυλουμένων περὶ τοῦ θεοπνεύστου

12 κατὰ Μᾶρκον εὐαγγελίου, τὰ μὲν ψεύδεται παντελῶς, τὰ δέ, εἰ καὶ ἀληθῆ τινα

13 περιέχει, οὐδ οὕτως ἀληθῶς παραδίδοται, συγκεκραμένα γὰρ τἀληθῆ

14 τοῖς πλάσμασι παραχαράσσεται ὥστε – τοῦτο δὴ τὸ λεγόμενον – »καὶ τὸ

Übersetzung

Seite 1

01 Aus den Briefen des hochheiligen Clemens, (des Verfassers) der Stromateis, an Theodoros. / /
02 Du hast gut daran getan, die unsäglichen Lehren der Karpokratianer zum Schweigen zu bringen. / /
03 Denn sie sind die prophetisch angekündigten „wandernden Sterne" (Jud 13), die vom engen Pfad der Gebote
04 hinweg wandern in einen bodenlosen Abgrund von fleischlichen und leiblichen Sünden.
05 Weil sie sich der Erkenntnis, wie sie es nennen, der „Tiefen Satans" (Offb 2,24) brüsten, nehmen sie nicht wahr,
06 dass sie sich selbst in „die Düsternis der Dunkelheit" (Jud 13), (das heißt) der Lüge, hinweg werfen. Und obwohl sie sich rühmen,
07 frei zu sein, sind sie zu Sklaven sklavischer Gelüste geworden. / / Diesen Leuten nun
08 muss man widerstehen, ständig und in allen Punkten. Denn selbst wenn sie etwas Wahres sagen mögen, selbst dann
09 sollte der Liebhaber der Wahrheit ihnen dennoch nicht zustimmen. Denn nicht alle wahren (Dinge) sind Wahrheit. Auch
10 soll man nicht das, was nach menschlicher Ansicht als Wahrheit erscheint, höher schätzen als
11 die wahre Wahrheit, die dem Glauben gemäß (ist). / / Nun, was ihr Geschwätz betrifft über das göttlich inspirierte
12 Evangelium nach Markus: Manches ist gänzlich erlogen, während anderes, sogar wenn es etwas Wahres
13 enthält, dennoch nicht völlig wahrheitsgetreu überliefert ist. Denn die wahren Teile sind, da sie gemischt wurden
14 mit erfundenen Geschichten, verfälscht, so dass, wie das Sprichwort sagt, sogar „das

15 ἅλας μωρανθῆναι.« ὁ γοῦν Μᾶρκος, κατὰ τὴν τοῦ Πέτρου ἐν Ῥώμῃ διατριβὴν,

16 ἀνέγραψε τὰς πράξεις τοῦ Κυρίου, οὐ μέντοι πάσας ἐξαγγέλλων, οὐδὲ μὴν τὰς
17 μυστικὰς ὑποσημαίνων ἀλλ᾽ ἐκλεγόμενος ἃς χρησιμωτάτας ἐνόμισε πρὸς

18 αὔξησιν τῆς τῶν κατηχουμένων πίστεως. τοῦ δὲ Πέτρου μαρτυρήσαντος, παρῆλθεν
19 εἰς Ἀλεξάνδρειαν ὁ Μᾶρκος, κομίζων καὶ τὰ [τ]αὑτοῦ καὶ τὰ τοῦ Πετροῦ
20 ὑπομνήματα ἐξ ὧν μεταφέρων εἰς τὸ πρῶτον αὐτοῦ βιβλίον τὰ τοῖς προκόπτουσι
21 περὶ τὴν γνῶσιν κατάλληλα συνέταξε πνευματικώτερον

22 εὐαγγέλιον εἰς τὴν τῶν τελειουμένων χρῆσιν οὐδέπω ὅμως αὐτὰ τὰ ἀπόῤῥητα
23 ἐξωρχήσατο, οὐδὲ κατέγραψε τὴν ἱεροφαντικὴν διδασκαλίαν τοῦ
24 Κυρίου, ἀλλὰ ταῖς προγεγραμμέναις πράξεσιν ἐπιθεὶς καὶ ἄλλας, ἔτι
25 προσεπήγαγε λόγιά τινα ὧν ἠπίστατο τὴν ἐξήγησιν μυσταγωγήσειν τοὺς ἀκροατὰς

26 εἰς τὸ ἄδυτον τῆς ἑπτάκις κεκαλυμμένης ἀληθείας. οὕτως οὖν

27 προπαρεσκεύασεν, οὐ φθονερῶς οὐδ᾽ ἀποφυλάκτως, ὡς ἐγὼ οἶμαι. καὶ
28 ἀποθνήσκων κατέλιπε τὸ αὐτοῦ σύγγραμμα τῇ ἐκκλησίᾳ τῇ

15 Salz seine Würze verliert“ (Mk 9,50 parr.). / / Was nun Markus angeht: Während des Aufenthalts des Petrus in Rom

16 schrieb er die Taten des Herrn auf, gab jedoch nicht alle bekannt. Auch

17 spielte er nicht auf die mystischen (Taten) an, sondern wählte die aus, von denen er dachte, sie seien am nützlichsten für

18 das Wachstum des Glaubens derer, die gerade unterwiesen wurden. / / Als aber Petrus als Märtyrer starb, kam

19 Markus nach Alexandria und brachte sowohl seine eigenen Aufzeichnungen wie auch die des Petrus mit.

20 Von diesen (Materialien) übertrug er in sein früheres Buch, was immer geeignet schien

21 für die, die Forschritte machten hinsichtlich der Erkenntnis. Er schuf so ein mehr spirituelles („pneumatischeres“)

22 Evangelium für den Gebrauch der Vollkommenen. Des ungeachtet enthüllte er nicht die Dinge, die

23 unsagbar waren, noch schrieb er die hierophantische Lehre des

24 Herrn nieder, sondern fügte noch andere Taten zu denen, die schon niedergeschrieben waren, hinzu. Dann

25 brachte er dazu noch einige Aussprüche ein, von denen er wusste, dass ihre Interpretation die Hörer einweihen würde

26 in das innerste Heiligtum der siebenfach verhüllten Wahrheit. / / Auf diese Weise also

27 arrangierte er (die Dinge), weder ungern noch unvorsichtig, wie ich meine. Und

28 als er starb, hinterließ er seine eigene Komposition der Kirche

Seite 2

01 ἐν Ἀλεξανδρείᾳ ὅπου εἰσέτι νῦν ἀσφαλῶς εὖ μάλα τηρεῖται, ἀναγινωσκόμενον
02 πρὸς αὐτοὺς μόνους τοὺς μυουμένους τὰ μεγάλα μυστήρια. τῶν δὲ
03 μιαρῶν δαιμόνων ὄλεθρον τῷ τῶν ἀνθρώπων γένει πάντοτε μηχανώντων, ὁ
04 Καρποκράτης ὑπ᾽ αὐτῶν διδαχθεὶς καὶ ἀπατηλοῖς τέχναις χρησάμενος
05 οὕτω πρεσβύτερόν τινα τῆς ἐν Ἀλεξανδρείᾳ ἐκκλησίας κατεδούλωσεν
06 ὥστε παρ᾽ αὐτοῦ ἐκόμισεν ἀπόγραφον τοῦ μυστικοῦ εὐαγγελίου, ὃ καὶ
07 ἐξηγήσατο κατὰ τὴν βλάσφημον καὶ σαρκικὴν αὐτοῦ δόξαν, ἔτι
08 δὲ καὶ ἐμίανε, ταῖς ἀχράντοις καὶ ἁγίαις λέξεσιν ἀναμιγνὺς ἀναιδέστατα
09 ψεύσματα. τοῦ δὲ κράματος τούτου ἐξαντλεῖται τὸ τῶν Καρποκρατιανῶν
10 δόγμα. τούτοις οὖν, καθὼς καὶ πορείρηκα, οὐδέποτε εἰκτέον,
11 οὐδὲ προτείνουσιν αὐτοῖς τὰ κατεψευσμένα συγχωρητέον τοῦ Μάρκου
12 εἶναι τὸ μυστικὸν εὐαγγέλιον, ἀλλὰ καὶ μεθ᾽ ὅρκου ἀρνητέον. »οὐ γὰρ ἅπασι πάντα
13 ἀληθῆ λεκτέον.« διὰ τοῦτο ἡ σοφία τοῦ θεοῦ διὰ Σολομῶντος
14 παραγγέλλει, »ἀποκρίνου τῷ μωρῷ ἐκ τῆς μωρίας αὐτοῦ,« πρὸς τοὺς τυφλοὺς τὸν
15 νοῦν τὸ φῶς τῆς ἀληθείας δεῖν ἐπικρύπτεσθαι διδάσκουσα, αὐτίκα

Seite 2

01 in Alexandrien, wo sie noch heute aufs sorgfältigste gehütet wird, vorgelesen
02 nur denen, die in die großen Mysterien eingeweiht werden. / / Jedoch die
03 elenden Dämonen sinnen immer auf das Verderben der menschlichen Rasse.
04 Karpokrates, von ihnen belehrt und ihre täuschenden Künste benutzend,
05 machte sich so einen gewissen Presbyter der Kirche in Alexandrien gefügig,
06 so dass er von ihm eine Abschrift des „mystischen" Evangeliums erhielt, das er dazu noch
07 seiner blasphemischen und fleischlichen Doktrin entsprechend interpretierte. Darüber hinaus
08 beschmutzte er es auch, indem er den makellosen und heiligen Worten äußerst schamlose
09 Lügen beimengte. Aus dieser Mischung ist die Lehre der Karpokratianer geschöpft.
10 / / Ihnen darf man daher, wie ich oben schon sagte, niemals nachgeben,
11 noch auch ihnen zugestehen, wenn sie ihre lügnerischen Geschichten vortragen, dass es sich um das
12 mystische Evangelium des Markus handele. Vielmehr muss man es bestreiten, sogar unter Eid. Denn man ist nicht verpflichtet,
13 alle wahren (Dinge) allen Menschen zu sagen. / / Deshalb rät die Weisheit Gottes durch Salomon:
14 „Antworte dem Toren aus seiner Torheit" (Spr 26,5), und lehrt damit, dass vor Menschen, deren Sinne geblendet sind,
15 das Licht der Wahrheit verborgen werden muss. Und wiederum sagt

16 φησί, »τοῦ δὲ μὴ ἔχοντος ἀρθήσεται,« καὶ »ὁ μωρὸς ἐν σκότει πορευέσθω.« ἡμεῖς

17 δὲ »ὑιοὶ φωτός« ἐσμεν, πεφωτισμένοι τῇ ἐξ ὕψους ἀνατολῇ τοῦ πνεύματος

18 τοῦ Κυρίου. »οὗ δὲ τὸ πνεῦμα τοῦ Κυρίου,« φησίν, »ἐκεῖ ἐλευθερία,« »πάντα« γὰρ

19 »καθαρὰ τοῖς καθαροῖς.« σοὶ τοίνυν οὐκ ὀκνήσω τὰ ἠρωτημένα ἀποκρίνασθαι,

20 δι᾽ αὐτῶν ›τῶν‹ τοῦ εὐαγγελίου λέξεων τὰ κατεψευσμένα ἐλέγχων.

21 ἀμέλει μετὰ τὸ, »ἦσαν δὲ ἐν τῇ ὁδῷ ἀναβαίνοντες εἰς Ἱεροσόλυμα,« καὶ τὰ

22 ἑξῆς ἕως, »μετὰ τρεῖς ἡμέρας ἀναστήσεται,« ὧδε ἐπιφέρει κατὰ λέξιν,

23 »καὶ ἔρχονται εἰς Βηθανίαν, καὶ ἦν ἐκεῖ μία γυνὴ ἧς ὁ ἀδελφὸς αὐτῆς

24 ἀπέθανεν· καὶ ἐλθοῦσα προσεκύνησε τὸν Ἰησοῦν καὶ λέγει αὐτῷ, υἱὲ

25 Δαβὶδ ἐλέησόν με. οἱ δὲ μαθηταὶ ἐπετίμησαν αὐτῇ· καὶ ὀργισθεὶς ὁ

26 ᾿Ιησοῦς ἀπῆλθεν μετ᾽ αὐτῆς εἰς τὸν κῆπον ὅπου ἦν τὸ μνημεῖον. καὶ

Seite 3

01 εὐθὺς ἠκούσθη ἐκ τοῦ μνημείου φωνὴ μεγάλη. καὶ προσελθὼν ὁ Ἰησοῦς

02 ἀπεκύλισε τὸν λίθον ἀπὸ τῆς θύρας τοῦ μνημείου, καὶ εἰσελθὼν εὐθὺς ὅπου

03 ἦν ὁ νεανίσκος ἐξέτεινεν τὴν χεῖρα καὶ ἤγειρεν αὐτόν, κρατήσας

16 sie (die Weisheit): „Von dem, der nicht hat, soll
genommen werden" (Mk 4,25), und: „Lasst den Toren in
Dunkelheit wandeln" (Koh 2,14).
17 Wir aber sind „Kinder des Lichts" (1 Thess 5,5), nachdem
wir erleuchtet worden sind vom „Aufgang aus der Höhe"
(Lk 1,78), (das heißt) vom Geist
18 des Herrn. „Wo aber der Geist des Herrn (ist)", sagt sie
(die Weisheit), „dort (ist) Freiheit" (2 Kor 3,17), denn
„Alle Dinge
19 sind den Reinen rein" (Tit 1,15). / / Ich werde deshalb
nicht zögern, dir die Fragen zu beantworten,
20 und ihre Fälschungen durch eben die Worte des
Evangeliums widerlegen. / /
21 Jedenfalls, nach „Sie waren aber auf dem Wege und
gingen hinauf nach Jerusalem" (Mk 10,32) und so weiter
22 bis „nach drei Tagen wird er auferstehen" (Mk 10,34)
setzt es (das Geheime Evangelium) wörtlich hinzu:
23 *„Und sie kommen nach Bethanien, und dort war eine Frau,
deren Bruder*
24 *gestorben war. Und herzu kommend, fiel sie vor Jesus nieder
und sagt zu ihm: ‚Sohn Davids,*
25 *erbarme dich meiner.' Die Jünger aber wiesen sie zurecht.
Und Jesus wurde ärgerlich*
26 *und ging mit ihr weg in den Garten, wo das Grab war. Und*

Seite 3

01 *sogleich wurde ein lauter Schrei aus dem Grab gehört. Jesus,
nachdem er näher getreten war,*
02 *rollte den Stein vom Eingang des Grabes weg. Und sogleich
ging er hinein, wo*
03 *der Jüngling war, streckte seine Hand aus und richtete ihn
auf, ihn fassend an*

04 τῆς χειρός. ὁ δὲ νεανίσκος ἐμβλέψας αὐτῷ ἠγάπησεν αὐτὸν καὶ

05 ἤρξατο παρακαλεῖν αὐτὸν ἵνα μετ᾽ αὐτοῦ ᾖ. καὶ ἐξελθόντες ἐκ

06 τοῦ μνημείου ἦλθον εἰς τὴν οἰκίαν τοῦ νεανίσκου· ἦν γὰρ πλούσιος. καὶ μεθ᾽

07 ἡμέρας ἓξ ἐπέταξεν αὐτῷ ὁ Ἰησοῦς· καὶ ὀψίας γενομένης ἔρχεται ὁ

08 νεανίσκος πρὸς αὐτὸν περιβεβλημένος σινδόνα ἐπὶ γυμνοῦ καὶ

09 ἔμεινε σὺν αὐτῷ τὴν νύκτα ἐκείνην. ἐδίδασκε γὰρ αὐτὸν ὁ

10 ᾿Ιησοῦς τὸ μυστήριον τῆς βασιλείας τοῦ Θεοῦ. ἐκεῖθεν δὲ ἀναστὰς

11 ἐπέστρεψεν εἰς τὸ πέραν τοῦ Ἰορδάνου.« ἐπὶ μὲν τούτοις ἕπεται τὸ, »καὶ

12 προσπορεύονται αὐτῷ Ἰάκωβος καὶ Ἰωάννης,« καὶ πᾶσα ἡ

13 περικοπή. τὸ δὲ »γυμνὸς γυμνῷ« καὶ τἆλλα περὶ ὧν ἔγραψας οὐχ

14 εὑρίσκεται. μετὰ δὲ τὸ, »καὶ ἔρχεται εἰς ῾Ιεριχώ,« ἐπάγει μόνον, »καὶ

15 ἦσαν ἐκεῖ ἡ ἀδελφὴ τοῦ νεανίσκου ὃν ἠγάπα αὐτὸν ὁ Ἰησοῦς καὶ

16 ἡ μήτηρ αὐτοῦ καὶ Σαλώμη, καὶ οὐκ ἀπεδέξατο αὐτὰς ὁ Ἰησοῦς.«

17 τὰ δὲ ἄλλα τὰ πολλὰ ἃ ἔγραψας ψεύσματα καὶ φαίνεται καὶ ἔστιν.

18 ἡ μὲν οὖν ἀληθὴς καὶ κατὰ τὴν ἀληθῆ φιλοσοφίαν ἐξήγησις

04 *seiner Hand. Der Jüngling aber, als er ihn ansah, gewann ihn lieb und*

05 *fing an, ihn zu bitten, dass er bei ihm bleiben dürfe. Und sie gingen aus*

06 *dem Grab heraus und kamen in das Haus des Jünglings, denn er war reich. Und nach*

07 *sechs Tagen gebot ihm Jesus (was er tun solle). Und als es Abend geworden war, kommt der*

08 *Jüngling zu ihm, bekleidet mit einem leinenen Tuch auf der nackten Haut. Und*

09 *er blieb jene Nacht bei ihm, denn Jesus lehrte ihn*

10 *das Geheimnis des Reiches Gottes. Von dort aber erhob er sich*

11 *und kehrte auf die andere Seite des Jordans zurück.*" Nach diesen (Worten) folgt der (Text): „Und

12 Jakobus und Johannes traten an ihn heran" (Mk 10,35) und die ganze Perikope.

13 Aber „Nackt mit einem Nackten" und das übrige, wovon du geschrieben hast, werden

14 nicht gefunden. Nach den (Worten) „Und er kommt nach Jericho" (Mk 10,46) fügt es (das Geheime Evangelium) nur hinzu: „*Und*

15 *es waren dort die Schwester des Jünglings, den Jesus liebte, und*

16 *seine Mutter und Salome, und Jesus nahm sie nicht auf.*"

17 Die vielen anderen (Dinge) aber, die du beschreibst, scheinen Fälschungen zu sein und sind es auch. //

18 Nun, die wahre und der wahren Philosophie gemäße Auslegung …

2. Ein Brief des Clemens von Alexandrien

Beginnen müssen wir mit dem Kirchenlehrer Clemens von Alexandrien (ca. 140/50–220 n. Chr.). Er lebte, wie sein Name schon sagt, im ägyptischen Alexandrien und gehörte zu der alexandrinischen Katechetenschule, die auch Origenes hervorgebracht hat. Clemens ist von einem gewissen Theodoros, über den wir sonst nichts wissen, mit einer Reihe von Fragen konfrontiert worden, die er in einem Brief beantwortet (Z. 1). Der Beginn des Schreibens gehört ganz der Ketzerpolemik. Theodoros hat sich Verdienste erworben, indem er sich gegen die Karpokratianer wandte (Z. 2). Karpokrates war ein alexandrinischer Lehrer, den seine Gegner, namentlich Clemens und Irenäus, als gnostisch einstuften. Sie warfen ihm magische Praktiken und sexuelle Freizügigkeit vor, z. B. Partnertausch beim Gottesdienst; aber das sind stereotype Beschuldigungen, die von verfeindeten Gruppen großzügig an die jeweils anderen ausgeteilt werden. Wir erinnern uns an einen ähnlichen Vorwurf an die Adresse der großkirchlichen Amtsträger im Judasevangelium.

Mit Ketzerpolemik geht es bei Clemens in Z. 2 bis 7 weiter. Die Karpokratianer sind Irrsterne, irren einem düsteren Abgrund entgegen, brüsten sich mit der Kenntnis (Gnosis!) der Tiefen Satans und sind trotz ihres Freiheitspathos an fleischliche Lüste versklavt. Dies alles haben neutestamentliche Autoren prophetisch vorausgesehen (darauf bezieht sich „prophetisch angekündigt" in Z. 3). Als Beispiele für diese Voraussicht werden zwei neutestamentliche Belege angeführt. Der Judasbrief nennt die von ihm bekämpften Irrlehrer „Irrsterne, denen die dunkelste Finsternis auf ewig vorbehalten ist" (Jud 13). Die Johannesoffenbarung attackiert im dritten Sendschreiben Leute in Thyatira, die von sich behaupten, sie hätten „die Tiefen Satans erkannt" (Offb 2,24).

Es folgt in Z. 8–11 ein kleiner Exkurs über die Wahrheit. Es gibt wahre Dinge, es gibt die Wahrheit, und es gibt schließlich sogar eine wahre Wahrheit, die nur der echte Glaube kennt und die von menschlichen Ansichten über das Wahre abzuheben ist. Die Karpokratianer mögen gelegentlich etwas Wahres sagen, mehr aus Zufall denn aus Absicht; aber auch dann gilt nicht etwa das Motto „Wo sie recht haben, haben sie Recht". Vielmehr soll man ihnen auf keinen Fall zustimmen, sondern aus Prinzip widersprechen.

Dies wird in Z. 11–15 angewendet auf das „göttlich inspirierte Evangelium nach Markus", und damit kommen wir dem Thema immer näher. Als erstes polemisiert Clemens gegen das „Geschwätz" der Karpokratianer über das Markusevangelium. Das meiste sei erlogen, und selbst den Spuren von Wahrheit, die sich hier und da finden, sollte man besser nicht trauen. Die Wahrheitselemente sind mit reinen Erfindungen untrennbar vermischt. Die sprichwörtliche Wendung über das Salz, das seine Kraft verliert (vgl. Mk 9,50 parr.), beschreibt diesen Verlust an Wahrheitsgehalt.

Erste Informationen über die Entstehung des Markusevangeliums enthalten die Zeilen 15 bis 18. Als Schüler des Petrus hat Markus in Rom die Taten des Herrn aufgeschrieben, aber nicht alle. Möglicherweise hat er sich einige von Anfang an für später aufbewahrt, aber das steht im Moment nicht im Vordergrund. Ausgespart hat Markus vor allem die mehr „mystischen" Aspekte des Wirkens Jesu. Das griechische Attribut „mystisch" (μυστικόν) wird hier meistens mit „geheim" übersetzt. Von daher leitet sich auch die Bezeichnung „Geheimes Evangelium nach Markus" ab. Aber der Akzent liegt nicht so sehr auf dem Moment des Geheimnisses, sondern mehr auf der vertieften Innenschau, auf der mystischen Einsicht, die nicht allen zuganglich ist. Denn, so hören wir weiter, Auswahlkriterium für die Erstfassung des Markusevangeliums war die Nützlichkeit für die, „die gerade im Glauben unterwiesen werden". Das kanonische Markusevangelium ist, wenn wir die griechische Wendung aufnehmen, ein Evangelium für Katechumenen.

Ab Z. 18 schließt sich der Bericht darüber an, wie die alexandrinische Neuauflage des Markusevangeliums zustande kam. Petrus stirbt in Rom als Märtyrer, Markus kommt nach Alexandrien (diese legendarische Tradition kann man auch in der Kirchengeschichte des Eusebius nachlesen: Der Evangelist Markus sei später nach Alexandrien gekommen und habe dort als Bischof gewirkt, vgl. Hist Eccl II 24; IV 11,6). Markus bringt seine Aufzeichnungen und die Aufzeichnungen des Petrus mit. In Alexandrien macht er sich daran, sein Evangelium, das „frühere Buch" in Z. 20, zu überarbeiten, indem er weitere Inhalte aus seinem persönlichen Archiv einfügt. Die neue Fassung soll ein mehr spirituelles Werk werden, nicht mehr für Anfänger bestimmt, sondern für Gläubige auf dem Weg zur Vollkommenheit (Z. 22). Sie sind identisch mit denen, die in Z. 21 Fortschritte machen auf dem Weg der Erkenntnis. Manche Inhalte hält Markus nach wie vor zurück, weil sie schlicht unsagbar sind (Z. 23). Hier fällt ein Wort, das sich fast nicht übersetzen lässt, „hierophantische" Lehre. Ein „Hierophant" ist wörtlich jemand, der heilige Dinge vorzeigt. Der Terminus wird gebraucht für Kultfunktionäre in griechischen Mysterienkulten. In diesem ganzen Abschnitt lehnt Clemens sich durchweg an die Sprache dieser heidnischen Kulte an und verwendet sie für die Beschreibung christlicher Sachverhalte, auch in Z. 25 und Z. 26: Die Hörer des spirituellen Evangeliums werden *eingeweiht,* ein Fachausdruck für die Aufnahme in einen Mysterienkult durch ein Ritual. Sie gelangen so ins innerste Heiligtum, wo die geheime Zeremonie der Einweihung stattfindet. Die Wahrheit ist siebenfach verhüllt (Z. 26). Markus hat für Fortgeschrittene einige dieser sprichwörtlichen sieben Schleier gelüftet.

In den letzten Zeilen der ersten Seite und den ersten beiden Zeilen von Seite 2 verlässt auch Markus die Bühne, und Clemens applaudiert. Markus hat die Dinge geschickt arrangiert. Er hinterlässt der Kirche in Alexandrien nicht zuletzt sein spirituelles Evangelium, die zweite Fassung also. Der Zugang dazu bleibt beschränkt. Nur für Mysten höchsten Grades („die in die großen Mysterien eingeweiht werden", Z. 2) wird es zu Gehör gebracht. Das ist alles etwas ungewöhnlich, wäre aber für Clemens und für Alexandrien nicht ganz undenkbar. Die Mysteriensprache adaptiert Clemens auch in seinen anderen Schriften, und das etwas elitäre Bewusstsein, zur spirituellen Spitzengruppe zu gehören, teilt er sogar mit seinen Gegnern, den Gnostikern, hier den Karpokratianern.

Markus tritt also ab, seine Gegenspieler, die Mächte des Bösen, treten auf. Die „elenden Dämonen" lehren Karpokrates ihre Kunst (Z. 3–4). Durch Anwendung magischer Mittel gelingt es ihm, einen Ältesten der Kirche Alexandriens vom rechten Weg abzubringen. Der Presbyter, der Zugang zur spirituellen Version des Markusevangeliums hatte, besorgt Kapokrates eine Kopie davon (Z. 5–6). Die Folgen gehen in zwei Richtungen (Z. 7–9). Zum einen kann Kapokrates ein spirituelles, mystisches, auf Erkenntnis zielendes Evangelium gut brauchen, um seine eigenen gnostischen Neigungen zu untermauern. Zum andern begnügt er sich nicht damit, sondern greift in den Text des Evangeliums ein, bringt also Zusätze und Varianten an, „schamlose Lügen" aus der Sicht des Clemens, aber sehr geeignet als Schriftbeleg für die Sondermeinungen der Karpokratianer.

Halten wir kurz inne. Wie viele Fassungen des Markusevangeliums kursierten demnach in Alexandrien? Im Ganzen drei. Erstens das kanonische Evangelium, das Markus aus Rom mitbrachte; zweitens die spirituelle Fassung, die er durch Erweiterungen in Alexandrien herstellte; drittens die mit weiteren Zusätzen versehene Version der Karpokratianer. Das ist ein wichtiges Zwischenergebnis, das wir im Auge behalten müssen. Ein solcher Befund wäre für antike Verhältnisse nicht unmöglich. Wir haben gelernt, mit einer gewissen Instabilität der Texte zu rechnen, die deswegen der stetigen Autorisierung bedurften. Die Verschiebungen von der griechischen zur koptischen Form des Thomasevangeliums wären dafür ein zusätzliches Beispiel.

Die Zeilen 10 bis 13 leiten zur Wahrheitsfrage zurück, die wie ein Refrain den Text durchzieht. Für Zeile 11 und 12 konkurrieren zwei Übersetzungen miteinander. Hier wird vorgeschlagen, den Text so zu verstehen: Man muss den Karpokratianern unter Eid bestreiten, dass das Evangelium, das sie benutzen, das Geheime Evangelium nach Markus in seiner reinen Form sei. Meistens wird eine andere Übersetzung favorisiert, nämlich: Man soll unter Eid bestreiten, dass es ein solches Geheimes Evangelium des Markus überhaupt gebe. Letzteres wäre moralisch sehr viel anrüchiger, besonders angesichts der Tatsache, dass Clemens gleich aus dem Geheimen Evangelium zitieren wird. Der Nachsatz: „Denn man ist nicht verpflichtet, alle wahren Dinge allen Menschen zu sagen" (Z. 12–13), könnte in diese Richtung weisen und bleibt bedenklich (obwohl hier vielleicht mit Absicht von „allen wahren Dingen" die Rede ist und nicht von „der ganzen Wahrheit"). Im Umgang mit Häretikern scheinen für die Wahrheit gesonderte Regeln zu gelten.

Dieser ganze Gedankengang wird in Z. 13 bis 19 noch abgesichert durch eine Kette vor Schriftzitaten, die alle von der Weisheit Gottes gesprochen werden. Mit einem Zitat aus einer Weisheitsschrift, dem Buch der Sprüche, das Salomo zugeschrieben wird, setzt die Zitatenfolge denn auch ein. Die einzelnen Stellen sind in der Übersetzung nachgewiesen, so dass wir nicht mehr gesondert darauf eingehen brauchen. Sie dienen allgemein zur Konfrontation derer, die töricht und verblendet sind (sprich: der Karopkratianer), mit denen, die inspirierte Kinder des Lichtes sind (sprich: uns Christen).

Das war ein langer Anlauf, aber mit Z. 19 und 20 kommen wir endlich zur Sache: Ich, Clemens, werde deshalb nicht zögern, dir, Theodoros, deine Fragen bezüglich des Geheimen Evangeliums zu beantworten, und ich werde ihre Fälschungen, das sind die Fälschungen der Karopkratianer, durch die authentischen Lesarten (λέξις im Griechischen ist schwer zu übersetzen) des Geheimen Evangeliums widerlegen.

3. Zwei Evangelienfragmente

Im Markusevangelium steht in 10,32–34 die dritte Leidensankündigung, die mit „Sie waren aber auf dem Wege und gingen hinauf nach Jerusalem“ beginnt und mit „nach drei Tagen wird er auferstehen“ endet. Es folgt in 10,35–40 die Bitte der Zebedäussöhne um die Plätze zur Rechten und zur Linken von Jesu Thron. Genau in die Lücke zwischen diesen beiden Perikopen hat Markus in der zweiten, spirituellen Fassung seines Evangeliums eine kleine Erzähleinheit eingefügt, die wir uns im Wortlaut anschauen müssen.

Der Abschnitt beginnt mit einer Erzählnotiz: Jesus und seine Jünger kommen nach Bethanien (Z. 23), womit nicht der bekannte Ort in der Nähe Jerusalems gemeint ist, sondern Bethanien jenseits des Jordan aus Joh 1,28, wo Johannes der Täufer taufte. Das geht aus dem Schlusssatz hervor, zu dem wir noch kommen werden. Dort lebte eine Frau, deren Bruder gestorben war (hier denken wir unwillkürlich an Maria und Martha, Schwestern des Lazarus, in Bethanien bei Jerusalem in Joh 11; eine Verwechslung der beiden Orte oder ein bewusstes Überblenden wären durchaus möglich). Diese Frau nun nähert sich Jesus, fällt vor ihm nieder und bittet ihn: „Sohn Davids, erbarme dich meiner!" (Z. 24–25), was sicher auch heißen soll: Mache meinen Bruder wieder lebendig. Die Jünger weisen sie zurecht und tadeln sie, was sie auch sonst mit Bittstellern tun. Jesus reagiert verärgert und geht mit der Frau weg in den Garten, wo das Grab war. Aus dem Grab wurde sogleich ein lauter Schrei vernommen (S. 3, Z. 1). Was soll dieser Schrei, der uns zunächst verwundert? Man kann ihn so verstehen, dass Jesu Wundermacht schon aus der Ferne wirkt, bevor er noch richtig in Aktion getreten ist. Der Tod, der als dämonische Person gedacht wird, schreit entsetzt auf und gibt sein Opfer frei. Allerdings wäre auch eine gegenteilige Lektüre denkbar: Der Schrei zeigt, dass der Mann gar nicht wirklich tot war, sondern sich lebendig im Grab vorfand und, als er außen Bewegung wahrnimmt, um Hilfe ruft. Dann läge gar keine echte Totenerweckung vor, sondern nur eine spirituelle, nämlich eine Berufung in die Jüngerschaft.

Jesus rollt sodann den Stein vom Eingang des Grabes weg, wie es später der Engel mit dem Stein vor Jesu Grab tun wird. Er geht ins Grab hinein, streckt seine Hand aus und richtet den Jüngling auf, wobei er ihn an seiner Hand fasst. Für „er richtete ihn auf" verwendet das Griechische in Z. 3 das Verb ἤγειρεν, das auch „auferwecken" bedeutet; aber es bleibt mehrdeutig und kann auch wörtlich verstanden werden. Etwas Überraschendes geschieht: Als der Jüngling

Jesus ansieht, gewinnt er (der Jüngling) ihn (Jesus) lieb (Aorist im Griechischen). Das ist deshalb überraschend, weil hier eine aus dem Markusevangelium bekannte Bewegung förmlich umgekehrt wird. Wenig vorher, in Mk 10,17–22, war Jesus nämlich einem reichen Mann begegnet, und dort hieß es: Jesus schaute ihn an und gewann ihn lieb (Mk 10,21).

Die Bitte des Jünglings in Z. 5, bei Jesus bleiben zu dürfen, weist zurück auf die Berufung der Zwölf, deren vornehmste Aufgabe nach Mk 3,14 darin besteht, mit Jesus zu sein. Dass es sich auch diesmal um einen reichen Mann handelt, erfahren wir in der nächsten Zeile (Z. 6). Er ist Hausbesitzer, und von der Aufforderung, seinen Besitz zu verkaufen und den Erlös den Armen zu geben (Mk 10,21), bleibt er diesmal verschont.

Sechs Tage später trägt Jesus dem Jüngling etwas auf, was dieser befolgt. Der Inhalt des Auftrags wird nicht beschrieben, ist aber aus den folgenden Aktionen des Jünglings zu erschließen. An einem späten Abend sucht er Jesus auf (hier wäre an Nikodemus aus Joh 3,2 zu denken), bekleidet mit einem Tuch aus Leinen auf der nackten Haut. Das mag sogar noch sein Totenhemd sein. In ein Leinentuch wird später auch Jesu Leichnam eingehüllt (Mk 15,46). Wir kommen hier gar nicht umhin, auf die rätselhafte Notiz in Mk 14,51 vorauszublicken: Nach der Verhaftung Jesu folgt ihm ein junger Mann, der nur mit einem Tuch aus Leinen bekleidet war. Als ihn die Häscher festnehmen wollen, lässt er das Gewand fahren, entflieht unbekleidet und rettet so – fast im Sinn des Wortes – sein nacktes Leben. Manche Erklärer nehmen denn auch an, dass dieser Jüngling, der später so spektakulär fliehen wird, samt seinem Leinengewand hier in der erweiterten Fassung von Kapitel 10 erstmalig eingeführt wird.

Weiter erfahren wir, dass der Jüngling jene Nacht bei Jesus bleibt und Jesus ihn in das Geheimnis des Reiches Gottes einführt (Z. 9–10). Hier wird aus dem jungen Mann tatsächlich ein Jünger Jesu, denn von den Jüngern hieß es zuvor schon in Mk 4,11: „Euch ist das Geheimnis (μυστήριον) des Gottesreiches gegeben." Außerdem wird dadurch auch spürbar, wieso überhaupt ein Stück aus der „mystischen" Erweiterung des Markusevangeliums vorliegt. Es wird vorexerziert, was Einweihung „in das innerste Heiligtum der siebenfach verhüllten Wahrheit" eigentlich heißt.

Es folgt noch eine Schlussnotiz: Von dort aber kehrte Jesus auf die andere Seite des Jordan zurück (Z. 10–11), ausgehend von, wir erinnern uns, „Bethanien jenseits des Jordan". Damit gelangen wir in die Nähe Jerichos, wo sich die Handlung im kürzeren Fragment abspielen wird.

Soweit also das Markusevangelium in seiner erweiterten Fassung, mit dem Einschub dieser kuriosen Erzählung, kurios nicht zuletzt deshalb, weil sie fast wie ein Mosaik aus schon bekannten Bibelstellen wirkt: Der reiche Mann, der Jüngling mit dem Leinengewand, die zwölf anderen Jünger, das Geheimnis des Gottesreiches, Lazarus mit seinen Schwestern, und so weiter.

Sehr wichtig ist, was Zeile 13 sagt: „Aber ‚Nackt mit einem Nackten' und das übrige, wovon du geschrieben hast, werden nicht gefunden". Was bedeutet das? Zunächst einmal formell, dass Theodoros die Erzählung im Markusevangelium in der Fassung der Karpokratianer gelesen hat, wo nicht nur von dem Leinengewand auf dem nackten Leib gesprochen wurde, sondern von zwei nackten Personen. Clemens bestreitet vehement, dass dies zum authentischen Geheimen Markusevangelium, der zweiten Fassung also, gehöre, und zeigt damit, dass er die Implikationen richtig verstanden hat. Hier soll eine homoerotische Begegnung angedeutet werden. Das könnte nach Clemens von Karpokrates zur Legitimierung seiner eigenen freizügigen Haltung eingeführt worden seien. Wir kommen darauf zurück.

Das zweite Fragment ist nur kurz und inhaltlich schwer verständlich, wurde aber sehr geschickt im Markusevangelium, wie wir es kennen, untergebracht. In Mk 10,46 lesen wir: „Und sie (Jesus und seine Jünger) kamen nach Jericho. Und als er und seine Jünger und viel Volk von Jericho wegzogen, saß ein blinder Bettler am Wegesrand …". Nichts geschieht in Jericho. Genau in diese erzählerische Lücke ist die Notiz aus Z. 15–16 bei Clemens einzufügen: „Und es waren dort die Schwester des Jünglings, den Jesus liebte, und seine Mutter und Salome, und Jesus nahm sie nicht auf (οὐκ ἀπεδέξατο αὐτάς)." Am bemerkenswertesten ist sicher, dass der Jüngling inzwischen anscheinend zum Lieblingsjünger Jesu avanciert ist, den wir aus dem Johannesevangelium besser kennen, denn diesmal ist es Jesus, der den Jüngling kontinuierlich liebt (Imperfekt im Griechischen). Warum sich Jesus so feindselig der Schwester des Lieblingsjüngers und den beiden anderen Frauen gegenüber verhält, könnte so zu verstehen sein: Jesus nimmt nur männliche Jünger in seine Nachfolge auf. Salome kommt nicht nur in der Liste der Frauen, die sich beim Kreuz befinden und zum Grab Jesu gehen, in Mk 15,40 und 16,1 vor,[63] sondern auch im

[63] R. Bauckham, Salome the Sister of Jesus, Salome the Disciple of Jesus, and the Secret Gospel of Mark, NT 33 (1991) 245–75, hier 274, identifiziert daher die namenlos bleibende Schwester des Jünglings aus dem Fragment mit Maria Magdalena und seine Mutter mit Maria, der Mutter des jüngeren Jakobus und des Joses, aus Mk 15,40; 16,1, was sehr fraglich erscheint. Eine (m. E. unnötig) komplizierte Erklärung des kurzen zweiten Fragments bietet auch E. Rau, Zwischen Gemeindechristentum und christlicher Gnosis: Das geheime Markusevangelium und das Geheimnis des Reiches Gottes, NTS 51 (2005) 482–504.

Thomasevangelium und im Ägypterevangelium, aus dem Clemens andernorts öfter zitiert, und wird dort mit den „Werken der Weiblichkeit" assoziiert.[64] Ein weiterer Grund für diese Abwehrhaltung könnte auch darin liegen, dass der rechtgläubige Erzähler Jesus nicht anderen Verdächtigungen hinsichtlich eines lockeren Umgangs mit Frauen aussetzen will.

Soweit das authentische Geheime Evangelium nach Markus. Alles andere ist nach Clemens schlicht gelogen (Z. 17). Er selbst verspricht, eine „wahre und der wahren Philosophie angemessene Auslegung (ἐξήγησις)" zu geben, aber an der Stelle bricht unser Quellentext leider ab.

4. Zur Beurteilung

Versuchen wir eine erste Beurteilung, immer unter der Voraussetzung, dass wir einen authentischen Text von Clemens von Alexandrien vor uns haben. Selbst dann zwingt uns niemand dazu, ihm zu folgen, wenn er eine komplizierte Entstehungsgeschichte des Markusevangeliums in drei Stufen entwirft. Er hat das wohl so gesehen, aber er stützt sich dabei auf Quellen, die ihrerseits nicht zuverlässig sind. Clemens könnte sich, mit anderen Worten, einfach geirrt haben. Er legt auch sonst überraschendes Zutrauen in apokryphes Material an den Tag, wenn er etwa aus einer *Verkündigung des Petrus* und einer *Apokalypse des Petrus* zitiert, die er auf den historischen Petrus zurückführt. Kein Forscher ist bereit, ihm das abzunehmen. Seine Benutzung des Hebräerevangeliums und des Ägypterevangeliums haben wir im Vorbeigehen schon erwähnt. Außerdem bleibt mehr

[64] Vgl. dazu S. PETERSEN, „Zerstört die Werke der Weiblichkeit!" (s. Anm. 57) 77–79.195–220.

als zweifelhaft, ob Markus überhaupt je in Alexandrien war. Gnostische Überarbeitungen und Expansionen von älteren Evangelien sind für uns inzwischen nichts Neues mehr, das würde die von den Karpokratianern benutzte Fassung erklären.

Was die anstößige Nacktheit angeht, so kann man sie vielleicht von einem Taufkontext her deuten. Der Täufling, manchmal auch der Täufer, legte dafür sein Gewand ab und stieg nackt ins Wasser hinab. Nur so, in paradiesischer Nacktheit, wird beim Auftauchen aus dem Wasser auch wirklich ein neuer Mensch geboren. Getauft wurde zur Zeit der Morgendämmerung. Die Einführung ins Geheimnis des Reiches Gottes in unserem Text bestünde demnach in der Taufe mit vorausgehender nächtlicher Katechese. Das trägt auch dem Eindruck einer Initiation Rechnung, den wir aus dem Rahmentext mit seinen vielen Anspielungen auf die Sprache der Mysterienkulte gewinnen. Die Erzählung fungierte demnach als nachträglich geschaffener „Einsetzungsbericht" für die christliche Taufe, so ähnlich wie das Abendmahl als Einsetzungsbericht für die Eucharistie.

Die Forschung zu unserem Text hat teils andere Wege eingeschlagen. Dass der Verdacht der homoerotischen Beziehung im Raum steht und in unserer postmodernen Gesellschaft auch instrumentalisiert wird, verwundert nicht. Beispielhalber verweise ich auf das Buch von Theodore Jennings mit dem bezeichnenden Titel „Der Mann, den Jesus liebte",[65] wo dem Geheimen Evangelium nach Markus erhebliche Beweiskraft zugebilligt wird. Selbst wenn wir den Text ganz genau nehmen – oder sogar gerade dann –, ist diese Vermutung nicht unbedingt gedeckt oder allenfalls

[65] T. W. Jennings, The Man Jesus Loved: Homoerotic Narratives from the New Testament, Cleveland, Oh. 2003, hier bes. 105–130.

für die gnostische Rezeption anzusetzen („Nackt mit dem Nackten"), nicht aber für die vorgelagerte Ebene der zweiten Ausgabe des Markusevangeliums.

In der Arbeit am Markusevangelium haben manche Exegeten inzwischen das Modell des Clemens auf den Kopf gestellt. Sie gehen davon aus, das längere Geheime Evangelium nach Markus sei die älteste Fassung des Markusevangeliums, und unser kanonisches Evangelium sei nur eine gekürzte und purgierte Ausgabe davon.[66] Für den Jüngling wurde auf dieser Grundlage eine ganze Biographie erstellt.[67] Er sei der reiche junge Mann aus Mk 10,17–22, der sich zuerst nicht darauf einlassen will, dass Jesus ihn lieb gewinnt, sondern davongeht. Nach seiner Erweckung vom Tod aber erwidert er Jesu Liebe und wird prompt zum „Lieblingsjünger" befördert. Bei der Gefangennahme Jesu versagt er trotz anfänglichen Bemühens letztlich wieder; er läuft davon, wie alle anderen Jünger auch (Mk 14,51). Aber durch seine Präsenz im leeren Grab, wo die Frauen nach Markus einen jungen Mann in einem weißen Gewand antreffen (Mk 16,5), demonstriert er seine Bereitschaft, Jesu Todesschicksal zu teilen, und wird dadurch endgültig rehabilitiert.

---

[66] Vgl. mit unterschiedlicher Akzentuierung H. KOESTER, Ancient Christian Gospels: Their History and Development, Philadelphia 1990, 36–57 (und in weiteren Publikationen); J. D. CROSSAN, Four Other Gospels: Shadows on the Contours of Canon, Minneapolis 1985, 89–121 (und in weiteren Publikationen); siehe auch die Chronik der Debatte bei P. SELLEW, Secret Mark and the History of Canonical Mark, in: B.A. Pearson (Hrsg.), The Future of Early Christianity: Essays in Honor of Helmut Koester, Minneapolis 1991, 242–257.

[67] Zum Beispiel von M.W. MEYER, The Youth in the *Secret Gospel of Mark,* Semeia 49 (1990) 129–153; auch in: Ders., Secret Gospels: Essays on Thomas and the Secret Gospel of Mark, Harrisburg, Pas. 2003, 109–134.

Das sind alles sehr kühne Vermutungen, für die es vom Text her wenig Anhaltspunkte gibt. Mir scheint nach wie vor die Annahme einer sekundären und tertiären Erweiterung unseres kürzeren kanonischen Markustexts im zweiten Jahrhundert die bei weitem plausiblere Lösung zu sein. Die antike Rhetorik kennt das Stilmittel der *Amplifikation,* d. h. der Erweiterung und Ausschmückung vorgegebener Texteinheiten. Ein Redaktor in Alexandrien hätte demnach den markinischen Erzählfaden als Grundlage gewählt und zusätzlich weitere Stoffe, auch aus dem Johannesevangelium, eingebracht. Das könnte um 150 n. Chr. geschehen sein. Clemens kam erst 140/50 zur Welt; es bliebe also noch genügend Zeit.

Das wäre insoweit bereits ein Gesamtresultat, das plausibel wirkt und mit dem sich auch theologisch gesehen leben lässt. Aber in diesem Fall sind damit noch nicht alle Geheimnisse, die diesen Text umgeben, offen gelegt. Wir müssen uns in einem letzten Schritt noch den Fundumständen und der Quellenlage zuwenden. Spätestens hier beginnt die ganze Sache kriminalistisch zu werden.

5. *Die zweifelhaften Fundumstände*

Die Schlüsselfigur ist der amerikanische Gelehrte Morton Smith (1915–1991). Er war fraglos ein exzellenter Kenner der frühchristlichen Literatur, hatte zu seiner eigenen christlichen Vergangenheit aber ein, vorsichtig ausgedrückt, gebrochenes Verhältnis. So trat er unter anderem mit dem Buch „Jesus, der Magier" hervor,[68] das hält, was der Titel verspricht. Außerdem brauchen wir noch einen passen-

[68] M. Smith, Jesus the Magician, San Francisco 1978; deutsche Ausgabe: Jesus der Magier. Übers. von W. Höck, München 1981.

den Ort. Das ist in diesem Fall Mar Saba, ein orthodoxes Mönchskloster, ca. 20 km südöstlich von Jerusalem in der Wüste gelegen, sehr malerisch an einem Abhang, mit Turm, weißen Wänden und blauem Kuppeldach.[69]

1958 war Morton Smith damit beschäftigt, in Mar Saba Bücher und Handschriften zu katalogisieren. Ihm fiel eine gedruckte Ausgabe der Briefe des Ignatius von Antiochien in die Hand, die 1646 in Amsterdam erschienen war. Auf den freien letzten Blättern dieses Bandes entdeckte er einen handgeschriebenen griechischen Text, der sich bei näherem Hinsehen als der bisher unbekannte Brief des Clemens von Alexandrien mit den Zitaten aus dem Geheimen Markusevangelium erwies. Das sind die zweieinhalb Seiten Text, mit denen wir uns bisher beschäftigt haben. Der Schreibweise nach müsste der Text im 18. Jahrhundert an diese Stelle kopiert worden sein. Dazu muss man wissen, dass das Beschreiben von leeren Blättern und Zwischenräumen in Büchern und das handschriftliche Kopieren von fragmentarischen älteren Texten um diese Zeit im Kloster Mar Saba anscheinend üblich war. Ein Brand in der Bibliothek hat zu dieser Praxis, umher fliegende lose Blätter zu retten, beigetragen.

Die Forschung kannte bis dahin keinen einzigen Brief von Clemens von Alexandrien, wohl mehrere andere Werke, aber keine Briefe. Dass ein solcher Brief aus heiterem Himmel im 18. und 20. Jahrhundert auftaucht, erscheint ungewöhnlich. Allerdings wirkte im 8. Jahrhundert in Mar Saba der Mönch und Theologe Johannes Damaszenus, der nach

---

Ein neuerlicher Versuch in dieser Richtung bei R. CONNER, Jesus the Sorcerer, Oxford 2006.

[69] In diesem Kloster spielt auch der zeitweilig sehr populäre evangelikale Reißer von J. H. HUNTER, The Mystery of Mar Saba, New York 1940.

eigener Aussage in einer seiner Schriften noch Briefe des Clemens zur Hand hatte. Von daher ergibt sich eine schmale Traditionslinie, die einen so seltsamen Überlieferungsweg überhaupt als entfernt möglich erscheinen lässt.

Zu einer Veröffentlichung des Fundes durch den Entdecker kam es erst 1973. Smith benutzte dafür Fotografien, die er seinerzeit (1958) angefertigt hatte. Auf ihrer Grundlage hatten zwischenzeitlich einige Experten bestätigt, dass der Text wohl auf Clemens zurückgehe, auch wenn seine handschriftliche Fixierung erst aus der Neuzeit stamme. In eine Neuauflage der Werke des Clemens ist der Text aufgenommen worden, aber mit dem ausdrücklichen Vermerk, dass dies nur provisorisch geschehe. Es ist nicht schon als Echtheitserklärung aufzufassen. Auf die weit reichenden Folgerungen, die Smith in seiner Erstausgabe hinsichtlich des Jesusbildes daraus zog, brauchen wir nicht erneut einzugehen.

Nicht zuletzt wegen dieser Implikationen, aber auch aus prinzipiellen Erwägungen heraus sind die Zweifel am Status dieses Fundes nie ganz verstummt. Es könnte sich auch um eine geschickte Fälschung handeln. Für eine solche Fälschung käme der ganze Zeitraum von der Spätantike bis zum 20. Jahrhundert in Frage, einschließlich des 18. Jahrhunderts, wo ein Mönch sich den Spaß erlaubt haben könnte, Clemens zu imitieren, aber auch einschließlich der Person von Morton Smith, des Entdeckers, selbst.

Ein Urteil darüber wird durch die Tatsache erschwert, dass kaum ein Wissenschaftler nach Smith das Original je zu Gesicht bekommen hat. Es gibt drei oder vier Personen, die bezeugen, diese drei Seiten selbst noch gesehen zu haben, und neuerdings ist ein zweiter Satz von Fotos aufgetaucht. Ansonsten ergaben Nachforschungen bisher, dass der Band von Mar Saba aus ins orthodoxe Patriarchat nach Jerusalem transportiert worden ist. Dort seien die von Hand beschriebenen Blätter herausgetrennt worden, um sie besser konservieren zu können. Der gegenwärtig amtierende Bibliothekar des Patriarchats sei aber nicht mehr in der Lage, sie aufzufinden und vorzuweisen. Böse Zungen behaupten, die Blätter würden versteckt gehalten oder seien gar vernichtet worden, weil sie dunkle Schatten auf das Jesusbild werfen könnten. So ziehen eine Unstimmigkeit und ein Verdacht gleich weitere nach sich (im Internet verfügt das Geheime Markusevangelium über eine eigene Homepage, auf der man Stationen dieser „Chronique scandaleuse" bis hin zu den neuesten Nachrichten verfolgen kann).

In den Jahren 2005 bis 2007 sind in den USA und in Kanada drei Bücher erschienen, die zu denkbar entgegengesetzten Auskünften gelangen. Scott Brown[70] verteidigt die Echtheit des Geheimen Markusevangeliums und müht sich um eine Erklärung von Inhalt und Entstehung, die sich auf einer sehr vorsichtigen Linie bewegt und sichtlich bestrebt ist, alles Skandalöse und Sensationelle fernzuhalten. Stephen Carlson[71] hingegen bezeichnet das ganze Phänomen nicht als Fälschung (das wäre im Englischen „forgery"), sondern als „hoax", das heißt als Streich oder üblen Scherz. Mir leuchtet, offen gestanden, der Unterschied zwischen Fälschung und üblem Scherz nicht ganz ein, und die Form von Humor, die einen solchen Streich beflügelt hätte, muss man schon eigenartig nennen. Immerhin macht Carlson ohne viel Federlesens Morton Smith selbst für diesen Streich, den er der Forschung und den Kirchen spielen wollte, ver-

[70] S. G. Brown, Mark's Other Gospel (s. Anm. 62); vgl. auch Ders., The Question of Motive in the Case against Morton Smith, JBL 125 (2006) 351–383.

[71] S. C. Carlson, The Gospel Hoax: Morton Smith's Invention of Secret Marc, Waco, Tex. 2005.

antwortlich. Smith habe, so Carlson, den Text zu Hause vorbereitet, mit Hilfe einer Ausgabe der Werke des Clemens und einem kompletten Wörterverzeichnis dazu, das sich nachweislich in seinem Besitz befand. Er habe sich dann die besagte Ausgabe der Werke des Ignatius besorgt, die auch heute noch auf dem antiquarischen Buchmarkt zu haben ist, derzeit für 320 Dollar, und den Text auf die letzten Seiten geschrieben. Dann habe er das Buch in die Bibliothek in Mar Saba eingeschmuggelt und folgerichtig dort entdeckt. Das Einschmuggeln wäre nicht unmöglich, weil Bibliothekare in der Regel mehr darauf achten, ob man etwas entwendet und mit hinausnimmt, nicht ob man etwas mit hineinbringt. Zuletzt hat Peter Jeffery, liturgisch interessierter Musikwissenschaftler aus Princeton, sich in einem hoch gelehrten Werk mit dem Geheimen Markusevangelium beschäftigt.[72] Er widerspricht vehement der Erklärung von einem authentischen Taufkontext her. Die hier vorausgesetzte Praxis habe es in Alexandrien um diese Zeit keinesfalls gegeben. Für ihn sind dies und weitere Elemente krasse Anachronismen, die den Schluss auf eine in der zweiten Hälfte des 20. Jahrhunderts erfolgte Fälschung zwingend nahe legen.

So wie die Dinge stehen, werden wir vermutlich nie mit letzter Sicherheit wissen, wer Recht hat, es sei denn, neue Dokumente tauchen auf, die eine der beiden Sichtweisen bestätigen. Meinem Eindruck nach neigt sich die Wage doch mehr und mehr der Fälschungsthese zu.[73] Der ganze

---

[72] P. Jeffery, The Secret Gospel of Mark Unveiled. Imagined Rituals of Sex, Death, and Madness in a Biblical Forgery, New Haven 2007.

[73] Eine Art „Ehrenrettung" versucht jetzt wieder P. Piovanelli, L'Évangile secret de Marc trente-trois ans après, entre potentialités exégétiques et difficultés techniques, RB 114 (2007) 52–72.237–254.

Vorgang ist dennoch in mancher Hinsicht lehrreich. Er zeigt zum Beispiel, dass kritische Forschung und kritische Öffentlichkeit einschließlich der Medien manchmal leider das notwendige kritische Bewusstsein vermissen lassen, wenn es um sensationelle neue Funde geht.

Der Vorgang wirft aber auch Licht auf das Problem der apokryphen Evangelien. Im Grunde ist ihre Produktion seit den Tagen der alten Kirche nie ganz zum Erliegen gekommen. Morton Smith hat, wenn das Geheime Evangelium nach Markus von ihm stammen sollte, ein modernes apokryphes Evangelienfragment verfasst. Hier lassen sich auch Bücher wie „Da Vinci Code" oder Filme wie Mel Gibsons „Die Passion Christi" einordnen. Sie stützen sich nicht nur auf ältere apokryphe Überlieferungen – auch das tun sie –, sondern sie tragen darüber hinaus aktiv zur Produktion von neuen Apokryphen bei. Ärgerlich wird die ganze Sache vor allem dann, wenn die Urheber wider besseres Wissen behaupten, nichts als die historische Wahrheit und die ganze historische Wahrheit wiederzugeben. Das ist in beiden Fällen, „Da Vinci Code" und „Passion Christi", geschehen, und es ist nachweislich falsch, was durchaus die moralische Kategorie der Lüge ins Spiel bringt. Die Forschung wird ihrer Aufgabe nicht gerecht, wenn sie es versäumt, diese Tatsachen mit Entschiedenheit herauszustellen, auch wenn ihre schwache Stimme im Lärm des Tages oft untergeht.

Für die Suche nach der vollen Wahrheit über Jesus werden wir, fürchte ich, weiterhin vor allem auf unser Neues Testament angewiesen bleiben. Das dispensiert uns nicht von der Beschäftigung mit den Apokryphen, die schon für sich betrachtet immer lohnend ist; es rückt diesen Bereich unserer Arbeit aber in die richtige Perspektive. Wir lernen aus dem Judasevangelium, dem Thomasevangelium und den Geheimen Markusevangelium wenig über Jesus, viel jedoch über die Kirche im zweiten Jahrhundert nach Christus, viel auch über die Produktion von Wissen und Halbwissen in der heutigen Mediengesellschaft und einiges über charakterliche Grenzen, die offenbar auch der Forschung gesetzt sind.

Kapitel 2

Von Menschen und anderen Tieren: Zoologisches in den apokryphen Apostelakten

Richard Adalbert Lipsius lehrte von 1871 bis zu seinem Tod 1892 Theologie an der Theologischen Fakultät Jena.[1] Für die Erforschung der apokryphen Apostelakten hat er bahnbrechende, nach wie vor unverzichtbare Beiträge geleistet. Er hat zuverlässige Textausgaben geschaffen, die erst in der Gegenwart nach und nach ersetzt werden.[2] Sein mehrbändiges Werk *Die apokryphen Apostelgeschichten und Apostellegenden*[3] bleibt hinsichtlich Breite und Gründlichkeit bis heute unerreicht. Im ersten Band bemerkt er: „Daneben wird ein reicher Wunderapparat von Visionen, Engelerscheinungen, Himmelsstimmen, redenden Thieren und beschämt ihre Ohnmacht eingestehenden Dämonen entfaltet; überirdischer Lichtglanz leuchtet auf, geheimnisvolle Zeichen schimmern vom Himmel, Erdbeben, Donner und Blitz schreckt die Gottlosen; Feuer, Erde, Wind und Wasser fügen sich dienstbar den Frommen; Schlangen, Löwen, Leoparden, Tiger und Bären werden durch ein Wort

---

[1] Vgl. zu seiner Person die ausführliche Gesamtdarstellung von M. Scheibe, ADB 52 (1906) 7–27.

[2] Vgl. R. A. Lipsius, Acta Apostolorum Apocrypha I, 45–103.

[3] R. A. Lipsius, Die apokryphen Apostelgeschichten und Apostellegenden. Ein Beitrag zur altchristlichen Literaturgeschichte und zu einer zusammenfassenden Darstellung der neutestamentlichen Apokryphen, Braunschweig 1883–1890 (Bd. I, 1883; Bd. II / 1, 1887; Bd. II / 2, 1884; Ergänzungsband, 1890); Repr. Amsterdam 1976.

der Apostel gezähmt und kehren ihre Wuth wider die Verfolger ...".[4] Redende Tiere,[5] gezähmte Löwen, dienstbare Schlangen[6] – all das gehört in der Tat zu der reichen Bilderwelt dieser farbigen Erzählungen, die von der Gattung her mit der kaiserzeitlichen Romanliteratur verwandt sind.[7]

Wer allerdings nur bei der unterhaltsamen Oberfläche mit ihrem etwas naiven Charme stehen bleibt, läuft Gefahr, die theologische Hintergründigkeit dieser Episoden zu übersehen. Bei ihrer Entschlüsselung helfen uns zeitgenössische (d.h. antike) Diskurse über die Psychologie der Tiere in Philosophie, Fachschriftstellerei und Erbauungsliteratur. Das sei im Folgenden an einigen ausgewählten Beispielen demonstriert.[8] Wir folgen dabei der vermutlichen chronologischen Reihenfolge der einzelnen Werke und beginnen mit den Johannesakten, die ich um 150 bis 160 n.Chr. ansetzen würde, gefolgt von den Paulusakten (ca. 170–180 n.Chr.), den Petrusakten (ca. 190–200 n.Chr.) und den Thomasakten (ca. 220–240 n.Chr.). Die Andreasakten (ca. 200–210 n.Chr.), wo sich der Sachverhalt etwas anders

---

[4] Die apokryphen Apostelgeschichten I, 7f.

[5] Speziell dazu siehe C.R. MATTHEWS, Articulate Animals: A Multivalent Motif in the Apocryphal Acts of the Apostles, in: F. Bovon / A.G. Brock / C.R. Matthews (Hrsg.), Apocryphal Acts of the Apostles 205–232.

[6] Da die Kategorie der dienstbaren Schlange im Folgenden keine Erwähnung mehr findet, sei dafür hier schon auf ActJoh 71–76 verwiesen.

[7] Die „klassische" Studie dazu ist R. SÖDER, Die apokryphen Apostelgeschichten und die romanhafte Literatur der Antike (Würzburger Studien zur Altertumswissenschaft 3), Stuttgart 1932.

[8] Ich stütze mich dabei teils auf die noch unveröffentlichte Dissertation von Janet E. Spittler, mit ausdrücklichem Einverständnis der Autorin, vgl. J.E. SPITTLER, Wild Kingdom: Animals in the Apocryphal Acts, Ph.D. thesis, The University of Chicago 2007.

darstellt,[9] übergehen wir. An den Schluss stellen wir dafür die weniger bekannten, etwas jüngeren Philippusakten (um 400 n. Chr.), die von Tiergeschichten nahezu beherrscht sind. Hier werden wir endlich auch auf einen der Leoparden stoßen, die Lipsius uns im Eingangszitat versprochen hat.

I. Die Johannesakten

1. Das (gar nicht so) harmlose Rebhuhn

Die alten Johannesakten sind uns nur in trümmerhaftem Zustand überliefert. Die Paragraphenzählung und die Rekonstruktion des Erzählfadens gehen auf die Erstausgabe von Maximilian Bonnet (in dem von Lipsius begonnenen Gemeinschaftswerk) zurück.[10] Bonnet bietet als § 56–57 eine kurze Erzählung, die isoliert in einer Handschrift der späteren Johannesakten des Pseudo-Prochoros[11] steht, nämlich die sogenannte Rebhuhnepisode.[12]

---

[9] Zur Sonderstellung der Andreasakten in dieser Frage vgl. J. E. SPITTLER, Wild Kingdom (s. Anm. 8) 97–123.

[10] M. BONNET, Acta Apostolorum Apocrypha II,1, hier 151–216; die Neuausgabe stammt von E. JUNOD / J.-D. KAESTLI, Acta Iohannis (mit französischer Übersetzung). Eine Übersetzung ins Deutsche bei K. SCHÄFERDIEK, Johannesakten, in: NTApo^4 II, 138–190.

[11] Dieses jüngere Erzählwerk, das hauptsächlich auf Patmos spielt, findet sich bei T. ZAHN, Acta Ioannis unter Benutzung von C. Tischendorf's Nachlass bearbeitet, Erlangen 1880; Repr. Hildesheim 1975; eine ausführliche Paraphrase gibt R. A. CULPEPPER, John, the Son of Zebedee: The Life of a Legend (Studies on Personalities of the New Testament), Edinburgh 2000, 206–222.

[12] M. BONNET, Acta Apostolorum Apocrypha II,1, 178f.; ihm folgt K. SCHÄFERDIEK, Johannesakten, in: NTApo^4 II, 138–190, hier: 164f., während E. JUNOD / J.-D. KAESTLI, Acta Iohannis, sich stattdessen für die in zwei anderen Handschriften vom Athos und vom Sinai

Der Apostel Johannes betrachtet eines Tages staunend (βλέπων ... ἐθαύμαζεν) ein Rebhuhn, das herbei geflogen kommt und sich im Staube badet. Ein Priester, einer seiner Hörer, nimmt die Szene wahr und fühlt sich förmlich „skandalisiert" (so das griechische Wort: σκανδαλίζειν). Er sagt bei sich: „Ein solcher Mann in solchem Alter erfreut sich an einem Rebhuhn, das im Staube badet?" Der Apostel kann wie sein Herr Gedanken lesen und gibt dem Priester sinngemäß zu verstehen: Du, mein Kind, solltest lieber auch dem Rebhuhn beim Sich-Wälzen zusehen, anstatt dich mit schmutzigen, ungehörigen Taten zu beflecken. Zum Zweck der Buße und der Bekehrung bist du hierher geführt worden. Das Rebhuhn ist ein Sinnbild deiner Seele. Selbstverständlich hat der Apostel völlig Recht. Der Priester sieht sich als Sünder überführt, wirft sich vor Johannes nieder und bekennt: „Nun weiß ich, dass Gott in dir wohnt." Er bittet um das Gebet des Apostels und wird nach einer Belehrung (κατηχήσας) nach Hause entlassen, vermutlich zu einem ab jetzt moralisch einwandfreien Leben.

Wir können vielleicht noch verstehen, dass der Betrachter Anstoß nimmt an dem harmlosen Vergnügen, das zu dem heiligen Mann nicht zu passen scheint. Dennoch wirkt manches in dieser Erzählung überdeterminiert. Was hat es mit dem mehrfach betonten Sich-Wälzen des Rebhuhns im Staub auf sich? Ist diese Aktion vielleicht doch nicht so harmlos, wie es scheint? Was ist der springende Punkt des Vergleichs zwischen dem Rebhuhn und der Seele des

---

überlieferte „Heilung der Söhne des Antipatros" entscheiden (so jetzt auch K. Schäferdiek, Johnnesakten in: NTApo[6] II, 138–190, hier: 176f.). J. K. Elliott, Apocryphal New Testament 326f., druckt beide Episoden in Englisch ab und nimmt die doppelte Zählung von § 56–57 in Kauf. Zur Erklärung des Textstücks vgl. E. Junod / J.-D. Kaestli, Acta Iohannis 149–158; der griechische Text auch ebd. 373.

Priesters? Warum sieht dieser sich überführt und zu Buße und Umkehr genötigt? Ist die Notwendigkeit, sich zu reinigen, sei es körperlich, sei es seelisch, die einzige Moral von der Geschichte?

Hier hilft das antike Vergleichsmaterial entscheidend weiter. Aristoteles klassifiziert in seinen *Forschungen über die Lebewesen* die Vögel danach, ob sie sich zur Reinigung im Staub wälzen oder im Wasser baden (λούονται im Griechischen, eine Vokabel, die auch für die christliche Taufe gebracht wird[13]).[14] Das Rebhuhn gehört zur ersten Gruppe, hat aber bei ihm eine schlechte Presse. Weil die Weibchen, solange sie brüten, nicht mehr für die amourösen Avancen der liebehungrigen (ἀφροδισιαστικοί) Männchen zur Verfügung stehen, gehen diese hin und zerstören alle befruchteten Eier.[15] Kein Wunder also, dass sie im *Gelehrtengastmahl* des Athenäus symbolisch für Ausschweifung und Wollust stehen.[16] Außerdem gelten sie als Verräter an der eigenen Art, weil sie sich als Lockvögel bei der Jagd verwenden lassen, was sogar Eingang in die Fabeltradition gefunden hat.[17] Artemidor hält in seinem *Traumbuch* fest, dass Rebhühner „als einzige unter den Vögeln keine Ehrfurcht vor den Göttern haben".[18] Aus der jüdisch-christlichen Tradition ist Jer 17,11 von Belang: „Dem Rebhuhn, das Eier ausbrütet, die es nicht gelegt hat, gleicht der Mensch, der Reichtum erwirbt durch

---

[13] Vgl. ActJoh 84, 89, 95.

[14] Aristoteles, Historia Animalium 9,49B (633a 29f.). Vgl. die Darbietung und Auswertung des Materials bei J. E. Spittler, Wild Kingdom (s. Anm. 8) 157–167.

[15] Historia Animalium 9,8 (613b 25–27).

[16] Athenäus, Deipnosophistai 9 (389a).

[17] Babrius 138; vgl. Sir 11,30, wo die LXX nicht einfach „Vögel" liest (so die meisten Übersetzungen), sondern „Rebhuhn" (πέρδιξ).

[18] Artemidor, Oneirocriticon 2,26.

Ungerechtigkeit." Diese Bibelstelle greift der *Physiologus* auf, ein schmales christliches Erbauungsbuch aus dem 2. oder 3. Jahrhundert n.Chr., eine sträflich vernachlässigte Quelle.[19] In ihr wird das Handeln des Rebhuhns sogar mit den Aktionen des Teufels verglichen.[20] Den Abschluss bildet die stereotype Wendung „Schön hat der Physiologus über das Rebhuhn gesprochen."

So weit wie der Physiologus brauchen wir für unsere Episode aus den Johannesakten nicht einmal zu gehen. Sie gewinnt vor diesem Hintergrund sowieso genügend scharfe Konturen. Der Priester hat sich heimlich der Wollust ergeben; er wälzt sich, bildlich gesprochen, im Schmutz. Das gibt der Apostel ihm zart, aber deutlich zu verstehen (immerhin redet er ihn nach wie vor mit „mein Kind" an). Die Reaktion des Priesters zeigt, dass er vollkommen verstanden hat und dass noch Hoffnung für ihn besteht. Fragen könnte man lediglich noch, warum der Apostel über dieses gar nicht so harmlose Lebewesen staunt. Die Antwort darauf geht in zwei Richtungen. Zum einen braucht „Staunen" noch nicht „Bewundern" zu bedeuten. Man kann zum Beispiel auch über Unverfrorenheit oder Unmäßigkeit staunen. Zum andern mag sich das Staunen im Endeffekt auch darauf beziehen, dass in der Natur alles so wunderbar geordnet ist und daher, im Sinn des *Physiologus,* selbst das Rebhuhn gut genug ist für eine heilsame Lektion. Wir sollten auch nicht vergessen, dass sich der Priester durch diese scheinbar unschuldige Szene zunächst skandalisiert fühlt. Wir verstehen jetzt besser, warum.

---

[19] Dabei wäre sie leicht zugänglich, vgl. O. SCHÖNBERGER, Physiologus. Griechisch / Deutsch (Universal-Bibliothek 18124), Stuttgart 2001.

[20] Physiologus 18; bei Schönberger 34f.

Diese Begebenheit war anscheinend auch selbständig im Umlauf, denn der Mönchsvater Johannes Cassianus gibt sie in seinen *Unterredungen* ein wenig anders wieder.[21] Johannes streichelt ein Rebhuhn, als ein als Jäger verkleideter Philosoph vorbeikommt und sich über diese Form des Zeitvertreibs mokiert. Johannes macht ihm klar, dass er ja auch seinen Bogen nicht ständig gespannt mit sich führt, weil dieser sonst seine Spannung verlieren würde. Ebenso bedürfe der Geist von Zeit zu Zeit der „Entspannung". Im Kontext geht es darum, dass man Schriftbetrachtung und Gebet durchaus unterbrechen darf, um einem eintreffenden Bruder gastfreundlich zu begegnen. Eine Moral hat die Geschichte nach wie vor, die ganze Hintergründigkeit aber scheint verloren gegangen zu sein.

2. Die gehorsamen Wanzen

Mit § 60–61 kehren wir zu den hauptsächlichen Textzeugen für große Teile der Johannesakten zurück und gelangen zugleich zu einer neuen Episode, die im Text als παίγνιον, das heißt „lustiges Stück, Spielerei, kleiner Scherz, leichtes Intermezzo", eingeführt wird.[22] Sie ist durchgehend im Wir-Stil und einmal sogar in der Ich-Form gehalten.

---

[21] Johannes Cassianus, Collationes 24,21 (CSEL 13, 697,10–698,3).

[22] Der griechische Text bei E. Junod / J.-D. Kaestli, Acta Iohannis 246–251; zur Erklärung und zum Parallelmaterial vgl. ebd. 527–541, sowie E. Plümacher, Paignion und Biberfabel: Zum literarischen und popularphilosophischen Hintergrund von Acta Johannis 60f.48–54, Apocrypha 3 (1992) 69–109; auch in: Ders., Geschichte und Geschichten. Aufsätze zur Apostelgeschichte und zu den Johannesakten (WUNT 170), Tübingen 2004, 171–206; J. E. Spittler, Wild Kingdom (s. Anm. 8) 128–148.

Der Apostel wandert mit seinen Begleitern von Laodizea nach Ephesus zurück, wo er dringend gebraucht wird. Am Abend des ersten Reisetags gelangen sie zu einer verlassenen Herberge. Das einzige Bett, das die Begleiter großzügig Johannes überlassen, während sie sich selbst auf dem Boden lagern, wimmelt von zahllosen Wanzen. An Nachtruhe ist nicht zu denken. Als die Wanzen dem Apostel um die Mitte der Nacht allzu lästig werden, befiehlt er ihnen: Seid vernünftig, verlasst eure Heimstatt, verhaltet euch ruhig und bleibt mir vom Leib. Seine Gefährten lachen, wie es sich für ein παίγνιον gehört, und reden nur noch leise weiter, um den Apostel nicht beim Schlafen zu stören.

Am nächsten Morgen erblicken der Berichterstatter, der zu den Frühaufstehern zählt, und zwei weitere Brüder an der Tür des Raumes eine große Menge von Wanzen, die geduldig dort ausharren. Alle anderen eilen herbei, um das Schauspiel zu bestaunen. Nur der Apostel schlummert ruhig weiter. Als er erwacht und sie in Reih und Glied gehorsam warten sieht, erlaubt er ihnen, wieder an ihren Platz zurückzukehren, was diese auch, nachdem der Apostel das Bett verlassen hat, hurtig tun. Die Nutzanwendung lautet in den Worten des Apostels: „Diese Tierchen haben sich, als sie die Stimme eines Menschen vernahmen, ruhig verhalten und sind für sich geblieben, ohne sich eine Übertretung zuschulden kommen zu lassen. Wir aber, wenn wir die Stimme Gottes hören, übertreten seine Gebote und verhalten uns leichtfertig – wie lange noch?“

Eine recht eindeutige Nutzanwendung, sollte man meinen, aber auch hier ist noch einiges mehr zu entdecken. Vergleichbare Tiergeschichten treffen wir auch in der außerchristlichen Überlieferung an. Dort gibt es zum Beispiel Grillen und Frösche, die dem erschöpften Heros, sei es Herakles, sei es Perseus, seine Ruhe gönnen und deshalb schweigen, sogar auf Dauer.[23] Es gibt lästige Fliegen, die sich für die Zeit der Olympischen Spiele oder eines Festes des Apollo trotz des verlockenden Angebots an Opferfleisch und Blut freiwillig aus dem Wohngebiet entfernen.[24] In einem Fall kontrastiert Aelian dieses Verhalten mit dem der Frauen, die den Ort der Wettkämpfe nur gezwungenermaßen verlassen, weil die Regeln für das Training und die Durchführung der Spiele das verlangen (Athleten in Aktion mussten enthaltsam leben). Schließlich weiß die Legende auch von Pythagoras zu berichten, dass er sich mit Tieren verständigen konnte und dass sie ihm, wie im Fall eines Stiers und einer Bärin, aufs Wort folgten.[25] Als Resultat dieses Vergleiches können wir ein erstes Zwischenergebnis festhalten: Der Apostel wird in diesem Schelmenstück den Heroen und Wundermännern der griechischen Überlieferung als mindestens ebenbürtig an die Seite gestellt.

Damit zu den Wanzen selbst. Sie werden in der antiken Literatur in einem Atemzug mit Läusen und Flöhen genannt, als Beispiel für kleine Plagegeister, die daran zweifeln lassen, ob es in der Natur wirklich so vernunftgemäß und einsichtsvoll zugeht. Der Stoiker Chrysipp gibt auf die Frage, wozu Wanzen gut seien, die lapidare Antwort: Damit sie

[23] Herakles und die Grillen bei Didodorus Siculus, Bibliotheca historica IV 22,5; Perseus und die Frösche bei Aelian, De natura animalium 3,37.

[24] Aelian, De natura animalium 5,17 (Olympische Spiele); 11,8 (Apollo); vgl. zu Olympia auch Pausanias, Graeciae descriptio V 14,1.

[25] Jamblichos, De vita Pythagorica 13,60–61, vgl. auch das Gespräch mit einem Adler in 62. Die von Eckhard Plümacher favorisierte Parallele im Eselsroman hingegen scheint mir nicht ganz so beweiskräftig zu sein, trotz ihrer Bezeichnung als παίγνιον, vgl. E. Plümacher, Paignion und Biberfabel (s. Anm. 22) 75–78; auch die von ihm postulierte Vorstufe im Mimus leuchtet nicht unmittelbar ein.

uns aufwecken.[26] Als geradezu sprichwörtliche Ruhestörer treten die Wanzen schon bei Aristophanes in Erscheinung. Dionysos auf dem Weg in die Unterwelt fragt Herakles um Rat, welche Herberge wohl am wenigstens Wanzen hätte.[27] In der Denkfabrik des Sokrates findet Strepsiades nicht zur Ruhe, weil ihn Wanzen andauernd belästigen und, so fürchtet er, nichts mehr von ihm übrig lassen werden.[28] Die Wanzen verkörpern zugleich aber auch die dringenden Sorgen und Ängste, die ihn am Schlafen hindern[29] (so ausdrücklich auch Artemidor: „Wanzen zeigen Missstimmungen und Sorgen an; denn ebenso wie Sorgen verursachen sie schlaflose Nächte“[30]). Damit schält sich eine weitere Pointe unserer Episode heraus. Die kleinen Ruhestörer lassen nicht nur, ganz gegen ihre Natur, den Apostel in Frieden, sie kommen auch selbst zur Ruhe. Der Apostel gebietet ihnen ausdrücklich: ἡσυχάσατε, „findet Rast“. Dieses ἡσυχάζειν ist in den Johannesakten eine Art Inbegriff für eine maßvoll asketische christliche Lebensweise.[31] Das Gegenstück dazu ist ein leichtfertiges, lässiges, zerstreutes Verhalten, wie es in der Nutzanwendung angeprangert wird. Der Appell lautet also: Das Ungeziefer ist euch an Einsicht voraus, lasst euch das als Mahnung dienen.

Außerdem könnte noch ein Wortspiel vorliegen, das der Episode einen leicht erotischen Beiklang verleiht. Das griechische Wort für „Wanze“ (κόρις) ähnelt nämlich dem Wort für „Mädchen“ (κόρη). In einer Handschrift (M) spricht der Apostel die Plagegeister auch direkt als κόραι,

[26] Plutarch, De Stoicorum repugnantiis 21 (1044D).
[27] Aristophanes, Ranes 115.
[28] Aristophanes, Nubes 709–715.725.
[29] So lässt sich Nubes 12–13 verstehen.
[30] Oneirocriticon 3,8.
[31] Vgl. ActJoh 54,12; 66,3; 75,9; 79,12.

„Mädchen", an. Auch die Position der κόρεις draußen an der Türschwelle fügt sich hier ein. Die antike Literatur kennt nämlich als eigene Kleingattung das *Paraklausithyron,* die nächtliche Klage des verschmähten Liebhabers draußen vor der Tür.[32] Eine unterschwellige Botschaft wäre demnach, dass sich die Frauen der Bettstatt des Apostels fern halten sollen. Sie könnten jene Zerstreuung mit sich bringen, vor der schon Paulus in 1 Kor 7,32–34 warnt. Das steht ganz in Einklang mit der ehelosen und enthaltsamen Lebensweise des Apostels, die an späterer Stelle im Rückblick eingehend begründet wird.[33]

Als Resultat dieses ersten Durchgangs dürfen wir festhalten, dass sich beide Tierepisoden viel besser in den Gesamtaufriss der Johannesakten und ihre Gedankenwelt einfügen, wenn ihre ganze Doppelbödigkeit erkannt und gewürdigt wird.

---

[32] Dazu E. Burck, Das Paraklausithyron. Die Entwicklungsgeschichte eines Motivs der antiken Liebesdichtung, in: Ders., Vom Menschenbild in der römischen Literatur. Ausgewählte Schriften, Heidelberg 1966, 244–256; F. O. Copley, Exclusus Amator: A Study in Latin Love Poetry (Philological Monographs 17), Madison, Wis. 1956. Als Beispiel vgl. Propertius I 16,1–48, eine Elegie, in der die Türschwelle selbst zu sprechen beginnt und das Klagelied eines betroffenen Verehrers zitiert. Angewendet auf einen neutestamentlichen Text bei C. C. Smith, Ἐκκλεῖσαι in Galatians 4:17: The Motif of the Excluded Lover as a Metaphor of Manipulation, CBQ 58 (1996) 480–499.

[33] Vgl. eine Passage im Abschiedsgebet des Apostels in § 113: Johannes wollte in seiner Jugend heiraten, aber der Herr erschien ihm und sagte ihm: „Ich bedarf deiner." Beim zweiten Versuch kommt eine vom Herrn verursachte leibliche Erkrankung dazwischen. Beim dritten Versuch erscheint ihm der Herr um die dritte Stunde auf dem Meer und sagt ihm: „Johannes, wärest du nicht mein, hätte ich dich heiraten lassen." Er blendet ihn für zwei Jahre und schenkt ihm erst im dritten Jahr das Augenlicht wieder. Die Heiratspläne des Johannes sind damit auf Dauer gescheitert.

II. Die Paulusakten

Um 1900 waren nur drei Einzelteile der Paulusakten bekannt, die isoliert voneinander überliefert worden waren: die Theklaakten,[34] der sogenannte dritte Korintherbrief[35] und das Martyrium des Paulus.[36] Erst die Entdeckung und Auswertung eines koptischen Papyrus aus Heidelberg[37] und eines griechischen Papyrus aus Hamburg[38] durch Carl Schmidt ließen das ganze Werk, das sehr umfangreich gewesen sein muss, im Umriss erkennbar werden.[39] Wir

[34] Für den griechischen Text benötigen wir immer noch R. A. LIPSIUS, Acta Apostolorum Apocrypha I, 235–272. An Sekundärliteratur zu den ActPaul vgl. J. N. BREMMER (Hrsg.), The Apocryphal Acts of Paul and Thecla (Studies on the Apocryphal Acts of the Apostles 2), Kampen 1996; A. G. BROCK, Genre of the *Acts of Paul:* One Tradition Enhancing Another, Apocrypha 5 (1994) 119–136; D. R. MACDONALD, The Legend and the Apostle. The Battles for Paul in Story and Canon, Philadelphia 1983 (mit einer eigenwilligen These), sowie die wichtigen Aufsätze, die gesammelt sind in W. RORDORF, Lex orandi–Lex credendi. Gesammelte Aufsätze … (Paradosis 36), Freiburg (Schweiz) 1993, 368–496, und in W. SCHNEEMELCHER, Gesammelte Aufsätze zum Neuen Testament und zur Patristik (Analekta Vlatadon 22), Thessaloniki 1974, 154–239.

[35] Vgl. G. LUTTIKHUIZEN, The Apocryphal Correspondence with the Corinthians and the Acts of Paul, in: J. N. Bremmer, The Apocryphal Acts of Paul (s. Anm. 34) 75–91; W. RORDORF, Hérésie et orthodoxie selon la Correspondance apocryphe entre les Corinthiens et l'apôtre Paul, in: Ders., Lex orandi (s. Anm. 34) 389–431; M. TESTUZ, Papyrus Bodmer X–XII, Köln / Genf 1959, 7–45.

[36] Bei R. A. LIPSIUS, Acta Apostolorum Apocrypha I, 104–117.

[37] C. SCHMIDT, Acta Pauli: Übersetzung, Untersuchungen und koptischer Text (Aus der Heidelberger Koptischen Papyrushandschrift Nr. 1), Leipzig ^{2}1905; Repr. Hildesheim 1965.

[38] C. SCHMIDT / W. SCHUBERT, *Acta Pauli*.

[39] Eine Rekonstruktion der Erzählfolge bietet die deutsche Übersetzung von W. SCHNEEMELCHER, Paulusakten, in: NTApo^{6} II, 193–241. Vgl. auch die französische Übersetzung von W. RORDORF, Actes de

wählen für unsere Zwecke eine Szene aus den Akten der Thekla[40] und eine aus dem weiteren Verlauf der Akten des Paulus aus.

1. Thekla und die Robben

Metaphern und Vergleiche aus der Tierwelt durchziehen die Theklaakten von Anfang an.[41] Theklas Mutter beschreibt die Art und Weise, wie ihre Tochter auf die Verkündigung des Paulus in Ikonium reagiert, anschaulich als invertierte Form von heftiger Liebe:[42] „Wie eine Spinne klebt meine Tochter am Fenster.[43] Von seinen Worten wird sie erfasst wie von einer nie gekannten Begierde und schrecklichen Leidenschaft" (9). Als Thekla Paulus im Gefängnis aufsucht

---

Paul, in: F. Bovon / P. Geoltrain (Hrsg.), Écrits apocryphes chrétiens I, 1115–1177, die teils auf der Grundlage von unveröffentlichtem Textmaterial erfolgt.

[40] Aus der Sekundärliteratur vgl. zu den Theklaakten C. Büllesbach, „Ich will mich rundherum scheren und dir folgen": Begegnungen zwischen Paulus und Thekla in den Acta Pauli et Theclae, in: K. Greschat / H. Omerzu (Hrsg.), Körper und Kommunikation: Beiträge aus der theologischen Genderforschung, Leipzig 2003, 125–146; M. Ebner (Hrsg.), Aus Liebe zu Paulus? Die Akte Thekla neu aufgerollt (SBS 206), Stuttgart 2005; A. Jensen, Thekla – Die Apostolin. Ein apokrypher Text neu entdeckt (KT 172), Gütersloh 1999.

[41] Vgl. zu den Tieren in den Theklaakten insgesamt E. Esch, Thekla und die Tiere, oder: Die Zähmung der Widerspenstigen, in: M. Ebner (Hrsg.), Aus Liebe zu Paulus (s. Anm. 40) 159–179.

[42] Siehe dazu die eindrückliche Studie von P. Tohey, Love, Lovesickness, and Melancholy, Illinois Classical Studies 17 (1992) 265–286.

[43] J. E. Spittler, Wild Kingdom (s. Anm. 8) 227f., schlägt eine leicht veränderte Lesung vor, die den Sinn ergibt: Thekla wird von den Worten des Paulus gefangen genommen „wie von einem Spinnennetz" und klebt daher am Fenster.

und nicht antrifft, „wälzt" (ἐκυλίετο) sie sich an der Stelle, wo er sich aufgehalten hatte (20), was man eventuell als eine Form von animalischem Verhalten lesen kann.[44] Als es für Thekla zum ersten Mal in der Arena ernst wird, sucht sie mit ihren Blicken nach Paulus, „wie ein Lamm in der Wüste nach seinem Hirten ausschaut" (21).

Erstaunliches geschieht auch in der Arena in Antiochien, wo Thekla erneut wilden Bestien ins Auge blickt. Eine Löwin, die ihr zuvor schon beim Umzug die Füße leckte (28), verteidigt sie zunächst gegen eine Bärin und dann gegen einen auf Menschen abgerichteten Löwen, wobei sie selbst den Tod findet (33).

Thekla hatte währenddessen mit ausgebreiteten Armen gebetet. Als sie um sich blickt, sieht sie eine große Grube voll Wasser, in der Robben umher schwimmen.[45] Die Frauen unter den Zuschauern warnen Thekla vor den Robben, und auch der Statthalter geht davon aus, dass sie von ihnen gefressen wird. Thekla aber erkennt: „Jetzt ist der Zeitpunkt gekommen, mich zu waschen" (λούσασθαι), und stürzt sich mit den Worten „Im Namen Jesu Christi taufe ich mich an (meinem) letzten Tag" in die Fluten (34). Die Robben sehen einen Blitz und schwimmen gleich darauf tot an der Oberfläche, während eine Wolke von Feuer Thekla umgibt. Nach weiteren Prüfungen kommt Thekla schließlich wieder frei.

---

[44] Vgl. E. Esch, Thekla und die Tiere (s. Anm. 41) 174f.; J. E. Spittler, Wild Kingdom (s. Anm. 8) 232f.

[45] Zum Folgenden siehe M. P. Aymer, Hailstorms and Fireballs: Redaction, World Creation, and Resistance in the *Acts of Paul and Thecla,* Semeia 79 (1997) 45–61; H. Schneider, Thekla und die Robben, VigChr 55 (2001) 45–57; J. E. Spittler, Wild Kingdom (s. Anm. 8) 250–252. Vgl. auch Physiologus 40: „Jona wurde in den Bauch des Ungeheuers (κήτους) geworfen, Thekla ins Feuer, unter Raubtiere und Robben, und das Zeichen des Kreuzes errettete sie."

Wir kennen Robben entweder als hilflose Babys, die unser Mitgefühl erregen, oder als Artisten in Zirkus und Zoo, die bunte Bälle jonglieren und für frischen Fisch nahezu alles tun. Erneut müssen wir uns also auf die Rekonstruktion eines antiken Vorverständnisses einlassen, das unser Autor möglicherweise mit seinen Adressaten teilt. Ausgedehnte Wasserbassins wurden in den römischen Arenen für die Inszenierung von Seeschlachten tatsächlich angelegt.[46] Kämpfe zwischen Bären und Robben im Zirkus sind, so unwahrscheinlich es klingen mag, für die Kaiserzeit belegt.[47] Neben der zoologisch nahezu korrekten Wahrnehmung von Robben in der Fachwissenschaft gab es auch eine mehr volkstümliche Überlieferung, die sie als gefährliche Ungeheuer aus der Meerestiefe ansah, κῆτος genannt (wie Jonas Wal in der LXX).[48] In Homers Odyssee wird eine von der Göttin Artemis getötete treulose Magd über Bord geworfen „zur Beute von Robben und Fischen" (Od 15,480f.).[49] Einen weiteren ironischen Seitenhieb stellt ihre Ausschaltung durch einen Blitz dar, schrieb man doch aus-

[46] Instruktiv ist dazu K. M. COLEMAN, Launching into History: Aquatic Displays in the Early Empire, JRS 83 (1993) 48–74. Zum generellen Hintergrund siehe F. AUGAR, Die Frau im römischen Christenprozeß: Ein Beitrag zur Verfolgungsgeschichte der christlichen Kirche im römischen Reich (TU 28,4c), Leipzig 1905; K. M. COLEMAN, Fatal Charades: Roman Execution Staged as Mythological Enactments, JRS 80 (1990) 44–73; D. G. KYLE, Spectacles of Death in Ancient Rome, London / New York 1998.

[47] Calpurnius Siculus, Eclogae 7,65f.

[48] Vgl. H. SCHNEIDER, Thekla und die Robben (s. Anm. 45) 55: Dem Autor waren Robben „vielleicht aus Homer als κῆτη, das heißt als unheimliche, stinkende Meeresungeheuer, bekannt"; zu ihrem Gestank vgl. Homer, Od 4,441–446, und Aristophanes, Vespae 1035f.

[49] Bekannter noch sind die Robben Poseidons, die den Meergott Proteus als Hirten haben, in Od 4,407–452; aber sie werden allenfalls durch ihren schrecklichen Gestank gefährlich für Menschen, und

gerechnet Robbenfellen eine Blitz abwehrende Kraft zu.[50] Kaiser Augustus soll sich aus Angst vor Blitzschlag nie ohne Robbenfell außer Haus begeben haben.[51] All das verleiht der Robbenepisode in den Theklaakten jenes Maß an narrativer Glaubwürdigkeit, das für eine erfolgreiche Erzählung unerlässlich bleibt.[52]

2. Paulus und der Löwe

Über die Episode um Paulus und den Löwen in der Arena in Ephesus hat sich in der frühen Kirche Hieronymus schon mokiert.[53] Hippolyt hat sie mit der biblischen Erzählung von Daniel in der Löwengrube verglichen[54] und Commodian in einem Gedicht darauf angespielt.[55] Wir haben also allen Grund, näher darauf einzugehen.[56]

---

dagegen hat eine Göttin (Tochter des Proteus) als probates Mittel Ambrosia zur Hand.

[50] Plinius d. Ä., Naturalis historia 2,146.

[51] Sueton, Divus Augustus 90: „Über seine religiösen Bräuche haben wir folgendes herausgefunden: Donner und Blitz ließen ihn immer wieder erneut in Angst und Schrecken geraten, so dass er immer und überall ein Robenfell als Schutzmittel bei sich trug …“.

[52] Zu der sadistisch-erotisch konnotierten Szene in ActThec 35, in der Thekla zwischen zwei Stiere gebunden wird, vgl. E. Esch, Thekla und die Tiere (s. Anm. 41) 168f.

[53] De viris illustribus 7.

[54] Commentarium in Danielem III 29,3.

[55] Carmen apologeticum 627f.

[56] Vgl. zur gesamten Episode T. Adamik, The Baptized Lion in the Acts of Paul, in: J. N. Bremmer, The Apocryphal Acts of Paul (s. Anm. 34) 60–74; H. J. W. Drijvers, Der getaufte Löwe und die Theologie der Acta Pauli, in: Ders., History and Religion in Late Antique Syria (Variorum Collected Study Series CS 464), Aldershot 1994, Kap. X; B. M. Metzger, St Paul and the Baptized Lion, PSB 39 (1945) 11–21; W. Schneemelcher, Der getaufte Löwe in den

Die Textgrundlage für den Ephesusaufenthalt des Apostels bieten die ersten fünf Seiten des griechischen Papyrus Hamburg. Für die Vorgeschichte können wir zudem auf einen koptischen Papyrus aus der Sammlung Bodmer zurückgreifen, der schon längere Zeit bekannt und im Gespräch war,[57] aber erst 2004 veröffentlicht wurde.[58] Wir beginnen mit diesem Fragment.

Paulus berichtet bei einer Versammlung im Haus von Aquila und Priska in Ephesus, wie er kurz nach seiner Bekehrung des Nachts unterwegs war nach Jericho, begleitet von zwei Frauen und ins Gebet vertieft. Ein schrecklicher Löwe kommt ihnen entgegen, wirft sich aber vor Paulus nieder. Dieser fragt den Löwen nach seinem Wunsch und bekommt zur Antwort: „Ich möchte getauft werden." Paulus steigt mit ihm in einen Fluss herab, der passend zur Hand ist. Das Folgende sei im Wortlaut wiedergegeben:

Ich nahm den Löwen bei seiner Mähne, und im Namen Jesu Christi tauchte ich ihn dreimal unter. Als er dem Wasser wieder entstieg, schüttelte er seine Mähne zurecht und sagte zu mir: „Gnade sei mit dir!" Und ich sagte ihm: „Desgleichen mit dir!" Als

---

Acta Pauli, in: Ders., Gesammelte Aufsätze (s. Anm. 34) 223–239; J. E. Spittler, Wild Kingdom (s. Anm. 8) 252–260.

[57] Durch eine Inhaltsangabe und eine vorläufige Übersetzung, vgl. R. Kasser, Acta Pauli 1959, RHPhR 40 (1960) 45–57; Ders., Anfang des Aufenthaltes zu Ephesus (Nach einem bisher noch nicht edierten koptischen Papyrus), in: NTApo[6] II, 241–243; Ders., in: F. Bovon / P. Geoltrain, Écrits apocryphes chrétiens I, 1151–1156. Zuvor war eine ähnliche Szene nur aus dem Brief der Pelagia bekannt, der aber von den ActPaul abhängen dürfte, vgl. E. J. Goodspeed, The Epistle of Pelagia, AJSL 20 (1903/04) 95–108.

[58] R. Kasser / P. Luisier, Le Papyrus Bodmer XLI en édition princeps. L'épisode d'Éphèse des *Acta Pauli* en copte et traduction, Muséon 117 (2004) 281–384; die uns besonders interessierende Szene findet sich 319–323; Fotografien des ganzen Texts werden 371–384 geboten.

der Löwe nun zum Feld davonlief, voller Jubel …, begegnete ihm eine Löwin, und er wandte sein Gesicht nicht zu ihr hin, sondern lief davon …

Letzteres ist ein besonders exquisites Beispiel für den vor allem aus der syrischen Kirche bekannten Zusammenhang von Taufe und Eheverzicht.[59] Im PHamb geht es derweil weiter mit einem Verhör des Paulus vor dem Statthalter. Vor allem die Goldgießer (vgl. Apg 19,24) tun sich mit dem Ruf hervor: „Vor die wilden Tiere mit ihm!" Der Statthalter lässt Paulus geißeln und verurteilt ihn zum Tierkampf. All das geschieht in der Pfingstzeit (vgl. 1 Kor 16,8).

Der Tierkampf ist mit einem weiteren Erzählstrang verflochten, der für das Gesamtverständnis von Bedeutung ist. Auch im Gefängnis hat Paulus Zulauf. Namentlich zwei Frauen, Eubula, die schon getauft ist, und Artemilla, die Gattin des Statthalters, suchen ihn im Kerker auf, was den Zorn der Ehemänner auf Paulus zusätzlich anstachelt. In der Nacht vor dem Tierkampf, der an einem Sonntag stattfindet, bitten die beiden Frauen um Artemillas Taufe. Die Gefängnistore öffnen sich von selbst, und die Wachen schlafen tief (vgl. Apg 12,6–10). Auf dem Weg zum Meer geht ihnen ein Jüngling mit leuchtendem Körper voran. Beim Taufvorgang braust das Meer gewaltig auf, was eine zeitweilige Ohnmacht Artemillas zur Folge hat. Der Jüngling hilft bei ihrer Wiederbelebung und bei der Rückkehr ins Gefängnis.

Am nächsten Morgen seufzt Paulus darüber, schon wieder zum Gespött für eine ganze Stadt zu werden (mit θριαμβεύειν im Griechischen, möglicherweise eine Anspielung auf 2 Kor 2,14). Man lässt einen besonders wilden Löwen auf Paulus los. Aber der Löwe vertieft sich wie Paulus zunächst ins

[59] Siehe A. Vööbus, Celibacy, a Requirement for Admission to Baptism in the Early Syrian Church (PETSE 1), Stockholm 1951.

Gebet. Dann zeigt er sich in voller Pracht und läuft auf Paulus zu, aber nur, um sich wohlerzogen wie ein Lamm zu seinen Füßen zu lagern. Mit menschlicher Stimme sagt er zu Paulus: „Gnade sei mit dir", und Paulus erwidert: „Gnade sei auch mit dir, Löwe." Beide nehmen sich gegenseitig näher in Augenschein. Paulus merkt, dass dies der Löwe sein muss, den er einst getauft hat, und holt dafür in einem Zwiegespräch die Bestätigung ein.

Der Statthalter lässt gegen Paulus weitere wilde Tiere los und entsendet gegen den unbotmäßigen Löwen Bogenschützen. Aber ein gewaltiges Hagelwetter macht alle seine Aktionen zunichte. Viele kommen um, die übrigen fliehen und rufen: „Rette uns, Gott, rette uns, du Gott des Menschen, der mit den Tieren kämpfte!" Paulus und der Löwe bleiben unbehelligt und verabschieden sich voneinander. Paulus geht zum Hafen und besteigt ein Schiff, das ihn nach Makedonien bringen soll. Der Löwe entweicht ins Gebirge.

Dass nicht alle Kirchenväter sich mit der Taufe eines Löwen recht anfreunden mochten, kann man verstehen. Beginnen wir unsere Erklärung mit der Suche nach dem Anlass für diese Inszenierung eines Tierkampfes in Ephesus. Ihn könnte die wohl metaphorisch zu verstehende Bemerkung des Paulus in 1 Kor 15,32 gegeben haben: „Wenn ich auch nach Menschenart in Ephesus mit wilden Tieren gekämpft hätte, welchen Nutzen hätte ich davon?" (vgl. auch 2 Tim 4,17: „ich wurde gerettet aus dem Rachen eines Löwen").[60] Die Situierung zur Pfingstzeit hilft vielleicht, die wunder-

---

[60] Siehe dazu A. J. Malherbe, The Beasts at Ephesus, JBL 87 (1968) 71–80; auch in: Ders., Paul and the Popular Philosophers, Minneapolis 1989, 79–89; D. R. MacDonald, A Conjectural Emendation of 1 Cor 15:31–32: Or the Case of the Misplaced Lion Fight, HThR 73 (1980) 265–276.

bare Begabung des Löwen mit menschlicher Sprache zu erklären.

Für die Ausgestaltung im Einzelnen hat die bekannte Fabel von Androclus und dem Löwen Pate gestanden.[61] Bei einem Tierkampf im Circus Maximus in Rom fällt ein Löwe durch besonders muskulösen Körperbau, lang herabwallende Mähne und furchtbares Gebrüll auf. Ihm wird als Opfer der Sklave Androclus vorgeworfen. Aber der Löwe nähert sich ihm langsam und voll Verwunderung, umwedelt ihn sodann wie ein Schoßhund und leckt ihn ab. Des Rätsels Lösung: In Nordafrika war Androclus seinem Herrn entflohen. In die Höhle, die ihm als Versteck diente, kommt ein Löwe, der mit einem Fuß hinkt und blutet. Durch Gesten bittet er Androclus förmlich um Hilfe, und der zieht ihm einen großen Holzsplitter aus der Fußsohle. Eine wunderbare Freundschaft beginnt, die drei Jahre dauert, bis Androclus entdeckt, gefangen genommen und als entlaufener Sklave *ad bestias* verurteilt wird. Auf diesen Bericht hin wird Androclus amnestiert, und man sieht ihn mit seinem Löwen, den er an einer dünnen Leine führt, durch die Stadt spazieren, von allen Seiten bewundert und beschenkt.

In den Paulusakten wird in diese erbauliche Tiergeschichte noch eine spezielle Botschaft verpackt. Der Löwe mit seiner Wildheit und Kraft dient als Symbol für jenen Teil der Seele, der in platonischer Terminologie θυμός genannt wird, was unter anderem auch den Schlüssel abgibt für das enigmatische Logion 7 aus dem Thomasevangelium „Selig ist der Löwe, den der Mensch essen wird, und der Löwe wird Mensch sein …" (s. o. in Kapitel 1). Der Löwe verkörpert

[61] Sie ist aufbewahrt bei Aulus Gellius, Noctes Atticae V 14,5–30, der sie auf den Alexandriner Apion zurückführt, und bei Aelian, De natura animalium 7,48.

in der Gedankenwelt der Paulusakten über das platonische Modell hinaus die Triebkraft schlechthin, die Sexualität, die trotz ihrer Ausrichtung auf die Fortpflanzung die Menschen letztlich nicht vom Tod befreien kann, sondern den Tod, speziell den geistigen Tod, erst recht provoziert. Sie kann, und hier kommt das Auftreten der beiden Frauen zum Tragen, durch die Taufe erlöst werden, was im Alltagsleben im Idealfall ihre „Zähmung" und Integration erlaubt, tatsächlich aber in den Paulusakten eher ihre Unterdrückung impliziert. Dass ausgerechnet Paulus sich mit dem Löwen mehrfach auseinandersetzen muss, dürfte andeuten, dass auch für ihn der Umgang mit der eigenen Sexualität zunächst eine nicht ganz leicht zu bewältigende Aufgabe darstellte.[62]

III. Die Petrusakten

Wie eigentlich alle Akten sind uns auch die Petrusakten nur in Fragmenten überliefert. Für unsere Zwecke stützen wir uns auf die *Actus Vercellenses,* die ihren Namen nach ihrem Fundort, der Kapitelsbibliothek der oberitalienischen Stadt Vercelli, tragen.[63] Sie enthalten die lateinische Neufassung älterer Petrustradition und dürften in dieser Form aus dem (späten) 4. Jahrhundert n. Chr. stammen.[64]

---

[62] Zu dieser Interpretation vgl. bes. W. Rordorf, Quelques jalons pour une interprétation symbolique des *Actes de Paul,* in: Early Christian Voices: In Texts, Traditions, and Symbols (FS F. Bovon) (BIS 66), Leiden 2003, 251–265.

[63] Zum Text vgl. R. A. Lipsius, In: Acta Apostolorum Apocrypha I, 45–103; L. Vouaux, Les Actes de Pierre; zur Übersetzung W. Schneemelcher, Petrusakten, in: NTApo[6] II, 243–289.

[64] Siehe dazu im Einzelnen die scharfsinnige Studie von M. C. Baldwin, Whose *Acts of Peter*? Text and Historical Context of the *Actus Vercellenses* (WUNT II, 196), Tübingen 2005, die manche Selbst-

1. Der sprechende Kettenhund

Paulus hat Rom verlassen; Simon Magus ist dafür in wörtlichem Sinne „eingeflogen“[65] und hat den Senator Marcellus für sich gewonnen. Vorher diente dessen Haus als eine Art Gemeindezentrum; jetzt hält Simon es förmlich besetzt. Es ist also an der Zeit, dass Petrus nach Rom kommt und eingreift.

Auf Bitten der wenigen treu gebliebenen Christen hin sucht Petrus die direkte Konfrontation mit Simon. Dazu begibt er sich zum Haus des Marcellus (9). Vor vielen Zeugen gibt er dem Türhüter (*hostiarius*) den Auftrag, er solle Simon ausrichten: „Petrus, um dessentwillen du aus Judäa geflohen bist, erwartet dich am Tor.“ Der Türhüter erklärt, Simon wisse um die Ankunft des Petrus und habe ihm den Auftrag gegeben, er solle ihn, wenn Petrus eintreffe, einfach verleugnen. Aber Petrus lässt sich so leicht nicht hinters Licht führen, sondern stellt ein erstes Wunderzeichen in Aussicht. Er bindet einen großen Kettenhund, der anscheinend gleichfalls die Tür bewacht, los.[66] Der erkundigt sich

---

verständlichkeiten in der Erforschung dieses Texts in Frage stellt. Aus der Sekundärliteratur vgl. außerdem noch C. Schmidt, Die alten Petrusakten im Zusammenhang der apokryphen Apostellitteratur untersucht. Nebst einem neuentdeckten Fragment (TU 24,1), Leipzig 1903 (immer noch wertvoll); J. N. Bremmer (Hrsg.), The Apocryphal Acts of Peter: Magic, Miracles and Gnosticism (Studies on the Apocryphal Acts of the Apostles 3), Löwen 1998; F. Lapham, Peter: the Myth, the Man and the Writings. A Study of Early Petrine Text and Tradition (JSNT.S 239), Sheffield 2003, 34–70; C. M. Thomas, The *Acts of Peter*, Gospel Literature, and the Ancient Novel: Rewriting the Past, New York 2003.

[65] ActPetr 4: „Ihr werdet mich am morgigen Tage etwa um die siebte Stunde über das Tor der Stadt fliegen sehen …“.

[66] Vgl. zum Motiv des Hundes A. Ferreiro, Simon Magus, Dogs, and Simon Peter, in: Ders., Simon Magus in Patristic, Medieval and

sofort mit menschlicher Stimme danach, welchen Dienst er Petrus erweisen könne. Petrus möchte, dass er ins Haus geht und Simon ausrichtet: „Petrus sagt dir: Komm hervor in die Öffentlichkeit, denn wegen dir bin ich nach Rom gekommen, du gottloser Verführer einfältiger Seelen!" Der Hund rennt los, richtet sich vor Simon auf und übermittelt mit erhobenen Vorderfüßen wortgetreu diese Botschaft. Simon verschlägt es die Sprache. Marcellus bereut, läuft hinaus zu Petrus und schließt sich ihm an (10).

Ein junger Mann in der Menge lächelt, was Petrus sofort als schweren Fall von dämonischer Besessenheit diagnostiziert (11).[67] Der Dämon, der aus ihm spricht, schildert, was im Innern des Hauses vor sich ging: dass Simon dem Hund die wenig überzeugende Auskunft gab: „Sag einfach, ich sei nicht hier", dass der Hund auch über andere geheimnisvolle Dinge zu Simon sprach und dass er nach Erledigung seines Auftrags zu den Füßen des Petrus sterben werde.

Nach einem Zwischenspiel mit der Zertrümmerung einer Kaiserstatue durch den Dämon und ihrer Wiederherstellung durch eine Art Taufe[68] wird in § 12 das Gespräch zwischen Simon und dem Hund im Innern des Hauses nachgetragen. Auf Simons ausweichende Antwort hin geht der Hund zum frontalen Angriff über. Als „stummes Tier, das menschliche Stimme annahm" überführt er Simon des Betrugs. Er gibt ihm ironisch zu verstehen, für seine Antwort „ich bin nicht hier" habe er erstaunlich viel Bedenkzeit gebraucht, und er

---

Early Modern Traditions (Studies in the History of Christian Traditions 125), Leiden 2005, 147–200.

[67] Vgl. zum ganzen Paragraphen Flavius Philostratus, Vita Apollonii 4,20.

[68] Zu dieser Szene vgl. R. von Haehling, Zwei Fremde in Rom: Das Wunderduell des Petrus mit Simon Magus in den acta Petri, RQ 98 (2003) 47–71, hier 65f.

stellt ihm als Strafe ewiges Feuer und Finsternis in Aussicht. Dann läuft er wieder hinaus zum Apostel und erstattet diesem nicht nur Bericht, sondern sagt ihm auch einen harten Zweikampf mit siegreichem Ausgang voraus. Danach gibt er zu Füßen des Apostels seinen Geist auf.

Ein sprechendes Tier erstaunt uns nach dem Löwen des Paulus nicht mehr sonderlich, obwohl schwer zu sagen ist, wem diesbezüglich die Priorität gebührt, dem Löwen oder dem Hund. Die bekanntesten sprechenden Tiere aus der Antike sind das Pferd des Achilles in der *Ilias*[69] und Bileams Esel in Numeri 22, auf den durch die Wendung „ein stummes Tier, das menschliche Stimme annahm" auch angespielt wird (auf dem Umweg über 2 Petr 2,16).[70] Ein komischer Effekt ergibt sich schon daraus, dass der sonst so eloquente Simon Magus ausgerechnet da nichts Vernünftiges mehr zu sagen weiß, wo ein an sich sprachunfähiges Tier ihn anredet.[71]

Im Übrigen war die Reputation von Hunden in der antiken Literatur einigermaßen ambivalent; sie reichte vom räudigen Straßenköter bis zum treuen Wächter des Hauses.[72] Die Hörer mochten sich aber erinnert fühlen an eine anrührende Szene aus der *Odyssee,* wo der alte, vernachlässigte Jagdhund Argos den in Bettlergestalt zurückkehrenden Hausherrn als einziger erkennt und quasi zu

[69] Vgl. Homer, Ilias 19,404–418, sowie den ironischen Rückbezug darauf durch einen Hahn bei Lukian, Gallus 1–2.

[70] Nicht übersehen werden soll die Tatsache, dass in Offb 8,13 ein fliegender Adler eine Gerichtsbotschaft in menschlicher Sprache verkündet.

[71] Vgl. auch das Ende von ActPetr 15: „Sofort aber verstummte er (Simon Magus), und gezwungen verließ er Rom bis zum Sabbat und blieb in einem Stall (!)."

[72] Vgl. das Panorama der Meinungen bei J. E. Spittler, Wild Kingdom (s. Anm. 8) 176–204.

seinen Füßen stirbt, während dieser sich eine Träne aus dem Auge wischt.[73] Das dürfte auch eine Erklärung für den Tod des Kettenhundes zu Füßen des Petrus sein. Außerdem hätte eine Rückkehr ins normale „Hundeleben" nach dieser Solorolle wohl zu banal gewirkt. Schließlich könnte auch versteckt auf den späteren Tod des Petrus in Rom hingedeutet werden. Um das zu begründen, müssen wir noch ein wenig weiter ausholen.

Ein Diener und der Kettenhund bewachen als Türhüter das Haus des Marcellus. Beide versagen ein Stück weit, weil sie es zugelassen haben, dass Simon Magus in das Haus eindrang und davon Besitz ergriff. Im Unterschied zum Sklaven macht der Hund sein Versehen aber wieder gut, indem er den Auftrag des Petrus ausführt und sich entschieden gegen Simon wendet. Als Abgesandter, der eine Botschaft überbringt und erläutert, wird er gleichsam zum „Apostel" des Apostels. Dazu passt, dass auch Petrus eine Art Türhüter ist, dem die Schlüssel zum Tor des Himmelreichs anvertraut sind,[74] der Hund also Petrus in seiner Rolle wiederspiegelt.

2. Der geräucherte Fisch

Ein Teil der Menge zeigt sich vom Erlebnis mit dem Kettenhund gebührend beeindruckt, ein anderer Teil aber verlangt nach weiteren Zeichen (vgl. Mk 8,11), denn auch Simon habe viele Wunder gewirkt, und nur deshalb seien sie ihm gefolgt.

---

[73] Homer, Od 17,290–327.

[74] Vgl. Mt 16,19. Auch der Türhüter im Gleichnis vom wiederkehrenden Herrn in Mk 13,34 wird in der älteren Kommentarliteratur manchmal allegorisch auf Petrus gedeutet, vgl. S. L. Wailes, Medieval Allegories of Jesus' Parables, Berkeley u. a. 1987, 202–204.

Petrus sieht einen geräucherten Fisch im Fenster hängen (13). Es könnte sich auch um einen gepökelten Fisch handeln, diesbezüglich können wir großzügig sein. Der springende Punkt ist jedenfalls, dass hier eine Steigerung von „tot" vorliegt. Petrus fragt die Menge, ob sie zum Glauben bereit wäre, wenn dieser getrocknete Fisch wieder schwimmen würde, und erhält eine bejahende Antwort. Er wirft den Fisch in ein Schwimmbecken (vielleicht das *impluvium* des Hauses), und dieser schwimmt sofort munter umher. Damit dieser Vorgang nicht als Phantasiegebilde (*fantasma*) nach Art der Wunder Simons erscheine, bleibt der Fisch am Leben und lockt Besucherscharen herbei, die ihn mit Brotbrocken füttern.

Aus dieser Szene geht zunächst hervor, dass das Wunder für unseren Autor Beweisfunktion hat. Aber es von den „magischen Tricks" der Gegenseite zu unterscheiden, fällt nicht immer leicht. Auch hier lässt sich darüber hinaus ein vergleichbarer Vorfall aus der griechischen Überlieferung anführen. Die Schlusspassage von Herodots Historien berichtet von dem persischen Statthalter Artayktes, der den heiligen Bezirk des Heros Protesilaos frevlerisch ausraubte. Er gerät in athenische Gefangenschaft. Als einer aus der Wachmannschaft Salzfische röstet, ereignet sich folgendes Wunderzeichen: „Als die gesalzenen Fische über das Feuer kamen, sprangen und zappelten sie gerade wie frisch gefangene Tiere."[75] Artayktes hat die richtige Deutung parat: Protesilaos, obgleich „tot wie eine Mumie",[76] erhält von den Göttern Macht genug, um den Frevler zu züchtigen. Das

[75] Herodot IX 120,1f.; wieder aufgenommen z. B. von Flavius Philostratus, Heroicus 9,5.

[76] Der besondere Witz besteht darin, dass die hier verwendete Vokabel τάριχος sowohl „Räucherfisch" wie auch „Mumie" bedeuten kann, vgl. LSJ 1758b.

geschieht, Artayktes stirbt am Kreuz.[77] Es ist keineswegs auszuschließen, dass unser Erzähler um diese Überlieferung wusste.

Darüber hinaus ist die spezifisch christliche Symbolsprache dieser Wundererzählung meines Erachtens mit Händen zu greifen.[78] Die Wiederbelebung von Toten, innerweltlich[79] wie eschatologisch,[80] wird angedeutet. Das Hinweinwerfen ins Wasserbecken erinnert an das Bad der Taufe, das Wiedergeburt und Neugeburt bedeutet. Petrus ist präsent als Fischer von Beruf, der vom Herrn zum Menschfischer bestimmt wurde (Mk 1,17). Mehr als bekannt ist die Verwendung des Fischsymbols für Christus selbst,[81] aber auch für die Christen, die Tertullian als *pisciculi,* als Fischlein des Herrn, bezeichnet.[82] Ob es in Anbetracht dieser symbolischen Effekte zu weit führt, wenn man bei den Brotbrocken, die der Fisch munter verzehrt, an das gebrochene Brot des Herrenmahls denkt? Vielleicht, vielleicht auch nicht.

---

[77] Ebd. 120,4; zum Nachleben vgl. Flavius Philostratos, Heroicus 9,5; G. W. Bowersock, Fiction as History: Nero to Julian (Sather Classical Lectures 58), Berkeley u. a. 1994, 99–119; P. Grossardt, Einführung, Übersetzung und Kommentar zum *Heroikos* von Flavius Philostrat (SBA 33), Basel 2006, Bd. II, 405–406.

[78] Vgl. J. N. Bremmer, Aspects of the *Acts of Peter:* Women, Magic, Place and Date, in: Ders., The Apocryphal Acts of Peter (s. Anm. 64) 1–20, hier 12; J. E. Spittler, Wild Kingdom (s. Anm. 8) 204–214.

[79] Vgl. die drei Auferweckungswunder in ActPetr 25–29; siehe dazu C. M. Thomas, Revivifying Resurrection Accounts: Techniques of Composition and Rewriting in the *Acts of Peter* cc.25–28, in: J. N. Bremmer, The Apocryphal Acts of Peter (s. Anm. 64) 65–83.

[80] In Lk 24,41–43 bittet der Auferstandene um Speise und isst ein Stück gebratenen Fisch.

[81] Man denke nur an die mehrbändige Enzyklopädie von F. J. Dölger, ΙΧΘΥΣ. Bd. 1–5, Münster 1927–1943.

[82] Tertullian, De baptismo 1.

IV. Die Thomasakten

Als einzige von den fünf alten Apostelakten sind die Thomasakten in vollem Umfang erhalten geblieben. Wahrscheinlich wurden sie ursprünglich in syrischer Sprache abgefasst und dann sehr rasch ins Griechische übersetzt. Allerdings weist die syrische Fassung, die erhalten geblieben ist,[83] erhebliche Spuren einer sekundären Bearbeitung auf, die den Inhalt an die Normen katholischer Orthodoxie anzupassen sucht. Der griechische Text[84] macht im Vergleich dazu den älteren Eindruck. Gegliedert ist das Werk in dreizehn Taten und das Martyrium.

Die erste Tat zeigt uns Thomas auf dem Weg nach Indien, wohin er sich nur widerwillig als Sklave des Kaufmanns Abban begibt. Auf ihrem Weg machen die beiden in Andrapolis, der „Menschenstadt" halt, wo die einzige Tochter des Königs gerade Hochzeit feiert. Gleich treten, wenn auch noch mehr beiläufig, die ersten Tiere in Erscheinung. Ein Mundschenk versetzt dem Apostel beim Hochzeitsmahl, an dem er teilnimmt, einen Backenstreich. Der Apostel droht

---

[83] W. Wright, Apocryphal Acts of the Apostles. Edited from Syriac Manuscripts in the British Museum and other Libraries. Bd. 1–2, London 1871; Repr. Hildesheim 1990, I, 171–333 (syrischer Text); II, 146–298 (englische Übersetzung). Der syrische Text liegt auch zugrunde bei A. F. J. Klijn, The Acts of Thomas: Introduction, Text, and Commentary (NT.S 108), Leiden [2]2003, und bei P.-H. Poirier / Y. Tissot, Actes des Thomas, in: F. Bovon / P. Geoltrain (Hrsg.), Écrits apocryphes chrétiens I, 1321–1470.

[84] M. Bonnet, Acta Apostolorum Apocrypha II,2, 99–288. Aus der Sekundärliteratur vgl. zum Ganzen immer noch G. Bornkamm, Mythos und Legende in den apokryphen Thomas-Akten. Beiträge zur Geschichte der Gnosis und zur Vorgeschichte des Manichäismus (FRLANT 49), Göttingen 1933, sowie die Beiträge in J. N. Bremmer (Hrsg.), The Apocryphal Acts of Thomas (Studies on the Apocryphal Acts of the Apostles 6), Löwen 2001.

ihm an, dass Hunde die Hand, die ihn geschlagen hat, fortschleppen werden (§ 6). Prompt wird der Mundschenk, als er zum Wasserschöpfen hinaus an eine Quelle geht, von einem Löwen zerfleischt. Ein schwarzer Hund trägt seine rechte Hand mit der Schnauze in den Speisesaal (§ 8). Die Prophetie ist in Erfüllung gegangen, was seinen Eindruck nicht verfehlt: „Dieser Mensch ist entweder ein Gott oder ein Apostel Gottes", so die Reaktion der Flötenspielerin in § 9. Das mag als Einstimmung dienen für die noch grimmigere Szene, der die dritte Tat gewidmet ist.[85]

1. Die verliebte Schlange

Wir sind inzwischen in Indien angelangt, in der Stadt des Königs Gundafor.[86] Auf Geheiß des Herrn hin, der ihm im Schlaf erscheint, verlässt Thomas die Stadt und geht zwei Meilen nach Osten. Dort liegt am Weg die Leiche eines schönen Jünglings (§ 30). Thomas erklärt sofort, hier sei der böse Feind am Werk gewesen, in der ihm eigentümlichen Gestalt. Ein großer Drache (im Syrischen: eine schwarze

---

[85] Zu ihr vgl. im Einzelnen H. Conzelmann, Zu Mythos, Mythologie und Formgeschichte, geprüft an der dritten Praxis der Thomasakten, ZNW 67 (1976) 111–122; T. Adamik, The Serpent in the Acts of Thomas, in: J. N. Bremmer, The Apocryphal Acts of Thomas (s. Anm. 84) 115–124; J. E. Spittler, Wild Kingdom (s. Anm. 8) 268–276.

[86] Zu seinem historischen Vorbild vgl. A. von Gutschmid, Die Königsnamen in den apokryphen Apostelgeschichten. Ein Beitrag zur Kenntnis des geschichtlichen Romans, RhMP NF 19 (1864) 161–183.380–401; auch in: Ders., Kleine Schriften. Bd. 2, hrsg. von F. Rühl, Leipzig 1890, 332–394, hier 332–364. Eine Bestandsaufnahme zum Thema „Thomas und Indien" bietet L. P. van den Bosch, India and the Apostolate of St. Thomas, in: J. N. Bremmer, The Apocryphal Acts of Thomas (s. Anm. 84) 125–148.

Schlange) kommt aus seiner Höhle hervor und gesteht, er habe sich in eine schöne Frau aus der Nähe verliebt und sei ihr heimlich gefolgt (§ 31; zum Motiv des eifersüchtigen Dämons, das hier variiert wird, vgl. Tob 3,8 u.ö.). Er habe den Jüngling beim Liebespiel mit ihr beobachtet, aber mit Rücksicht auf die Frau nicht gleich an Ort und Stelle eingegriffen. Als der junge Mann aber am Abend an seiner Höhle vorbeikam, habe er ihn getötet, zumal er diese Sünde am Herrentag begangen habe (der Drache „übernimmt also die ihm schlecht stehende Rolle des Sittenhüters und Richters"[87]). Den Apostel identifiziert der Drache korrekt als „Zwillingsbruder des Christus" (vgl. § 1).

Als der Apostel ihn nach seiner Herkunft befragt, skizziert der Drache als Antwort in einer Kette von Sätzen, die alle mit „ich bin" eingeleitet werden, einen Abriss der Unheilsgeschichte: Er stammt von dem Machthaber dieser Welt ab und ist mit der Weltenschlange verwandt, die, den eigenen Schwanz in den Mund steckend, die Weltenkugel umgürtet. Er hat Eva im Paradies verführt, Kain zum Brudermord angestiftet, den Fall der Engel aus Gen 6,1–4 provoziert, Pharaos Herz verhärtet und das Volk in der Wüste zur Verehrung des Goldenen Kalbs verleitet (§ 32). Er hat Judas bewogen, Jesus zu verraten, und den Prozess vor Pilatus inszeniert. Zu seiner Familie gehört auch der, der von Osten kommen und über die Erde herrschen wird (d.h. der Antichrist).

Der Apostel tadelt seine Unverschämtheit und befiehlt ihm, sein Gift aus dem jungen Mann wieder auszusaugen. Das geschieht nach anfänglichem Widerstand. Der Jüngling entfärbt sich und springt wieder auf, der Drache schwillt an und platzt (§ 33). Es entsteht eine große Kluft, die zu-

[87] G. Bornkamm, Mythos (s. Anm. 84) 24.

geschüttet und mit Häusern für Fremde bebaut werden soll (vgl. Mt 27,7).

Damit ist die Erzählung im Grunde schon zu Ende. Der Rest dieser Tat besteht aus Reden des Jünglings (in § 34), der Thomas als „Mensch mit zwei Gestalten" anredet, und des Apostels, ehe sich am Schluss auch die Zuschauermenge reumütig zeigt (§ 38). Aus den Reden des Apostels ist ein hermeneutischer Grundsatz in § 36 hervorzuheben: „Denn nicht über diese sichtbaren Dinge verkündigt Gott uns das Evangelium, sondern Größeres als diese verspricht er uns." Wegen der Grenzen, die menschlichem Sprachvermögen gesetzt sind, fällt es schwer, über diese größeren Dinge zu reden. Aber der Apostel muss es dennoch versuchen: „Wir reden vielmehr über die obere Welt, über Gott und Engel, über Wächter und Heilige ...". Damit hängt es letztlich zusammen, dass alle seine Worte und Taten ein zweite, symbolische Dimension besitzen. Das zeigt sich z. B. in § 37, wo Thomas die Tatsache, dass die Leute hochgelegene Orte aufsuchen, um ihn, der sich selbst als klein von Statur bezeichnet, besser sehen zu können, auswertet: Man muss sich von der Erde und über alles Irdische erheben, um Gott näher zu kommen.

Diese symbolische Dimension ist für eine der Hauptfiguren innerhalb eines biblisch geprägten Milieus, wie es für unsere Erzählung anzunehmen ist, mit der bloßen Einordnung als Drache oder Schlange schon gegeben und wird durch die schwarze Farbe und die ausführliche Selbstvorstellung nur explizit gemacht. Dennoch kann Material aus dem kulturellen Kontext helfen, auch diese Episode noch anschaulicher werden zu lassen.[88] Nicht zufällig halten wir uns ausgerechnet in Indien auf. Indien

[88] Vgl. J. E. SPITTLER, Wild Kingdom (s. Anm. 8) 272–275.

war bekannt als eine Gegend, wo es von riesigen Schlangen nur so wimmelt.[89] Auch die Lebensbeschreibung des Apollonius von Tyana kommt im Zusammenhang mit dem Indienaufenthalt des Weisen darauf zu sprechen.[90] Vor allem aber ist aufschlussreich, dass Anekdoten über verliebte Schlangen, unter Einschluss von Eifersucht und Mord, gängige Handelsware darstellten.[91] Als Beleg sei nur Plutarch im Wortlaut zitiert:

ὁ δὲ δράκων ὁ τῆς Αἰτωλίδος ἐρασθεὶς ἐφοίτα νύκτωρ παρ᾽ αὐτὴν καὶ τοῦ σώματος ὑποδυόμενος ἐν χρῷ καὶ περιπλεκόμενος οὐδὲν οὔθ᾽ ἑκὼν οὔτ᾽ ἄκων ἔβλαψεν ἀλλὰ κοσμίως ἀεὶ περὶ τὸν ὄρθον ἀπηλλάττετο. συνεχῶς δὲ τοῦτο ποιοῦντος αὐτοῦ, μετῴκισαν οἱ προσήκοντες ἀπωτέρω τὴν ἄνθρωπον· ὁ δὲ τρεῖς μὲν ἢ τέτταρας νύκτας οὐκ ἦλθεν ἀλλ᾽ ὡς ἔοικε περιήει ζητῶν καὶ πλανώμενος· μόλις δέ πως ἐξανευρὼν καὶ περιπεσὼν οὐ πρᾴως ὥσπερ εἰώθει ἀλλὰ τραχύτερον τῷ μὲν ἄλλῳ σπειράματι τὰς χεῖρας αὐτῆς ἔδησε πρὸς τὸ σῶμα, τῷ δ᾽ ἀπολήγοντι τῆς οὐρᾶς ἐμαστίγου τὰς κνήμας, ἐλαφράν τινα καὶ φιλόστοργον καὶ πλέον ἔχουσαν τοῦ κολάζοντος τὸ φειδόμενον ὀργὴν ἀποδεικνύμενος.

Eine Schlange verliebte sich in eine Frau aus Ätolien. Sie kam des Nachts zu ihr, schlüpfte unter ihren Körper nahe der Haut und ringelte sich um sie, ohne ihr, absichtlich oder unabsichtlich, zu schaden. Aber in der Frühe verschwand die Schlange immer, wie es sich schickt. Weil sie dies andauernd tat, brachten ihre Verwandten die Frau zu einem Haus weiter weg. Zwei oder drei Nächte kam die Schlange nicht, sondern zog wahrscheinlich in der Gegend umher, suchend und irrend. Kaum aber hatte sie irgendwie die Frau gefunden, umschlang sie sie wieder, diesmal nicht sanft wie sonst, sondern etwas rauer. Mit ihrer Umschlingung band sie die Hände der Frau an deren Körper, während sie mit dem Ende des Schwanzes ihre Waden

[89] Aelian, De natura animalium 15,21; Plinius d. Ä., Naturalis historia 8,11.

[90] Flavius Philostratos, Vita Apollonii 3,6.

[91] Vgl. Aelian, De natura animalium 4,54; 6,17; 8,11.

förmlich peitschte, legte dabei aber eher leichten und liebevollen Ärger an den Tag, der mehr auf Schonung als auf Strafe aus war.[92]

Die Leistung des Autors der Thomasakten bestand somit darin, solche Wanderlegenden aufzugreifen und zu einer dramatischen Szene mit theologischem Gehalt auszugestalten. Dazu griff er zu den Mitteln, die er in seinem Werk durchweg anwendet. Er füllte den erzählerischen Rahmen mit Gebeten, Reden, Predigten, Katechesen, Dialogen und Monologen, Epiklesen und Hymnen auf. Ein besonderer Clou könnte in unserem Fall darin bestehen, dass die Paradiesesschlange aus Gen 3 nicht nur sprachbegabt ist, sondern in jüdischer und christlicher Rezeption auch für die „Erfindung" der Sexualität verantwortlich zeichnet, die in der dritten Tat die treibende Kraft darstellt. Kaum etwas aber scheint dem Apostel wichtiger zu sein als das beständige Insistieren auf Reinheit oder Heiligkeit, d. h. genauer auf sexueller Enthaltsamkeit, die allein eine Wiedervereinigung der Seele des Menschen mit dem himmlischen Geist ermöglicht.

2. Das Eselsfüllen und die Wildesel

Die Esel, die in der vierten und in der achten Tat auftreten und zu reden beginnen, sind erzählerisch gesehen enge Verwandte, gehören aber unter streng zoologischem Gesichtspunkt zwei verschiedenen Spezies an. Das Eselsfüllen zählt zur Gruppe der domestizierten Haus- und Lasttiere. Die Wildesel sind davon zu unterscheiden. Sie galten in der Antike nicht nur als unbezähmbar und aggressiv, sondern direkt als gefährlich. Sie konnten Menschen umbringen.

92 Plutarch, De sollertia animalium 18 (972E-F).

Zunächst also zum Eselsfüllen in der kurzen vierten Tat, das ein positives Gegenstück zum Drachen aus der dritten Tat bildet. Es redet den Apostel gleichfalls an als „Zwillingsbruder des Christus ..., Miteingeweihter in das verborgene Wort des Christus ..., der du als Freier Sklave geworden bist und als Verkaufter viele zur Freiheit führtest ..." (§ 39). Es kann eine edle biblische Ahnengalerie vorweisen: Ein Vertreter seiner Familie hat Bileam gedient (vgl. Num 22,21–33), ein anderer Jesus bei seinem Einzug in Jerusalem getragen (§ 40). Es drängt sich dem widerstrebenden Apostel als Reittier förmlich auf. Wie Jesus zieht jetzt der Apostel, auf dem Eselsfüllen sitzend und von der Menge begleitet, in die Stadt ein. Das Füllen verendet nach Erledigung seiner Aufgabe und wird trotz inständigen Bittens der Zuschauer nicht wieder erweckt (§ 41).

Den Schlüssel zu einer symbolischen Lektüre dieser Episode gibt eine Zeile aus dem Dankgebet an die Hand, das Thomas in § 39 an den Herrn richtet. Darin nennt er ihn „Erlöser und Ernährer, der du uns bewahrst und auf fremden Körpern ruhen lässt". Unter dem „fremden Körper" ist auf der Erzählebene das Füllen zu verstehen, auf dessen Rücken der Apostel bereits einen Teil der ersehnten „Ruhe" (§ 40: ἀναπαῦσαι) erfährt. Der „fremde Körper" lässt sich aber auch auf den Leib des Apostels beziehen,[93] der seine Seele an ihr irdisches Ziel transportiert. Der Tod des Füllens nähme dann als erzählerische Prolepse das Sterben des Apostels in den Schlussparagraphen vorweg. Der Weg auf dem Rücken des Füllen wäre weniger als Himmelsreise zu verstehen (so Bornkamm), sondern mehr als Lebensreise, wie in dem verwandten Gleichnis Epiktets: „Der ganze Leib ist nicht anders zu betrachten als wie ein beladener Esel, der

[93] So schon G. Bornkamm, Mythos (s. Anm. 84) 35.

seine Ware trägt, solange er kann und solange man sie ihm lässt."[94]

Wir kommen zu den „großen Brüdern" des Füllens, den Wildeseln. Während wir es bisher mit Einzelepisoden zu tun hatten, hält sich von der siebten Tat an bis zum Martyrium ein Erzählstrang durch, der um den Kriegsobersten Sifor und seine Frau und seine Tochter kreist, die beide von Dämonen gefangen gehalten werden. Um Hilfe gebeten, nimmt der Apostel auf dem Wagen des Offiziers Platz, um sich zu dessen Haus zu begeben. Infolge der großen Hitze ermüden die Zugtiere (möglicherweise domestizierte Esel, ὑποζύγια im Griechischen) nach einiger Zeit und bewegen sich nicht mehr von der Stelle (§ 69). In der Nähe weidet eine Herde Wildesel. Der Offizier befiehlt auf Geheiß des Apostels vier von ihnen, sich als Ersatz zur Verfügung zu stellen. Die ganze Herde eilt herbei und fällt vor Thomas auf die Knie. Alle drängen sie sich zum Dienst, nur die vier Kräftigsten von ihnen werden eingespannt (§ 70). Die anderen wollen Geleit geben, nach Art einer Prozession oder eines feierlichen Einzugs, aber der Apostel schickt sie nach kurzer Zeit wieder zurück auf ihre Weideplätze.

Die vier ungewöhnlichen Zugtiere finden ganz von selbst den Weg zum Haus des Obersten und bleiben vor dem Tor stehen (§ 71). Der Apostel beauftragt einen der beiden Esel zu seiner rechten Hand, in den Hof zu gehen und die Dämonen, Vater und Sohn, dorthin zu rufen (§ 73). Dieser hält eine förmliche Ansprache, in der er nicht nur seinen Auftrag ausrichtet, sondern die Dämonen ausgiebig beschimpft und sie nach ihrer Herkunft befragt (§ 74). Schon hier erweist er sich als Apostel *des* Apostels. Im weiteren Verlauf wird er sogar zu einem Apostel *für den* Apostel

[94] Epiktet, Dissertationes IV 1,79.

werden, weil er Thomas an dessen ureigenen Auftrag erinnern muss.

Zunächst kommen Frau und Tochter aus dem Haus heraus. Als der Apostel den Ausfahrbefehl an die Dämonen richtet, fallen beide Frauen tot (oder wie tot?) zu Boden (§ 75). Der ältere der Dämonen protestiert zunächst, wobei sich zeigt, dass es sich bei ihm um jenen Dämon handelt, der bereits in der fünften Tat aus einer Frau ausgetrieben wurde. Dann verlegt er sich aufs Bitten. Auch er muss seinem Vater (dem Teufel) gegenüber Rechenschaft ablegen, wie der Apostel gegenüber Jesus. Die Parallelisierung geht noch weiter: „Und wie du (Thomas) dich an deinem Gebet und guten Werken und geistlichen Lobpreisungen erfreust, so erfreue ich mich an Morden und Ehebrüchen und den Weinspenden, die auf den Altären dargebracht werden" (§ 76). Aber die beiden Dämonen verschwinden schließlich, während die Frauen weiterhin stumm am Boden liegen (§ 77).

In tadelndem Tonfall fordert der sprachbegabte Wildesel in § 78 den Apostel auf, bezüglich der beiden Frauen endlich tätig zu werden:

> Τί ἕστηκας ἀεργὴς ἀπόστολε Χριστοῦ τοῦ ὑψίστου …; τί οὖν βραδύνεις; ὁ γὰρ σὸς διδάσκαλος βούλεται τὰ μεγαλεῖα αὐτοῦ διὰ τῶν σῶν χειρῶν δεῖξαι· τί στήκεις ὁ κῆρυξ τοῦ ἀποκρύφου; ὁ γὰρ σὸς <κύριος> βούλεται διὰ σοῦ τὰ ἀπόρρητα ἐκφᾶναι … τί ἡσυχάζεις ὁ τὰ μεγαλεῖα διαπραττόμενος εἰς ὄνομα τοῦ κυρίου;

> Was stehst du müßig da, Apostel Christi, des Höchsten …? Was zögerst du? Dein Lehrer will durch deine Hände seine Großtaten zeigen. Was stehst du so da, Herold des Verborgenen? Dein Meister will durch dich die unsagbaren Dinge bekannt machen … Warum ruhst du, der du sonst große Taten im Namen des Herrn vollbringst?

Danach fordert der Wildesel die Menge mehrfach zum Glauben auf und kündet das Auftreten von falschen Aposteln und

Propheten an, die alle Laster, vor denen sie warnen, selbst praktizieren werden. So werden sie z.B. die Unzucht attackieren, die sie selbst mit vielen Frauen treiben (§ 79). Hier ist der Wildesel geradezu in die Rolle des Thomas geschlüpft, die er nicht nur gegenüber der Menge, sondern auch und gerade gegenüber dem säumigen Apostel selbst ausübt.

Das ist dem Apostel ein längeres, doxologisches Gebet wert, in dem er zehnmal δόξα wiederholt (§ 80). Das Aufrichten der beiden Frauen scheint dann nur noch Formsache zu sein. Hintergründig aber wirkt die Bitte: „Mögen diese Seelen geheilt aufstehen und wieder so werden, wie sie waren, bevor sie von den Dämonen geschlagen wurden" (§ 81). Die Wildesel entlässt der Apostel in Frieden und Freiheit zu ihren Weideplätzen.

Warum ausgerechnet Wildesel? Dafür gibt es möglicherweise einen besonderen Grund.[95] Aelian schildert in seiner Tiergeschichte den indischen Wildesel als nahezu mythisches Wesen von enormer Stärke und Schnelligkeit (4,52).[96] Ihm wird eine stark ausgeprägte Sexualität nachgesagt, aber auch eine eigentümliche Sitte: Das männliche Leittier einer Herde kastriert mit einem einzigen Biss alle neugeborenen männlichen Jungtiere, um unerwünschte Konkurrenz zu vermeiden, so unter anderem Plinius der Ältere in seiner *Naturgeschichte* und Oppian in seinem Werk über das *Jagdwesen*.[97] Im christlichen *Physiologus* gibt das ein Vorbild aus der Natur ab für Enthaltsamkeit und das Streben nach geistiger Nachkommenschaft (9):

---

[95] Siehe J. E. Spittler, Wild Kingdom (s. Anm. 8) 297–301.

[96] De natura animalium 4,52.

[97] Plinius d.Ä., Naturalis historia 8,108; Oppian, Kynegetika 3,183–187.

Γέγραπται ἐν τῷ Ἰώβ· »τίς ἀφῆκεν ὄναγρον ἐλεύθερον«; ὁ Φυσιολόγος ἔλεξε περὶ τοῦ ὀνάγρου ὅτι ἀγελάρχης ἐστί, καὶ ἐὰν γεννῶσιν αἱ νομάδες ἄρρενας, ὁ πατὴρ αὐτῶν ὅλα τὰ αἰδοῖα αὐτῶν τέμνει, ἵνα μὴ σπερματίζωσιν.

Οἱ πατριάρχαι σπέρμα σωματικὸν ἐζήτουν σπεῖραι, οἱ δὲ ἀπόστολοι, τὰ νοερὰ τέκνα, ἐγκράτειαν ἤσκησαν, οὐράνιον αἰτησάμενοι σπέρμα, ὡς γέγραπται· »εὐφράνθητι, στεῖρα ἡ οὐ τίκτουσα, ῥῆξον καὶ βόησον, ἡ οὐκ ὠδίνουσα, ὅτι πολλὰ τὰ τέκνα τῆς ἐρήμου μᾶλλον ἢ τῆς ἐχούσης τὸν ἄνδρα«. ἡ παλαιὰ σπέρμα ἐπαγγελίας, ἡ δὲ νέα ἐγκρατείας.

Καλῶς οὖν ὁ Φυσιολόγος ἔλεξε περὶ τοῦ ὀνάγρου.

Es steht im Buch Hiob geschrieben: „Wer hat den Wildesel freigelassen?" (Ijob 39,5). Der Physiologus sagte vom Wildesel, er sei der Herr der Herde; und wenn die umherschweifenden Stuten männliche Junge werfen, beißt ihnen der Vater das Geschlecht ganz ab, damit sie nicht Junge zeugen können.

Die Patriarchen suchten leibliche Nachkommen zu zeugen, die Apostel dagegen Kinder im Geiste. Sie übten Enthaltsamkeit und strebten nach himmlischem Samen … [es folgt ein Zitat von Jes 54,1]. Der alte Same ist der der Verheißung, der neue der der Enthaltsamkeit.

Schön also hat der Physiologus vom Wildesel gesprochen.

Die versteckte Botschaft (vgl. die Hinweise auf das Verborgene und Unsagbare in der Rede des Wildesels) lautet demnach: Mit drastischen Mitteln kann wilde Sexualität domestiziert werden. So seltsam es auch scheinen mag, aus dieser Perspektive kann eine Herde von jungen, männlichen Wildeseln die Möglichkeit ehelosen und enthaltsamen, zugleich aber auch ungebundenen und freien Lebens illustrieren, woran dem Apostel so viel liegt.

V. Die Philippusakten

Philippus gehört nicht gerade zu den bekanntesten unter den zwölf Aposteln. Hinzu kommt in seinem Fall die früh einsetzende Verwechslung mit dem Evangelisten Philippus aus dem Siebenerkreis in Apg 6,5.[98] Die Akten unter seinem Namen wurden erst kurz vor oder um 400 n. Chr. in Kleinasien abgeschlossen. Bonnet hatte für seine lange Zeit maßgebende Edition nur ein sehr lückenhaftes Manuskript zur Verfügung.[99] Erst 1974 hat François Bovon in einem Athoskloser den *Xenophontos 32* aufgespürt, der fast den gesamten Text der 15 Taten, gefolgt von einem Martyrium, bietet.[100] Tiere treten in größerer Zahl auf, sind aber säuberlich in zwei Gruppen, gut und böse, aufgeteilt.

1. Der Leopard und das Zicklein

Ein apostolisches Trio ist unterwegs, bestehend aus Philippus, Mariamne und Bartholomäus. In der Wildnis läuft ein großer Leopard auf sie zu, wirft sich ihnen zu Füßen und redet sie mit menschlicher Stimme an. Er beichtet, dass

---

[98] Falls es sich nicht doch um ein und dieselbe Person handelt, so neuerdings C. R. Matthews, Philip: Apostle and Evangelist: Configurations of a Tradition (NT.S 105), Leiden 2002; vgl. aber auch die Gegenposition bei A. von Dobbeler, Der Evangelist Philippus in der Geschichte des Urchristentums. Eine prosopographische Skizze (TANZ 30), Tübingen 2000.

[99] M. Bonnet, Acta Apostolorum Apocrypha II,2, 1–90.

[100] Mustergültige Ausgabe: F. Bovon / B. Bouvier / F. Amsler, Acta Philippi. Bd. 1: Textus (CChr.SA 11), Turnhout 1999. Hinzuzunehmen ist F. Amsler, Acta Philippi. Bd. 2: Commentarius (CChr. SA 12), Turnhout 1999. Vgl. auch die französische Übersetzung von F. Amsler / F. Bovon / B. Bouvier, Actes de l'apôtre Philippe; ebenso in F. Bovon / P. Geoltrain, Écrits apocryphes chrétiens I, 1179–1320.

er in der Nacht eine junge Ziege aus einer Herde gerissen habe, die aber wie ein kleines Kind zu weinen begann und ihm gut zuredete, er solle von seiner Wildheit lassen. Das Zicklein wird von der Verwundung, die ihm der Biss des Leoparden beigebracht hatte, geheilt. Der Leopard wird Vegetarier. Gemeinsam beten Leopard und Zicklein mit erhobenen Vorderpfoten zu Gott und begleiten von nun an die Gruppe. Hier ist unter anderem die Vision vom endzeitlichen Tierfrieden aus Jes 11,6–9 realisiert, in einer für die Zähmung menschlicher Wildheit und Bestialität transparenten Weise.

Das Quintett, das so entstanden ist, sieht sich in der neunten Tat mit einem gewaltigen, dunkelfarbigen Drachen konfrontiert, dem eine große Zahl von Schlangen mit ihrer Brut folgt. Philippus und seine Begleiter sprengen aus einem Becher, den sie bei sich tragen, (geweihtes?) Wasser kreuzförmig in die Luft. Ein feuriger Blitz lässt Drachen und Schlangen erblinden und austrocknen. Er zerstört auch alle Schlangeneier in ihren versteckten Nestern.

In der elften Tat zeigen sich fünfzig Dämonen in Schlangengestalt, und ihr Oberhaupt erscheint als riesiger, schwarzer Drache. In der zwölften Tat sind Leopard und Zicklein in Tränen aufgelöst. Philippus fragt nach dem Grund. Der Leopard hält eine wohlgesetzte Rede, in der er sich darüber beklagt, dass das Zicklein und er vom Empfang der Kommunion ausgeschlossen blieben. Sie erhoffen sich von ihr eine Verwandlung ihrer tierischen Gestalt in menschliche Natur. Philippus hat ein Einsehen. Er besprengt sie mit Wasser und reicht ihnen das sakramentale Brot. Es tritt auch ein Effekt ein, der darin zu bestehen scheint, dass die beiden Tiere sich wie Menschen fühlen, nur noch in menschlicher Sprache reden und aufgerichtet auf den Hinterpfoten gehen. Ihre eigentliche Tiergestalt verlieren sie allerdings nicht.

2. In der Stadt der Schlangenmutter

In der dreizehnten Tat kommen die Wanderer in der Schlangenstadt Hierapolis an, die von Schlangen wimmelt und wo die Mutter aller Schlangen wohnt. In der Stadt finden sie eine verlassene Arztpraxis oder Apotheke, wo sie ihren eigenen Heilbetrieb einrichten können, mit Hilfe eines Medizinköfferchens, das Jesus ihnen in Galiläa ausgehändigt hatte. Als erster Patient stellt sich der Oberpriester der Schlangenmutter ein, der im Dienst der Göttin sein Augenlicht verloren hat. Es folgt die Frau des Prokonsuls, die an den Folgen von Schlangenbissen leidet.

Die Auseinandersetzung spitzt sich mehr und mehr zu. Sie endet mit dem Sieg der christlichen Botschaft und dem Tod des Philippus. Am Ort seines Sterbens wird eine Kirche entstehen, in der Leopard und Zicklein Wohnrecht haben; die Frau des Prokonsuls wird für sie sorgen. So faszinierend manche Details dieses Erzählabschnitts auch wären, wir können an dieser Stelle abbrechen und nach der hintergründigen Agenda unseres Textes fragen.

Die Absicht der Erzählung lässt sich in zweierlei Hinsicht verorten, innerkirchlich und religionsgeschichtlich. Für die innerkirchliche Frontstellung ist von der asketischen Ausrichtung der Philippusakten auszugehen, auch wenn sie in den einzelnen Taten unterschiedlich streng ausgeprägt ist. In ihrer schroffsten Form reicht sie über die Obsession bezüglich der Sexualität hinaus und schließt Kleidung, Nahrung, Besitz und Gesellschaftsstruktur mit ein. Solche Lebensformen wurden in Kleinasien, näherhin in Phrygien, von wo der Montanismus seinen Ausgang nahm, gepflegt. Eine Provinzsynode von Gangra in Paphlagonien, Kleinasien, richtet sich um 355 (oder 342?) n. Chr. gegen Radikalasketen, „die u. a. Ehe u. Beischlaf prinzipiell ablehnen, sich aus familiären Bindungen u. Pflichten lösen, sich v. der Gemeinde u. verheirateten Klerikern separieren und eigene Gottesdienste halten, besondere Kleidung tragen, gg. das Institut der Sklaverei agieren, Reichen die Heilsfähigkeit absprechen, eigene Fastenregeln aufstellen und Fleischgenuß verbieten."[101] All das liest sich wie eine einzige Liste dessen, was der Verfasser der Philipusakten nicht verbieten, sondern dringend anempfehlen würde. Mit hoher Wahrscheinlichkeit vernehmen wir in unserem Text die Stimme dieser von der Kirche marginalisierten Gruppe.

Damit kommen wir zur religionsgeschichtlichen Perspektive. Den Menschen in Phrygien sagte man in der Antike eine Vorliebe für archaische und wilde Formen der Religionsausübung nach. Das ist die zweite Front, gegen die sich unser Text mit Hilfe von Spott, Parodie, Persiflierung und Dämonisierung wendet. Raubkatzen werden literarisch und ikonographisch mit Kybele, der Großen Mutter, assoziiert, das Zicklein mit ihrem Trabanten Attis. Christen hielten Idolatrie sowieso für Dämonenkult. Schlange und Drache sind in der eigenen Tradition hinreichend negativ besetzt. Nach Kleinasien wurden sie außerdem von Apollo mitgebracht, der in Konkurrenz zu Kybele trat, für Christen aber in eine Reihe mit ihr gehörte. In der Stadt Hierapolis, landschaftlich eindrucksvoll gelegen, gab es warme, kalkhaltige Quellen, eine Höhle, die tödliche Gase enthielt,

---

[101] G. Schöllgen, LThK³ 4 (1995) 289; vgl. schon E. Peterson, Die Häretiker der Philippus-Akten, ZNW 31 (1932) 97–111.

einen Apollotempel und einen Heilkult, der Inkubation, das heißt vorbereitenden Schlaf im Heiligtum, einschloss.

Wir sehen, wie dies Punkt um Punkt in den Philippusakten aufgegriffen wird. Die Schlangenmutter ist Kybele, die ins Verderben geht; ihre Lieblingskatze und ihr Schoßtier bekehren sich zum Christentum. Apollo gilt mit seinen Schlangen und Drachen als erledigt. Was bei heidnischer Inkubation herauskommt, zeigt das Beispiel des Stachys, der wortwörtlich davon geblendet wird. Die verwaiste Arztpraxis in Hierapolis machen erst die christlichen Boten wieder auf, die wirksame Heilung bringen.

Dafür haben wir vermutlich auch einen schönen außertextlichen Beleg. Um 400 gab es anscheinend etwas außerhalb der Stadt Hierapolis ein grandioses Martyrium des Philippus, als Oktogon mit eingeschriebener Kreuzform angelegt und im Quadrat umgeben von kleinen Räumen, die den nach Hilfe suchenden Pilgern als Schlaf- und Inkubationsräume dienten.[102] Hier ist das Wort, das Heilung verspricht, förmlich zu Stein geworden.

VI. Zum Abschluss

„Schlangen, Löwen, Leoparden, Tiger und Bären werden durch ein Wort der Apostel gezähmt und kehren ihre Wuth wider die Verfolger …", so Richard Adalbert Lipsius im Jahre 1883. Wir können dem inzwischen ein Rebhuhn, Wanzen, Robben, einen Hofhund, einen Räucherfisch, ein Eselsfüllen, vier Wildesel und ein Zicklein hinzufügen.

---

[102] Siehe die Abbildung bei F. AMSLER, Commentarius (s. Anm. 100) 545.

Die Forschung hat bisher wenig getan, um diese Spur aufzunehmen, vermutlich weil die Geschichten teils als zu banal, teils als theologisch anstößig angesehen wurden. Dabei sind sie, schon was die narrative Oberfläche der Texte angeht, mit hintergründigem Humor erzählt. Ihre ganze Aussagetiefe entbergen sie aber erst bei einer Lektüre, die auf symbolische und metaphorische Komponenten achtet. Hilfen für diese Lesestrategie geben einerseits der Kontext des Gesamtwerks an die Hand, der auf die Einzelerzählung zurückwirkt, andererseits Parallelen aus der antiken Philosophie, Naturkunde, Literatur und Mythologie.[103]

Man könnte dieser Sichtweise den einen Vorwurf machen, dass sie im Endergebnis die Texte allegorisch wahrnimmt. Das ist in gewissem Sinn richtig, nur empfinde ich das inzwischen nicht mehr als Vorwurf. Zum historisch-kritischen Bemühen um ein sachgemäßes Verständnis der Antike gehört es auch, deren eigene Verstehensweisen zu erkennen und zu respektieren, und dazu zählen die Allegorie als textproduzierendes und die Allegorese als textauslegendes Instrument untrennbar hinzu. Bloße Geschmacksurteile helfen hier nicht viel weiter. Nur eine einfühlende Interpretation bringt sie alle auch für uns heute wieder zum Sprechen, das Rebhuhn des Johannes, den Löwen des Paulus, den Kettenhund des Petrus, das Eselsfüllen des Thomas und den Leoparden des Philippus. Wir wären um einiges ärmer, wenn wir sie nicht hätten.

---

[103] Zu diesem ganzen Bereich vgl. beispielhalber die instruktiven Studien in J. BOULOGNE (Hrsg.), Les Grecs de l'antiquité et les animaux: Le cas remarquable de Plutarch (Travaux et recherches), Lille 2005.

Kapitel 3

Mit Paulus durch Himmel und Hölle: Zwei apokryphe Apokalypsen

Apokryphe Schriften haben die Tendenz, nicht so sehr in die Tiefe zu gehen, sondern eher in die Breite. Die antike Rhetorik kennt das Stilmittel der *amplificatio,* der Steigerung oder „Verbreiterung". In seiner Poetik mit dem Titel „Vom Erhabenen", vielleicht aus dem 1. Jahrhundert n. Chr., unterscheidet Longinus noch einmal zwischen Steigerung und Verbreiterung und bezeichnet nur letztere als αὔξησις. Nur „das Erhabene bildet einen Aufflug, das Erweitern eher eine stoffliche Bereicherung"; es „ist immer an Fülle und einen gewissen Überfluss gebunden".[1] Fülle und Überfluss, das kann man mit einigem Recht auch den beiden Apokalypsen nachsagen, in denen wir mit Paulus durch Himmel und Hölle geführt werden. Beide sind leicht als *amplificatio* einer Stelle im zweiten Korintherbrief zu erkennen, mit der wir deshalb beginnen.

---

[1] Longinus, De sublimitate 12,1; vgl. R. Brandt, Pseudo-Longinos, Vom Erhabenen. Griechisch und Deutsch, Darmstadt 1966, 54f. (dort auch zur Verfasser- und Datierungsfrage); W. H. Fyfe / D. Russell, Longinus: On the Sublime (LCL 199), Cambridge, Ma. 1995, 206f. Nicht so hilfreich ist in diesem Punkt H. Lausberg, Handbuch der literarischen Rhetorik. Eine Grundlegung der Literaturwissenschaft, München ²1973, da er in §§ 400–409 unter *amplificatio* nur die stilistische Steigerung behandelt; er kommt aber im Register S. 645 auf die Verbreiterung bei Longinus zu sprechen.

I. Eine seltsame Himmelfahrt: 2 Kor 12,1–5

In seiner „Narrenrede“ in 2 Kor 11,16–12,13, in der Paulus mit seinen Gegnern in Korinth gründlich abrechnet, kommt er in 12,1–5 auf eine eigentümliche Begebenheit zu sprechen. Er tut es nur gezwungenermaßen, wie die Einleitung in V. 1 deutlich macht, mit der die abschließende Rahmung in V. 5 korrespondiert. Die eigentliche *narratio* ist in VV. 2–4 in zwei teils parallele Strophen gegliedert. Überschüssig ist in der ersten Strophe die Zeitangabe „vor vierzehn Jahren“, in der zweiten Strophe der implizite Schweigebefehl in den beiden letzten Zeilen. Formal auffällig sind auch die beiden Parenthesen in 2b–d und 3b–d (um ein „ich weiß es nicht“ verkürzt). Der Text lautet:

1a Καυχᾶσθαι δεῖ,
b οὐ συμφέρον μέν,
c ἐλεύσομαι δὲ εἰς ὀπτασίας καὶ ἀποκαλύψεις κυρίου.

2a	οἶδα ἄνθρωπον ἐν Χριστῷ πρὸ ἐτῶν δεκα- τεσσάρων,	3a	καὶ οἶδα τὸν τοιοῦτον ἄνθρω- πον
b	– εἴτε ἐν σώματι, οὐκ οἶδα,	b	– εἴτε ἐν σώματι,
c	εἴτε ἐκτὸς τοῦ σώματος οὐκ οἶδα,	c	εἴτε χωρὶς τοῦ σώματος οὐκ οἶδα –,
d	ὁ θεὸς οἶδεν –,	d	ὁ θεὸς οἶδεν –,
e	ἁρπαγέντα τὸν τοιοῦτον ἕως τρίτου οὐρανοῦ.	4a	ὅτι ἡρπάγη εἰς τὸν παράδεισον
		b	καὶ ἤκουσεν ἄρρητα ῥήματα
		c	ἃ οὐκ ἐξὸν ἀνθρώπῳ λαλῆσαι.

5a ὑπὲρ τοῦ τοιούτου καυχήσομαι,
b ὑπὲρ δὲ ἐμαυτοῦ οὐ καυχήσομαι,
c εἰ μὴ ἐν ταῖς ἀσθενείαις.

1a Sich rühmen muss sein;
b es ist zwar nicht nützlich,
c doch ich will nun zu Erscheinungen und Enthüllungen des Herrn kommen.

2a Ich weiß von einem Menschen in Christus vor vierzehn Jahren
b – ob im Leib, ich weiß es nicht,
c ob außerhalb des Leibes, ich weiß es nicht,
d Gott weiß es –,
e dass derselbe fortgerissen wurde bis zum dritten Himmel.

3a Und ich weiß von eben diesem Menschen
b – ob im Leib,
c ob außerhalb des Leibes, ich weiß es nicht –,
d Gott weiß es –,
4a dass er fortgerissen wurde ins Paradies
b und unsagbare Worte hörte,
c die einem Menschen zu sagen nicht erlaubt sind.

5a Über denselben werde ich mich rühmen,
b über mich selbst aber werde ich mich nicht rühmen,
c es sei denn über meine Schwachheiten.

Dieser rätselhafte Text gibt viele Fragen auf und lässt vieles einfach offen.[2] Zum Beispiel:

– Wer eigentlich ist dieser Mensch, von dem Paulus in der dritten Person spricht? Wahrscheinlich Paulus selbst, obwohl auch schon Apollos, der als christlicher Lehrer nach Paulus in Korinth wirkte, Jesus oder ein anonymer

---

2 Zur Erklärung vgl. B. HEININGER, Paulus als Visionär. Eine religionsgeschichtliche Studie (HBS 9), Freiburg i. Br. 1996, 242–262; E. GRÄSSER, Der zweite Brief an die Korinther. Kapitel 8,1–13,13 (ÖTBK 8,2), Gütersloh 2005, 177–214, jeweils unter Einschluss des „Heilsorakels“ in 2 Kor 12,6–10, das wir hier unberücksichtigt lassen müssen.

Freund vorgeschlagen wurden.[3] Paulus stellt bewusst Distanz zu dieser ekstatischen Erfahrung her, deren Wiedergabe für Verkündigung und Gemeindaufbau nichts Nützliches beiträgt und wie Selbstlob wirken könnte.

– Auf welchen Zeitpunkt bezieht sich „vor vierzehn Jahren" (abgesehen davon, dass durch diese Datierung eine literarische Parallele zu Visionsberichten in der prophetischen Literatur hergestellt wird)? Wenn wir den zweiten Korintherbrief um die Mitte der fünfziger Jahr datieren, würden uns die vierzehn Jahre an den Anfang der vierziger Jahre zurückbringen, ca. 40–42 also. Das ist für das Berufungserlebnis des Paulus aus Gal 1,15f. zu spät, könnte aber in eine Zeit zielen, in der Paulus sich in Syrien, Kilikien und seiner Heimatstadt Tarsus aufhält.[4]

– Handelt es sich um ein Erlebnis oder um zwei? Wahrscheinlich um eines, das in zwei Anläufen fast stockend erzählt wird. Dafür spricht die Parallelität der beiden Vorgänge, bis in den Wortlaut ihrer Darstellung hinein.

– Wie verhalten sich Paradies und dritter Himmel zueinander? Liegt das Paradies im dritten Himmel oder darüber? Haben wir damit überhaupt schon den höchsten Himmel erreicht? Im einschlägigen apokalyptischen Schrifttum, wo sich der Seher in der Regel auf einer zeitlich begrenzten Himmelsreise befindet, wird die Zahl der Himmel meist mit sieben oder mehr angegeben.[5]

---

[3] Einzelnachweise bei M. E. THRALL, The Second Epistle to the Corinthians. Bd. II: Commentary on II Corinthians VIII–XIII (ICC), Edinburgh 2000, 778f.

[4] Vgl. Gal 1,21 und Apg 9,30; 11,25.

[5] Vgl. als neueren Überblick L. CARLSSON, Round Trips to Heaven: Otherwordly Travelers in Early Judaism and Christianity (Lund Studies in History of Religions 19), Lund 2004, der auch 2 Kor 12,1–5 in einem eigenen Abschnitt behandelt (161–191). Außerdem J. D.

– Welche Geheimnisse könnten für Paulus im Paradies enthüllt worden sein? Für heilsnotwendig kann er das Wissen darum nicht gehalten haben, sonst hätte er sie weitersagen müssen, wie es der Seher in apokalyptischen Schriften für einen elitären Kreis von Auserwählten tut.

– Was genau hat es mit dem Zögern hinsichtlich des leiblichen oder leiblosen Zustands in der Ekstase auf sich? Hat sich nur die Seele auf die Himmelsreise begeben, wie so oft bei Platon[6] und Plutarch[7]? Darüber könnte Paulus aufgrund seines ganzheitlichen, biblisch geprägten Menschenbildes in der Tat nicht recht glücklich sein. Er weiß es nicht.

All diese Zweifel und Unsicherheiten verdichten sich zuletzt zur Rückfrage an die Gesamtkomposition dieser Szene. Will Paulus überhaupt ganz wörtlich genommen werden? Hans Dieter Betz hat vorgeschlagen, diesen Bericht als Parodie einer Himmelsreise zu lesen. Paulus würde dann die Erfolgserlebnisse, mit denen seine Gegner prahlten, förmlich karikieren, wie es Lukian in seinen Satiren tut.[8] In etwas andere Richtung, aber letztlich konsequent hat neu-

---

Tabor, Things Unutterable: Paul's Ascent to Paradise in its Greco-Roman, Judaic, and Early Christian Contexts (Studies in Judaism), Lanham, Md. 1986, 57–111; H. Bietenhard, Die himmlische Welt im Urchristentum und Spätjudentum (WUNT 2), Tübingen 1951. Zur „Himmelsreise" neben dem Klassiker von W. Bousset, Die Himmelsreise der Seele (Libelli 71), Darmstadt 1960 (= ARW 4 [1901] 136–169.229–273), auch A. F. Segal, Heavenly Ascent in Hellenistic Judaism, Early Christianity and their Environment, ANRW II / 23,2 (1980) 1333–1394; M. Dean-Otting, Heavenly Journeys: A Study of the Motif in Hellenistic Jewish Literature (JudUm 8), Frankfurt a.M. 1984.

[6] Platon, Politeia 10 (614B-621B).

[7] Plutarch, De sera numinis vindicta 22–24 (563D-568A).

[8] H. D. Betz, Der Apostel Paulus und die sokratische Tradition. Eine exegetische Untersuchung zu seiner „Apologie" 2 Korinther 10–13 (BHTh 45), Tübingen 1972, 84–100; vgl. Lukians *Ikaromenippus*.

erdings Paula R. Gooder diesen Gedanken weitergeführt.[9] Nach ihr berichtet Paulus über eine Himmelsreise, die ihm gründlich misslungen ist. Paulus hat es nur bis zum dritten Himmel geschafft, wo laut ApcMos 37,5 und 2 Hen 8,1 auch das Paradies lag, und nicht bis zum höchsten Himmel, dem siebten, achten oder zehnten. Er musste seine Reise abbrechen und handelte sich zusätzlich noch als bleibende Erinnerung den Stachel im Fleisch ein, den Satansengel, der ihn mit Fäusten schlägt (2 Kor 12,7). Gerade so aber fügt sich diese Episode gut in die Liste der Schwachheiten ein, mit denen Paulus in der Narrenrede prahlt.

Wir befinden uns hier in der komfortablen Position, dass wir in all diesen strittigen Fragen gar keine Entscheidung treffen müssen, weil wir in erster Linie an der Nachgeschichte dieses Textfragments interessiert sind. Eine kurze Erzählung, die so viele Nullstellen und Lücken aufweist, lädt zur Expansion förmlich ein. Und was lag näher, als für ihre Erweiterung auf andere Apokalypsen wie die des Henoch, des Baruch oder des Esra, zurückzugreifen, wenn Paulus selbst in der Einleitung (2 Kor 12,1) von ἀποκαλύψεις, „Enthüllungen", „Offenbarungen", spricht?

Dass ein intensives Interesse an der Himmelsreise des Paulus schon früh aufkam, bezeugt auch Irenäus von Lyon, der sich im Rahmen seiner Auseinandersetzung mit gnostischen Gruppen auf eine längere Exegese von 2 Kor 12,1–5 einlässt.[10] Ob er dabei schon einen bestimmten gnostischen

---

[9] P. R. Gooder, Only the Third Heaven? 2 Corinthians 12.1–10 and Heavenly Ascent (Library of New Testament Studies 313), London 2006.

[10] Irenäus, Adversus Haereses II 330,7–8; bei N. Brox, Irenäus von Lyon, 258–263; eine detaillierte Auswertung dieser Stelle bieten M. Kaler / L. Painchaud / M.-P. Bussière, The Coptic *Apocalypse of Paul,* Irenaeus' *Adversus Haereses* 2.30.7, and the Second-Century

Himmelfahrtsbericht vor Augen hatte oder nicht, ist demgegenüber zweitrangig. Fest steht, dass sich in diese Rezeptionsgeschichte auch die beiden apokryphen Apokalypsen einreihen, die wir als „koptische Paulusapokalypse" und „griechische Paulusapokalypse" voneinander unterscheiden wollen. Ihnen gilt im Folgenden unser besonderes Augenmerk.[11]

II. Eine Reise durch zehn Himmel: Die koptische Paulusapokalypse aus Nag Hammadi

Die Schriften in koptischer Sprache, die im Dezember 1945 in der Nähe des Ortes Nag Hammadi in Oberägypten gefunden wurden, repräsentieren eine bunte Vielfalt von

---

Battle for Paul's Legacy, Journal of Early Christian Studies 12 (2004) 173–193.

[11] Die Entwicklungslinie von 2 Kor 5,1–5 zu den beiden Paulusapokalypsen wird auch nachgezeichnet von J. R. Harrison, In Quest of the Third Heaven: Paul and His Apocalyptic Imitators, VigChr 58 (2004) 24–55, und B. H. Young, The Ascension Motif of 2 Corinthians 12 in Jewish, Christian and Gnostic Texts, GTJ 9 (1988) 73–103, während V. K. Robbins, The Legacy of 2 Corinthians 12:2–4 in the *Apocalypse of Paul,* in: T. J. Burke / J. K. Elliott (Hrsg.), Paul and the Corinthians: Studies on a Community in Conflict (FS M. Thrall) (NT.S 109), Leiden 2003, 327–339, nur die griechische Paulusapokalypse berücksichtigt, wie zuvor schon E. Dassmann, Paulus in der ‚Visio Sancti Pauli', in: Jenseitsvorstellungen in Antike und Christentum. Gedenkschrift für Alfred Stuiber (JbAC.E 9), Münster 1982, 117–128. Umfassender informiert R. Roukema, Paul's Rapture to Paradise in Early Christian Literature, in: A. Hilhorst / G. H. van Kooten (Hrsg.), The Wisdom of Egypt: Jewish, Early Christian, and Gnostic Essays in Honour of Gerard P. Lutttikhuizen (Ancient Judaism and Early Christianity 59), Leiden 2005, 267–283.

Gattungen. Apokalypsen sind, sowohl dem Titel[12] wie auch der Anlage[13] nach, in größerer Anzahl vertreten.[14] In Codex V hat ein Schreiber offenbar mit Absicht eine Reihe von Apokalypsen versammelt,[15] zwei unter dem Namen des Jakobus,[16] eine unter dem Namen Adams[17] und, als erste in dieser Liste, eine unter dem Namen des Paulus,[18] die mit

---

[12] Vgl. Die Apokalypse des Petrus = ApcPt NHC VII,3 p. 70,13–84,14.

[13] Vgl. Die Hypostase der Archonten = HA NHC II,4 p. 86,20–97,23; „Vom Ursprung der Welt" = UW NHC II,5 p. 97,24–127,17; Das Verständnis unserer großen Kraft = Noēma NHC VI,4 p. 36,1–48,15; Zostrianus = Zostr NHC VIII,1 p. 1,1–132,6; Melchisedek = Melch NHC IX,1 p. 27,11–29,5; Marsanes = Mar NHC X p. 1,1–68,18; Allogenes = Allog NHC XI,3 p. 45,1–69,20.

[14] Vgl. M. Krause, Die literarischen Gattungen der Apokalypsen von Nag Hammadi, in: D. Hellholm (Hrsg.), Apocalypticism in the Mediterranean World and the Near East, Tübingen 1983, 621–637; F. T. Fallon, The Gnostic Apocalypses, Semeia 14 (1979) 123–138.

[15] Zu möglichen Intentionen des Sammlers vgl. F.-E. Morard, Les apocalypses du Codex V de Nag Hammadi, in: L. Painchaud / A. Pasquier (Hrsg.), Les textes de Nag Hammadi et le problème de leur classification (BCNH.E 3), Québec 1995, 341–357.

[16] Die (erste) Apokalypse des Jakobus = 1ApcJac NHC V,3 p. 24,10–44,10; Die (zweite) Apokalypse des Jakobus = 2ApcJac NHC V,4 p. 44,11–63,32.

[17] Die Apokalypse des Adam = ApcAd NHC V,5 p. 64,1–85,32.

[18] Die Apokalypse des Paulus = ApcPl NHC V,2 p. 17,19–24,9. Als Textgrundlage dienen W. R. Murdock / G. W. McRae, The Apocalypse of Paul, in: D. M. Parrott (Hrsg.), Nag Hammadi Codices V, *2–5* and VI with Papyrus Berolinensis 8502, *1* and *4* (NHS 11), Leiden 1979, 47–63 (mit englischer Übersetzung); J.-M. Rosenstiehl / M. Kaler, L'Apocalypse de Paul (NH V,2) (BCNH.T 31), Louvain u. a. 2005 (mit französischer Übersetzung und englischem Kommentar). Deutsche Übersetzungen von W.-P. Funk, Koptisch-gnostische Apoklypse des Paulus, in: NTApo[6] II, 628–633, und U.-K. Plisch, Die Apokalypse des Paulus (NHC V,2), in: H.-M. Schenke / H.-G. Bethge / U. U. Kaiser (Hrsg.), Nag Hammadi Deutsch II, 399–405.

nur sieben Seiten Umfang erfreulich kurz ausgefallen ist. Der vorliegende koptische Text stammt aus der Zeit um 350 n. Chr., wurde aber mit ziemlicher Sicherheit schon um einiges früher aus dem Griechischen übersetzt, wahrscheinlich sogar zunächst in den bohairischen Dialekt und von dort erst in den sahidischen. Er weist somit eine längere Vorgeschichte auf. Die Forschung ist daher allgemein geneigt, die älteste griechische Fassung ins 2. Jahrhundert n. Chr. zu datieren, vielleicht in die Jahre von 150 bis 170,[19] was mit dem Zeugnis des Irenäus zusammen stimmt.

1. Eine Begegnung (p. 17,20–18,13)

Leider sind gerade die sechs oder sieben Eingangszeilen im Manuskript, das sonst gut erhalten ist, zerstört. Aber der verbleibende Rest lässt uns dennoch die Ausgangssituation einigermaßen zuverlässig erkennen. Auf seiner Wanderschaft trifft Paulus ein kleines Kind und erkundigt sich nach dem richtigen Weg hinauf nach Jerusalem. Das Kind fragt erst zurück: „Sage mir deinen Namen", obwohl es, wie der Erzähler kommentierend nachträgt, genau weiß, wer Paulus ist. Es sucht lediglich nach einem Vorwand, um ihn in ein Gespräch zu ziehen. Halten wir zunächst nur drei Dinge fest.

– (1) *Jerusalem* existiert in der urchristlichen Literatur nicht nur als irdische, sondern auch als himmlische Stadt. Später wird sich zeigen, dass die Stadt in der koptischen Paulusapokalypse in ihrer doppelten Funktion gebraucht wird.

---

[19] So R. Trevijano Etcheverría, El Apocalipsis de Pablo (NHC V2: 17,19–24,9). Traducción y comentario, in: R. Blasquez (Hrsg.), Quaere Paulum (FS L. Turrado) (Biblioteca Salmaticensis 39), Salamanca 1981, 217–236.

– (2) Das *kleine Kind* würden wir in Analogie zu seinem Auftreten in anderen gnostischen Schriften[20] am ehesten als Christusfigur deuten, und eine Begegnung des Paulus mit dem auferstandenen Herrn scheint hier sogar wahrscheinlich zu sein. Aber wenig später stellt das Kind sich selbst als Geist (πνεῦμα) vor und behält diese Rolle konsequent bei. Das macht uns zugleich schon darauf aufmerksam, dass Jesus Christus ansonsten in der ganzen Schrift kein einziges Mal mehr vorkommt.

– (3) Was den vorausgesetzten Zeitpunkt dieser Vision angeht, könnte man an den Jerusalembesuch in Gal 1,18–19 denken, bei dem Paulus mit Petrus und dem Herrenbruder Jakobus zusammentrifft, oder an die Jerusalemer Synode, zu der sich Paulus in Gal 2,2 „nach vierzehn Jahren" begibt. Der Alternativvorschlag, stattdessen von Gal 1,15–17 auszugehen, wo Paulus gerade *nicht* nach Jerusalem geht, setzt voraus, dass es sich bei dem hier dargestellten Geschehen um die Berufungsvision des Paulus handelt, die ihn vom geplanten Jerusalembesuch abhielt.[21] Mit den vierzehn Jahren aus 2 Kor 12,2 wäre am ehesten noch die mittlere Option (Gal 1,18–19) zu vermitteln, falls unserem Autor daran überhaupt etwas lag.

---

[20] Vgl. AJ NHC II,1 p. 2,1f.; ActJoh 88; mehr dazu unten in Kapitel 7, wo dieses Detail sich als Baustein der Polymorphie Christi erweist. Speziell zu Christus als Kind vgl. H. GARCIA, L'enfant vieillard, l'enfant aux cheveux blancs et le Christ polymorphe, RHPR 80 (2000) 479–501.

[21] So M. KALER / L. PAINCHAUD / M.-P. BUSSIÈRE, The Coptic *Apocalypse of Paul* (s. Anm. 10) 176 mit Anm. 5.

2. Eine Offenbarungsrede in zwei Teilen (p. 18,30–19,20)

Das Kind als Geist setzt zu einer zweiteiligen Offenbarungsrede an. Paulus, der gesegnet ist vom Mutterschoß an, soll in Jerusalem seine Mit-Apostel treffen (es wird sich zeigen, dass die Himmelsstadt gemeint ist). Dieser erste Teil, der auch schon einen Weckruf enthält, endet mit einer eindrucksvollen Liste feindlicher Größen, die teils aus den Paulusbriefen bekannt sind. Aufgezählt werden Herrscher, Autoritäten, Erzengel, Mächte und „das ganze Geschlecht der Dämonen". Sie werden Paulus später auf seiner Himmelsreise begegnen.

Der zweite Redeteil beginnt mit einem weiteren Weckruf: „Lass deinen Geist erwachen, Paulus." Wir erfahren, dass wir uns momentan auf dem Berg von Jericho befinden[22] und dass die zwölf Apostel, die Paulus aufsuchen soll, auserwählte Geister sind, die ihn begrüßen werden. Das nimmt Paulus im Vorgriff schon wahr, als er gen Himmel blickt. Hier wäre unter anderem zu notieren, dass in der gnostischen Exegese des Gleichnisses vom guten Samariter Jericho als Symbol des Irdischen gilt. Die Seele, die sich vom himmlischen Jerusalem aus dorthin begibt, fällt nicht zufällig unter die Räuber, das heißt unter dämonische Wegelagerer von den Typen, die das Kind aufgelistet hatte.[23]

---

[22] Vgl. J.-M. Rosenstiehl, La Montagne de Jéricho (NH V,2,19,11–13). Contribution à l'étude de l'*Apocalypse copte de Paul,* in: L. Painchaud / P.-H. Poirier (Hrsg.), Coptica – Gnostica – Manichaica: Mélanges offerts à Wolf-Peter Funk (BCNH.E 7), Québec 2006, 885–892, der den benachbarten Berg Nebo heranzieht, von dem aus Mose zum Himmel aufstieg.

[23] Vgl. Inter NHC XI,1 p. 6,16–10; L. Painchaud, L'utilisation des paraboles dans l'*Interprétation de la gnose* (NH XI,1), VigChr 57 (2003) 422–457.

3. Der dritte Himmel (p. 19,20–20,5)

Von den Himmeln, die nun auf dem Weg zum oberen Jerusalem zu passieren sind, werden der erste und der zweite völlig übersprungen, und der dritte wird nur im Vorbeiflug erwähnt. Der Grund dafür dürfte wieder in 2 Kor 12,1–5 zu suchen sein. Unser Autor geht offenbar davon aus, dass dritter Himmel und Paradies nicht identisch sind. Er verwendet all seine Mühe darauf, die Lücke, die sich im Text nach dem dritten Himmel auftut, mit neuem Material aufzufüllen.

Beim Übergang vom dritten zum vierten Himmel blickt Paulus auf Geheiß des Geistes nach unten. Auf der Erde sieht er zunächst sein eigenes Gleichbild, und dann erblickt er die zwölf Apostel mit ihm in der Mitte und dem Geist an der Spitze. Diese Notiz knüpft an die Bemerkung des Paulus an: „Ob im Leib, ich weiß es nicht, ob außerhalb des Leibes, ich weiß es nicht." Die Lösung sieht so aus, dass wir uns jetzt in zwei parallelen Welten bewegen, einer materiellen und einer geistigen. Der irdische Paulus und die Zwölf sind unten, im Bereich des irdischen Jerusalem. Paulus allein bewegt sich zeitgleich mit seiner Seele durch die verschiedenen Himmel. Auch die beiden späteren Notizen „Ich sah meine Mit-Apostel mit mir gehen, und der Geist begleitete uns" in 21,28–22,1, beim Übergang zum fünften Himmel, und 22,14–16, beim Übergang zum sechsten Himmel, werden am besten in diesem Sinne, als Blick hinab zur Erde, zu verstehen sein.[24]

[24] Gute Argumente für diese Sicht bei M. Kaler, L'Apocalypse de Paul (s. Anm. 18) 212–214.

4. Im vierten Himmel (p. 20,5–21,28)

Im vierten Himmel werden wir Zeugen einer Gerichtsszene. Engel, die wie Götter aussehen, bringen eine Seele aus dem Land der Toten, das heißt der Erde, herbei und peitschen sie aus. Die Seele beschwert sich, und als der Zolleinnehmer im vierten Himmel ihr alle ihre Missetaten vorhält, verlangt sie nach Beweisen. Drei Zeugen treten auf,[25] die so etwas darstellen wie die personifizierten inneren Regungen der Seele. Sie repräsentieren die versucherischen Neigungen, die die Seele zu ihren Untaten provozierten.[26] Ihr Wirken reicht von der zweiten über die fünfte bis zur zwölften Stunde, also vom Morgen bis zum Abend eines Tages- und wohl auch Lebenslaufs. Zitiert sei beispielhalber nur die Aussage des zweiten Zeugen: „Ist es nicht so, dass ich es bin, der in die Welt hineinkam zur Zeit der fünften Stunde und dich sah, dich begehrte? Und siehe, ja, jetzt weise ich dich zurecht wegen der Morde, welche du begangen hast“ (p. 21,4–9). Verängstigt blickt die Seele nach unten und nach oben, hat aber keine Chance. Sie wird hinab geworfen und mit einem neuen, für sie präparierten Körper vereinigt. Eine Reinkarnation oder besser Metempsychose platonischen Zuschnitts dient hier als Strafmittel.

[25] Vgl. Dtn 19,15; 2 Kor 13,1; H. van Vliet, No Single Testimony: A Study on the Adoption of the Law of Deut 19,15 par. into the New Testament, Utrecht 1958.

[26] Siehe dazu die treffende Bemerkung von M. Kaler, L'Apocalypse de Paul (s. Anm. 18) 231: „This involves a bitter view of heavenly judgement, since the witnesses are first sent out to incite humans to commit crimes, then they accuse the humans of these very crimes, and finally they use the human's guilt to justify its continual imprisonment in bodies, whereby it remains subject to their power and to their temptations. The game, so to speak, is rigged in every way possible.“

Paulus hingegen schaut nach oben. Er sieht und hört den Geist, der nach ihm ruft, und für ihn allein öffnet sich das Tor zum fünften Himmel.

5. Im fünften Himmel (p. 21,29–22,13)

Im fünften Himmel erblickt Paulus einen großen Engel mit einem eisernen Stab in der Hand. Das ist, wenn wir an Ps 2,9 denken („Du wirst sie zerschlagen mit eisernem Stab") und an die Rezeption dieses Verses in der Johannesoffenbarung (Offb 2,26; 19,15), ein messianisches Motiv, aber für diese nahezu polemische Verfremdungstechnik werden wir im siebten Himmel ein noch deutlicheres Beispiel kennen lernen. Dieser große Engel hat drei Begleiter, die Peitschen in den Händen tragen, und sie alle wetteifern darum, Seelen ins Gericht zu schaffen. Das griechische Wort ἐρίζειν, das im Koptischen für „Wetteifern" verwendet wird, könnte auch einen etymologischen Hinweis auf ihren Hintergrund enthalten. Es sind die Erinnyen aus der griechischen Mythologie, die hinter den Seelen her sind.

Paulus jedoch befindet sich nur auf der Durchreise. Ohne weiteres Zwischenspiel öffnet sich für ihn das Tor zum sechsten Himmel.

6. Im sechsten Himmel (p. 22,14–24)

Zwei Dinge füllen die rasche Passage durch den sechsten Himmel mit etwas Inhalt. Von oben, aus dem siebten Himmel, scheint ein großes Licht in den sechsten Himmel hinein. Über seinen Ursprung werden wir bei der Beschreibung des siebten Himmels Näheres erfahren. Hier im sechsten Himmel befindet sich ein weiterer Zolleinnehmer, der die Reisenden kontrolliert und entweder passieren lässt oder zurückweist. Paulus braucht ihm nur zu sagen: „Öffne mir und dem Heiligen Geist, der sich vor mir befindet", und das Tor zum siebten Himmel tut sich auf.

7. Im siebten Himmel (p. 22,25–23,30)

Der siebte Himmel ist zwar noch nicht der höchste Himmel, aber die Ereignisse im siebten Himmel stellen fraglos den Höhepunkt der Himmelsreise des Paulus dar. Im siebten Himmel sitzt ein alter Mann in weißer Kleidung auf einem Thron, der siebenmal heller strahlt als die Sonne und auch in den sechsten Himmel hinein scheint. Für dieses Porträt stand zweifellos der Hochbetagte aus Dan 7,9f. Pate. Wir werden nicht fehl gehen, wenn wir in ihm den Schöpfergott des Alten Testaments erkennen. Nur müssen wir uns von vornherein darüber im Klaren sein, dass er in der Paulusapokalypse wie in vielen gnostischen Schriften nicht als der höchste Gott angesehen wird, sondern nur als der Weltenschöpfer, der Demiurg, der höchst ambivalente, wenn nicht gar üble Motive für sein Handeln hat.

Der Alte fragt Paulus nach seinem Ziel und grüßt ihn respektvoll mit „der du gesegnet bist, und der abgesondert wurde vom Schoß seiner Mutter an" (p. 23,3–4). Offenbar weiß er schon einiges über Paulus, aber nicht alles oder nicht genug. Erst als der Geist, den der Alte offenbar nicht sehen kann,[27] ihm durch Kopfnicken seine Zustimmung erteilt hatte, antwortet Paulus mit den Worten: „Ich gehe zu dem

[27] Vgl. M. KALER, L'Apocalypse de Paul (s. Anm. 18) 261, der Irenäus, Adversus Haereses I 5,4 und II 30,7 als Belege dafür anführt, dass der Demiurg den inneren Menschen und geistige Wesenheiten nicht wahrnehmen kann.

Ort, von dem ich auch gekommen bin." Das würde sich gut einfügen in die Gedankenwelt des gnostischen Seelenaufstiegs, wo die Seele oder, bei dreiteiliger Anthropologie, der Geistesfunke in die obersten Himmel zurückkehrt und damit wieder den Ausgangspunkt erreicht, von dem aus das Drama der Erlösung seinen Anfang nahm. Aber als der Alte zurückfragt: „Von wo bist du denn?" gibt Paulus eine befremdliche Auskunft: „Ich will hinabgehen in die Welt der Toten, damit ich gefangennehme die Gefangenschaft, welche sie gefangengenommen haben in der Gefangenschaft von Babylon" (p. 23,18–22). Wir kommen auf diese Stelle zurück, weil sie meines Erachtens den Schlüssel für das Verständnis unserer Apokalypse abgibt. Werfen wir zuvor rasch einen Blick auf den Schluss, der weniger als eine Seite Text umfasst.

Der Alte fragt Paulus, wie er denn seinem Zugriff entkommen wolle, und zeigt auf all die Herrscher und Machthaber, die ihm zu Diensten sind. Der Geist sagt zu Paulus: „Gib ihm das Zeichen" (σημεῖον). Solche Zeichen, mit denen man die Wächter in den unteren Himmeln überwinden kann, sind Allgemeingut der Berichte über den Seelenaufstieg. Es kann sich um Passwörter handeln, um tatsächliche Amulette oder andere Gegenstände; es kann auch die Wirkung von sakramentalen Riten sein, die den Tod des Gnostikers begleiten. Was immer es im Einzelnen war, Paulus zeigt es dem Alten. Dem bleibt nichts anderes übrig, als nach unten zu schauen auf „seine Schöpfung" und seine Kreaturen. Hier spätestens stehen seine Rolle als Schöpfer und deren Disqualifikation außer Frage.

8. Der achte, neunte, und zehnte Himmel (p. 22,30–24,8)

Der achte Himmel wird im Text nicht mit einem koptischen Zahlwort, sondern mit dem griechischen Terminus Ogdoad belegt. Die Ogdoad war in manchen gnostischen Systemen die Heimat der Sophia und wurde auch als das himmlische Jerusalem bezeichnet,[28] womit wir am Ziel angekommen wären. Hier, in der Ogdoad, sieht Paulus auch die zwölf Apostel, die ihn grüßen. Jetzt ist er voll in ihre Mitte integriert, wenn nicht sogar ihnen vorgeordnet, falls sie im achten Himmel bleiben sollten und nur der Geist und Paulus noch weiter nach oben streben.[29] Im neunten und zehnten Himmel geschieht allerdings nichts Wesentliches mehr. Paulus scheint inzwischen in einen reinen Geistzustand verwandelt zu sein, denn die letzten Worte des Textes – abzüglich der Subskriptio – lauten: „Und ich grüßte meine Mit-Geister."

9. Der Schlüssel

Der Schluss könnte als Anti-Klimax erscheinen, was aber nur die These stützt, dass der eigentliche Schlüssel zuvor schon an die Hand gegeben wurde, in der Auskunft des Paulus: „Ich will hinab gehen in die Welt der Toten, damit ich gefangen nehme die Gefangenschaft …". Die sprachliche Gestalt erinnert nicht nur an das Babylonische Exil, sondern auch an Ps 68,19 und seine Rezeption in Eph 4,8. Der Psalmvers lautet: „Du bist emporgestiegen zur Höhe, hast Gefangene weggeführt. Du hast Gaben empfangen unter den Menschen." Der Aufstieg wird zum Abstieg

---

[28] Vgl. Irenäus, Adversus Haereses I 5,2f.

[29] So M. Kaler, L'Apocalypse de Paul (s. Anm. 18) 273f.

umgestaltet (er korreliert eng mit dem Abstieg auch in der exegetischen Glosse in Eph 4,9–10). Die Septuaginta, der sich der Epheserbrief anschließt, hat auch die *figura etymologica* ᾐχμαλώτευσεν αἰχμαλωσίαν, „du hast gefangen geführt eine Gefangenschaft", die dem mehrfachen Wortspiel in der Paulusapokalypse zugrunde liegt. Im Klartext ausgedrückt: Paulus hat noch eine Aufgabe vor sich. Er soll gefangene Seelen auf der Erde befreien und ihre Rückkehr in den obersten Himmel ermöglichen. Er wird in dieser Erzählung mit anderen Worten als Apostel qualifiziert und auf Augenhöhe mit den Zwölf gebracht.

Der Aufstieg der Seele ist im einschlägigen gnostischen Schrifttum in der Regel ein postmortales Geschehen, eine Reise ohne Wiederkehr. Nicht so in der Paulusapokalypse. Hier erscheint dieses Motiv umgestaltet oder nahezu rückgebildet zu einer Himmelsreise, von der der Seher auf die Erde zurückkehrt. Damit stehen wir von der Gattung her wieder näher bei einer idealtypischen jüdischen oder hellenistischen Apokalypse. Paulus wird verwandelt, aber nur, um als Mittlergestalt auf die Erde zurückzukehren.

Dies bringt uns zu einer letzten Vermutung. Warum wird Jesus Christus, auf den sich auch das Psalmzitat in Eph 4,8–10 ursprünglich bezieht, in der Paulusapokalypse nicht ein einziges Mal erwähnt? Wohl deshalb, weil Paulus jetzt gleichsam dessen Rolle übernimmt; er wird zu einer christusähnlichen Erlöserfigur. Selbst diese kühne Gleichsetzung ließe sich mit Schriftstellen belegen. Unser Autor könnte zum Bespiel Gal 1,16 so verstanden haben: Es gefiel Gott, „seinen Sohn *in mir* (oder *durch mich*) zu offenbaren (ἀποκαλύψαι), damit ich ihn den Völkern verkünde".[30] Auch Gal 2,20, ein kühnes Wort, würde ihm entgegenkommen:

[30] Vgl. M. Kaler, L'Apocalypse de Paul (s. Anm. 18) 146–149.

„Nicht mehr ich lebe, sondern Christus lebt in mir." All dies wiederum bestätigt eine andere Einsicht, die mehr und mehr um sich greift, dass nämlich das Schrifttum aus Nag Hammadi für uns gerade deshalb so wertvoll ist, weil es bereits zur Rezeptionsgeschichte von Teilen des Neuen Testaments gehört, in unserem Fall vor allem des Galater-, des Epheser- und des zweiten Korintherbriefs.

III. Eine Reise durch Himmel und Hölle: Die griechische Paulusapokalypse (Visio Pauli)

An der Schwelle zur Hölle fragt Dante in der *Divina Commedia* zweifelnd: „Doch ich, warum komme ich hierher? Wer hat es mir freigestellt? Ich bin nicht Äneas, ich bin nicht Paulus."[31] Damit weist Dante zugleich auf zwei Quellen hin, die in seine Schilderung der Unterwelt eingegangen sind: das sechste Buch von Vergils *Aeneis* und Schrifttum von der Art der griechischen Paulusapokalypse,[32] die ihrerseits hellenistisch-römische Hadesvorstellungen integriert hat. Von den verschiedenen lateinischen Versionen dieser durch Jahrhunderte hindurch in Ost und West höchst populären apokalyptischen Schrift heißt es im *Handbuch der Lateinischen Literatur:* „Der Komplex dieser Texte gehört nach Dauer und Weite seiner Verbreitung zu den bedeutendsten apokryphen Werken christlichen Ursprungs."[33] Das steht

[31] Inferno 2,31f.

[32] Vgl. T. Silverstein, Dante and the Visio Pauli, MLN 47 (1932) 387–399; Ders., Did Dante know the Vision of St. Paul?, Harvard Studies and Notes in Philology and Literature 19 (1937) 231–247.

[33] K. Sallmann (Hrsg.), Die Literatur des Umbruchs. Von der römischen zur christlichen Literatur 117 bis 283 n. Chr. (Handbuch der Lateinischen Literatur der Antike 4 = HAW VIII.4), München

in eigentümlichem Kontrast zu ihrer weitgehenden Ignorierung in der Moderne.[34]

Die Überlieferungslage erweist sich als einigermaßen schwierig, weil von den frühen griechischen Fassungen nichts mehr erhalten geblieben ist, abgesehen von einem griechischen Text frühestens aus dem 5. Jahrhundert, den Tischendorf 1866 aufgrund von zwei jungen Handschriften zum ersten und bisher einzigen Mal herausgegeben hat.[35] Andererseits liegt eine Überfülle von Übersetzungen in die Kirchensprachen des Ostens,[36] ins Lateinische, wo der Text

---

1997, 407; vgl. auch die Fortsetzung: „Neben Vergils Unterweltbuch hat dieser Text dem Mittelalter und der frühen Neuzeit ein breites Spektrum antiker (und jüdischer) Jenseitsvorstellungen überliefert; die deutlichste Nachwirkung findet sich in Dantes *Divina Commedia.*" Siehe auch W. Rebell, Neutestamentliche Apokryphen und Apostolische Väter, München 1992, 250: „Einen Teil ihres Einflusses hat die Petrusapokalypse über den Transmissionsriemen Paulusapokalypse ausgeübt. Die Paulusapokalypse war eine im Mittelalter sehr beliebte Schrift und weit verbreitet." Zur Nachwirkung auch P. Dinzelbacher, La „Visio S. Pauli". Circulation et influence d'un apocryphe eschatologique, Apocrypha 2 (1992) 165–180. Generell hilfreich ist der Sammelband von J. N. Bremmer / I. Czachesz (Hrsg.), The Visio Pauli and the Gnostic Apocalypse of Paul (Studies on Early Christian Apocrypha 9), Leuven 2007.

[34] Die beiden ersten Auflagen von Edgar Henneckes *Neutestamentliche(n) Apokryphen* behandeln die griechische Paulusapokalypse nicht.

[35] K. von Tischendorf, Apocalypsis Apocryphae 34–69; im Apparat zitiert Tischendorf ausführlich die englische Übersetzung einer syrischen Version. Die einzige mir bekannte Übersetzung von Tischendorfs griechischem Text ist die von A. Walker, in: Ante-Nicene Christian Library 16, Edinburgh 1870, 477–492; auch in: Ante-Nicene Fathers 8, Buffalo / New York 1886, 575–581.

[36] L. Leloir, Écrits apocryphes (armenische Version in französischer Übersetzung); E. A. W. Budge, Miscellaneous Coptic Texts 534–574 (koptischer Text), 1043–1084 (englische Übersetzung); G. Ricciotti, Apocalypsis Pauli syriace, Or. 2 (1933) 1–24.120–149; Ders., L'Apocalisse di Paolo (syrische Fassung mit lateinischer und ita-

in Langfassungen[37] und Kurfassungen[38] als *Visio Pauli* umläuft, und in zahlreiche Volkssprachen des Westens[39] vor.

Was die Datierung angeht, besteht in der Forschung ein erstaunlicher Konsens, der dahin geht, den verlorenen griechischen Archetyp in die Zeit um 240 n. Chr. zu setzen.[40] Neuerdings wurden dafür selbst die Jahre zwischen 166

lienischer Übersetzung); P. Vetter, Die armenische Paulus-Apokalypse, ThQ 88 (1906) 568–595; 89 (1907) 58–75. Weitere Einzelheiten bei M. Geerard, Clavis Apocryphorum Novi Testamenti (CChr.SA), Brepols 1992, 203–209; T. Silverstein / A. Hilhorst, Apocalypse of Paul 47–56. Sehr fundiert äußert sich zur koptischen Fassung jetzt L. Roig Lanzillotta, The Coptic *Apocalypse of Paul* in Ms Or 7023, in: J. N. Bremmer / I. Czachesz (Hrsg.), The Visio Pauli (s. Anm. 33) 158–197.

[37] M. R. James, On the Latin Version of the Visio Pauli, in: J. A. Robinson (Hrsg.), Apocrypha anecdota (TSt II,3), Cambridge 1893, 1–42; T. Silverstein / A. Hilhorst, Apocalypse of Paul.

[38] T. Silverstein, Visio Sancti Pauli: The History of the Apocalypse in Latin, together with Nine Texts (StD 4), London 1935; Ders., The Vision of Saint Paul: New Links and Patterns in the Western Tradition, AHDL 26 (1959) 199–248. Eine solche Kurzfassung, die Redaktion VI (bei T. Silverstein, Visio Sancti Pauli 214–218) bespricht im Detail C. Carozzi, Le voyage de l'âme dans l'Au-delà d'après la littérature latine (Ve-XIIIe siècle) (CEFR 189), Rome 1994, 265–279.

[39] Vgl. beispielhalber L. Jiroušková, Die Visio Pauli: Wege und Wandlungen einer orientalischen Apokryphe im lateinischen Mittelalter unter Einschluß der alttschechischen und deutschsprachigen Textzeugen (MLST 34), Leiden 2006; sie möchte allerdings die griechische Paulusapokalypse (einschließlich der Übersetzungen, insbesondere der lateinischen Langfassung) und die *Visio Pauli* (lateinische Kurzfassungen und volkssprachliche Wiedergaben des Mittelalters) grundsätzlich als zwei eigenständige Texttypen unterscheiden.

[40] Vgl. T. Silverstein, The Date of the ‚Apocalypse of Paul', MS 24 (1962) 335–348; R. P. Casey, The Apocalypse of Paul, JThS 34 (1933) 1–32. Entscheidend ist dafür unter anderem die Bezeugung der griechischen Paulusapokalypse durch Origenes; doch bleibt dieser Beleg zweifelhaft, da ihn erst der Syrer Gregorios Bar Hebraeus im 13. Jahrhundert bietet.

und 190 n. Chr. vorgeschlagen,[41] aber es erscheint fraglich, ob sich diese Frühdatierung durchsetzen kann. Es wurden auch Gegenstimmen laut, die auf den Jahren um 400 als Zeitraum der Entstehung beharren,[42] aus Gründen, die wir in Kürze kennen lernen.

Angesichts eines solchen „lebendigen Texts", eines „work in progress", wo fast jede neue textliche Realisierung einer Neufassung gleichkommt, empfiehlt es sich, bei der Analyse nicht gleich synoptisch vorzugehen,[43] sondern jeden Haupttyp zunächst für sich zu untersuchen. Für unsere Zwecke genügt der griechische Text, auf den wir uns im Folgenden beschränken, vollkommen. Er bietet fast alle notwendigen Informationen. Es handelt sich bei ihm auch nicht, wie oft zu lesen steht, um eine Kurzfassung, sondern um einen Vertreter der älteren Langfassung, mit gelegentlichen Auslassungen.

---

[41] Von C. CAROZZI, Eschatologie et au-delà: Recherches sur l'Apocalypse de Paul, Aix-en-Provence 1994, 165f.

[42] So P. PIOVANELLI, Les origines de l'*Apocalypse de Paul* reconsidérées, Apocrypha 4 (1993) 25–64, der sich konkret für die Zeit zwischen 395 und 416 (Bezeugung durch Augustinus) ausspricht.

[43] Die deutsche Übersetzung von H. DUENSING / A. DE SANTOS OTERO, Apokalypse des Paulus, in: NTApo^{6} II, 644–675, stellt auf der Grundlage der lateinischen Langfassung einen mosaikartig zusammengesetzten Kunsttext her, was in methodischer Hinsicht als fragwürdig erscheint. Vgl. an weiteren Übersetzungen, die je unterschiedliche Strategien anwenden, J. K. ELLIOTT, The Apocryphal New Testament 616–644; C. KAPPLER, in: Dies. u. a., Apocalypses et voyages 237–266; C.-C. u. R. KAPPLER, in: F. Bovon / P. Geoltrain (Hrsg.), Écrits apocryphes chrétiens I, 775–826.

1. Überschrift und Strategie

Die Überschrift nimmt sofort auf 2 Kor 12,1–5 Bezug: „Apokalypse des heiligen Paulus, was ihm offenbart wurde, als er aufstieg bis zum dritten Himmel und fortgerissen wurde ins Paradies und unsagbare Worte hörte." Wie verträgt sich dieses implizite Redeverbot („*unsagbare*" Worte) mit der Tatsache, dass sich Paulus im weiteren Verlauf als ungewöhnlich redefreudig erweist? Der Text verfolgt eine recht einfache Strategie. Wir begleiten Paulus nur bis zum dritten Himmel, nicht darüber hinaus. Aber manches, was Paulus dort erfährt, und alles, was er in den Regionen, die darunter liegen, zum Beispiel auf der Höhe des Firmaments oder in den Tiefen der Hölle, erlebt, ist für die Berichterstattung freigegeben. Auf die unsagbaren Dinge kommt der Text nur noch mit einem einzigen Satz in § 21 zurück, und selbst dort wird noch eine Ausnahmeklausel eingebaut: „Und der Engel sagt zu mir: ‚Sieh, was immer ich dir an diesem Ort (im dritten Himmel?) zeige, verkünde es nicht, außer was ich dir sage.'" Außerdem wird klargestellt, dass Paulus seine Himmelsreise in voller körperlicher Gestalt absolviert, ἐν σαρκί (vgl. § 41: „Wir lernen dich noch im Fleisch kennen, bevor du selbst aus der Welt scheidest").

2. Die Findungslegende

Als Prolog ist der Himmelsreise eine Findungslegende vorangestellt (§§ 1–2), die sichtlich der Autorisierung des Ganzen dient.[44] Ein vornehmer Mann lebte in Tarsus im früheren

[44] Vgl. P. Piovanelli, The Miraculous Discovery of the Hidden Manuscript, or the Para-Textual Function of the Prologue to the *Apocalypse of Paul,* in: G. J. Brooke / J.-D. Kaestli (Hrsg.), Narrativity

Wohnhaus des Paulus, entweder zur Zeit des Konsulats von Thedosius I. und Cynegius oder von Thedosius II. und Constantius.[45] Ersteres würde uns ins Jahr 388, letzteres ins Jahr 420 bringen.[46] Ein Engel befiehlt ihm im Traum, die Fundamente des Hauses aufzugraben. Nur widerstrebend folgt er beim dritten Mal dem Befehl und findet eine Marmorbox, die das Manuskript mit der Paulusapokalypse enthält. Der Stadtpräfekt, dem er den Text zeigt, leitet ihn gleich versiegelt weiter an den Kaiser. Dieser behält eine Abschrift zurück und sendet das Original nach Jerusalem.

Wenn wir an der Existenz eines älteren Archetyps der Paulusapokalypse festhalten, müssen wir annehmen, dass die Findungslegende diesem erst bei einer Überarbeitung im frühen fünften Jahrhundert vorangestellt wurde. Interessant ist in dem Zusammenhang, dass der Kirchenhistoriker Sozomenos, der um eben diese Zeit schreibt († um 445), die Findungslegende nicht nur genau kennt, sondern ohne Umschweife als Schwindel bezeichnet:

---

in Biblical and Related Texts (BETL 149), Louvain 2000, 265–282; überarbeitete Fassung: P. Piovanelli, The Miraculous Discovery of the Hidden Manuscript, or the Para-Textual Function of the Prologue to the *Apocalypse of Paul*, in: J. N. Bremmer / I. Czachesz (Hrsg.), The Visio Pauli (s. Anm. 33) 23–49.

[45] Tischendorf verbessert das κωντιανοῦ seiner beiden griechischen Handschriften in γρατιανοῦ, „Gratianus", aber „Constantius" trifft den Text mindestens ebenso gut; die alten Lateiner haben Theodosius und „Cynegius".

[46] Theodosius I. und Gratianus ergäbe 380, so ursprünglich Tischendorf; vgl. in einzelnen T. Silverstein, The Date (s. Anm. 40); verteidigt in T. Silverstein / A. Hilhorst, Apocalypse of Paul (s. Anm. 36) 11; übernommen bei C. Carozzi, Eschatologie et au-delà (s. Anm. 41) 13; vgl. aber auch den m. E. begründeten Widerspruch von P. Piovanelli, Les origines (s. Anm. 42) 51–53.

τὴν δὲ νῦν ὡς Ἀποκάλυψιν Παύλου τοῦ ἀποστόλου φερομένην, ἣν οὐδεὶς ἀρχαίων οἶδε, πλεῖστοι μοναχῶν ἐπαινοῦσιν. ἐπὶ ταύτης δὲ τῆς βασιλείας ἰσχυρίζονταί τινες ταύτην ηὑρῆσθαι τὴν βίβλον. λέγουσι γὰρ ἐκ θείας ἐπιφανείας ἐν Ταρσῷ τῆς Κιλικίας κατὰ τὴν οἰκίαν Παύλου μαρμαρίνην λάρνακα ὑπὸ γῆν εὑρεθῆναι καὶ ἐν αὐτῇ τὴν βίβλον εἶναι. ἐρομένῳ δέ μοι περὶ τούτου ψεῦδος ἔφησεν εἶναι Κίλιξ πρεσβύτερος τῆς ἐν Ταρσῷ ἐκκλησίας· γεγονέναι μὲν γὰρ πολλῶν ἐτῶν καὶ ἡ πολιὰ τὸν ἄνδρα ἐδείκνυ· ἔλεγε δὲ μηδὲν τοιοῦτον ἐπίστασθαι παρ᾽ αὐτοῖς συμβάν, θαυμάζειν τε εἰ μὴ τάδε πρὸς αἱρετικῶν ἀναπέπλασται.

Die jetzt als Apokalypse des Apostels Paulus verbreitete Schrift aber, die keinem der Alten bekannt ist, rühmen viele Mönche. Zur Zeit dieser Kaiserherrschaft, behaupten manche, sei dieses Buch aufgefunden worden. Sie berichten, durch eine von Gott gesandte Offenbarung sei in Tarsus in Kilikien im Haus des Paulus ein Marmorsarkophag unter der Erdoberfläche gefunden worden, in dem sich das Buch befand. Als ich danach fragte, bestätigte mir ein kilikischer Presbyter der Gemeinde in Tarsus, dies sei eine Erfindung. Dass er ein hoch betagter Mann war, zeigte auch sein weißes Haupt. Er sagte, er wisse nichts davon, dass sich so etwas bei ihnen ereignet hätte, und er müsste sich wundern, wenn das nicht von Häretikern erfunden sei.[47]

Aus diesem Zeugnis geht auch hervor, dass die Paulusapokalypse erst von diesem Zeitpunkt an ihren Siegeszug antrat und ihre Überarbeitung oder Entstehung Mönchskreisen zu verdanken ist. Da man davon ausgehen darf, dass die griechische Paulusapokalypse mit einem Verbergen des Textes durch seinen fiktiven Autor Paulus rechnet, kann man schließlich auch noch versuchen, mit Pierluigi Piovanelli die Findungslegende auf andere Weise, nämlich im Blick auf die Biographie des Apostels, chronologisch auszuwerten.[48]

---

[47] Sozomenos (ca. 380–445), Historia ecclesiastica VII 19,10f., bei G. C. Hansen, Sozomenos: Historia Ecclesiastica / Kirchengeschichte. Bd. 3 (FC 73,3), Turnhout 2004, 908–911.

[48] P. Piovanelli, The Miraculous Discovery (s. Anm. 44) 274f.

Wann konnte Paulus seine Visionsschilderung in seinem Haus in Tarsus verbergen? Möglicherweise während eines Besuchs in der Heimat in den frühen vierziger Jahren, für den Gal 1,21 Raum lässt und den die Apostelgeschichte voraussetzt (Apg 9,30; 11,25). Das würde dann in der Tat zu den vierzehn Jahren aus 2 Kor 12,2 passen, was Absicht sein dürfte. Paulus erlebt diese Vision zu Beginn seiner eigenständigen missionarischen Tätigkeit.[49]

3. Die Sündhaftigkeit der Menschheit

Die eigentliche Erzählung ist als Selbstbericht des Paulus in der Ich-Form gehalten. Von Anfang an wird die primär paränetische, mahnende Ausrichtung deutlich. In einem ersten Durchgang in den §§ 3–10 bekommt Paulus, der sich anscheinend noch auf dem Erdboden befindet, zu hören, wie sich der Reihe nach Sonne, Mond, Sterne und das Meer bei Gott über die Sündhaftigkeit der Menschen beklagen. Am Abend, wenn die Engel zur Anbetung Gottes zusammenkommen, berichten sie auch über das Tagewerk der ihnen anvertrauten Menschen. An ihren freudestrahlenden, traurigen oder gar tränennassen Gesichtern lässt sich das Ergebnis bereits ablesen.

Paulus hat dann selbst Gelegenheit, in den Himmel aufzusteigen, bleibt aber noch unterhalb des Firmaments.[50] Er

---

[49] Ebd. 275: „It is very probable that the author intended the *Apocalypse of Paul* to be not only an authentic Pauline text, but also the foundational text for his apostolic mission, prior to the Epistles themselves."

[50] Zur Erfassung der geographischen Gegebenheiten in unserem Text vgl. besonders J.-M. ROSENSTIEHL, L'itinéraire de Paul dans l'au-delà: Contribution à l'etude de l'Apocalypse apocryphe de Paul, in: P. Nagel (Hrsg.), Carl-Schmidt-Kolloquium an der Martin-Lu-

blickt nach oben und nimmt Furcht erregende Strafengel mit feurigen Gewändern und Feuerzungen wahr, aber auch strahlende Lichtengel mit Siegespreisen in Händen, auf denen der Name des Herrn eingraviert ist (§§ 11–12). Er blickt nach unten und stellt erstaunt fest, wie klein die Erde und die Menschen doch sind und wie die Ungerechtigkeit in Gestalt einer Feuerwolke alles umhüllt (§ 13).

4. Das Schicksal von drei Seelen

Die §§ 14–18 bringen eine Probe aufs Exempel. Paulus blickt weiter nach unten und sieht einen Gerechten, der im Sterben liegt. Gute Engel nehmen seine Seele in Empfang. Sie fordern die Seele auf, sich ihren Körper noch einmal genau anzusehen, weil sie ihn am Tag der allgemeinen Auferstehung wieder erkennen soll. Damit ist auch gesagt, dass alle folgenden Schilderungen ausschließlich Seelen betreffen. Der Jüngste Tag, der eine Wiedervereinigung mit dem Leib mit sich bringen wird, steht noch aus. Dennoch lässt der Geist die Seele des Gerechten jetzt bereits ein „in den Platz der Auferstehung, den Gott seinen Gerechten bereitet hat" (§ 14). Das jeweilige Ergehen in der Zwischenzeit nimmt das Endgeschehen weithin schon vorweg.

Als nächstes kümmern sich böse Engel um die Seele eines Übeltäters. Ihr Schutzengel, der für sie verantwortlich war, beschimpft sie und verklagt sie vor Gott. Sie wird einem erbarmungslosen Engel namens Temeluchos übergeben und in die Finsternis geworfen (§§ 15–16). Die nächste Seele versucht ihre Untaten einfach zu leugnen. Sie wird mit andern Seelen konfrontiert und muss zugeben, dass sie an

ther-Universität Halle-Wittenberg 1988 (Wissenschaftliche Beiträge 1990/23 [K 9]), Halle-Wittenberg 1990, 197–212.

und mit deren Trägern einen Mord und Unzucht begangen hat (§ 17–18). Der Gerichtsengel, dem sie in die Hände fällt, heißt diesmal Tartaruchos.[51] Alle Szenen enden mit dem Refrain: „Gerecht bis du, o Herr, und gerecht ist Dein Gericht."

5. In der Stadt Gottes

Der *angelus interpres,* der mit Paulus unterwegs ist, führt ihn weiter zur Stadt der Gerechten, mit goldenem Tor, zwei goldenen Säulen und zwei goldenen Tafeln, beschrieben mit Namen (§ 19). Henoch kommt ihm entgegen (§ 20). Paulus sieht den Ozean, der die Erde umschließt, und Flüsse und Bäume mit überreicher Frucht (§ 21–22). Der Engel bezeichnet das Wasser als Acherusischen See, in dem Michael die Seelen derer reinigt, die bereut haben,[52] so dass sie Einlass finden in die Stadt Gottes, die immer deutlicher Züge des himmlischen Jerusalem aus der Johannesoffenbarung annimmt. Die vier Flüsse, die sie umgeben, führen Milch, Honig, Öl und Wein (§ 23). Paulus trifft auf die Propheten (§ 25), er trifft auf die unschuldigen Kinder, die Herodes hat ermorden lassen (§ 26), er trifft auf Abraham, Isaak und Jakob (§ 27).

---

[51] Zu beiden Namen siehe J.-M. ROSENSTIEHL, Tartarouchos-Temelouchos: Contribution à l'étude de l'Apocalypse apocryphe de Paul, in: Deuxième journée d'études coptes. Strasbourg, 25 mai 1984 (CBCo 3), Louvain 1986, 29–56; er erklärt „Temelouchos" einleuchtend als Derivat von θεμελιοῦχος, einem Epithet, das Poseidon beigelegt wurde.

[52] Vgl. E. PETERSON, Die ‚Taufe' im Acherusischen See, VigChr 9 (1955) 1–20; auch in: DERS., Frühkirche, Judentum und Gnosis: Studien und Untersuchungen, Rom u. a. 1959, 310–332, der vor allem diesem Motiv in der Petrusapokalypse nachgeht.

In der Mitte der Stadt befindet sich ein großer Altar. Neben dem Altar steht David, mit Psalterium und Harfe, und singt ein volltönendes Halleluja, das durch die ganze Stadt schallt und in das alle einfallen (§ 29). Sie alle üben für die zweite Wiederkunft Christi, die noch bevor steht.

6. Der erste Kreis der Hölle

Von dort bringt der Deuteengel Paulus an einen Ort im Westen, wo sich Firmament und Ozean berühren (§ 31). Jenseits dieser Grenze beginnen die Straforte für die Seelen der Sünder. Schreckliche Szenen spielen sich ab, je tiefer es hinunter geht. Das Material ist teils aus der Petrusapokalypse entnommen. Man kann sich des Eindrucks nicht erwehren, dass hier eine gewisse sadistische Freude mit am Werk ist. Aber vergessen wir nicht, dass es letztlich um die theologische Frage geht, ob überhaupt, wann genau und auf welche Weise endlich Gerechtigkeit geschieht, damit der Mörder, um mit Max Horkheimer zu sprechen, nicht endlos über sein unschuldiges Opfer triumphiert.[53] Außerdem sollen die Schreckensgemälde vor allem der Mahnrede mehr Dringlichkeit verleihen. Im Text muss sich Paulus, der verständlicherweise Mitleid verspürt, den Vorwurf gefallen lassen: „Bist du vielleicht barmherziger als Gott?“ (§ 33).

Halten wir aus diesem ersten Abschnitt nur fest, dass in §§ 34–36 der Reihe nach ein Presbyter, ein Bischof und ein Diakon schrecklich bestraft werden, weil sie unwürdige Inhaber ihres Amtes waren. Kritik an der Hierarchie liegt

---

[53] Vgl. R. Bauckham, The Conflict of Justice and Mercy: Attitudes to the Damned in Apocalyptic Literature, Apocrypha 1 (1990) 181–196; auch in: Ders., The Fate of the Dead: Studies on the Jewish and Christian Apocalypses (NT.S 93), Leiden 1998, 132–148.

also vor, was die Herkunft des Textes aus Mönchskreisen wahrscheinlich macht (in § 24 werden allerdings auch überhebliche Asketen mit Kritik bedacht, doch können sie noch gerettet werden).

7. Der tiefste Grund der Hölle

Bisher haben wir uns nur an der Oberfläche bewegt. In § 41 gelangen wir mit Paulus an einen verschlossenen Brunnen mit sieben Siegeln. Bei ihrer Öffnung strömt unsäglicher Gestank hervor. In diese Tiefe werden alle geworfen, die leugnen, dass Maria die Mutter Gottes ist, dass der Herr aus ihr Mensch wurde, dass Brot und Wein sein Fleisch und Blut sind und dass es eine Auferstehung der Toten gibt. Dogmatische Verfehlungen wiegen offenbar schwerer als manche moralische Vergehen. Konkret könnten Nestorianer von dieser proto-katholischen Orthodoxie anvisiert sein.

8. Der Ruhetag

Paulus weint, wie meistens während dieser Etappe. Vom Himmel kommt Gabriel herab, den alle gepeinigten Seelen um Erbarmen anflehen (§ 43). Er beharrt darauf, dass er seiner Aufgabe, im Himmel Fürbitte zu leisten für die Menschen, ständig nachkomme, in ihrem Fall aber auch nichts mehr vermöge. Er weint mit Paulus und stimmt mit allen in die an den Herrn gerichtete Bitte um Barmherzigkeit ein.

Im Himmel wird eine Thronraumszene sichtbar, und der Sohn Gottes steigt selbst hernieder (§ 44). Er verspricht den Seelen, dass ihnen wegen der Verdienste und der Fürbitte von Gabriel und Paulus jeden Sonntag, in der

Nacht zuvor und am Tag selbst, Erholung von ihren Höllenstrafen gewährt werde. Diese Sabbatruhe der Seelen, wie sie später oft genannt wird, hat das Mittelalter stark beschäftigt. Die gesamte Problematik, um die es sich hier dreht, hat letztlich auch zur Ausbildung der Lehre vom Fegfeuer im Westen geführt, die als solche in unserem Text aber noch nicht vorliegt.[54] Bezeichnend ist auch, dass die literarische Überlieferung im Westen fast nur an der Ausmalung der Höllenstrafen weiterarbeitete, die in einem Teil der Kurzfassungen allein noch übrig bleiben.[55]

9. Im Paradies

Aus 2 Kor 12,1–5 fehlt noch das Paradies. Ihm ist das Schlussstück gewidmet (§§ 45–51). Es ist der anscheinend auf der Erde liegende, aber unzugängliche Ort, wo Adam und Eva sündigten. Die vier Paradiesesströme sind zu sehen, ebenso der Baum der Erkenntnis und der Baum des Lebens. Maria kommt auf Paulus zu und lobt ihn wegen seiner Verkündigungstätigkeit.

Ansonsten ist fast die ganze Prominenz des Ersten Bundes versammelt. Paulus begegnet der Reihe nach Abraham, Isaak und Jakob, Moses, Jesaja, Jeremia, Ezechiel, Noach, Henoch und Elija. Moses weint, weil er sein eigenes Werk in Trümmern liegen sieht und das Schicksal seines Volkes

---

[54] Vgl. zu Forschungsstand und neuen Perspektiven auf das Phänomen A. Merkt, Das Fegefeuer. Entstehung und Funktion einer Idee, Darmstadt 2005.

[55] Ein Beispiel bei C. Carozzi, Le voyage de l'âme (s. Anm. 38) 265–279; zahlreiche Beispiele bei L. Jiroušková, Die Visio Pauli (s. Anm. 39), die „Himmel-Höllen-Fassungen" und „Höllen-Fassungen" unterscheidet.

zu beklagen hat. Die drei großen Schriftpropheten erinnern an ihr gewaltsames Geschick: Jesaja wurde zersägt, Jeremia gesteinigt und Ezechiel durchbohrt. In diesen beiden Paragraphen (§§ 48–49) kommen auch einige unerquickliche antijüdische Stereotypen zum Vorschein.

Mit Henoch und Elija bricht der Text ganz unvermittelt ab. Der ursprüngliche Schluss scheint verloren zu sein. Er sah höchstwahrscheinlich eine Rückkehr des Paulus auf die Erde vor, wo er, mit neuer Munition überreich versehen, seine Verkündigungstätigkeit erfolgreich fortsetzen konnte. Was andere Sprachfamilien stattdessen als Abschluss bieten,[56] wird man wohl als sekundäre Verbesserungsvorschläge werten müssen.

IV. Vergleichender Rückblick

Wir haben uns mit Paulus auf eine weite Reise begeben, nicht nur durch Himmel und Hölle, sondern vor allem auch, unter literarischem Gesichtspunkt, von seinem Selbstzeugnis in 2 Kor 12,1–10 zu zwei späteren Texten, die diesen Faden weiterspinnen. Bei allem Wissen um die Brüchigkeit solcher Konzepte können wir, denke ich, dennoch die koptische Paulusapokalypse als „gnostisch" einordnen und die griechische Paulusapokalypse als „katholisch". Das korrespondiert in gewisser Weise exakt mit ihrer Nachwirkung. Die gnostische Apokalypse blieb ein vereinzeltes Exemplar, die katholische Apokalypse darf sich einer überreichen Nachgeschichte erfreuen. Ihre verschiedenen Fassungen

[56] Die syrische Version versetzt die Findungslegende ans Ende. Im koptischen Text bringt der Engel Paulus nach einem weiteren Himmelsbesuch auf den Ölberg, wo er die anderen Apostel vorfindet.

spiegeln die Normaleschatologie der Gläubigen und ihre Fortschreibung wieder.

In der Forschung hat erfreulicherweise die Entdeckung der gnostischen Apokalypse auch das Interesse an ihrem katholischen Gegenstück wieder belebt. Das geht soweit, dass inzwischen auch die Vermutung geäußert wurde, die griechische Apokalypse sei bewusst als Korrektur der koptischen konzipiert worden.[57] So weit brauchen wir meines Erachtens gar nicht zu gehen. Die Beschäftigung mit beiden Texten und ihr Vergleich bleiben in jedem Fall sinnvoll. Es gibt mehr Gemeinsamkeiten, als man auf den ersten Blick wahrnimmt, obwohl die Unterschiede sicher überwiegen. Gemeinsam ist zum Beispiel der Ausgangspunkt, der fragmentarische Bericht in 2 Kor 12,1–10, ferner das Interesse an der anthropologischen Fragestellung, im Leib oder außerhalb des Leibes, die Umgehung des Redeverbots durch geschickte Strategie, die Aufspaltung von drittem Himmel und Paradies. Auch in der koptischen Paulusapokalypse werden Seelen einem Gericht und einer Bestrafung zugeführt, was man gar nicht unbedingt vermuten würde. Natürlich ist dieser Bereich in der griechischen Paulusapokalypse enorm ausgeweitet, und die Bestrafung mit der Reinkarnation der Seelen gleichzusetzen, wäre ihrem Verfasser nicht im Traum eingefallen. Die bösen Archonten im gnostischen Text ähneln den strafenden Engeln in der orthodoxen Version. Die Sonderrolle des Paulus wird von beiden Texten herausgestellt, wenn auch mit unterschiedlichem Ziel. In der koptischen Paulusapokalypse soll Paulus als gnostische Er-

---

[57] Vgl. C. Carozzi, Le voyage de l'âme (s. Anm. 38) 70: „Il n'est pas impossible que notre *Apocalypse de Paul* (i.e, grApkPl) ait été écrite pour contredire une tradition hétérodoxe de ce type (i. e., ApkPl NHC) et rétablir la vérité, ou ce que l'auteur supposait tel."

löserfigur legitimiert und den übrigen Aposteln mindestens gleichgestellt werden. In der griechischen Paulusapokalypse garantiert er als Autorität die Eschatologie dieser Schrift, mit den Hauptbestandteilen der Fortexistenz der Seele ohne Leib bis zum Jüngsten Tag, des Gerichts nach den Werken unmittelbar nach dem Tod und der Himmelsfreuden und Höllenqualen durchaus schon im Zwischenzustand, vor dem Endgericht, das daran nur noch wenig oder nichts ändern wird.

Unterschiedlich fällt vor allem die Geographie des Jenseits aus. Die koptische Paulusapokalypse bleibt mit ihren zehn Himmeln im Grunde näher bei dem apokalyptischen Modell. Die Verlagerung vor allem der Hölle an die Enden der Erde und unter die Erde stellt demgegenüber eine Neuerung dar. Doch lassen sich Entwicklungslinien nachzeichnen, die von der Himmelsreise zur Unterweltsfahrt verlaufen. Hier sei nur an die Katabasis des Orpheus in der griechischen Überlieferung und erneut an Vergils Unterweltbuch erinnert.[58]

Messen wir beide Texte wiederum an ihrem Ausgangspunkt, dem kurzen Selbstbericht des Paulus in 2 Kor 12,1–5, müssen wir kräftige Fragezeichen anbringen. Die Intention des Paulus dürfte in beiden Texten gründlich verkannt sein, selbst wenn es sich bei 2 Kor 12,1–5 nicht um eine Parodie oder eine missglückte Himmelsreise handelt. Was Paulus bewusst in der Schwebe lässt, wird in beiden Texten der Eindeutigkeit zugeführt, ohne dass dies einen Gewinn in der Sache bedeuten würde. Mit anderen Worten: Rhetorische Amplifikation garantiert nicht schon ein besseres Verständnis

---

[58] Vgl. auch die beiden korrespondierenden Bücher von M. HIMMELFARB, Tours of Hell: An Apocalyptic Form in Jewish and Christian Literature, Philadelphia 1983; DIES., Ascent to Heaven in Jewish and Christian Apocalypses, New York 1993.

der benutzten Vorlage. Rezeptionsgeschichte ist keine Einbahnstraße. Sie kennt nicht nur legitime Entfaltungen des Ursprungssinns und ein Heranreifen tieferer Einsicht. Sie ist im Gegenteil auch voll von misslungenen Versuchen des Verstehens. Genau das aber macht die Beschäftigung mit der Rezeption biblischer Texte nicht etwa überflüssig, sondern lässt sie als besonders dringliche Aufgabe erscheinen.

Anhang
Übersetzung der griechischen Fassung der Paulusapokalypse[59]

[Überschrift]

Offenbarung des heiligen Apostels Paulus; was ihm offenbart wurde, als er bis zum dritten Himmel hinaufstieg und bis ins Paradies hinweggerafft wurde und unsagbare Worte hörte.

[Die Findungslegende, §§ 1–2]

1 Ein vornehmer Mann wohnte in Tarsus im Haus des heiligen Apostels Paulus zur Zeit des Konsulats des Theodosius, des frommen Herrschers, und des sehr erlauchten

[59] Die griechischsprachige Version der Paulusapokalypse ist meines Wissens noch nicht zusammenhängend ins Deutsche übersetzt worden, was hier nachgeholt wird. Zugrunde liegt der Text bei K. von Tischendorf, Apocalypsis Apocryphae 34–69, der auf zwei Manuskripten beruht. Die Anmerkungen beschränken sich auf die notwendigsten Details.

Constantius.[60] Ihm offenbarte sich ein Engel des Herrn, der sprach: „Lege das Fundament dieses Hauses frei und nimm heraus, was du finden wirst!" Er aber glaubte, ihm sei ein Phantasiegebilde begegnet. 2 Als der Engel aber beharrlich blieb bis zu einer dritten Vision, sah sich der Edelmann gezwungen, das Fundament freizulegen. Beim Graben fand er ein Marmorkästchen, das die folgende Apokalypse enthielt.[61] Er nahm sie und präsentierte sie dem Vorsteher der Stadt. Als der Vorsteher sah, dass das Kästchen mit Blei versiegelt war, sandte er es dem Kaiser[62] Theodosius, weil er annahm, es handle sich um etwas anderes. Der Kaiser nahm es entgegen, ließ die Apokalypse transkribieren und sandte den Originaltext (τὸ αὐθεντίμιον γράμμα) nach Jerusalem. Geschrieben aber war in ihm (dem Text) folgendes:

[Eine prophetische Mahnrede, §§ 3–10]

3 Es erging ein Wort des Herrn an mich (Paulus), das lautete: „Sage diesem Volk: Bis wann wollt ihr sündigen und der Sünde noch hinzufügen und den Gott erzürnen, der euch geschaffen hat? Ihr behauptet, Kinder für Abraham zu sein, tut aber die Werke des Satans.[63] Ihr macht Fortschritte in der Dreistigkeit Gott gegenüber und rühmt euch allein

[60] So wird hier die Lesart κωντιανοῦ in beiden Manuskripten aufgelöst; Tischendorf schreibt stattdessen „Gratianus".

[61] Die Beschreibung des Inhalts als „die folgende Apokalypse" ist als Kommentar des Erzählers zu verstehen und spiegelt nicht den Bewusstseinszustand des vornehmen Finders. Das Kästchen wird offenbar erst vom Kaiser überhaupt geöffnet.

[62] Der Text hat „König", was aber im Osten öfter für „Kaiser" steht.

[63] Vgl. Joh 8,30–47.

(des Gebrauchs) seines Namens, seid aber elend dran in Bezug auf den Gegenstand eurer Sünde. Wisst, ihr Söhne der Menschen, dass die ganze Schöpfung Gott unterworfen ist. Allein das menschliche Geschlecht aber reizt Gott zum Zorn, weil es sündigt.

[– Der Chor der Schöpfung]

4 Denn oft schon kam der große Lichtspender, die Sonne, zu Gott und trug (folgendes) gegen die Menschen vor: ‚Herr, Gott, Allherrscher, bis wann willst du jegliche Sünde der Menschen ertragen? Befiehl mir, und ich werde sie verbrennen.' Und es erging eine Stimme an ihn (den Lichtspender): ‚Meine Langmut erträgt sie alle, damit sie bereuen. Wenn aber nicht, werden sie zu mir kommen, und ich werde sie richten.'

5 Oft schon kamen auch der Mond und die Sterne zum Herrn und sprachen: ‚Herr, Gott, Allherrscher, du hast uns Vollmacht über die Nacht gegeben, und wir wollen nicht länger die Diebstähle und Ehebrüche und Blutbäder der Menschen decken. Befiehl uns, und wir werden Schreckenszeichen gegen sie bewirken.' Und es erging eine Stimme: ‚Meine Langmut erträgt sie, damit sie umkehren. Wenn aber nicht, kommen sie zu mir, und ich werde sie richten.'

6 Gleichermaßen schrie auch das Meer auf und sprach: ‚Herr, Gott, Allherrscher, die Söhne der Menschen haben deinen heiligen Namen entweiht. Befiehl mir, und ich werde über die Ufer treten und die Erde überschwemmen, und werde wegwischen von ihr die Söhne der Menschen.' Und es erging eine Stimme, die sprach: ‚Mein Langmut erträgt sie, damit sie bereuen. Wenn aber nicht, kommen sie zu mir, und ich werde sie richten.'

[– Der Chor der Engel]

7 Seht, ihr Söhne der Menschen, dass die ganze Schöpfung Gott unterworfen ist, allein das menschliche Geschlecht aber vor Gott sündigt. Wegen all dem preist Gott ohne Unterlass, noch mehr aber, wenn die Sonne untergeht. In eben dieser Stunde nämlich kommen alle Engel zu Gott und beten ihn an, und sie vermelden die Taten der Menschen, was ein jeder von ihnen getan hat von der Frühe bis zum Abend, sei es Gutes, sei es Böses. Der eine Engel kommt herbei voll Freude über den Menschen, wenn er sich gut verhält. Ein anderer aber kommt herbei mit betrübtem Antlitz. Alle Engel treten zur festgesetzten Stunde heran zur Verehrung Gottes, um die Taten der Menschen eines jeden Tages vorzubringen. Ihr aber, ihr Menschen, preist Gott unaufhörlich.

[– Die Engel der Frommen]

8 Wenn also zur festgesetzten Stunde die Engel der frommen Menschen eintreffen, treten sie voll Freude und Psalmen singend heran zur Verehrung des Herrn, und siehe, der Geist Gottes (sagt) zu ihnen: ‚Woher kommt ihr voll Freude?‘ Sie gaben zur Antwort: ‚Von frommen Menschen (kommend) sind wir hier, die in jeglicher Frömmigkeit ihr Leben verbringen und den Namen Gottes fürchten. Befiehl ihnen, Herr, dass sie bis zum Ende in deiner Gerechtigkeit verharren.‘ Und zu ihnen kam eine Stimme: ‚Ich habe sie bewahrt und ich werde sie bewahren, als Untadelige in meiner Herrschaft.‘

9 Und als es geschah, dass sie sich entfernten, kamen andere Engel mit frohem Angesicht, strahlend wie die Sonne. Und siehe, eine Stimme (erging) an sie: ‚Woher seid ihr gekommen?‘ Und sie gaben zur Antwort: ‚Wir sind von denen

gekommen, die der Welt entsagt haben und den Dingen in der Welt um deines heiligen Namens willen. Sie verbrachten ihr Leben in Einöden und Gebirgen und Höhlen und in Einbuchtungen der Erde auf dem Boden und unter Fasten.[64] Befiehl uns, bei ihnen zu sein.' Und es kam eine Stimme: ‚Geht hin mit ihnen in Frieden und bewahrt sie.'

[– Die Engel der Übeltäter]

10 Als auch diese sich entfernt hatten, siehe, da kamen andere Engel, um vor Gott anzubeten, trauernd und weinend. Und der Geist ging hinaus zur Begegnung mit ihnen. Und es erging eine Stimme an sie: ‚Woher seid ihr gekommen?' Und sie gaben zur Antwort: ‚Wir sind von denen gekommen, die deinen Namen anrufen und doch an den Gegenstand der Sünde versklavt sind. Weshalb also ist es (überhaupt) nötig, ihnen zu dienen?' Und es erging eine Stimme an sie: ‚Hört nicht auf, ihnen zu dienen. Vielleicht kehren sie um. Wenn aber nicht, kommen sie zu mir, und ich werde sie richten.' Wisst, ihr Söhne der Menschen, dass die Engel alles, was von euch jeden Tag getan wird, im Himmel aufschreiben. Ihr also sollt nicht aufhören, Gott zu preisen."

[Der Aufstieg zum Himmel, § 11–13]

11 Und ich war im Heiligen Geist,[65] und ein Engel sagt zu mir: „Komm, folge mir, damit ich dir den Ort der Gerechten zeige, an den sie nach ihrem Ende gehen." Und ich ging mit dem Engel, und er brachte mich hinauf in die

---

[64] Vgl. Heb 11,38.

[65] Was soviel bedeutet wie „in einem Trancezustand", vgl. Offb 1,10.

Himmel unter dem Firmament. Und ich nahm wahr und sah große und furchtbare Mächte, voll von Zorn. Und aus ihrem Mund gingen Flammen von Feuer hervor, und sie waren umhüllt mit feurigen Gewändern. Und ich fragte den Engel: „Wer sind diese?" Und er sagte zu mir: „Das sind die, die zu den Seelen der Sünder gesandt werden in der Stunde der Notwendigkeit. Denn sie glaubten nicht, dass es ein Gericht gibt und Vergeltung."

12 Und ich blickte auf in den Himmel, und ich sah Engel, deren Antlitze leuchteten wie die Sonne. Umgürtet waren sie mit goldenen Gürteln. In ihren Händen hielten sie Siegespreise, auf denen der Name des Herrn eingeschrieben war. Sie waren voll von jeglicher Sanftmut und jeglichem Erbarmen. Und ich fragte den Engel: „Wer sind diese?" Und er gab mir zur Antwort: „Das sind die, die am Tag der Auferstehung gesandt werden, die Seelen der Gerechten zu bringen, die unbeirrt auf Gott zugegangen sind."

13 Und ich sagte zu dem Engel: „Ich möchte die Seelen der Gerechten und der Sünder sehen, wie sie aus der Welt hinausgehen." Und der Engel sagte zu mir: „Schaue auf die Erde." Und ich schaute, und ich sah die ganze Welt wie ein nichts entschwinden vor mir. Und ich sagte zu dem Engel: „Ist das die (ganze) Größe der Menschen?" Und er sagte zu mir: „Ja, denn so entschwindet jeder Ungerechte." Und ich schaute, und ich sah eine Wolke von Feuer ausgebreitet über die ganze Welt. Und ich sagte: „Was ist dies, Herr?" Und er sagte zu mir: „Dies ist die Ungerechtigkeit, die vermischt wurde mit dem Untergang der Sünder."

[Das Schicksal von drei Seelen, § 14–18]

[– Die Seele eines Gerechten]

14 Und ich weinte und sagte zu dem Engel: „Ich möchte gern den Auszug (ἐξόδους) der Gerechten und der Sünder sehen, in welcher Weise (oder: in welcher Gestalt, ποίῳ σχήματι) sie aus der Welt hinausgehen." Und es sagt zu mir der Engel: „Schau hinab und sieh, wonach du gefragt hast." Und ich schaute, und ich sah einen von den Söhnen der Menschen, der im Sterben lag.[66] Und es sagt zu mir der Engel: „Dies ist ein Gerechter." Und siehe, alle seine Werke standen bei ihm in der Stunde der Notwendigkeit. Und anwesend waren gute Engel, zugleich aber auch böse. Und die bösen fanden keinen Platz bei ihm, die guten aber bemächtigten sich der Seele des Gerechten und sagten zu ihr: „Schau dir den Leib (σῶμα) an, aus dem du herausgekommen bist. Denn es ist notwendig, dass du wiederum in denselben Leib zurückkehrst am Tag der Auferstehung, damit du in Empfang nimmst, was Gott den Gerechten verheißen hat." Die guten Engel, die die Seele des Gerechten in Empfang nahmen, begrüßten sie, als sei sie eine gute Bekannte. Und sie zog mit ihnen, und der Geist ging hinaus zur Begegnung mit ihnen, sagend: „Komm, Seele, geh ein in den Ort der Auferstehung, den Gott für seine Gerechten bereitet hat."

[– Die Seele eines Ungerechten]

15 Und der Engel sagte zu mir: „Schau auf die Erde hinab und sieh die Seele des Ungerechten, wie sie aus ihrer Wohnstatt hinausgeht. Sie hat Gott zum Zorn gereizt, indem sie

---

[66] Wörtlich „fallend nahe des Todes".

sagte: ‚Lasst uns essen und trinken;[67] denn gibt es jemanden, der hinabstieg in den Hades und hinaufstieg und verkündete, dass es ein Gericht gibt und Vergeltung?‘ Und gib Acht und sieh, wie alle seine Werke, die er (der Ungerechte) getan hat, vor ihm stehen.“ Und es kamen die bösen Engel und die guten. Die bösen bemächtigten sich ihrer (der Seele) mit den Worten: „O elende Seele, gib Acht auf dein Fleisch (σάρξ). Schau dir an, von wo du herausgekommen bist. Denn du musst in dein Fleisch zurückkehren am Tag der Auferstehung, damit du den Gegenwert für deine Missetaten in Empfang nimmst.“ **16** Als sie aus ihrer Wohnstatt herausgekommen war, lief ihr Begleiterengel zu ihr und sagte zu ihr: „Elende Seele, wohin gehst du? Ich bin es, der jeden Tag deine Sünden aufgeschrieben hat. Du hast den Zeitpunkt der Reue versäumt.[68] Du solltest dich zutiefst schämen.“ Als sie eintraf, sahen sie alle Engel und schrieen auf mit einer Stimme, sagend: „Wehe dir, elende Seele. Welche Entschuldigung Gott vorzutragen bis du gekommen?“ Und der Engel dieser Seele sagte: „Weint alle mit mir über sie.“ Und weiter vortretend fiel der Engel vor Gott nieder mit den Worten: „Herr, sieh da die Seele, die bei bösen Dingen hauste in ihrem Leben (βίῳ) und ihrer zeitlichen Existenz (ζωῇ). Handle an ihr nach deinem Urteilsspruch.“ Und es erging eine Stimme an jene Seele, die sprach: „Wo ist die Frucht deiner Gerechtigkeit?“ Sie aber blieb stumm, weil sie keine Antwort geben konnte. Und wiederum erging eine Stimme an sie: „Wer barmherzig gewesen ist, wird Barmherzigkeit erfahren. Wer nicht barmherzig gewesen ist, wird keine Barmherzigkeit erfahren. Diese Seele soll dem erbarmungslosen Engel Temeluchos übergeben und

[67] Vgl. 1 Kor 15,32.

[68] Wörtlich: „zerstört“.

in die äußere Finsternis geworfen werden, wo Heulen und Zähneknirschen herrscht." Und es erging eine Stimme wie von Zehntausenden, die sagte: „Du bist gerecht, Herr, und gerecht ist dein Gericht."

[– Die Konfrontation der Seelen]

17 Und weiter sah ich, und siehe, eine andere Seele wurde von einem Engel geführt, und sie weinte, sagend: „Erbarme dich meiner, o gerechter Richter, und rette mich aus der Hand dieses Engels, denn er ist furchtbar und erbarmungslos." Und eine Stimme erging an sie, sagend: „Du warst gänzlich erbarmungslos, und deswegen wurdest du so übergeben an einen solchen Engel. Bekenne deine Sünden, die du in der Welt getan hast." Und die Seele sagte: „Ich habe nicht gesündigt, gerechter Richter." Und der Herr sprach zu jener Seele: „Amen, du meinst wohl, du seiest noch in der Welt, und seiest (hinsichtlich deiner Taten) verborgen vor den Menschen. Weißt du nicht, dass, wenn immer jemand stirbt, seine Taten vor ihm herlaufen, seien es gute oder seien es böse?" Und als sie dies vernahm, verstummte sie. Und ich hörte, wie der Richter sagte: „Es möge der Engel kommen, der den Schuldschein[69] mit deinen Missetaten in den Händen hält." Und der Richter sagt zu dem Engel: „Zu dir, dem Engel, sage ich: Bring alles zum Vorschein. Sage, was er (der Sünder) fünf Jahre vor seinem Tod getan hat. Bei mir selbst schwöre ich dir, dass für die erste Zeitspanne seines Lebens Vergessen eintritt hinsichtlich all seiner zuvor begangenen Missetaten." Und der Engel antwortete und sprach: „Befiehl, dass die Seelen bei ihren Engeln stehen."
18 Und zur selben Stunde standen sie (bei ihnen). Und es sagte der Herr jener Seele: „Nimm Kenntnis von diesen

[69] Kol 2,14.

Seelen, und (überlege), ob du in irgendeiner Weise gesündigt hast gegen sie." Sie antwortete und sprach: „Herr, ein Jahr ist noch nicht voll geworden, seit ich die eine tötete und mit der anderen zusammen lebte. Nicht allein dies, ich habe ihr auch Unrecht zugefügt." Und es sprach der Herr zu ihr: „Weißt du nicht, dass, wer jemandem in der Welt Unrecht zugefügt hat, an dem Ort aufbewahrt wird, bis der, dem er Unrecht zufügt, kommt, und beide vor mir gerichtet werden, und ein jeder (Vergeltung) in Empfang nimmt entsprechend seinen Werken?" Und ich hörte, wie eine Stimme sagte: „Diese Seele soll dem Engel Tartaruchos übergeben werden, und sie soll aufbewahrt werden bis zum großen Tag des Gerichts." Und ich hörte eine Stimme wie von Zehntausenden, die sagten: „Gerecht bist du, Herr, und gerecht ist dein Gericht."[70]

[In der Stadt Gottes, § 19–30]

[– Vor den Toren]

19 Und es sagt zu mir der Engel: „Hast du all das gesehen?" Und ich antwortete: „Ja, Herr." Und wiederum sprach er zu mir: „Hierher, folge mir, und ich werde dir den Ort der Gerechten zeigen." Und ich folgte ihm, und er stellte mich vor die Türen der Stadt. Und ich sah ein goldenes Tor, und zwei goldene Säulen vor ihr, und zwei goldene Tafeln über ihr, voll von Buchstaben. Und es sprach zu mir der Engel: „Selig, wer eintritt in diese Türen, denn nicht alle treten hier ein, sondern allein die, die Mildtätigkeit und Unschuld und ein reines Herz haben."[71] Und ich fragte den Engel: „Wes-

[70] Offb 19,1.
[71] Ps 24,3f.

halb sind die Buchstaben auf diesen Tafeln eingegraben?" Und er sprach zu mir: „Dies sind die Namen der Gerechten und derer, die Gott dienen." Und ich sprach zu ihm: „Sind also ihre Namen eingeschrieben im Himmel selbst, während sie noch leben?" Der Engel sprach zu mir: „[…][72] der Engel, werden sie erkannt bei Gott als solche, die ihren Dienst gut verrichten."

20 Und sofort öffnete sich das Tor, und ein grauhaariger Mann kam heraus zur Begegnung mit uns (εἰς ἀπάντησιν ἡμῶν), und er sprach zu mir: „Sei gegrüßt, Paulus, du Geliebter Gottes." Und er küsste mich ab mit frohem Antlitz unter Tränen. Und ich sprach zu ihm: „Vater, warum weinst du?" Und er sprach zu mir: „Weil Gott den Menschen viele Güter bereitet hat, und sie (dennoch) nicht seinen Willen tun, so dass sie in ihren Genuss kämen." Und ich fragte den Engel: „Herr, wer ist dieser?" Und er sprach zu mir: „Dies ist Henoch, der Zeuge des letzten Tags."

[– Flüsse, Ozean und Acherusischer See]

21 Und es sagt zu mir der Engel: „Sieh zu, was immer ich dir an diesem Ort zeige, verkünde es nicht, außer dem, was ich dir auftrage." Und er stellte mich an einen Fluss, dessen Anfang am Kreis des Himmels befestigt ist.[73] Das ist der Fluss, der die ganze Erde umringt. Und er sagt zu mir: „Dieser Fluss ist der Ozean." Und es war dort ein großes Licht. Und ich sagte: „Herr, was ist dies?" Und er sprach zu mir: „Dies ist das Land der Sanftmütigen. Oder weißt du nicht, dass geschrieben steht: ‚Selig die Sanftmütigen, denn sie werden das Land erben'?[74] Die Seelen der Gerechten nun

[72] Hier ist eine Lakune von einigen Wörtern anzunehmen.

[73] Bedeutet wohl: „… dessen Quelle im Himmel selbst entspringt".

[74] Mt 5,5.

werden an diesem Ort aufbewahrt." Und ich sprach zum Engel: „Wann werden sie offenbar werden?" Und er sagte zu mir: „Wenn am Tag der Auferstehung der Richter kommt und Platz nimmt. Dann nämlich wird er den Befehl erteilen und das Land enthüllen, und es wird aufleuchten, und in ihm werden die Heiligen erscheinen und sich vergnügen an seinen Gütern, die bereit liegen seit Grundlegung der Welt."

22 Und an dem Ufer des Flusses waren Bäume gepflanzt, voll von Früchten aller Art. Und ich schaute gen Aufgang der Sonne, und ich sah dort besonders große Bäume voll von Früchten. Jenes Land aber war strahlender als Silber und Gold. Und an jenen Palmen waren Weinpflanzen, und unzählige Ranken und unzählige Trauben (waren) an jedem Zweig. Und ich sprach zu dem Erzengel: „Was ist dies, Herr?" Und er sagt zu mir: „Das ist der Acherusische See, und in ihm (liegt) die Stadt Gottes. Nicht allen ist es erlaubt, in sie einzugehen, es sei denn, jemand kehrt um von seinen Sünden. Wenn er aber umkehrt und dann sein Leben beschließt, wird er Michael übergeben, und sie (Engel) werfen ihn in den Acherusischen See, und schließlich bringt er (Michael) ihn in die Stadt Gottes, in die Nähe der Gerechten." Ich aber staunte, und ich pries Gott für alle Dinge, die ich sah.

23 Und es sprach zu mir der Engel: „Folge mir, damit ich dich hineinführe in die Stadt Gottes und in ihr Licht."[75] Ihr Licht aber (war heller) als das Licht der Welt und als das Gold, und eine Mauer umschloss sie. Ihre Länge und ihre Breite (maß) hundert Stadien. Und ich sah zwölf reichlich geschmückte Tore, die in die Stadt hineinführten, und vier

[75] Zum Folgenden vgl. die Schilderung des himmlischen Jerusalem in Offb 21–22.

Flüsse umringten sie, fließend von Honig und Milch und Öl und Wein. Und ich sprach zum Engel: „Herr, was sind das für Flüsse?" Und er sprach zu mir: „Dies sind die Gerechten, die, als sie noch in der Welt waren, keinen Gebrauch von all diesen Dingen machten, sondern sich demütigten um Gottes willen. Hier aber erhalten sie es zum Ausgleich zehntausendfach."

[– Verschiedene Orte in der Stadt]

24 Als ich eintrat in die Stadt, sah ich einen sehr hohen Baum vor den Türen der Stadt, der keine Früchte trug, und wenige Menschen unter ihm, und sie weinten sehr, und die Bäume beugten sich zu ihnen herab. Und als ich sie sah, weinte ich, und ich fragte den Engel: „Was sind das für Menschen, dass sie sich nicht daran machen, in die Stadt zu gehen?" Und er sprach zu mir: „Ja. Die Wurzel aller Übel ist eitle Ruhmsucht." Und ich sprach: „Und diese Bäume, weswegen demütigen sie sich selbst?" Und der Engel antwortete und sagte zu mir: „Deswegen sind diese Bäume solche, die keine Frucht tragen, weil sie sich nicht ferngehalten haben vom Hochmut." Und ich fragte den Engel: „Herr, aus welchem Grund sind sie vor den Türen der Stadt abgestellt?" Und er antwortete und sprach zu mir: „Wegen der großen Güte Gottes, denn hier wird Christus in die Stadt kommen, und damit die, die ihn begleiten, eintreten können für jene (Menschen) und sie mit ihnen hineingebracht werden."

25 Ich aber ging weiter, geführt vom Engel, und er stellte mich an den Fluss. Und ich sah dort alle Propheten. Und sie kamen und begrüßten mich, sagend: „Sei gegrüßt, Paulus, du Geliebter Gottes." Ich aber sprach zum Engel: „Herr, was sind dies für Menschen?" Und er sagte zu mir: „Dies sind alle die Propheten, und dies sind die Gesänge all ihrer

Prophetien,[76] und wer immer seine Seele betrübt hat, indem er nicht ihren Willen tat, um Gottes willen. Wenn er nun (die Erde) verlässt, kommt er hierher, und die Propheten begrüßen ihn."

26 Und der Engel führte mich zum Süden der Stadt, wo der Fluss voll Milch sich befindet. Und ich sah dort all die kleinen Kinder, die der König Herodes getötet hatte für den Namen des Herrn.[77]

27 Und der Engel brachte mich wieder zum Norden der Stadt, und ich sah dort Abraham, Isaak, Jakob. Und ich fragte den Engel: „Herr, was ist das für ein Ort?" Und er sprach zu mir: „Ein jeder, der sich den Menschen gegenüber gastfreundlich zeigt, kommt, wenn er die Welt verlässt, hierher, und sie begrüßen ihn wie einen Freund Gottes um seiner Gastfreundschaft willen."[78]

28 Und wiederum führte er mich an einen anderen Ort, und ich sah dort, im Norden der Stadt, einen Fluss wie von Öl. Und ich sah dort (Menschen), die jubelten und Psalmen sangen. Und ich fragte: „Wer sind diese Herr?" Und er sprach zu mir: „Diese sind die, die sich selbst Gott geweiht haben. Denn sie werden in diese Stadt geführt."

[– David und das Alleluja]

29 Und ich schaute, und ich sah mitten in der Stadt einen großen und sehr hohen Altar. Und jemand stand gerade

---

[76] Tischendorf hat das προφητῶν beider Codices in προφητείων geändert. Der Sinn des Folgenden ist: Der betreffende Mensch hat nicht den Willen seiner Seele getan, die auf irdische Genüsse aus war, sondern den Willen Gottes und wird deshalb belohnt.

[77] Mt 2,16.

[78] Hier dürfte unter anderem die Szene aus Gen 18,1–8 im Hintergrund stehen, die Abraham auch in der jüdischen Tradition den Titel „Freund Gottes" einbrachte.

nahe beim Altar, dessen Antlitz leuchtete wie die Sonne, und er trug in seinen Händen ein Psalterium und eine Zither, und er sang auf entzückende Weise das Alleluja, und seine Stimme erfüllte die ganze Stadt. Und alle fielen einstimmig mit ihm ein, so dass die Stadt von ihrem Gesang erschüttert wurde. Und ich fragte den Engel: „Wer ist dieser, der auf so entzückende Weise Psalmen singt, mit dem alle einfallen?" Und er sprach zu mir: „Dieser ist der Prophet David. Diese (Stadt) ist das himmlische Jerusalem. Wenn Christus kommt bei seiner zweiten Ankunft, wird David selbst herauskommen mit allen Heiligen. Denn wie es geschieht in den Himmeln, so auch auf Erden. Denn es ist nicht erlaubt, ohne David ein Opfer darzubringen, auch in der Stunde des Opfers des kostbaren Leibes und Blutes Christi. Vielmehr ist es auch notwendig für David, das Alleluja zu singen."[79]

30 Und ich fragte den Engel: „Herr, was bedeutet das Alleluja übersetzt?" „Auf Hebräisch wird es THEBEL MARMATHA genannt,[80] als Rede für Gott, der alles grundgelegt hat. Lasst uns ihn preisen in gleicher Weise." Daher preist jeder, der das Alleluja singt, Gott.

[Der erste Kreis der Hölle, § 31–40]

[– Höllenstrafen, ein erster Eindruck]

31 Nachdem nun all diese Dinge mir von dem Engel so gesagt worden waren, führte er mich hinaus, weg von der

---

[79] Das könnte vielleicht bedeuten, dass ohne Psalmengesang keine Messfeier stattfinden kann.

[80] Diese „Übersetzung" erinnert an die *voces magicae* oder *mysticae* der Zauberpapyri und mancher Schriften aus Nag Hammadi.

Stadt und dem Acherusischen See und dem guten Land. Und er stellte mich an den Fluss des Ozeans, der das Fundament des Himmels trägt, und er sprach zu mir: „Weißt du, wohin ich gehe?“ Und ich sprach: „Nein, Herr.“ Und er sprach zu mir: „Folge mir, damit ich dir zeige, wo die Seelen der Gottlosen und Sünder sind.“ Und er brachte mich zum Sonnenuntergang, und es war (dort) der Anfang des Himmels, grundgelegt auf dem Fluss des Ozeans. Und ich sah über den Fluss hinweg, und es war dort kein Licht, sondern Dunkelheit und Betrübnis und Seufzen. Und ich sah einen kochenden Fluss, und eine große Menge von Männern wie auch Frauen war in ihn geworfen, einige bis zu den Knien, andere bis zum Nabel, viele aber auch bis zum Scheitel. Und ich fragte: „Was sind dies für Menschen?“ Und er sprach zu mir: „Dies sind Menschen, die in Unzucht und Ehebruch lebten, ohne zu bereuen.“

32 Und ich sah im Südwesten des Flusses einen anderen Fluss, wo ein feuriger Fluss floss, und es war dort eine Menge von vielen Seelen. Und ich fragte den Engel: „Wer sind diese, Herr?“ Und er sprach zu mir: „Dies sind die Diebe und Lästerer und Verleumder, die nicht Gott zu ihrem Helfer nahmen, sondern auf die Nichtigkeit ihres Reichtums hofften.“ Und ich sprach zu ihm: „Was ist die Tiefe dieses Flusses?“ Und er sprach zu mir: „Seine Tiefe hat kein Maß, sondern ist unermesslich.“

[– Das Mitleid des Apostels]

33 Aufseufzend weinte ich um der Menschheit willen. Und es sprach zu mir der Engel: „Was weinst du? Bis du etwa barmherzig mehr als Gott? Denn Gott, der heilig ist und voll Nachsicht mit den Menschen, wartet auf ihre Umkehr und Reue. Jene aber, von ihrem eigenen Wollen getäuscht, kommen hierher und werden ewig gepeinigt.“

[– Sündige Amtsträger]

34 Und ich schaute genauer in den feurigen Fluss, und ich sah einen alten Mann, der von zweien herbeigezerrt wurde, die ihn hinunterließen bis zu den Knien. Und es kam der Engel Temeluchos, der hatte ein Eisen mit der Hand gepackt, und mit dem zog er die Eingeweide des Greises durch seinen Mund. Und ich fragte den Engel: „Herr, wer ist dieser, der diese Strafe erduldet?“ Und er sprach zu mir: „Dieser Greis, den du siehst, war ein Presbyter, und wenn er gegessen und getrunken hatte, dann versah er den Dienst für Gott.“
35 Und ich sah dort einen anderen Greis, der eilig von vier Engeln getragen wurde. Und sie warfen ihn in den feurigen Fluss bis zum Gürtel, und er wurde von den Feuerzungen grausam verbrannt. Und ich sprach zum Engel: „Wer ist dieser, Herr?“ Und er sprach zu mir: „Dieser, den du siehst, war ein Bischof, und dass ihm dieser Titel zukam, begrüßte er sehr. Aber er wandelte nicht in der Güte Gottes. Sein Urteil war kein gerechtes Gericht. Der Witwe und des Waisenkinds erbarmte er sich nicht. Auch war er weder liebenswürdig noch gastfreundlich. Nun wurde ihm vergolten entsprechend seinen Werken.“
36 Und ich schaute, und ich sah mitten im Fluss einen anderen Mann bis zum Nabel (im Wasser), der hatte seine Hände voll Blut, und Würmer kamen aus seinem Mund hervor. Und ich fragte den Engel: „Wer ist dieser, Herr?“ Und er sprach zu mir: „Dieser, den du siehst, war ein Diakon, welcher aß und trank und (dann) Gott diente.“

[– Diverse weitere Sünder]

37 Und ich sah zu einem anderen Ort, wo eine Mauer war, aus Erz und (zugleich) aus Feuer. Und innerhalb von ihr waren Männer und Frauen, die ihre Zungen verzehrten,

auf schreckliche Weise abgestraft. Und ich fragte den Engel: „Wer sind diese, Herr?" Und er sprach zu mir: „Das sind die, die in der Kirche den Nächsten verunglimpften und bei sich selbst nicht Acht gaben auf das Wort Gottes."

38 Und ich schaute, und ich sah eine Grube voll Blut. Und ich sagte: „Was ist das für eine Grube?" Und er sprach zu mir: „Das ist der Ort, in den die Giftmischer und Zauberer geworfen werden, auch die Unzüchtigen und die Ehebrecher, und die, die Witwen und Waisen bedrücken."

39 Und ich sah an einem anderen Ort Frauen, die Schwarz trugen und weggeführt wurden an einen dunklen Ort. Und ich fragte: „Wer sind diese, Herr?" Und er sprach zu mir: „Das sind die, die nicht auf ihre Eltern hörten, sondern ihre Jungfräulichkeit vor der Hochzeit befleckten."

40 Und ich sah Frauen, die trugen weiße Gewänder, waren aber blind. Und sie standen auf feurigen Obelisken, und ein Engel schlug sie erbarmungslos, sagend: „Nun erkennt ihr, wer ihr seid. Ihr wart nicht aufmerksam, wenn euch die Schriften zu Gehör gebracht wurden." Und es sprach zu mir der Engel: „Diese sind die, die sich selbst verdarben und ihre Kinder töteten." Es kamen nun ihre Kinder und riefen: „Rächt uns an unseren Müttern." Und sie (die Kinder) wurden einem Engel gegeben, der sie an einen geräumigen Ort brachte, ihre Eltern aber ins ewige Feuer.

[Der tiefste Grund der Hölle, § 41–42]

41 Und der Engel nahm mich hinweg von diesen Peinigungen und stellte mich an einen Brunnen, der auf seiner Öffnung sieben Siegel hatte.[81] Und es sprach der Engel, der mit

[81] Offb 5,1.

mir war, zu dem Engel über dem Brunnen an jenem Ort: „Öffne den Brunnen, damit Paulus, der Geliebte Gottes, (etwas) sehen kann, denn ihm wurde Vollmacht gegeben, die Peinigungen zu sehen." Und es sprach zu mir der Engel des Ortes: „Bleib weit weg stehen, bis ich die Siegel geöffnet habe." Und als er (sie) geöffnet hatte, kam ein Gestank heraus, der nicht auszuhalten war. Und als ich mich dem Platz näherte, sah ich jenen Brunnen angefüllt mit Dunkelheit und Finsternis, und eine große Enge (herrschte) in ihm. Und es sprach zu mir der Engel, der mit mir (war): „Dieser Ort des Brunnens, den du siehst, ist abgeschnitten von der Herrlichkeit Gottes, und niemand von den Engeln bringt Bitten ihretwegen vor. Und alle, die bekannt haben, die heilige Maria sei nicht Gottesgebärerin, und der Herr sei nicht aus ihr Fleisch geworden, und das Brot der Danksagung und der Becher des Segens seien nicht sein Fleisch und Blut, werden in diesen Brunnen geworfen. Und wie ich zuvor sagte, kein Engel bringt Bitten für sie vor."

42 Und ich sah gen Sonnenuntergang, wo Heulen und Zähneknirschen ist,[82] viele Männer und Frauen, die dort gepeinigt wurden. Und ich sprach zum Engel: „Wer sind diese, Herr?" Und er sprach zu mir: „Dies sind die, die sagen, es gebe keine Auferstehung der Toten.[83] Und niemals geschieht an ihnen Erbarmen."

[Der Ruhetag, § 43–44]

43 Nachdem ich diese Dinge gehört hatte, weinte ich bitterlich. Und als ich auf das Firmament empor blickte, sah

[82] Mt 8,12.
[83] 1Kor 15,12.

ich den Himmel geöffnet und den Erzengel Gabriel herabkommen mit einem Heer von Engeln, die herumgingen zu allen Strafen. Und als die, die in den Strafen gerichtet wurden, (ihn) sahen, riefen sie alle aus mit einer lauten Stimme: „Erbarme dich unser, Gabriel, der du vor Gott stehst. Denn wir haben gehört, dass es ein Gericht gibt. Siehe, wir haben ein Wissen darum." Und der Engel Gabriel antwortete und sprach: „So wahr der Herr lebt, vor dem ich stehe, Nacht und Tag interveniere ich unaufhörlich für das Geschlecht der Menschen. Aber sie taten nichts Gutes, als sie am Leben waren, sondern verschwendeten die Lebenszeit ihrer Existenz mit Nichtigkeit. Jetzt aber werde auch ich weinen mit dem geliebten Paulus. Vielleicht erbarmt sich der gütige Herr und schenkt euch Linderung." Sie fielen ein mit einer Stimme: „Erbarme dich unser, Herr." Und sie fielen vor Gott nieder und baten flehentlich, sagend: „Erbarme dich, Herr, der Söhne der Menschen, die du nach deinem Bild geformt hast."[84]

44 Und der Himmel wurde geschüttelt wie ein Blatt, und ich sah die 24 Ältesten auf dem Antlitz liegen,[85] und ich sah den Altar und den Thron und den Vorhang, und alle flehten die Herrlichkeit Gottes an. Und ich sah den Sohn Gottes mit großer Herrlichkeit und Macht auf die Erde kommen.[86] Und als der Schall der Trompete geschah, schrieen alle auf, die in den Strafen waren, sagend: „Erbarme dich unser, Sohn Gottes. Denn dir wurde Vollmacht gegeben über die Himmel und die irdischen Dinge und die unterirdischen Dinge." Und es kam eine Stimme, sagend: „Was für ein gutes Werk habt ihr getan, dass ihr um Ruhe bittet? Ihr

84 Gen 1,26.
85 Offb 4,4.
86 Mt 24,30.

habt gehandelt, wie ihr wolltet, und seid nicht umgekehrt, sondern habt euer Leben verschwendet in Liederlichkeit. Nun aber, um Gabriels willen, des Engels der Gerechtigkeit, und um meines geliebten Paulus willen gebe ich euch eine Nacht und den Tag des heiligen Herrentags, an dem ich von den Toten erstanden bin, zur Ruhe." Und alle, die in den Strafen waren, riefen aus, sagend: „Wir preisen dich, Sohn des lebendigen Gottes, für uns ist solche Ruhe besser als die Existenz, die wir geführt haben, als wir in der Welt unser Leben zubrachten."

[Im Paradies, § 45–51]

[– Bäume und Flüsse im Paradies]

45 Und nach diesen Dingen sagt der Engel zu mir: „Siehe, du sahst alle Strafen. Auf, folge mir, damit ich dich wegführe in das Paradies und du deine Seele umstimmst durch die Schau der Gerechten. Denn viele sehnen sich danach, dich zu begrüßen." Und er nahm mich mit der Wucht des Geistes und führte mich ins Paradies hinein. Und er sagt zu mir: „Dies ist das Paradies, wo Adam und Eva ihre Übertretung begingen."[87] Und ich sah dort einen sehr großen, schönen Baum, auf dem der Heilige Geist ruhte, und aus seiner Wurzel ging jegliches höchst wohlriechende Wasser hervor, das sich in vier Kanäle teilte. Und ich sprach zum Engel: „Herr, was ist das für ein Baum, dass aus ihm die große Fülle dieses Wassers hervorgeht, und wohin fließt es fort?" Und er antwortete und sprach zu mir: „Ehe der Himmel und die Erde existierten, teilte er (Gott) sie (die Wasser) in vier Mächte und Häupter, deren Namen Pischon, Gihon, Tigris

[87] Gen 3,1–6.

und Euphrat sind.“[88] Und nachdem er mich wiederum an der Hand gefasst hatte, führte er mich näher an den Baum der Erkenntnis von Gut und Böse.[89] Und er sagt zu mir: „Dies ist der Baum, um dessentwillen der Tod in die Welt hinein kam, und von seinen Früchten nahm Adam durch seine Frau und aß, und dann wurden sie von dort hinausgeworfen.“ Und er zeigte mir einen anderen Baum des Lebens,[90] und er sprach zu mir: „Diesen bewachen ein Cherubim und das flammende Schwert.“

[– Maria, die Mutter des Herrn]

46 Als ich noch den Baum betrachtete und staunte, sah ich eine Frau von ferne kommen und eine Menge von Engeln, die sie hymnisch priesen. Und ich fragte den Engel: „Wer ist diese, Herr, die mit solcher Ehre und Schönheit (ausgezeichnet ist)?“ Und es sagt mir der Engel: „Diese ist die heilige Maria, die Mutter des Herrn.“ Und als sie herangekommen war, begrüßte sie mich, sagend: „Sei gegrüßt, Paulus, Geliebter Gottes und der Engel und der Menschen. Du hast das Wort Gottes in der Welt verkündet, und du hast Gemeinden gegründet, und es legen für dich Zeugnis ab alle, die durch dich gerettet wurden. Denn durch deine Lehre vom Irrtum der Götzen befreit, kommen sie hierher.“

[– Die Patriarchen]

47 Während sie noch mit mir redeten, blickte ich auf und sah drei andere Männer kommen. Und ich fragte den Engel: „Wer sind diese, Herr?“ Und er sprach zu mir: „Diese sind

[88] Gen 2,10–14.
[89] Gen 2,9.17.
[90] Gen 2,9.

Abraham, Isaak und Jakob, die gerechten Vorväter. Und nachdem sie herangekommen waren, begrüßten sie mich, sagend: „Zum Gruß, Paulus, Geliebter Gottes […].[91] Gott hat uns nicht betrübt. Vielmehr erleben wir dich (noch) im Fleisch, bevor du aus der Welt hinausgehst." Und der Reihe nach sagten sie mir ihre Namen von Abraham bis Manasse. Und es sagt zu mir einer von ihnen, Joseph, der verkauft worden war nach Ägypten:[92] „Höre mich, Paulus, Freund Gottes. Ich habe es meinen Brüdern nicht heimgezahlt, die mich verflucht hatten. Denn selig (ist), wer der Versuchung standzuhalten vermag, denn der Herr wird ihm vergelten siebzigfachen Lohn in der kommenden Weltzeit."

[– Mose]

48 Und während dieser noch mit mir redete, sah ich einen anderen von ferne kommen, und sein Aussehen war wie das Aussehen eines Engels. Und ich fragte den Engel, sagend. „Herr, wer ist dieser?" Und er sprach zu mir: „Dieser ist Mose, der das Gesetz gegeben hat, durch den Gott die Söhne Israels aus der Knechtschaft Ägyptens herausgeführt hat." Und als er mir nahegekommen war, begrüßte er mich weinend. Und ich sprach zu ihm: „Vater, was weinst du, wo du doch gerecht und sanftmütig bist?"[93] Und er antwortete und sprach zu mir: „Ich muss weinen über jeden Menschen, weil ich Mühsal über ein unverständiges Volk herab brachte, und es hat keine Frucht getragen. Und ich sehe die Schafe, die ich weidete, zerstreut und die Mühsal, mit welcher ich mich abmühte für die Söhne Israels, angerechnet für nichts. Und sie sahen Machttaten und Heere in

[91] Hier nimmt Tischendorf eine kurze Lakune an.

[92] Gen 37,23–36.

[93] Num 12,3.

ihrer Mitte, doch sie verstanden nicht. Und ich sehe die aus den Heidenvölkern anbeten und glauben durch dein Wort, und sie sind umgekehrt und kommen hierher, und aus meinem Volk, wiewohl so groß, hat niemand verstanden. Denn als die Juden den Sohn Gottes ans Kreuz hängten, haben alle Engel und Erzengel und die Gerechten und die ganze Schöpfung, (bestehend aus) himmlischen und irdischen und unterirdischen Dingen, getrauert und ein großes Klagelied angestimmt. Nur die gottlosen und unvernünftigen Juden haben nicht verstanden. Deswegen wurde für sie das ewige Feuer bereitet und der Wurm, der nie schläft."

[– Jesaja, Jeremia und Ezechiel]

49 Während dieser noch redete, kamen drei andere und begrüßten mich, sagend: „Sei gegrüßt, Paulus, Geliebter Gottes, Ruhm der Gemeinden und Zierde der Engel." Und ich fragte: „Wer seid ihr?" Und der erste sprach: „Ich bin Jesaja, den Manasse zersägte mit einer Holzsäge."[94] Und der zweite sprach: „Ich bin Jeremia, den die Juden steinigten; aber sie bleiben solche, die in ewigem Feuer brennen." Und der dritte sprach: „Ich bin Ezechiel, den die Christusmörder (χριστοκτόνοι) durchbohrten; all diese Dinge haben wir ausgehalten, aber das steinerne Herz der Juden konnten wir nicht umwenden." Und ich warf mich selbst auf mein Antlitz, zur Güte Gottes betend, weil er Erbarmen mit mir hatte, als er mich aus dem Geschlecht der Hebräer erlöste. Und es kam eine Stimme, sagend: „Selig bist du, Paulus, Geliebter Gottes, und selig sind die, die wegen dir an den Namen unseres Herrn Jesus Christus glauben, weil für sie das ewige Leben bereitet wurde."

[94] Hebr 11,37; Ascensio Isaiae 5,1–14.

[– Noach]

50 Während diese Stimme noch redete, kam ein anderer, rufend: „Selig bist du, Paulus." Und ich fragte den Engel: „Wer ist dieser, Herr?" Und er sprach zu mir: „Dieser ist Noach, der in der Zeit der Sintflut (lebte)." Und als wir einander begrüßt hatten, fragte ich ihn: „Wer bist du?" Und er sprach zu mir: „Ich bin Noach, der in hundert Jahren die Arche baute,[95] und das ohne das Gewand abzulegen, das ich trug, oder mein Haupt zu scheren. Vielmehr habe ich auch noch Enthaltsamkeit geübt und mich meiner Frau nicht genähert, und in hundert Jahren wurde mein Gewand nicht beschmutzt, und kein Haar meines Hauptes ging verloren. Und ich hörte nicht auf, den Menschen zu verkünden: ‚Kehrt um! Denn siehe, es kommt eine Flut.' Und niemand verstand, sondern alle verhöhnten mich, ohne abzulassen von ihren gesetzlosen Taten, bis das Wasser der Sintflut kam und alle vernichtete."

[– Henoch und Elija]

51 Und als ich aufblickte, sah ich zwei andere von weitem. Und ich fragte den Engel: „Welche sind diese, Herr?" Und er sprach zu mir: „Diese sind Henoch und Elija.[96] Und als sie herangekommen waren, begrüßten sie mich, sagend: „Sei gegrüßt, Paulus, Geliebter Gottes." Und ich sprach zu ihnen: „Wer seid ihr?" Und der Prophet Elija gab Antwort und sprach zu mir: „Ich bin der Prophet Elija, der zu Gott betete, und er bewirkte, dass drei Jahre und sechs Monate lang kein Regen auf das Land herabfiel, wegen der

[95] Gen 6,13–22.

[96] Erwarten würde man eher Elija und Elischa, zumal Henoch im verbleibenden Bruchstück nicht zu Wort kommt; es sieht eher so aus, als ob auf Elijas Worte eine kleine Rede Elischas folgen sollte.

Ungerechtigkeiten der Söhne der Menschen.[97] Häufig nun beschworen selbst die Engel Gott wegen des Regens. Und ich hörte: ‚Habt Geduld, bis mein geliebter Elija beten wird, und ich werde den Regen auf die Erde senden' …".

[97] 1 Kön 17,1.

Kapitel 4

Wenn Seneca an Paulus schreibt: Ein apokrypher Briefwechsel

I. Annäherungen

1. Die Echtheitsvermutung

Was wäre, wenn Seneca an Paulus geschrieben hätte? So könnte man im Sinne einer alternativen Geschichtsschreibung fragen. Haben die beiden sich etwa auch persönlich gekannt? War Seneca unter Umständen sogar ein heimlicher Christ?

Völlig aus der Luft gegriffen sind diese Fragen, die unterschiedliche Reichweite haben,[1] nicht. Laut Apg 18,12–17 wird Paulus in Korinth vor Gallio, dem Prokonsul Achaias 51/52 oder 52/53 n. Chr., angeklagt. Gallio, der vor seiner Adoption durch Lucius Iunio Gallio den Namen Marcus Annaeus Novatus trug, war der ältere Bruder von Lucius An-

---

[1] Dass Seneca das Christentum seit seinem Ägyptenaufenthalt 31 n. Chr. kannte, sich aber aus Vorsicht nicht darauf einlassen wollte und daher auch keinen persönlichen Kontakt mit Paulus suchte, vertritt L. HERRMANN, Sénèque et les premiers chrétiens (CollLat 167), Brüssel 1979, während P. BERRY, The Encounter between Seneca and Christianity, Lewiston, N. Y., u. a. 2002, Senecas *De providentia* mit dem Römerbrief des Paulus vergleicht. Vgl. auch J. SCHMIDT, L'apôtre et le philosophe. Saint Paul et Sénèque, une amitié spirituelle?, Paris 2000.

naeus Seneca und fungierte 58 n. Chr. als Konsul in Rom.[2] Im Schlusskapitel der Apostelgeschichte verbringt Paulus zwei Jahre als Gefangener in Rom (Apg 28,30) und wird von einem Soldaten bewacht (Apg 28,16). Dieser könnte zu den Prätorianern des Burrus gehört haben,[3] der sich mit Seneca in die Verwaltung des Reiches teilte. Die Pauluschronologie befindet sich ständig im Fluss.[4] Für die Ankunft des Paulus in Rom werden fast alle Jahre zwischen 56 und 62 n. Chr. in Anspruch genommen. Das bedeutet in jedem Fall, dass er sich dort aufhielt, als Seneca auf dem Höhepunkt seiner Macht stand. Folgt man der altkirchlichen Tradition, die Paulus aus seiner ersten Gefangenschaft wieder freikommen und nach Spanien reisen lässt, gewinnt man zusätzlichen Spielraum.[5] Bei einer Abfassung des Philipperbriefs in Rom[6] erhielten zwei Stellen daraus zusätzliches Gewicht, nämlich

[2] Vgl. J. MURPHY-O'CONNOR, St. Paul's Corinth: Texts and Archaeology (GNS 6), Collegeville, Minn. 1983, Repr. 1990, 149–160.179–182.

[3] Dies vor allem dann, wenn man der aus dem westlichen Text stammenden Mehrheitslesart στρατοπεδαρχω („Hauptmann der Wache") und dem Zusatz εξω της παρεμβολης („außerhalb der Kaserne") in Apg 28,16 folgt; vgl. J. A. FITZMYER, The Acts of the Apostles (AncB 31), Garden City, N.Y. 1998, 788.

[4] Vgl. die Übersicht mit Durchschnittswerten bei R. E. BROWN, An Introduction to the New Testament (The Anchor Bible Reference Library), Garden City, N.Y. 1997, 428f., sowie die detaillierten Erwägungen von A. SCRIBA, Von Korinth nach Rom. Die Chronologie der letzten Jahre des Paulus, in: F. W. Horn (Hrsg.), Das Ende des Paulus. Historische, theologische und literaturgeschichtliche Aspekte (BZNW 106), Berlin / New York 2001, 157–173.

[5] Vgl. B. WANDER, Warum wollte Paulus nach Spanien? Ein forschungs- und motivgeschichtlicher Überblick, in: F. W. Horn (Hrsg.), Das Ende des Paulus 175–195; H. LÖHR, Zur Paulus-Notiz in 1 Clem 5,5–7, ebd. 197–213.

[6] Vgl. die Argumente dafür und dagegen bei G. FEE, Paul's Letter to the Philippians (NICNT), Grand Rapids 1995, 34–37, und U. B.

Phil 1,13: meine Lage ist bekannt geworden „im ganzen Prätorium“, und Phil 4,22: „Es grüßen Euch alle Heiligen, besonders die aus dem Haus des Kaisers.“ Ein Briefwechsel zwischen Seneca und Paulus schließlich, der sich zeitlich hier einordnen würde, existiert. Er umfasst vierzehn Briefe in lateinischer Sprache, acht von Seneca und sechs von Paulus, und findet sich in ca. 300 Handschriften aus dem Mittelalter und gut zwei Dutzend älteren Textzeugen aus der Spätantike, meist mit Werken Senecas verbunden.[7]

Es ist erstaunlich, wird aber vor diesem Hintergrund ein wenig begreiflicher, wie energisch und zäh bis in die neueste Literatur hinein die Echtheit dieser pseudepigraphen Korrespondenz verteidigt wird.[8] Greifen wir als Beispiel nur

---

MÜLLER, Der Brief des Paulus an die Philipper (ThHK 11,1), Leipzig 1993, 15–21.

[7] An Ausgaben des lateinischen Textes, meist mit Übersetzung, vgl. L. VOUAUX, Les Actes de Paul 332–369; C.W. BARLOW, Epistolae; abgedruckt in PLS 1 (1958) 673–678; L. BOCCIOLINI PALAGI, Il carteggio apocrifo di Seneca e San Paolo: introduzione, testo, commento (Accademia Toscana di scienze e lettere La Colombaria, Studi 46), Florenz 1978 (mit exzellentem, reichhaltigen Kommentar, auf den im Folgenden dankbar zurückgegriffen wird); L. BOCCIOLINI PALAGI, Epistolario apocrifo di Seneca e San Paolo (BPatr 5), Florenz 1985, ²1999 (editio minor); M. NATALI, Anonimo: Epistolario tra Seneca e San Paolo. Saggio introduttivo, traduzione, note e apparati (Testi a fronte 18), Mailand 1995; A. FÜRST, in: Ders. u. a., Der apokryphe Briefwechsel zwischen Seneca und Paulus (SAPERE 11), Tübingen 2006, 24–35 (mit einer Liste der älteren Ausgaben auf S. 201f.).

[8] So von P. BERRY, Correspondence between Paul and Seneca, A. D. 61–65 (Ancient Near Eastern Texts and Studies 12), Lewiston, N. Y., u. a. 1999; E. FRANCESCHINI, È veramento apocrifo l'epistolario Seneca – S. Paolo?, in: Letterature comparate. Problemi e metodo. Studi in onore di Ettore Paratore, Bologna 1981, Bd. 2, 827–841; I. RAMELLI, L'epistolario apocrifo Senca-San Paolo: alcune osservazioni, VetChr 34 (1997) 299–310 (Zweifel an Brief 11); M. SORDI, I rapporti personali di Seneca con i cristiani, con Appendice di Ilaria Ramelli,

Giuseppe Giovanni Gamba heraus, der ein besonders konsistentes Gesamtbild entwirft. Er weiß, dass Seneca sich im Jahr 58/59 unter dem Einfluss des Paulus zum Christentum bekehrte und seinem neuen Glauben bis zu seinem von Nero erzwungenen Tod im Jahr 65 treu blieb, im Unterschied zu seinem Zeitgenossen Petronius und evtl. dem Kaiser selbst, die sich nach anfänglichem Interesse bald wieder abwandten. Die Tragödie *Octavia,* deren Autorschaft sehr umstritten ist, weist Gamba Seneca zu, der in der Gestalt der Titelheldin christliche Werte auf die Bühne gebracht habe.[9] Petrons *Satyricon* liest Gamba als Schlüsselroman, in dem christliche Gestalten und Bräuche karikierend vorgeführt werden. So lugt hinter dem Gastgeber der *Cena Trimalchionis* niemand anders als der Apostel Petrus hervor.[10] Selbstverständlich ist in dieser Perspektive der Briefwechsel nicht nur echt; er erlaubt uns sogar eine detaillierte Rekonstruktion der letzten Jahre des Paulus zwischen seiner ersten und zweiten römischen Gefangenschaft.[11]

All das ist teils sogar vergnüglich zu lesen, aber es erinnert doch sehr an den Erfolgsroman *Quo vadis* und das gleichnamige Leinwandepos.[12] Man wird besser daran tun, sich an die kritische Forschung zu halten, die spätestens seit

---

Aspetti linguistici dell'epistolario Seneca-San Paolo, in: A. P. Martina (Hrsg.), Seneca e i Cristiani = Aevum Antiquum 13 (2000) 113–127.

[9] Vgl. G. G. Gamba, Seneca rivisitato: per una lettura contestuale dell'*Apocolocyntosis* e dell'*Octavia,* Rom 2000, hier bes. 105–122.

[10] Vgl. G. G. Gamba, Petronio Arbitro e i cristiani. Ipotesi per una lettura contestuale del *Satyricon* (BSRel 141), Rom 1998, hier 100–107.

[11] G. G. Gamba, Il carteggio tra Seneca e San Paolo. Il „problema" della sua autenticità, Sal. 60 (1998) 209–250.

[12] Vgl. zur Kritik an dieser alternativen Geschichtsschreibung H.-J. Klauck, Religionsgeschichte wider den Strich – ein Paradigmenwechsel?, in: M. Ebner / B. Heininger (Hrsg.), Paradigmen auf dem

Erasmus, der sich in der Vorrede zu seiner Seneca-Ausgabe recht drastisch dazu äußerte,[13] von der Unechtheit des Briefwechsels ausgeht.[14]

2. Die Entstehungsphase

Folgt man diesem Urteil des Erasmus, lässt sich die Entstehung des Briefwechsels sogar mit einiger Wahrscheinlichkeit zeitlich eingrenzen, und zwar auf eine Zeit vor 392 n. Chr., aber nicht sehr viel früher. Das entscheidende Stichwort liefert Hieronymus, der um 392/93 in seinem Werk *De viris illustribus* in § 12 zu Seneca bemerkt:[15]

Prüfstand: Exegese wider den Strich (FS K. Müller) (NTA.NF 47), Münster 2004, 117–140.

[13] Die vollständigen Vorreden bzw. Widmungsschreiben zu beiden Ausgaben von 1515 und 1529 finden sich bei W. TRILLITZSCH, Seneca im literarischen Urteil der Antike. Darstellung und Sammlung der Zeugnisse. Bd. 1–2, Amsterdam 1971, II, 420–438; das wichtigste daraus mit Übersetzung auch bei A. FÜRST, Der apokryphe Briefwechsel (s. Anm. 7) 74–79. Vgl. L. TACÁZ, Seneca e Girolamo, in: A. P. Martina (Hrsg.), Seneca e i Cristiani = Aevum Antiquum 13 (2000) 323–333.

[14] So neben allen oben genannten Textausgaben auch K. PINK, Die pseudo-paulinischen Briefe, Bib. 6 (1925) 68–91.179–200, hier 193–200; W. TRILLITZSCH, Seneca (s. Anm. 13) I, 170–185; J. DIVJAK, in: R. Herzog (Hrsg.), Handbuch der lateinischen Literatur der Antike. Bd. V: Restauration und Erneuerung (HAW VIII.5), München 1989, 404–407 (§ 507.1); M. G. MARA, L'epistolario apocrifo di Seneca e San Paolo, in: A. P. Martina (Hrsg.), Seneca e i Cristiani = Aevum Antiquum 13 (2000) 41–54; J. GONZÁLES LUIS, En torno a la correspondencia de Séneca y Pablo, in: A. Borrell u. a. (Hrsg.), La Bíblia i el Mediterrani. Bd. 2 (Scripta Biblica 2), Montserrat 1997, 161–169; weiteres im Folgenden.

[15] Text bei W. TRILLITZSCH, Seneca (s. Anm. 13) II, 369; Übersetzung ebd. 159; vgl. auch die Sammlung der Testimonien bei A. FÜRST, Der apokryphe Briefwechsel (s. Anm. 7) 68–79, hier 68f.

Lucius Annaeus Seneca Cordubensis, Sotionis stoici discipulus et patruus Lucani poetae, contentissimae vitae fuit. quem non ponerem in catalogo sanctorum, nisi me illae epistulae provocarent quae leguntur a plurimis, Pauli ad Senecam aut Senecae ad Paulum, in quibus, cum esset Neronis magister et illius temporis potentissimus, optare se dicit eius esse loci apud suos cuius sit Paulus apud Christianos. hic ante biennium quam Petrus et Paulus martyrico coronarentur a Nerone interfectus est.

Lucius Annaeus Seneca aus Corduba, ein Schüler des Stoikers Sotion und Onkel des Dichters Lucan, führte ein sehr enthaltsames Leben. Ich würde ihn dennoch nicht in den Katalog der Heiligen setzen, wenn mich dazu nicht jene Briefe provozieren würden, die von sehr vielen gelesen werden, von Paulus an Seneca oder von Seneca an Paulus. In ihnen sagt er, obwohl er der Lehrer Neros und der mächtigste Mann seiner Zeit war, er wünsche, bei den Seinen die Position einzunehmen, die Paulus bei den Christen habe.[16] Er wurde zwei Jahre, bevor Petrus und Paulus mit dem Martyrium gekrönt wurden, von Nero umgebracht.

Es geht aus diesem für Hieronymus singulären Zeugnis nicht eindeutig hervor, dass er den Briefwechsel selbst intensiv studiert habe oder große Stücke auf ihn hielte.[17] Er scheint sich vielmehr deswegen darauf einzulassen, weil die Lektüre der Korrespondenz zu der Zeit gerade in Mode war, was für eine erst kürzlich erfolgte Veröffentlichung sprechen könnte.

Von der anderen Seite her lässt sich, wenn auch mit Vorsicht, da es sich um ein *argumentum e silentio* handelt, Lactanz heranziehen. Er schätzte Seneca ganz besonders[18]

---

[16] Das geht auf eine Wendung in Brief 12 zurück, die wohl etwas anders zu verstehen ist, nämlich mit Bezug auf die Anordnung des Briefpräskripts (s. u.).

[17] Vgl. bereits die scharfsinnige Kritik von L. VOUAUX, Les Actes de Paul 332–334.

[18] Vgl. die Zusammenstellung der Texte bei W. TRILLITZSCH, Seneca (s. Anm. 13) II, 363–369, und das Urteil ebd. I, 143: „Im

und schreibt über ihn um 324 n. Chr. in den *Divinae institutiones* (VI 24,14):

potuit esse verus dei cultor, si quis illi monstrasset, et contempsisset profecto Zenonem et magistrum suum Sotionem, si verae sapientiae ducem nactus esset.

Er hätte ein wahrer Verehrer Gottes sein können, wenn es ihm jemand gezeigt hätte. Dann hätte er Zenon und seinen Lehrer Sotion nicht weiter beachtet, wenn er einen Führer zur wahren Weisheit gefunden hätte.

Wäre ihm der Briefwechsel mit Paulus bekannt gewesen, hätte Laktanz kaum so schreiben können.

Eine vergleichbare zeitliche Lücke öffnet sich auch in der apokryphen Acta-Literatur. Die älteren Paulusakten, um oder kurz vor 200 n. Chr. entstanden, inszenieren in ihrem Schlussabschnitt eine direkte Konfrontation des Apostels mit Kaiser Nero, die mit der Enthauptung des Paulus endet.[19] Das ändert sich in der *Passio sancti Pauli apostoli* des Pseudo-Linus, die frühestens aus dem 5. Jahrhundert stammt.[20] Hier vernehmen wir in § 1:

sed et institutor imperatoris adeo illi est amicitia copulatus, videns in eo divinam scientiam, ut se a colloquio illius temperare vix posset, quatinus si ore ad os illum alloqui non valeret, frequentibus datis et acceptis epistolis ipsius dulcedine et amicali colloquio atque consilio frueretur.

---

ganzen finden wir demnach bei Lactanz eine hohe, oftmals geradezu enthusiastische Wertschätzung Senecas vor, die unterstrichen wird durch sehr zahlreiche, teilweise aus verlorenen Schriften stammende wertvolle Zitate. Seneca bleibt zwar für Lactanz noch heidnischer Philosoph, rückt jedoch durch seine dem Christentum verwandten Lehren in unmittelbare Nähe der christlichen Wahrheit."

[19] Vgl. im *Martyrium des Paulus* die §§ 3–6, bei R. A. Lipsius, Acta Apostolorum Apocrypha I, 110–116.

[20] Bei R. A. Lipsius, Acta Apostolorum Apocrypha I, 23–44. Vgl. L. Vouaux, Les Actes de Paul 336; A. Fürst, Der apokryphe Briefwechsel (s. Anm. 7) 68–71.

Selbst der Erzieher des Imperators, der in ihm (Paulus) göttliche Weisheit erblickte, war ihm so sehr in Freundschaft verbunden, dass er kaum vom Gespräch mit ihm ablassen konnte. Ja, wenn es ihm nicht möglich war, sich von Angesicht zu Angesicht mit ihm zu unterhalten, erfreute er sich doch des freundschaftlichen Gesprächs und der Beratung durch Briefe, die häufig abgeschickt und empfangen (d. h. gewechselt) wurden.

Halten wir bereits fest, dass der Briefwechsel hier das persönliche Gespräch auf andere Weise fortsetzt. Im weiteren Verlauf liest der „Lehrer des Kaisers", der nicht mit Namen genannt wird, dem Kaiser aus den (echten) Paulusbriefen vor. Es liegt auf der Hand, dass der Autor dieser Fassung des Paulusmartyriums den apokryphen Briefwechsel kannte und verarbeitete. Wir kommen darauf zurück.

In keinem dieser Zeugnisse wird im Übrigen behauptet, Seneca habe sich zuletzt selbst zum Christentum bekehrt. Er bleibt auch als Freund des Apostels ein frommer Heide. Auch im Mittelalter wurde Seneca, entgegen einer oft anzutreffenden Annahme,[21] nicht als Christ angesehen. Arnoldo Momigliano hat in einem brillanten Artikel den Ursprung der Legende vom Christen Seneca ausgemacht.[22] Sie geht auf frühe Humanisten im 14. Jahrhundert zurück, die diese Hypothese zur Erklärung des apokryphen Briefwechsels entwickelten, ehe sie von der nächsten Generation schon wieder destruiert wurde.

---

[21] Vgl. z. B. J. Kreyher, L. Annaeus Seneca und seine Beziehungen zum Urchristentum, Berlin 1887, III: „Während des ganzen Mittelalters hielt man es für eine zweifellose Thatsache, daß er Christ gewesen sei …".

[22] A. Momigliano, Bemerkungen über die Legende vom Christentum Senecas (1950), in: Ders., Ausgewählte Schriften. Bd. 2: Spätantike bis Spätaufklärung, Stuttgart 1999, 60–78.294–298.

3. Formale Gesichtspunkte

Die Einordnung der Briefe ins 4. Jahrhundert lässt sich auch durch sprachlich-stilistische und formale Erwägungen absichern. Das wenig elegante Latein mit Wortbildungen, Vokabeln und syntaktischen Fügungen, die für an klassischen Autoren geschulte Ohren befremdlich klingen, verdankt sich der späteren, christlich beeinflussten Latinität des 3. und 4. Jahrhunderts. Für die briefliche Form konnten Parallelen bei Quintus Aurelius Symmachus aufgezeigt werden,[23] einem Anhänger der alten Kulte, der 391 Konsul war. Als der am meisten gefeierte Redner seiner Zeit pflegt er in seinen zahlreichen Privatbriefen dennoch einen einfachen Stil. Sie sind „meist recht geringen Umfangs", dienen eigentlich nur „dem Freundschaftsbeweis" und sind „oft nur Worte ohne Inhalt".[24]

Anscheinend war unser anonymer Autor in der Schule mit den Anfangsgründen der Rhetorik und der Briefpraxis und -theorie in Berührung gekommen.[25] Diese Spur lässt sich hinsichtlich der Praxis weiterverfolgen hin zu einer möglichen Entstehungssituation für die ganze Korrespondenz. In der Rednerschule wurde eingeübt, wie man bekannten historischen Gestalten Worte in den Mund legt, sei es in

---

[23] Vgl. É. LIENARD, Sur la correspondance apocryphe de Sénèque et de Saint-Paul, RBPH 11 (1932) 5–23; weitergeführt und auf die Briefform zugespitzt bei A. FÜRST, Pseudepigraphie und Apostolizität im apokryphen Briefwechsel zwischen Seneca und Paulus, JAC 41 (1999) 41–67, hier 88–90.

[24] M. ZELZER, DNP 11 (2001) 1135. Die über 900 Briefe in neun Büchern bei J. P. CALLU, Symmaque: Lettres. Bd. 1–4 (CUFr), Paris 1972–2002.

[25] Zu allen Fragen der Briefpraxis, -theorie und -rhetorik erlaube ich mir den generellen Hinweis auf H.-J. KLAUCK, Ancient Letters and the New Testament: A Guide to Context and Exegesis, Waco, Tx. 2006.

Form von fingierten Reden, sei es in Form von Briefen. In den pseudepigraphen Kynikerbriefen, Sokratesbriefen und Pythagoräerbriefen wird diese Übung in den Dienst der philosophischen Werbung und Ermahnung gestellt. Der Schöpfer der maßgeblichen Edition des Briefwechsels zwischen Seneca und Paulus, Claude W. Barlow, hat seinerzeit schon die Vermutung geäußert, die Briefe verdankten sich dieser Schulpraxis. Man könne sich geradezu einen Lehrer vorstellen, der zu seinem Schüler spricht wie Seneca zu Paulus: „You have some good ideas in your essays, but you express yourself very badly."[26]

Was die Theorie angeht, hilft es zum Verständnis unserer vierzehn Briefe,[27] wenn man einige ihrer wichtigsten Daten zur Hand hat. Heikki Koskenniemi hat in seiner grundlegenden Untersuchung zum griechischen Brief dessen hermeneutischen Unterbau auf drei zentrale Begriffe zurückgeführt, nämlich *Philophronesis, Parusia* und *Homilia.*[28] *Philophronesis* meint die freundschaftliche Gesinnung, die den Briefaustausch trägt. *Parusia* besagt, dass Briefe die Begegnung zwischen Freunden auch über Zeiten und Räume der Trennung hinweg ermöglichen. Zugleich wird damit der Dialogcharakter des Briefwechsels herausgestellt, auf den *Homilia* abzielt (von ὁμιλεῖν, „sich unterhalten"). Im Text der Briefe werden diese Anliegen durch verschiedene

---

26 C. W. Barlow, Epistolae (s. Anm. 5) 91.

27 Ein Ansatz zu dieser Betrachtungsweise findet sich bei A. J. Malherbe, „Seneca" on Paul as Letter Writer, in: B.A. Pearson u. a. (Hrsg.), The Future of Early Christianity (FS H. Koester), Minneapolis 1991, 414–421. Weitergeführt wird er in methodisch vorbildlicher Weise bei A. Fürst, Pseudepigraphie und Apostolizität (s. Anm. 23).

28 H. Koskenniemi, Studien zur Idee und Phraseologie des griechischen Briefes bis 400 n. Chr. (AASF B 102,2), Helsinki 1956; für den lateinischen Brief vgl. K. Thraede, Grundzüge griechisch-römischer Brieftopik (Zet. 48), München 1970.

sprachliche Muster, Formeln und Klischees realisiert. Die freundliche Anrede „Liebster“, „Wertester“ gehört hierher, ebenso die Äußerung der Freude über den Erhalt einer Nachricht und das Bekunden der Sehnsucht nach einem Wiedersehen.

Wegen ihrer großen Bedeutung seien diese Konzepte anhand von zwei Beispielen illustriert. In der Komödie *Pseudolus* des Plautus (ca. 254–184 v. Chr.) verzehrt sich der Sohn des Hauses Calidorus vor Sehnsucht nach seiner geliebten Phoenicium. Er erhält einen Brief von ihr auf einem Wachstäfelchen. Ehe Pseudolus, der Sklave seines Vaters, mit dem Vorlesen beginnt, erklärt er Calidorus, er sehe die Geliebte vor sich, in voller Größe in dem Wachs (35f.). Während des Vorlesens wirft Calidorus ein (63f.):

Sino, nam mihi videor cum ea fabularier; lege!

Genau, es scheint mir geradezu, dass ich mich mit ihr unterhalte. Lies weiter!

Es ist kein Zufall, dass der Liebesbrief eine prominente Untergattung der Briefe darstellt und Briefe im Liebesroman eingesetzt werden. Liebe, Trennung und Sehnsucht gehören zu den Konstituenten der Gattung selbst.

In dem spätantiken Briefsteller des Pseudo-Libanius aus dem 4. bis 6. Jahrhundert werden 41 verschiedene Brieftypen aufgeführt. Eingeleitet wird diese Liste in § 2 mit einer kurzen theoretischen Reflektion. Sie lautet:[29]

[29] Text aus V. Weichert, Demetrii et Libanii qui feruntur τύποι ἐπιστολικοί et ἐπιστολιμαῖοι χαρακτῆρες (BSGRT), Leipzig 1910, bzw. R. Förster, Libanii opera. Bd. 9 (BSGRT), Leipzig 1927, bei A. J. Malherbe (Hrsg.), Ancient Epistolary Theorists (SBL.SBibSt 19), Atlanta, Ga. 1988, 66f., und M. Trapp, Greek and Latin Letters: An Anthology with Translation (CGLC), Cambridge 2003, 188f.

ἐπιστολὴ μὲν οὖν ἐστὶν ὁμιλία τις ἐπιγράμματος ἀπόντος πρὸς ἀπόντα γινομένη καὶ χρειώδη σκόπον ἐκπληροῦσα, ἐρεῖ δέ τις ἐν αὐτῆι ἅπερ ἂν παρὼν τις πρὸς παρόντα.

Ein Brief ist also eine Art schriftliche Unterhaltung eines Abwesenden mit einem Abwesenden, und erfüllt einen sehr notwendigen Zweck. Man kann darin sprechen wie jemand, der anwesend ist, zu einem Anwesenden.

Es lohnt sich, beim Durchgang durch den Briefwechsel zwischen Seneca und Paulus verstärkt auf diese brieftypischen Signale zu achten, weil nur auf diesem Weg eine Verortung des Gesamtwerks gelingen wird. So gerüstet können wir daran gehen, uns die wesentlichen Inhalte dieser Korrespondenz zu vergegenwärtigen.

II. Der Inhalt der vierzehn Briefe

1. Brief 1

Der erste Brief gibt gleich von der Eingangszeile an die Tonart vor. Nach der stereotypen Eröffnung „Seneca dem Paulus zum Gruß" fährt der Briefschreiber fort:

Credo tibi, Paule, nuntiatum quid heri cum Lucilio nostro de apocrifis et aliis rebus habuerimus.

Ich glaube, es ist dir, Paulus, berichtet worden, was für ein Gespräch wir gestern mit unserem Lucilius über Verborgenes und andere Dinge hatten.

Mit Lucilius ist niemand anders als der Adressat von Senecas *Epistulae morales ad Lucilium* gemeint. Auch die etwas spätere Formulierung, die Briefe des Paulus enthielten Anleitungen zu einem „moralischen Leben" (*vitam moralem*), könnte auf diese intertextuelle Bezugsgröße anspielen.

Bemerkungswert ist das Vorkommen des Terminus *apocrifa,* der als Lehnwort aus dem Griechischen nur in der christlichen Latinität Verwendung findet, meist für apokryphe Bücher des Alten und Neuen Testaments. Für das 1. Jahrhundert n. Chr., den fiktiven Standort unseres Briefwechsels, wäre das ein krasser Anachronismus. Unser Autor könnte allerdings auch die andere Bedeutung des Wortes im Sinn haben, nämlich „verborgene, geheime Lehren". Aus den Paulusbriefen ließe sich zum Vergleich Kol 2,3 heranziehen:

ἐν ᾧ εἰσιν πάντες οἱ θησαυροὶ τῆς σοφίας καὶ γνώσεως ἀπόκρυφοι.

In ihm sind alle Schätze der Weisheit und der Erkenntnis verborgen.

Das Gespräch findet – ein literarischer Topos – in einem Garten statt, wo Seneca und Lucilius Anhänger der paulinischen Lebensweise (*disciplina*) getroffen haben. Zufall oder nicht, die Wirksamkeit der paulinischen Verkündigung wird ihnen dadurch schlagend vor Augen geführt.[30] In dem Satz „Sicher ist, dass wir uns deine Gegenwart gewünscht hätten" klingt zum ersten Mal das Parusia-Motiv auf. Die spätlateinische Genetivverbindung *tui praesentiam* greift vielleicht direkt auf Phil 2,12 zurück: „… nicht allein in meiner Gegenwart (ἐν τῇ παρουσίᾳ μου), sondern jetzt mehr noch in meiner Abwesenheit (ἐν τῇ ἀπουσίᾳ μου)." In gewissem Sinn ist Paulus gar nicht abwesend, denn die Gartengesellschaft hat eine Sammlung von Paulusbriefen zur Hand. Zur allgemeinen Erbauung wird aus einem Brief „an die Hauptstadt einer Provinz" (Thessalonich?, Korinth?) vorgelesen.

[30] Vgl. L. Bocciolini Palagi, Il carteggio apocrifo (s. Anm. 7) 78.

Diese indirekte Begegnung mit Paulus, so sollen wir wohl weiterfolgern, weckt die Neugier des Philosophen und motiviert ihn zur Abfassung des Briefs. Sein Schlussgruß ist in denkbar freundschaftlichem Ton gehalten:

Bene te valere, frater, cupio.

Es möge dir gut gehen, Bruder, das wünsche ich.

2. Brief 2

Der zweite Brief wartet gleich zu Beginn mit einer Überraschung auf. Die klassische Abfolge des Briefpräskripts wird nicht länger eingehalten. Paulus nennt sich als Absender an zweiter statt an erster Stelle:

Annaeo Senecae Paulus salutem.

Dem Annaeus Seneca (von) Paulus zum Gruß.

In hellenistischen Briefen ist das nur der Fall, wenn ein Untergebener an eine höhergestellte Person schreibt.[31] Im Lateinischen beginnt sich diese Sitte im 2. Jahrhundert n. Chr. auf breiterer Front durchzusetzen. Hier dürfte sie im Kontext als Demutsäußerung des Paulus zu verstehen sein.

Paulus spielt sodann mit weiteren Brieftopoi. Er äußert Freude über Senecas Schreiben,[32] das er gestern erhalten hat, und entschuldigt sich, dass er erst heute antworten kann. Er hatte nicht gleich einen zuverlässigen jungen Mann zur Hand, dem er die Antwort anvertrauen wollte. Das

---

[31] Siehe als Beispiel PEnteuxis 87,1: „Dem König Ptolemäus zum Gruß von Apollodoros", bei J. HENGSTL, Griechische Papyri aus Ägypten als Zeugnisse des öffentlichen und privaten Lebens (TuscBü), München 1978, 83–85 als Nr. 28.

[32] Vgl. die Freudenäußerung in einem Standardbeispiel, dem zweiten Brief Apions, BGU II 632,7–10, sowie 2 Joh 4; 3 Joh 3–4.

ist eine Variation der sogenannten ἀφορμή-Formel.[33] Man schreibt einen Brief, wann immer sich ein Überbringer findet. Was die Zuverlässigkeit eines solchen *tabellarius* angeht, ist es bezeichnend, dass selbst ein Mann wie Cicero sich darum ernsthaft besorgt zeigt.[34] Unser Autor trägt etwas dick auf, wenn er Paulus sagen lässt: „Du weißt ja, wann und durch wen und zu welcher Zeit und an wen" ein Schreiben ausgehändigt werden darf, stützt sich dabei aber auf rhetorisches Fomelgut.[35] Seneca bezeichnet er als *censor,* das heißt als Autorität in ethischen Fragen, als *sophista,* was hier ohne negativen Beiklang den Redner meint,[36] und als „*magister* eines so großen Fürsten", was auf Nero abzielt. Das hört sich bei Dio Cassius ein wenig anders an. Für den römischen Historiker war Seneca nur ein τυραννοδιδάσκαλος, der Erzieher eines Tyrannen.[37]

---

[33] Vgl. H. KOSKENNIEMI, Studien (s. Anm. 28) 81–87; das Wort ἀφορμή („Anlass") wird verwendet in unserem Beispiel aus BGU II 632,11f.

[34] Vgl. Ad Atticum I 13,1; II 12,4; II 13,1; Ad Familiares VIII 12,4. Zum Ganzen E.J. EPP, New Testament Papyrus Manuscripts and Letter Carrying in Greco-Roman Times, in: B.A. Pearson u.a. (Hrsg.), The Future of Early Christianity (FS H. Koester), Minneapolis 1991, 35–56; auch in: Ders., Perspectives on New Testament Textual Criticism: Collected Essays, 1962–2004 (NT.S 116), Leiden 2005, 383–409.

[35] Im Einzelnen belegt bei L. BOCCIOLINI PALAGI, Il carteggio apocrifo (s. Anm. 7) 95.

[36] Hier scheint der Philosoph und Politiker Seneca der Jüngere mit seinem Vater Seneca dem Älteren, von dem rhetorische Werke überliefert sind, verwechselt zu werden, was aber vielfach geschah; umgekehrt wurde Seneca der Tragiker von Seneca dem Philosophen und Rhetor unterschieden; vgl. L. BOCCIOLINI PALAGI, Epistolario apocrifo (s. Anm. 7) 12f.

[37] LXI 10,2; vgl. A. FÜRST, Der apokryphe Briefwechsel (s. Anm. 7) 41.

3. Briefe 3, 4 und 5

Im dritten Brief geht es um Werke Senecas, die dieser dem Kaiser vorlegen möchte, wenn möglich in Anwesenheit des Paulus. Der wiederum von Paulus verfasste, besonders kurze vierte Brief sei zur Gänze wiedergegeben, weil er in seltener Klarheit die Motive der Anwesenheit des Abwesenden im Brief und die dennoch bestehende Sehnsucht nach einer Verwandlung dieser vermittelten Form der Präsenz in persönliche Nähe zum Ausdruck bringt:

Quotienscumque litteras tuas audio, praesentiam tui cogito nec aliud existimo quam omni tempore te nobiscum esse. Cum primum itaque venire coeperis, invicem nos et de proximo videbimus. Bene te valere opto.

Wann immer ich Deine Briefe höre, verspüre ich Deine Gegenwart und stelle mir nichts anderes vor, als dass Du für alle Zeit bei uns bist. Sobald Du also tatsächlich eintriffst, werden wir uns gegenseitig auch aus unmittelbarer Nähe sehen. Dass es Dir gut gehen möge, das wünsche ich Dir.

Das „Hören" des Briefes in der Eingangszeile hängt zum einen mit der Sitte des lauten Lesens und Vorlesens zusammen. Zum andern wird im Brief auch die *viva vox,* die lebendige Stimme des Gegenübers, vernehmbar. Dazu passt die Definition des Briefes als „eine der beiden Hälften eines Dialogs" in der Abhandlung *De elocutione* des Demetrius, der aber sofort hinzufügt, das sei nur ein Teil der Wahrheit. Briefe müssen formeller gestaltet werden als ein (literarischer) Dialog, werden sie doch als Geschenk, als Freundschaftserweis also, übersandt.[38]

---

[38] Demetrius, De elocutione 223f.; zugänglich z. B. bei M. Trapp, Greek and Latin Letters (s. Anm. 29) 42–44.188–193; siehe auch P. Chiron, Démétrios: Du style (CUFr), Paris 1993.

Im fünften Brief zeigt Seneca sich besorgt über das Ausbleiben des Paulus. Sollte die *indignatio dominae,* die „Missbilligung seitens einer Herrin" über die Abwendung des Paulus von seiner alten Religion, dem Judentum, der Grund dafür sein? Das hat Poppaea Sabina, Neros zweite Frau seit dem Jahr 62,[39] im Blick, der auch in anderen Quellen judenfreundliche Tendenzen nachgesagt werden. Eine schon länger andauernde Bekanntschaft des Paulus mit der Kaiserin ist dabei vorausgesetzt. Seneca zeigt sich zuversichtlich, dass sich das gestörte Verhältnis wieder kitten lässt.

4. Brief 6 und 7

Die Briefe 6 und 7 warten jeweils mit einer doppelten Adressatenangabe auf. Erst schreibt Paulus an Seneca und Lucilius, dann Seneca an Paulus und Theophilus. Anscheinend das Thema der *indignatio* aus dem vorigen Brief aufnehmend, gibt Paulus zu verstehen, dass er nicht alles „mit Schreibrohr und Tinte" zu Papier bringen will.[40] Es könnte in falsche Hände geraten. Im Briefschluss klingt mit „Umkehr" (*paenitentia*) eines der wenigen theologischen Themen in unserem Briefwechsel an.

Der „werte (κράτιστε) Theophilus" ist uns bestens bekannt als Widmungsträger des Lukasevangeliums und der Apostelgeschichte. Er kommt aber auch im dritten Ko-

[39] Dass sich daraus Probleme mit der Datierung der letzten fünf Briefe ergeben, liegt auf der Hand; G. G. GAMBA, Il carteggio (s. Anm. 11) 232f., identifiziert die *domina* daher mit Agrippina, Neros Mutter.

[40] Vgl. 3 Joh 13; 2 Joh 12; 4Bar (ParJer) 6,19; aber auch Cicero, Ad Quntum fratrem II 15,1: „Diesmal werde ich gutes Schreibrohr, gut gemischte Tinte und auch geglättetes Papier benutzen; denn, wie Du schreibst, hast Du meinen letzten Brief kaum lesen können."

rintherbrief vor, als einer der korinthischen Presbyter, die einen Brief an Paulus richten (3 Kor 1,1). Für Vertreter der Echtheitshypothese spielt Theophilus aus dem Ritterstand eine wichtige Rolle als Vermittler zwischen den Aposteln Petrus und Paulus und dem Kaiserhof.[41] Ein besonders mutiger Erklärer geht sogar einen Schritt über das Zeugnis unseres Briefwechsels hinaus und hält Seneca und Theophilus für ein und dieselbe Gestalt. Unter dem Pseudonym des „Freundes Gottes" habe Seneca, ein heimlicher Christ, die Widmung des lukanischen Doppelwerks akzeptiert.[42]

Paulus hatte Seneca seine Briefe an die Galater, die Korinther (1 Kor) und die Achäer (2 Kor) zugestellt, und dieser zeigt sich von ihrer Lektüre gebührend beeindruckt. Aus ihnen spricht „der heilige Geist in Dir". Das trifft sich nicht nur mit biblischem und paulinischem Gedankengut,[43] sondern auch mit Senecas 41. Brief, vor allem wenn man den letztlich pantheistischen Hintergrund der folgenden Worte ausblendet:

prope est a te deus, tecum est, intus est. Ita dico, Lucili: sacer intra nos spiritus sedet, malorum bonorumque nostrorum abservator et custos.

Nahe ist Dir Gott, mit Dir ist er, in Dir ist er. Das behaupte ich, Lucilius: Ein heiliger Geist wohnt in uns, als Beobachter und Wächter unserer bösen und guten Taten.[44]

---

[41] Vgl. G. G. Gamba, Il carteggio (s. Anm. 11) 235f.

[42] So G. M. Lee, Was Seneca the Theophilus of St. Luke?, in: J. Bibauw (Hrsg.), Hommages à Marcel Renard (CollLat 101), Brüssel 1969, Bd. 1, 515–532. Ganz neu ist diese These nicht; sie wird auch schon 1887 geäußert von J. Kreyher, L. Annaeus Seneca (s. Anm. 21) 150–152.

[43] Vgl. 2 Petr 1,21; Lk 12,12 par; 1 Kor 3,16.

[44] Epistulae morales 41,1f.; ausführlicher dazu H.-J. Klauck, ‚Der Gott in dir' (Ep 41,1f). Autonomie des Gewissens bei Seneca und Paulus, in: Ders., Alte Welt und neuer Glaube (NTOA 29), Freiburg (Schweiz) / Göttingen 1994, 11–31 (*conscientia* wird wenig später von

Zum ersten, aber nicht zum letzten Mal ermahnt Seneca den Apostel, er möge doch dafür Sorge tragen, dass sein sprachliches und stilistisches Niveau der Erhabenheit der Gegenstände, die er behandle, entspreche. Das Hauptthema von Brief 7 aber ist Senecas Bericht darüber, dass er Kaiser Nero aus den besagten Paulusbriefen vorgelesen habe. Dieser habe höchstes Erstaunen gezeigt über soviel Weisheit und Einsicht bei einem Mann ohne förmliche Bildung. Seneca antwortet darauf wiederum mit dem Hinweis, „dass die Götter durch den Mund unschuldiger (Menschen) zu sprechen pflegen".[45]

4. Briefe 8 und 9

In Brief 8 setzt Paulus zu einem Tadel Senecas an, der deutlich ausfällt, auch wenn der freundschaftliche Grundton gewahrt bleibt, nicht zuletzt durch den zweifachen Hinweis auf Senecas große Liebe zu Paulus, die ihn zu seiner unbedachten Handlung verführte. Was Paulus hier unternimmt, ist eine *correctio fraterna*, in einer dem Briefstil angemessenen Weise.[46]

„Seneca" in Brief 7 verwendet); vgl. auch J. N. Sevenster, Paul and Seneca (NT.S 4), Leiden 1961, 89–102, der meines Erachtens den Abstand zwischen Seneca und Paulus künstlich vergrößert.

[45] Vgl. Mt 11,25 par Lk 10,21; Apg 4,13. Seneca gibt dafür ein nahezu kanonisches historisches Exempel, vgl. *Epistulae morales* 6,5: *longum iter est per praecepta, breve et efficax per exempla.* Lang ist der Weg durch Vorschriften, kurz und wirksam durch Beispiele.

[46] Von den Parallelen bei L. Bocciolini Palagi, Il carteggio apocrifo (s. Anm. 7) 145f., vgl. besonders Plinius d. J., Epistulae VIII 24,1: „Meine Liebe zu Dir bewegt mich, aber nicht dazu, Dir Vorschriften zu machen (einen Lehrer brauchst Du ja nicht). Dennoch ermahne ich Dich, dass Du, was Du weißt, auch beibehältst und befolgst ...", mit

„Unser Caesar", wie Paulus Nero hier nennt, findet zwar besonderes Gefallen an Nachrichten über Phänomene, die Staunen erregen, was auch der historische Seneca in seinen *Naturales quaestiones* bestätigt (VI 8,3). Dennoch war es ein Fehler, ihm Briefe des Paulus zu Gehör zu bringen. Sie stehen in Widerspruch zu Neros überkommener Religiosität und Lebensweise, zumal er weiter „die Götter der Heiden" verehrt.

Die Kaiserin Poppaea mit ihrem Groll tritt wieder in Erscheinung und wird gleichfalls mit Tadel bedacht. Wenn sie sich aufregt, beweist sie nur, dass sie nicht die Statur einer Herrscherin hat, sondern sich benimmt wie eine ganz gewöhnliche Frau. Das Motiv der „Keuschheitslegenden" aus den apokryphen Apostelakten ist hier vermutlich nicht einzutragen. Dann würde Poppaea Sabina, bekannt für ihren lockeren Lebenswandel, durch die Vorstellung in Zorn versetzt, ihr Ehemann könnte sich zu einer enthaltsamen Lebensweise entschließen. Aber es genügt wohl, allgemein an ihre Vorliebe für das Judentum und ihren daraus erwachsenden Antagonismus gegen mögliche Bekehrungen am Kaiserhof zum Christentum zu erinnern.[47]

Seneca entschuldigt sich im Antwortbrief für sein übereiltes Vorgehen, das nicht hinreichend Rücksicht nahm auf die bekannten schlechten Eigenschaften des Kaisers. Er will es in Zukunft aber doch wieder auf vorsichtigere Weise versuchen, dem Kaiser Paulus nahe zu bringen. Zwischenzeitlich schickt er Paulus zur Verbesserung seines Stils ein Buch *De verborum copia,* „Über den reichen Wortschatz", das sich unter Senecas authentischen Werken nicht findet,

---

dem Schluss in 24,10: „Ich brauche wohl nicht zu befürchten, dass ich mit meiner Liebe das Maß überschritten habe."

[47] Vgl. A. Fürst, Der apokryphe Briefwechsel (s. Anm. 7) 49f.

obwohl im Mittelalter eine Blütenlese aus seinen Schriften unter diesem Titel ungemein populär war.[48] Dem Wortlaut nach muss es sich auch nicht unbedingt um eine Schrift Senecas handeln. Ausdrucksfülle war in der Rhetorik ein generelles Ideal, dem nach Quintilian auch Seneca entsprach.[49] Paulus befindet sich also in besten Händen. Das Problem ist nur, dass er seine Briefe auf Griechisch schrieb, während der Verfasser unseres apokryphen Briefwechsels ihn in den Lateinunterricht schicken möchte.

5. Brief 10 (27. Juni 58)

Der zehnte Brief hat ein eher kurioses Thema. Wie schon erwähnt, wandelt der apokryphe Paulus das gängige Briefpräskript ab und setzt seinen Namen an die zweite Stelle. Aber selbst das ist in seinen Augen noch ein schwerer Fehler, in doppelter Hinsicht. Es passt nicht zur religiösen Überzeugung des Paulus, vor allem nicht zu seinem Grundsatz, „allen alles zu sein" (1 Kor 9,22; 10,33). Es respektiert außerdem nicht die Ehrenstellung des römischen Senats. Korrekt wäre es, wenn der Absender eines Schreibens an einen Senator wie Seneca seinen eigenen Namen ganz an den Schluss des Briefes setzten würde. Von einem solchen Brauch oder gar Gesetz ist anderweitig nichts bekannt; es widerspricht auch antiken epistolaren Gepflogenheiten. Man darf vielleicht darauf verweisen, dass in einigen Pau-

---

[48] Vgl. C.W. Barlow, Seneca im Mittelalter (1940/41), in: G. Maurach (Hrsg.), Seneca als Philosoph (WdF 414), Darmstadt 1975, 361–361, der von dem alternativen Titel *De quattuor virtutibus cardinalibus* ausgeht; der andere Titel findet Verwendung bei J. Fohlen, Un apocryphe de Sénèque mal connu: le *De verborum copia,* MS 42 (1980) 139–211.

[49] Institutio oratoria XII 10,11: *copia Senecae.*

lusbriefen der Name des Apostels erneut in den Schlussversen auftaucht, auch wenn er dort eine andere Funktion hat, nämlich die einer Autorisierung und Authentifizierung des Texts.[50] Offenbar will der Verfasser seinen Lesern eine Demutsübung des Paulus vor Augen führen. Dem entspricht der Schlussgruß, der Seneca ergebenst (*devotissime*) als *magister*, „Lehrer", anspricht.

Mit Brief 10 beginnt die Datierung der Schreiben in der Schlusszeile, die für die Jahreszahl unter Angabe der beiden Konsuln oder Suffektkonsuln erfolgt. Leider ergeben sich daraus zusätzliche chronologische Probleme bei der Abfolge der letzten vier Briefe, weshalb die Handschriften und Editionen teils Umstellungen vornehmen. Eine zufriedenstellende Lösung ist noch nicht gelungen. Das Problem zeigt sich gleich beim nächsten Brief, der mit seiner Datierung ins Jahr 64 aus dem Rahmen der übrigen Schreiben herausfällt. Nicht ganz von der Hand zu weisen ist – nicht nur aus diesem Grund – die Vermutung, der elfte Brief sei dem Briefkorpus erst von zweiter Hand beigefügt worden.[51] Auch das bisherige Nerobild verdüstert sich darin sichtlich, und Christen und Juden werden enger zusammen gesehen als sonst.

---

[50] Vgl. 1 Kor 16,21; Kol 4,18; 2 Thess 3,17; dazu C. W. Barlow, Epistolae 145; A. Fürst, Der apokryphe Briefwechsel (s. Anm. 7) 52.

[51] So L. Bocciolini Palagi, Il carteggio apocrifo (s. Anm. 7) 43–47; die restlichen Briefe ordnet sie folgendermaßen um: Brief 10 (von Paulus), Brief 12 (von Seneca), Brief 14 (von Paulus), Brief 13 (von Seneca). Allerdings muss sie dafür die gesamte Datierung als sekundär einstufen. Für die Zufügung von Brief 11 (bzw. 12) von späterer Hand sprachen sich auch schon aus L. Vouaux, Les Actes de Paul 343f., und K. Pink, Die pseudo-paulinischen Briefe (s. Anm. 14) 199f., der diese Vermutung auf Brief 14 ausdehnt.

6. Brief 11 (28. März 64)

Besondere Aufmerksamkeit hat immer schon der elfte Brief auf sich gezogen,[52] handelt er doch vom Brand Roms im Jahr 64 und der daraus resultierenden Verfolgung von Christen und, wie unser Autor hinzufügt, Juden in der Stadt. Seneca kondoliert Paulus zu diesem traurigen Anlass und tut seine Missbilligung kund. In gut stoischer Manier plädiert er aber auch dafür, mit Gleichmut zu ertragen, was immer das Schicksal zudiktiert. In alphabetischer Reihenfolge zählt er üble Tyrannen von Alexander dem Großen bis Gaius Caligula auf, was auf die Identifizierung dessen hinausläuft, der für die Brandkatastrophe tatsächlich verantwortlich zeichnet. Leider aber, so Seneca, darf der Mann von der Straße in diesen finsteren Zeiten nicht laut sagen, um wen es sich handelt, und der Name bleibt im ganzen Brief auch ungenannt. Doch liegt auf der Hand, wer jener „Mordbube" (*grassator*) ist, der Menschen abschlachtet und sich hinter der Lüge versteckt. Seneca, nicht Paulus, stellt sogar einen christologischen Vergleich an.

et ut optimus quisque unum pro multis datum est caput, ita et hic devotus pro omnibus igni cremabitur.

Und wenn gerade der Beste (Christus) für alle sein Leben gab, so wird auch dieser (Nero), für alle verflucht, im Feuer brennen.[53]

---

[52] Er wird gesondert dargeboten und besprochen bei P. Guyot / R. Klein, Das frühe Christentum bis zum Ende der Verfolgungen. Eine Dokumentation. Bd. 2: Das frühe Christentum in der heidnischen Gesellschaft, Darmstadt 1994, 190–193.350–352. Im Umgang mit der älteren Sekundärliteratur ist zu beachten, dass die Editionen vor C. W. Barlow gegen fast alle Handschriften diesen Brief regelmäßig als Nr. 12 zählen, mit Ausnahme von Erasmus, der die „richtige" Reihenfolge hat.

[53] Vgl. 2 Kor 5,14, aber auch Vergil, Aeneis 5,815: *unum pro multis dabitur caput.*

Das folgt der Logik des *ius talionis:* Der Brandstifter, der Sündenböcke sucht und verbrennt, wird selbst durch Feuer gestraft. Mit dem Verschweigen des eigentlichen Namens findet eine rhetorische Figur Anwendung, die der schon erwähnte Demetrius als σχῆμα bezeichnet und so definiert:

Πολλάκις δὲ ἢ πρὸς τύραννον ἢ ἄλλως βίαιόν τινα διαλεγόμενοι καὶ ὀνειδίσαι ὁρμῶντες χρῄζομεν ἐξ ἀνάγκης σχήματος λόγου.

Aber wenn wir einen Tyrannen anreden oder eine andere gewalttätige Person und etwas Schmähliches sagen wollen, müssen wir uns notwendigerweise der Anspielung bedienen.[54]

Durch die unverkennbare christologische Komponente wird Nero nicht nur als Tyrann und Verfolger typisiert, sondern förmlich als Antichrist, wie in anderen frühchristlichen Quellen.[55]

In den Grundzügen lässt sich dieser Bericht auf Tacitus und Sueton zurückführen. Bei ihnen dauert das Feuer sechs Tage,[56] fast wie bei unserem Autor, der am siebten Tag die Pause eintreten lässt. Tacitus benennt als Datum für den Brandbeginn allerdings den 19. Juli, wenn auch nur vermutungsweise.[57] Der 18. März als Datum wie hier dürfte zu früh sein. Über die anderen Quellen hinaus weiß unser Autor noch, dass exakt 132 Paläste und 4000 Wohnblöcke abgebrannt seien.[58] Diese Zahlen könnte er um der Reali-

---

[54] De elocutione 289.

[55] Die Belege dafür werden diskutiert bei H.-J. Klauck, Do They Never Come Back? *Nero redivivus* and the Apocalypse of John, in: Ders., Religion und Gesellschaft im frühen Christentum. Neutestamentliche Studien (WUNT 152), Tübingen 2003, 268–289.

[56] Tacitus, Annalen XV 40,1; Sueton, Nero 38,2.

[57] Tacitus, Annalen XV 41,2.

[58] Vgl. Tacitus, Annalen XV 41,1: „Die Zahl der Paläste, Wohnblöcke und Tempel, die verloren gingen, festzustellen dürfte nicht leicht sein."

tätsfiktion willen selbst erfunden haben,[59] falls er sie nicht doch aus einer uns unbekannten Quelle entnahm.[60]

7. Brief 12 (23. März 59) und 13 (6. Juli 58)

Im zwölften Brief geht Seneca auf die Sorgen des Paulus bezüglich der Stellung seines Namens aus Brief 10 ein und spielt auf mehr oder weniger geistreiche Weise mit dieser Thematik. Seneca ist glücklich darüber, dass ihre beiden Namen im Präskript so eng beieinander stehen, und würde sogar bereitwillig die Position seines Namens mit der des Namens des Paulus vertauschen.[61] Verbunden wird das mit einem Topos aus der Freundschaftsliteratur: Seneca und Paulus sind einander so nahe, dass der eine für das zweite Ich des anderen gehalten werden kann.[62]

Auch im dreizehnten Brief kommt immer noch Seneca zu Wort, der sich erneut der Stilfrage widmet. Paulus redet in seinen Briefen *allegorice* und *aenigmatice*, „auf allegorische Weise und in Rätseln". Hier darf man auf den Gebrauch

---

[59] So A. Fürst, Der apokryphe Briefwechsel (s. Anm. 7) 57.

[60] So C.W. Barlow, Epistolae 147; immerhin zeigt sich auch A. Momigliano, Bemerkungen (s. Anm. 22), davon beeindruckt, dass *domus* und *insulae* in plausibles Verhältnis gebracht sind; L. Bocciolini Palagi, Il carteggio apocrifo (s. Anm. 7) 146f., wertet das als weiteren Beleg für ihre These, dass hier ein anderer, mehr an historischer Genauigkeit interessierter Autor am Werk sei.

[61] Die meisten Handschriften, wenn auch nicht alle, stellen in Brief 14 deshalb um: *Paulus Senecae salutem;* so auch C.W. Barlow, Epistolae 137; vgl. die Diskussion bei L. Bocciolini Palagi, Il carteggio apocrifo (s. Anm. 7) 188; bei A.J. Malherbe, „Seneca" (s. Anm. 27) 421, folgendermaßen ausgewertet: „... an insistence so effective that Paul relents and mentions himself first in the last letter!".

[62] Aus der Fülle der Belege sei nur herausgegriffen Aristoteles, Nikomachische Ethik IX 4,5 (1166 a 31f.): ἐστι γὰρ ὁ φίλος ἄλλος αὐτός.

von ἀλληγορούμενα in Gal 4,24 und μυστήριον in 1 Kor 2,7 und öfter verweisen. Von Seneca ist diese Umschreibung als leichter Tadel gedacht: Paulus erscheint zu oft als schwer verständlich (vgl. 2 Petr 3,16). An der Gewalt der Inhalte besteht kein Zweifel, aber damit sollte der sprachliche Schmuck in Einklang stehen. Paulus soll Seneca, kurz gesagt, den Gefallen tun, auf *Latinitas* zu achten, auf korrektes Latein. Viel weiter kann man sich von der historischen Wirklichkeit nicht entfernen. Daraus darf man schließen, dass der anonyme Autor im Westen lebte und die Bibel nur in einer altlateinischen Fassung las.

8. Brief 14 (1. August 58)

Im vierzehnten Brief ergreift Paulus wieder das Wort und wird deutlicher als je zuvor. Erst jetzt versucht er, aus Seneca einen christlichen Missionar zu machen. Eingangs konzediert er ihm mit einer *captatio benevolentiae,* dass die Gottheit ihm besondere Einsichten gewährt hat. Er selbst, Paulus, säe daher das Wort Gottes bei Seneca in einen fruchtbaren Acker aus.[63] Fortan soll Seneca die heidnischen Kulte und die Bräuche der „Israeliten" meiden und zu einem Verkünder Christi werden. Sein Wirkungsfeld soll das Kaiserhaus sein mit dem Herrscher, seinen Freunden und seinem Personal. Paulus sagt Seneca auch voraus, dass die meisten unter ihnen sich von seinen Worten nicht beeindrucken lassen werden. Die kleine Wendung „was Du fast schon erreicht hast" (*quam propemodum adeptus*) stellt klar, dass Seneca auch in diesem Brief und damit in der gesamten Korrespondenz nicht als gläubiger Christ eingestuft wird, sondern allenfalls als eine *anima naturaliter Christiana.*

[63] Vgl. Mk 4,3–20 parr.; 1 Petr 1,23; Seneca, Ep 73,16.

III. Rückblick und Auswertung

Die Korrespondenz zwischen Paulus und Seneca hat in der Forschung keine gute Presse. Eine kleine Blütenlese an Urteilen über sie:

- Mit der Verkommenheit des Ausdrucks wetteifert die Verkommenheit der Gedanken. Der Inhalt ist nichtssagend …[64]
- Dass es sich um ein ziemlich geistloses Produkt handelt …, darüber herrscht nur eine Stimme. Die Sprache ist elend …[65]
- de la plus parfaite platitude, nullité d'idées, un esprit très peu cultivé[66]
- this correspondence in all its empty phraseology, its meaningless insignificance and insipid, exaggerated flattery[67]
- una producción mayormente de bajo y escaso nivel literario[68]
- entbehren … weitgehend jeglichen Inhalts, miserable sprachliche und literarische Qualität, dürftig und banal … ausgesprochen unfähig … populäres Versatzstück auf unterstem Niveau, Dilettantismus, miserables Machwerk[69]

Diese wenig schmeichelhaften Stellungnahmen, denen man nicht einmal grundsätzlich widersprechen kann, lassen die Frage nach Absicht und Bedeutung des kleinen Werks umso dringlicher erscheinen. Es konnte seinem Verfasser schwerlich darum gehen, die Briefe des Paulus oder seine Person einem gebildeten römischen Publikum empfehlen zu

64 J. Kreyher, L. Annaeus Seneca (s. Anm. 21) 178.

65 K. Pink, Die pseudo-paulinischen Briefe (s. Anm. 14) 198.

66 L. Vouaux, Les Actes de Paul 337f., 344.

67 J. N. Sevenster, Paul and Seneca (s. Anm. 44) 13.

68 J. Gonzáles Luis, En torno a la correspondencia (s. Anm. 14) 161.

69 A. Fürst, Pseudepigraphie und Apostolizität (s. Anm. 23) 80f.85f.96.

wollen.[70] Er hätte eher das Gegenteil erreicht. Mit Senecas literarischem Nachlass scheint er nicht wirklich vertraut zu sein, so dass auch die Vermutung, er wolle seine Adressaten zur verstärkten Seneca-Lektüre auffordern,[71] ausfällt. Auf griechische Vorstufen zu rekurrieren, die von erheblich besserer Qualität gewesen seien,[72] führt ebenfalls nicht weiter. Alle sprachlichen Indizien sprechen gegen eine Übersetzung aus dem Griechischen, nichts spricht dafür. Der auch schon geäußerte Verdacht, judenchristliche Kreise hätten den Briefwechsel gefälscht, um Paulus durch die unterstellte Freundschaft mit dem als Tyrannenerzieher verschrienen Seneca zu diskreditieren,[73] wirkt nur auf den ersten Blick originell. Zuviele gewagte literarkritische Hypothesen (nur die Briefe 10, 11 und 12 seien alt, die übrigen stammten erst aus karolingischer Zeit, einige seien verloren gegangen) müssen dafür aufgeboten werden.[74]

Als eine plausible Gesamtsicht bleibt eine Option übrig, die von den brieftypischen Merkmalen und der Begeisterung einiger Väter des Westens für Seneca als moralisch hoch stehende Persönlichkeit ausgeht (letztere hat sich em-

---

[70] Vgl. L. BOCCIOLINI PALAGI, Epistolario apocrifo (s. Anm. 7) 15: „... di raccomandare la letteratura delle epistole paoline agili uomini colti del suo tempo ...“; zu Vorgängern (Harnack, Zahn) siehe A. FÜRST, Pseudepigraphie und Apostolizität (s. Anm. 23) 94f.

[71] So F. X. KRAUS, Der Briefwechsel Pauli mit Seneca. Ein Beitrag zur Apokryphen-Literatur, TThQ 49 (1867) 603–624, hier 608.

[72] Vgl. kritisch dazu A. FÜRST, Der apokryphe Briefwechsel (s. Anm. 7) 10.

[73] So E. WESTERBURG, Der Ursprung der Sage, daß Seneca Christ gewesen sei. Eine kritische Untersuchung nebst einer Rezension des apokryphen Briefwechsels des Apostels Paulus mit Seneka, Berlin 1881 (trotz des langen Titels hat die Untersuchung nur 52 S.).

[74] Vgl. zur (gründlichen) Auseinandersetzung A. FÜRST, Pseudepigraphie und Apostolizität (s. Anm. 23) 96–102.

blematischen Ausdruck verschafft in Tertullians oft zitiertem Wort *Seneca saepe noster,* „Seneca, oft einer von uns" oder „auf unserer Seite").[75] Die im dafür geeigneten Medium des Briefs dokumentierte Freundschaft zwischen Seneca und Paulus verleiht dieser Hochschätzung von Senecas Gestalt ein apostolisches Fundament.[76]

Das kann man in einem weiteren Schritt noch an den doppelt pseudepigraphen und apokryphen Charakter der Korrespondenz zurückbinden. Die Bildung von Apokryphen versucht oft, Lücken zu füllen, die sich in der vorhandenen Überlieferung auftun. Anders als bei den „echten" Jesusjüngern konnte man bei Paulus dafür nicht gut auf die Evangelienform zurückgreifen. Als Gattungen bleiben die Apostelakte, die Apokalypse und der Brief übrig. Von allen drei Möglichkeiten wurde Gebrauch gemacht. Für die Gattung „Brief" ist der sogenannte dritte Korintherbrief sehr aufschlussreich.[77] Tatsächlich stellt er eine kleine Korrespondenz dar, denn er besteht aus einem Brief der korinthischen Ältesten – unter Einschluss von Theophilus – an Paulus und einem Antwortschreiben des Paulus nach Korinth. Diese Korrespondenz *en miniature* ist sowohl einzeln überliefert (im PBodmer X) wie auch als Bestandteil der Paulusakten,

[75] De anima 20,1; vgl. allgemein dazu J.-C. FREDOUILLE, „*Seneca saepe noster*", in: R. Chevallier / R. Poignault (Hrsg.), Présence de Sénèque (Collection Caesarodunum 24bis), Paris 1991, 127–142.

[76] Das ist die Quintessenz bei A. FÜRST, Pseudepigraphie und Apostolizität (s. Anm. 23).

[77] Vgl. zum Folgenden V. HOVHANESSIAN, Third Corinthians: Reclaiming Paul for Christian Orthodoxy (Studies in Biblical Literature 18), New York u. a. 2000; G. LUTTIKHUIZEN, The Apocryphal Correspondence with the Corinthians and the Acts of Paul, in: J. N. Bremmer (Hrsg.), The Apocryphal Acts of Paul (Studies on the Apocryphal Acts of the Apostles 2), Kampen 1996, 75–91.

was auch auf eine gewisse Affinität der beiden Gattungen Apostelakte und Apostelbrief schließen lässt.

In unserem Fall öffnen sich solche produktiven Traditionslücken bereits in der kanonischen Apostelgeschichte und den Paulusbriefen, dann aber besonders im Martyriumsbericht der Paulusakten mit der direkten Konfrontation von Paulus und Nero. Ich möchte fast vermuten, dass unser Anonymus zu seinem Entwurf nicht nur durch die kanonischen Schriften, sondern auch durch die Paulusakten inspiriert wurde. Bis zu der Annahme, dass er den Briefwechsel in die Paulusakten eingefügt wissen wollte, brauchen wir gar nicht zu gehen. Der Fortsetzer Pseudo-Linus, der in seinem Paulusmartyrium auf die Bekanntschaft des Paulus mit Seneca und auf die Briefe zu sprechen kommt, hätte aber eine Intention dieser Briefsammlung richtig erkannt.

Die Briefe selbst zwingen nicht zu der These, Paulus und Seneca seien sich auch persönlich begegnet. Sie bringen vielmehr, wie es für die Briefform charakteristisch ist, durch Ort und Zeit Getrennte in einem fiktionalen Raum zusammen. Der unbekannte Autor könnte durch die Wahl seines Mediums indirekt zugestehen, dass er wusste, was er tat, wenn er die faktische Geschiedenheit in epistolare Kommunikation verwandelt. Selbst wenn dies für den Verfasser noch als zu modern erscheinen mag, hindert uns doch nichts daran, diese hermeneutische Einsicht für die Interpretation seines Textes fruchtbar zu machen und ein wenig über die zitierten negativen Stellungnahmen hinauszukommen.

Kapitel 5

Simon Petrus und Simon Magus: Ihr Zweikampf in den Pseudoclementinen

Der Wettkampf zwischen zwei Zauberern, einer gut, einer böse, ist uns im Grunde vertraut aus der modernen Mythologie. Saruman und Gandalf in J. R. Tolkiens Klassiker *Der Herr der Ringe* oder Dumbledore und Voldemort in *Harry Potter* dürften als Beispiele genügen. Die literarische Gattung, die hier ihre Auferstehung feiert, ist alt. Denken wir nur an Mose und die Magier des Pharao in Ex 7–8 oder an Paulus und den jüdischen Magier Bar Jesus in Apg 13. Als eines der prominentesten antagonistischen Paare ordnen sich hier auch Simon Petrus und Simon Magus ein, deren Auseinandersetzung in den Pseudoclementinen ein Hauptthema darstellt. Zeichnen wir zunächst den literarischen Weg des Simon Magus kurz nach,[1] ehe wir uns auf die etwas vernachlässigten Pseudoclementinen näher einlassen.

---

[1] Vgl. zu seiner Gestalt unter anderem H. Waitz, Simon Magus in der altchristlichen Literatur, ZNW 5 (1904) 121–143; F. Heintz, Simon „le Magicien": Actes 8,5–25 et l'accusation de magie contre les prophètes thaumaturges dans l'Antiquité (CRB 39), Paris 1997; T. Adamik, The Image of Simon Magus in the Christian Tradition, in: J. N. Bremmer (Hrsg.), The Apocryphal Acts of Peter: Magic, Miracles and Gnosticism (Studies in the Apocryphal Acts of the Apostles 3), Leuven 1998, 52–64; S. Haar, Simon Magus: The First Gnostic? (BZNW 119), Berlin 2003, bes. 109–112; A. Ferreiro, Simon Magus in Patristic, Medieval and Early Modern Traditions (Studies in the History of Christian Traditions 125), Leiden 2005.

I. Die Vorgeschichte

Zum ersten Mal begegnet uns Simon Magus in Apg 8,1–24. Der Evangelist Philippus verkündet in Samarien des Wort Gottes und vollbringt Heilungswunder und Exorzismen. Er trifft dort auf Simon, von dem wir in einer erzählerischen Rückblende erfahren, dass er durchaus erfolgreich Magie betrieb (V. 9: μαγεύων, V. 11: ταῖς μαγείαις) und von sich sagte, er „sei etwas Großes" (V. 9), was das Volk übersetzte als „Er ist die Kraft Gottes, die die große genannt wird". Erstaunlicherweise kommt es nicht zu einer Konfrontation zwischen den beiden. Simon erkennt gute professionelle Arbeit, wenn er sie sieht. Er lässt sich taufen und schließt sich Philippus an.

Aus Jerusalem kommend treffen Petrus und Johannes ein (V. 14). Sie spenden den Neugetauften durch Handauflegung den Geist, was vielleicht wie bei entsprechenden anderen Gelegenheiten mit Aufsehen erregenden Phänomenen verbunden war. Simon möchte diese Vollmacht gerne für Geld erwerben (V. 18f.) und zeigt damit, dass er vom christlichen Glauben noch nicht sehr viel verstanden hat. Petrus bedenkt ihn mit einer alttestamentlich gefärbten Strafpredigt (V. 20–23), die immerhin auch die Aufforderung zur Umkehr enthält (V. 22: μετανόησον). Im westlichen Text vergießt Simon daraufhin sogar viele Tränen,[2] und im Mehrheitstext bittet er die beiden Apostel, für ihn zum Herrn zu beten. Die Zukunft Simons bleibt bei Lukas also offen, trotz seines Rückfalls in alte Verhaltensweisen, und dies mit Absicht. So kann Simon als Modell für Christen dienen, die in einer synkretistischen Umwelt ähnliche Fehler

[2] V. 24 in Codex D*: ος πολλα κλαιων ου διελιμπανεν, „der nicht aufhörte, vieles zu weinen".

begehen. Vom Gnostiker Simon findet sich bei Lukas noch keine Spur, auch nicht in der Selbstprädikation als „Gottes große Kraft“. Dass Lukas den Gnostiker Simon sekundär zu einem bloßen Magier degradiert habe, wie ein Teil der Forschung will,[3] trifft meines Erachtens den Sachverhalt nicht.

Die spätere Rezeption hat diese Zurückhaltung des Lukas nicht mehr wahrgenommen oder nicht respektiert und aus Simon den Stammvater aller Häresien, namentlich der gesamten Gnosis, gemacht. Bei Justin erfahren wir nicht nur, dass Simon aus dem Ort Gitton in Samaria stammte, sondern auch, dass er, mit dämonischer Kraft ausgestattet, in Rom wirkte, wo man ihm sogar eine Statue errichtete.[4] Irenäus fügt in seinem bekannten Referat über Simon hinzu, dass dieser seinen anfänglichen Glauben nur geheuchelt habe, um hinter das Geheimnis der Wundertaten des Philippus zu kommen. Er schreibt ihm bereits ein komplexes gnostisches Gedankensystem zu, in dem eine Dirne namens Helena, die Simon aus einem Bordell in Tyrus freikaufte, die Rolle der himmlischen Sophia übernimmt. Spätestens mit seinen Schülern, den Simonianern, „hat die fälschlich so genannte Gnosis ihren Anfang genommen“.[5]

In den Petrusakten (oder, genauer, den *Actus Vercellenses*) bleibt davon nur der große Magier übrig, der in Rom sein Unwesen treibt, auch innerhalb der christlichen Gemeinde, und den Petrus ausschalten muss. Hier kommt es zum förmlichen Wunderwettkampf, der nach Art einer Gerichts-

---

[3] Vgl. G. LÜDEMANN, Untersuchungen zur simonianischen Gnosis (GTA 1), Göttingen 1975, 39–55, 102; das Richtige dürfte K. BEYSCHLAG, Simon Magus und die christliche Gnosis (WUNT 16), 99–126, treffen.

[4] Justin, Apologie 26,2.

[5] Irenäus, Adversus Haereses I 23,1–4.

verhandlung auf dem Forum stattfindet. Tribünen werden aufgestellt, und die Leute sagen:

Hic crastina die luce orta certari habent duo Iudaei de conlocutione dei.

Hier müssen morgen zwei Juden einen Streit austragen um die Anrufung Gottes.[6]

Das erste Gefecht wird mit Worten geführt. Ein *argumentum ad hominem* des Petrus, eine frühere Missetat Simons in Jerusalem betreffend, kontert Simon mit den wirkungsvollen Fragen:

deus nascitur? crucifigitur? qui dominum habet, non est deus.

Wird denn ein Gott geboren? Wird er gekreuzigt? Wer einen Herrn über sich hat, ist kein Gott.[7]

Es geht weiter mit einer Serie von drei Totenerweckungen durch Petrus, denen Simon nichts mehr entgegensetzen kann. Dennoch hält er daran fest, Sohn Gottes, Kraft Gottes und „der Stehende" (bei Philon von Alexandrien ein Gottesprädikat) zu sein, was er mit einer Himmelfahrt zum Vater beweisen will.[8] Beim Flugversuch bringt ihn Petrus zum Absturz, und Simon stirbt am nächsten Tag an den Folgen.[9] Letzteres bleibt ihm in den Pseudoclementinen erspart, auch wenn Rom als ferner Horizont in der Erzählung auftaucht

---

[6] ActPetr 22.

[7] ActPetr 23. Die letzte Aussage wird verständlich, wenn man an exegetische Kontroversen um Ps 110,1: „So spricht der Herr zu meinem Herrn", und seine Rezeption (vgl. Mk 12,35–37) denkt.

[8] ActPetr 31.

[9] ActPetr 32; vgl. zum verunglückten Flugversuch Sueton, Nero 12,2: Im Circus in Rom stürzt ein Darsteller des Ikarus neben der Loge des Kaisers zu Tode; Nero bekommt sogar Blutspritzer ab; siehe dazu (mit weiterer Lit.) K. Beyschlag, Simon Magus (s. Anm. 3) 61 Anm. 120.

und ein Wissen um das schmähliche Ende Simons wahrscheinlich vorausgesetzt ist.

II. Die Pseudoclementinen: Einleitungsfragen

In der theologischen Welt fanden die Pseudoclementinen seit den Tagen der Tübinger Schule vor allem Beachtung wegen ihres Antipaulinismus und als Zeugen eines verschollen geglaubten Judenchristentums. Außerhalb von Fachkreisen kennt sie kaum jemand auch nur dem Namen nach. Einige einleitende Bemerkungen sind daher angebracht.

Den Namen „Clementinen" trägt dieses Schrifttum, dessen Erzählfaden mit „Ich, Clemens" einsetzt,[10] nach Clemens von Rom, dem ersten oder dritten Nachfolger des Petrus als römischer Bischof. Der Text berichtet, wie Clemens in den 30er und 40er Jahren des ersten Jahrhunderts mit Petrus in der Küstenebene Palästinas und Syriens umherzog und dabei in sein späteres Amt als Papst hineinwuchs. Den Zusatz „Pseudo-" verwenden wir, weil es sich dabei um eine offensichtliche Fiktion handelt. Die Pluralform schließlich erklärt sich von daher, dass es von diesem Werk zwei unterschiedliche Versionen gibt, die *Homilien* (H) und die *Rekognitionen* (R). Beide sind im 4. Jahrhundert in Syrien entstanden.[11] Die Homilien liegen in zwei Manuskripten in Griechisch vor,[12] während die Rekognitionen

---

[10] H I 1,1: Ἐγὼ Κλήμης.

[11] Für die Rekognitionen unterstreicht das N. Kelley, Knowledge and Religious Authority in the Pseudo-Clementines: Situating the *Recognitions* in Fourth Century Syria (WUNT II, 213), Tübingen 2006.

[12] Ausgabe: B. Rehm, Die Pseudoklementinen I. Die griechische Originalfassung von H und R scheint verdrängt worden zu sein von zwei griechischen Epitomen, die in fast zweihundert Abschriften vorlie-

uns lediglich in der lateinischen Übersetzung des Rufinus von Aquileia erhalten geblieben sind, die es auf mehr als hundert Handschriften bringt.[13] Die Homilien werden so genannt aufgrund der Lehrvorträge und Dialoge des Petrus,[14] die einen wesentlichen Teil des Textes ausmachen. Die Rekognitionen zeigen in ihrem Titel deutlicher den romanhaften Plot an, der die Erzählung vorantreibt. Es geht um „Wiedererkennungen", *ἀναγνωρισμοί* im Griechischen.[15] Clemens wurde in früher Jugend von seiner Mutter, zwei älteren Zwillingsbrüdern und zuletzt auch von seinem Vater getrennt. Leser und Leserin verfolgen gespannt mit, wie die Familie in den späteren Büchern Schritt um Schritt wieder zusammenfindet. Diese Haupthandlung berechtigt dazu, die beiden Erzählwerke und ihre Vorlage in die Gattung des antiken Romans einzuordnen. Näherhin liegt eine Mixtur von Bildungs-, Reise- und Familienroman vor.[16]

---

gen, vgl. F. Paschke, Die beiden griechischen Klementinen-Epitomen und ihre Anhänge. Überlieferungsgeschichtliche Vorarbeiten zu einer Neuausgabe der Texte (TU 90), Berlin 1966.

[13] Ausgabe: B. Rehm, Die Pseudoklementinen II. Daneben ist, außer den beiden Epitomen, noch ein syrischer Teiltext von Bedeutung, vgl. W. Frankenberg, Die syrischen Clementinen. Eine leicht veraltete englische Übersetzung (1886) von T. Smith, P. Peterson und J. Donaldson findet sich in: The Anti-Nicene Fathers. American Reprint of the Edinburgh Edition, Grand Rapids 1995, 73–346. Einen wesentlichen Fortschritt markiert die moderne, vollständige französische Übersetzung durch ein Autorenkollektiv in P. Geoltrain / J.-D. Kaestli (Hrsg.), Écrits apocryphes chrétiens II, 1173–2003.

[14] Zum Dialogcharakter mancher Partien siehe B. R. Voss, Der Dialog in der frühchristlichen Literatur (STA 9), München 1970, 60–78.

[15] Vgl. P. Boulhol, Ἀναγνωρισμός. La scène de reconnaissance dans l'hagiographie antique et médiévale, Aix-en-Provence 1996.

[16] Zum Romancharakter speziell der Pseudoclemtinen vgl. K. Kerényi, Die griechisch-orientalische Romanliteratur in religions-

Homilien und Rekognitionen stehen teils so eng zusammen, dass man sie in zwei Spalten synoptisch abdrucken kann. Dann wiederum gehen sie auseinander, auch im gemeinsamen Stoff. Ein Beispiel, das uns direkt betrifft: In den Rekognitionen sind die Dispute zwischen Petrus und Simon auf drei Tage in Caesarea und auf die Bücher 2 und 3 konzentriert. In den Homilien erscheinen sie aufgeteilt auf Caesarea und Laodizea und auf die Bücher 2–3 und 16–19. Die Ähnlichkeit der beiden Versionen erklärt man am besten durch die Annahme, dass sie unabhängig voneinander auf eine Grundschrift zurückgreifen,[17] für die der auch in der

---

geschichtlicher Beleuchtung: Ein Versuch (1927), Darmstadt 1962, 67–94; B.E. PERRY, The Ancient Romances: A Literary-Historical Account of Their Origins (Sather Classical Lectures 37), Berkeley / Los Angeles 1967, 285–293; M.J. EDWARDS, The *Clementina:* A Christian Response to the Pagan Novel, CQ 42 (1992) 459–474; D.U. HANSEN, Die Metamorphose des Heiligen: Clemens und die *Clementina,* in: Groningen Colloquia on the Novel, Bd. 8, Groningen 1997, 119–129; B. POUDERON, Aux origines du roman clémentin: Prototype païen, refonte judéo-hellénistique, remaniement chrétien, in: S.C. Mimouni / F.S. Jones (Hrsg.), Le Judéo-christianisme dans tous ses états (LeDiv), Paris 2001, 231–256; DERS., Dédoublement et création romanesque dans le roman pseudo-clémentin, in: Ders. (Hrsg.), Les personnages du roman grec (Collection de la Maison de l'Orient Méditerranéen 29), Lyon / Paris 2001, 269–283; M. VIELBERG, Clemens in den pseudoklementinischen Rekognitionen. Studien zur literarischen Form des spätantiken Romans (TU 145), Berlin 2000, 111–169.

[17] Bahnbrechend für die Entwicklung dieser Sicht war erneut R.A. LIPSIUS, Die Quellen der römischen Petrus-Sage kritisch untersucht, Kiel 1872, sowie H. WAITZ, Die Pseudoklementinen. Homilien und Rekognitionen: Eine quellenkritische Untersuchung (TU 25,4), Leipzig 1904. Das Standardwerk von G. STRECKER, Das Judenchristentum in den Pseudoklementinen (TU 70), Berlin ^{2}1981, bewegt sich innerhalb der so abgesteckten Bahnen. Zu einer veränderten Sichtweise vgl. B. POUDERON, La Genèse du Roman Clémentin et sa signification théologique, StPatr 40 (2006) 483–507.

Antike belegte Titel Περίοδοι Πέτρου, „Wanderungen des Petrus“, in Frage kommt[18] und die in Syrien um 220–230 n. Chr. entstanden sein kann. Die Rekognitionen dürften den erzählerischen Faden der Grundschrift besser bewahrt haben,[19] die Homilien die älteren theologischen Anschauungen bieten.[20]

Weiter brauchen wir uns für unsere Zwecke auf die sehr kontrovers diskutierte Quellenfrage nicht einzulassen, da wir uns für unsere Lektüre auf die vorliegenden Textfassungen konzentrieren.[21] Wir folgen hier zunächst den

---

[18] Vgl. F. S. JONES, Eros and Astrology in the Περίοδοι Πέτρου: The Sense of the Pseudo-Clementine Novel, Apocrypha 12 (2001) 53–78, der zusätzlich die Beobachtung ins Spiel bringt, dass Περίοδοι auf die Wanderungen der Gestirne abzielen könnte, was angesichts der Bedeutung der Astrologie und ihrer Überwindung in den Pseudoclementinen durchaus plausibel scheint.

[19] So mit guten Argumenten M. VIELBERG, Clemens; anders z. B. J. WEHNERT, Abriss der Entstehungsgeschichte des pseudo-klementinischen Romans, in: Apocrypha 3 (1992) 211–235 (228: „R hat den PsKl-Stoff hingegen ziemlich ruiniert“); B. POUDERON, Origène, le pseudo-Clément et la structure des *Periodoi Petrou,* Apocrypha 12 (2001) 29–51.

[20] Genauso schon H. J. SCHOEPS, Theologie und Geschichte des Judenchristentums, Tübingen 1949, 40: „Überhaupt hat Hom. mehr von den ursprünglichen Quellenstoffen beibehalten, während andererseits einer der Vorzüge von Rec. darin besteht, daß er den Aufriß von G. viel getreuer wiedergibt.“

[21] Ein bemerkenswertes Bild für die Quellenanalyse, mit implizitem Werturteil, zeichnet H. J. SCHOEPS, Das Judenchristentum in den Pseudoklementinen, in: Ders., Studien zur unbekannten Religions- und Geistesgeschichte (Veröffentlichungen der Gesellschaft für Geistesgeschichte 3), Göttingen 1963, 91–97, hier 97: „Diese zwiebelartige Literatur, die sich immer weiter schälen läßt … Zwar gibt es keinen letzten Kern, der herausgeschält werden könnte, aber die innersten Schalen sind am wertvollsten, weil sie die zeitlich ältesten sind …“. Das Problem ist nur, dass man, wenn man zuviel schält, am Ende nichts mehr in der Hand hält. Auch dass das nur hypothetisch rekonstruier-

Homilien. Sie haben den Vorteil, dass sie im griechischen Original vorliegen und umfassende Informationen zur Auseinandersetzung zwischen Simon Petrus und Simon Magus bieten.[22]

III. Simon Magus und Simon Petrus in den Homilien

1. Die Vorbereitung und der Disput in Caesarea

Simon wirft seinen düsteren Schatten weit voraus. Clemens ist kaum bei Petrus in Caesarea eingetroffen, da erfährt er schon, dass für den nächsten Tag ein Streitgespräch (ζήτησιν λόγων) mit Simon angesetzt ist.[23] Petrus rechnet damit, dass er unter Umständen dabei schlecht aussehen könnte und Clemens sich irritiert fühlt.[24] Deshalb ist eine Vorbereitung im inneren Kreis erforderlich. Um Simons Gestalt einzuordnen, entwickelt Petrus die Lehre von den Syzygien.[25] Gott hat Grunddaten der Schöpfung wie Himmel und Erde oder Tag und Nacht in antagonistischen Paaren angeordnet und dazu noch festgesetzt, dass das Geringere zuerst kommt und das Bedeutendere an zweiter Stelle. Simon ist, ob er will oder nicht, mit Petrus unter ein Joch (ζυγός) gespannt und

---

bare Ältere immer auch das Wertvollere sei, versteht sich nicht von selbst. Das erinnert, mit veränderten Vorzeichen, an den Altersbeweis der jüdischen und christlichen Apologetik.

[22] Vgl. speziell dazu durchgehend die Arbeit von D. Côté, Le thème de l'opposition entre Pierre et Simon dans les *Pseudo-Clémentines* (Collection des Études Augustiniennes. Série Antiquité 167), Paris 2001.

[23] H I 15,2; vgl. I 22,2.

[24] H I 20,5f.

[25] Vgl. D. Côté, Le thème de l'opposition (s. Anm. 22) 29–32.

dessen Mitarbeiter, aber auf der schwächeren linken Seite.[26] Simon fungiert nach dieser Regel sogar als Vorläufer des Petrus,[27] während dieser ihm aus gleichem Grund dicht auf den Fersen bleibt. Der falsche Prophet und der wahre Prophet[28] sowie der Antichrist und Christus, in dieser Reihenfolge, geben weitere Beispiele für diese Paarbildung ab.[29] Bei Simon Magus und Simon Petrus kommt noch hinzu, dass der gleiche Name Simon sich für eine solche Zuordnung geradezu anbot.

Dann haben die Zwillinge Nicetas und Aquila, hinter denen sich die verlorenen Brüder des Clemens verbergen, ihren Auftritt. Durch einen Zufall sind sie zusammen mit Simon aufgezogen worden, und es dauerte einige Zeit, bis sie ihn durchschauten. Sie geben jetzt heikle Interna aus der Vorgeschichte Simons preis, etwa wie er in Alexandrien die Magie erlernte, wie er auf sich selbst die Attribute „Kraft des Schöpfergottes“, „Christus“ und das Gottesprädikat „der Stehende“ anwandte,[30] wie er das Gesetz allegorisch auslegte[31] und geschickt griechische Mythen instrumentalisierte,[32] wie er schließlich im Kreis der Jünger Johannes

---

26 H II 15,1–5.

27 H II 18,1: τὸν κανόνα τῆς συζυγίας … προοδεύσας.

28 Zum Lehrstück vom wahren Propheten und von der „falschen“, weiblichen Prophetie, das in den Pseudoclementinen einen hohen Stellenwert hat, vgl. G. Strecker, Das Judenchristentum (s. Anm. 17) 145–162; H. J. W. Drijvers, Adam and the True Prophet in the Pseudo-Clementines, in: Ders., History and Religion in Late Antique Syria, Aldershot 1994, XIV.

29 H II 17,4f.

30 H II 22,3; vgl. zu dem Prädikat ὁ ’Εστώς M. A. Williams, The Immovable Race: A Gnostic Designation and the Theme of Stability in Late Antiquity (NHS 29), Leiden 1985, 37–56.

31 H II 22,6.

32 H II 25,3.

des Täufers die Führung eroberte[33] und von Helena, die er als Gefährtin mit sich führt, behauptete, er habe sie aus dem Himmel herab gebracht.[34] Sogar einen Mord hat er begangen. Er trennte die Seele eines Knaben von dessen Körper, damit die Seele ihm bei der Produktion von Phantasiegebilden helfe; ein Bild des Kindes bewahrt er in seinem Schlafzimmer auf.[35]

Clemens möchte mehr über die Wundertaten (θαυμάσια) Simons hören. Die Zwillinge geben ein beeindruckendes Summarium:

οἱ δὲ ἔλεγόν μοι ὅτι ἀνδριάντας ποιεῖ περιπατεῖν καὶ ἐπὶ πῦρ κυλιόμενος οὐ καίεται, ἐνίοτε δὲ καὶ πέταται καὶ ἐκ λίθων ἄρτους ποιεῖ, ὄφις γίνεται, εἰς αἶγα μεταμορφοῦται, διπρόσωπος γίνεται, εἰς χρυσὸν μεταβάλλεται, θύρας κεκλεισμένας ἀνοίγει, σίδηρον λύει, ἐν δείπνοις εἴδωλα παντοδαπῶν ἰδεῶν παρίστησιν …

Er lässt Statuen umhergehen. Er wälzt sich im Feuer, ohne sich zu verbrennen. Manchmal fliegt er sogar und macht aus Steinen Brot.[36] Er wird zu einer Schlange. Er verwandelt sich in eine Ziege. Er zeigt zwei Gesichter. Er verwandelt sich zu Gold.[37] Er öffnet verschlossene Türen.[38] Er zerbricht Eisen. Bei Gastmählern macht er Trugbilder unter allen möglichen Formen sichtbar …[39]

Es fällt Petrus nicht sonderlich schwer, den Unterschied dieser Schauwunder zu den Wundertaten herauszustellen, wie Jesus sie vollbracht hat und auch er selbst sie durch sein Gebet bewirkt. Sie entspringen einer „philanthropischen“

[33] H II 23–24.
[34] H II 25,1f.
[35] H II 26,1f.
[36] Vgl. Mt 4,3.
[37] Eine der Erscheinungsweisen von Zeus bei seinen amourösen Abenteuern.
[38] Vgl. Apg 12,10; 16,26.
[39] H II 32,2.

Gesinnung (ein viel gebrauchtes Wort in den Homilien). Ihre Adressaten sind andere Menschen, die von Krankheiten und Dämonen befreit werden, Hände und Füße wieder bewegen können und Augenlicht und Hörvermögen zurückerhalten.[40]

Simon verlegt den Disput um einen Tag, was Petrus sehr zustatten kommt. Von Spionen im feindlichen Lager hat er erfahren, welche Argumente Simon vorbringen wird, z. B. dass der höchste Gott nicht der Schöpfergott der Bibel sei, sondern lediglich zwei subalterne Götter gesandt habe, von denen der eine die Welt geschafften und der andere das Gesetz erlassen habe.[41] Petrus versucht, dieses und ähnliche Argumente im Voraus schon zu neutralisieren. Dazu geht er auf die Lehre von den falschen Perikopen ein, die Gott nur zur Glaubensprüfung in die Hebräische Bibel eingefügt hat.[42] Dieser Sachverhalt bedarf einer sorgfältigen hermeneutischen Reflexion, die nicht für die Öffentlichkeit bestimmt ist.

Diese lange Vorbereitung ist fast aufschlussreicher als das Streitgespräch selbst, das dann endlich stattfindet. Simon argumentiert erwartungsgemäß mit exegetischen Schwierigkeiten, die sich aus den Anthropomorphismen der Schrift ergeben. Er will, von bestimmten Schrifttexten ausgehend, beweisen, dass der Gott der Bibel unwissend, neidisch, wankelmütig, bedürftig und, kurz gesagt, böse sei.[43] Petrus

---

[40] H II 34,3.

[41] H II 37,1; III 2,1–3. Vgl. die hilfreiche Liste der Simon- und Petruswunder bei C. Schmidt, Studien zu den Pseudo-Clementinen. Nebst einem Anhange: Die älteste römische Bischofsliste und die Pseudo-Clementinen (TU 46,1), Leipzig 1929, 48–50.

[42] H II 39,1–4; vgl. dazu G. Strecker, Judenchristentum (s. Anm. 17) 166–187.

[43] H III 39,1–5.

hält mit anderen Schriftstellen und ziemlich gewagten Exegesen dagegen.[44] Vor allem erklärt er, dass die zutreffende Auslegung der Schrift vom wahren Propheten Jesus geleistet werde, der alle Aporien bereits aufgelöst habe.[45] Simon gibt sich, man weiß gar nicht so recht warum, fürs erste geschlagen und flieht nach Tyrus.[46] Petrus bleibt nach dem Prinzip der Syzygie nichts anderes übrig, als ihm in einigem zeitlichen Abstand zu folgen.

2. Zwischenspiele

In Tyrus agitiert Simon gegen Petrus und stellt ihn als Magier hin.[47] Selbst vollbringt er die üblichen Mirakel. Für ein öffentliches Gastmahl schlachtet er einen Ochsen; aber alle, die davon essen, werden mit Krankheiten infiziert und von Dämonen heimgesucht.[48] Kaum aber sind die Freunde des Petrus als Vortrupp in Tyrus eingetroffen, setzt Simon die Segel nach Sidon.[49]

Wer gehofft hatte, Simon werde nun für einige Zeit, bis zum nächsten großen Disput, in der Versenkung verschwinden, wird enttäuscht. Durch Stellvertreter bleibt er auch aus der Ferne in Tyrus präsent. Er lässt drei Freunde

---

[44] Dass Gott keine blutigen Schlachtopfer gewollt habe, beweist Petrus aus Num 11,33f.: Die Israeliten, die nach Fleisch gegiert hatten, werden, kaum dass sie die ersten Bissen zwischen den Zähnen haben, von Gott mit einer bösen Plage geschlagen; den Ort nennt man fortan „Grabmäler der Gier"; siehe dazu H. J. Schoeps, Theologie (s. Anm. 20) 191f.

[45] H III 49–57.

[46] H III 58,1–3.

[47] H IV 2,3.

[48] H IV 4,3.

[49] H IV 6,2.

aus Ägypten zurück, Apion, einen Grammatiker, der auch mit dem Vater des Clemens befreundet war, Annubion, einen Astrologen, und Athenodorus, einen epikureischen Philosophen.[50] Der anschließende Dialog des Clemens mit Apion in Buch 4, 5 und 6 gehört zu den literarischen Glanzstücken der Homilien. Vor Ort dreht sich das Gespräch um Schicksalsglauben, griechische Paideia, Idolatrie und heidnische Mythologie.[51] Clemens zeigt sich gut vertraut mit der allegorischen Exegese der Mythen, die er ablehnt und durch krassen Euhemerismus ersetzt: Die Götter waren ursprünglich nicht nur Menschen, sondern sogar besonders üble Menschen, große Magier nämlich.[52] Zwischendurch berichtet Clemens in einem Rückblick von einer früheren Begegnung mit Apion in Rom, wie dieser in vermeintlichen Liebesdingen den Einsatz magischer Mittel empfahl und ein Enkomium auf Eros als höchsten Gott abfasste (dazu mehr unten in Kapitel 6).

Danach stellt sich das stereotype Bild wieder ein. Simon befindet sich auf der Flucht, und Petrus bleibt ihm hart auf den Fersen. Petrus kommt nach Tyrus und Sidon, Simon weicht mit seinen drei Freunden, die wir inzwischen kennen gelernt haben, nach Beirut aus.[53] In Beirut obsiegt Petrus in einer kurzen Konfrontation. Simon wird vertrieben und zieht zuerst nach Byblus, dann nach Tripolis.[54]

---

[50] Zu ihnen vgl. J. E. Bremmer, Foolish Egyptians: Apion and Anubion in the *Pseudo-Clementines,* in: A. Hilhorst / G. H. van Kooten (Hrsg.), The Wisdom of Egypt: Jewish, Early Christian, and Gnostic Essays in Honour of Gerard P. Lutttikhuizen (Ancient Judaism and Early Christianity 59), Leiden 2005, 311–329.

[51] Vgl. den Abschnitt „Heidnische Bildung in den Pseudoklementinen" bei M. Vielberg, Clemens (s. Anm. 16) 89–96.

[52] H VI 20,2.

[53] H VII 5,3.

[54] H VII 12,2f.

Als Petrus dort eintrifft, ist Simon schon wieder unterwegs nach Syrien.[55] Das gibt Petrus Gelegenheit, zunächst vier Tage lang ungestört in Tripolis zu lehren und dann weitere drei Monate dort zu verweilen (Buch 8–11). Aber er verliert Simon nicht aus den Augen, denn anschließend führt sein Weg ihn nach Antiochien in Syrien, wo er Simon vermutet.[56]

Auf der Reise dorthin kommt die lange ersehnte Wiedervereinigung der Familie in Gang. Zunächst findet Clemens, der in Tripolis getauft worden ist, auf der Insel Aradus seine Mutter Mattidia wieder (Buch 12). In Laodizea geben sich Nicetas und Aquila als die vermissten Zwillinge Faustinus und Faustinianus zu erkennen (Buch 13). Es fehlt zum vollen Glück noch der Vater Faustus, der aber in Buch 14 unerkannt schon die Szene betritt, in Gestalt eines alten Mannes, der an das Schicksal und die Astrologie glaubt und die Existenz Gottes und die Vorsehung leugnet.

Wir können diese Familiengeschichte, so anrührend sie ist, nicht näher verfolgen. Simon selbst sucht diesmal die Auseinandersetzung und kommt nach Laodizea, wo über mehrere Tage hin die große Schlussdiskussion stattfindet (in den Büchern 16 bis 19).

3. Der Disput in Laodizea

Simon definiert vorab den Streitgegenstand, die Einzigkeit und Einheit (μοναρχία) Gottes,[57] und er bestimmt ein neues Schlachtfeld. Es geht um die Person des Faustus, der sich als weiser Mann in fortgerückten Jahren nicht zu der Lehre

[55] H VIII 3,3.

[56] H XII 1,1; XIV 12,3.

[57] H XVI 1,2.

des Petrus bekehren soll.[58] Dermaßen in den Mittelpunkt gestellt, verlangt Faustus ein wohlgeordnetes Gespräch nach den Regeln der griechischen Kultur (ἐξ Ἑλληνικῆς παιδείας)[59] und erklärt sich bereit, dabei den Schiedsrichter zu spielen. Im folgenden werden längere Redestücke der beiden Protagonisten immer wieder abgelöst von Passagen, wo Rede und Gegenrede in dichtem Wechsel aufeinander folgen.

a) Der erste Tag

Simon, der in der Schrift gut bewandert ist, zitiert eine lange Reihe von Stellen aus dem Alten Testament, wo von Gott im Plural gesprochen wird, wie etwa das Wort der Schlange in Gen 3,22: „Ihr werdet sein wie Götter",[60] oder den Vers aus Ps 82,1: „Gott steht auf in der Versammlung der Götter; mitten unter Göttern hält er Gericht."[61] Petrus antwortet darauf unter anderem mit Dtn 6,4: „Höre, Israel! Der Herr, unser Gott, der Herr ist einzig"[62], und mit einer Kombination von Stellen aus Jesaja: „So wahr ich lebe, spricht der Herr, es gibt keinen anderen Gott außer mir. Ich bin der erste, ich bin nach diesen Dingen, außer mir gibt es keinen Gott."[63] Simon folgert daraus, dass die Schrift sich selbst widerspricht.[64] Petrus wehrt diesen Einwand ab mit einem Exkurs in die Grundlagen des Schriftverständnisses, die an die Geheimlehre von den falschen Perikopen erinnert und ein Stück antiker Erkenntnistheorie in origineller Weise weiter verwendet. Die Schrift will ihre Hörer auf die Probe

---

[58] H XVI 2,2–4.
[59] H XVI 3,3.
[60] H XVI 6,3.
[61] H XVI 6,12.
[62] H XVI 7,8.
[63] H XVI 7,6; vgl. Jes 49,18; 45,21; 44,6.
[64] H XVI 9,1–4.

stellen und überführen. Sie legt ihnen verschiedene τύποι, „Prägestempel", vor, was man hier eventuell als Sinnangebote auffassen kann. Die Disposition der Hörer ist wie Wachs. Sie wählen nach eigenem Gutdünken Prägemuster aus und formen so ihre individuellen Vorstellungen von Gott, richtige und falsche. Das wiederum bringt Petrus mit der Formung des Menschen und seiner Seele nach dem Bilde Gottes zusammen.[65]

Damit aber hat er Simon eine Steilvorlage geliefert, denn der zieht sogleich als weiteren Trumpf Gen 1,26 aus dem Ärmel: „Lasst *uns* Menschen machen nach *unserem* Bild und Gleichnis."[66] Petrus deutet den Plural auf Gott und seine Weisheit.[67] Simon wechselt zur Christologie über und konstatiert einen latenten Ditheismus: „Ist nicht, wer von Gott kommt, selbst Gott?"[68] Petrus macht einen Unterschied zwischen „Gott" und „Sohn Gottes" und verknüpft damit die technischen Termini „ungezeugt" und „gezeugt".[69] Der gezeugte Sohn ist – entgegen einer dogmatischen Formulierung – nicht eines Wesens (οὐσίας) mit dem Vater.[70] Petrus spürt selbst, dass nicht alle Schwierigkeiten ausgeräumt sind,[71] und begibt sich an diesem Abend bekümmert zu Bett.

b) Der zweite Tag

Den zweiten Tag eröffnet Simon mit dem Vorwurf, Petrus behaupte zwar, die Menschen von den leblosen Götzen-

[65] H XVI 10,1–5.

[66] H XVI 11,1f.

[67] H XVI 12,1; vgl. Spr 8,30.

[68] H XVI 15,3.

[69] H XVI 15–16.

[70] Der Terminus οὐσία fällt in H XVI 16,3.

[71] Vgl. D. CÔTÉ, Le thème de l'opposition (s. Anm. 22) 44: „Au terme d'un débat assez bref, nous serions tenté dire: match nul."

bildern abzubringen. Diese aber könnten, da sie nur aus Stein oder Gold oder anderem leblosen Material bestünden, intelligenten Menschen keine Angst einjagen. Der „extrem gerechte" Gott, den Petrus stattdessen proklamiere, würde aber eben dies tun, nämlich die Menschen in Furcht und Schrecken zu versetzen.[72] Außerdem führt er zur Korrektur des petrinischen Gottesbildes zwei Jesusworte an, die bei Marcion eine große Rolle spielen: „Nenne mich nicht gut, denn der Gute ist nur einer", und „Niemand kannte den Vater, außer der Sohn."[73] Petrus erklärt, Gott sei nicht nur gerecht, sondern auch barmherzig, und wahre Gottesfurcht habe einen sehr heilsamen Effekt und mache den Menschen frei.[74]

Es kristallisiert sich sodann ein neues Hauptthema heraus: Wird Offenbarung über die natürliche Sinneserfahrung des Menschen, sein Hören, Sehen und Denken, vermittelt oder durch Träume und Visionen übernatürlichen Ursprungs? Simon erweist sich als entschiedener Verfechter der Visionstheorie, der Petrus sehr skeptisch gegenübersteht. Gott selbst zeigt sich prinzipiell nie, weil er als pures Licht von Menschen gar nicht wahrgenommen werden könnte. Wenn er Engel sendet, nehmen sie mit Rücksicht darauf Menschengestalt an. Andere Erscheinungen führt Petrus auf Dämonen als Urheber zurück.[75] Sein eigenes Bekenntnis: „Du bist der Sohn des lebendigen Gottes" (Mt 16,16), hatte Gott ihm direkt ins Herz gegeben, ohne Visionen und

[72] H XVII 3,1–3.

[73] H XVII 4,2f.; vgl. Lk 18,19 parr (zu beachten ist die Umwandlung des Präsens aus dem Neuen Testament in eine Vergangenheitsform); Lk 10,22 par.

[74] H XVII 12,1–6.

[75] H XVII 16,1–6.

Träume.[76] Offenbarung ist, so seine Definition, „ein Lernen ohne Belehrung, aber auch ohne Visionen und Träume".[77] So wie soeben Marcion anklang, dürfte hier Kritik an Paulus laut werden, der sein Apostolat auf eine Erscheinung gründete.[78]

c) Der dritte Tag

Zu Beginn des dritten Tags kehrt Simon zu seiner schon einmal geäußerten, gleichfalls gut marcionitischen These zurück, die er mit Bibelstellen untermauert: Der höchste, allein gute, bislang unbekannte Gott sei nicht der Demiurg und Gesetzgeber der Bibel. Außerdem könne dieser Gott nicht zugleich gut und gerecht sein, da er als gerechter Richter die Übertreter des Gesetzes unbarmherzig strafen müsse, was sich mit Gutsein nicht vertrage.[79] Eine Niederlage im ersten Gesprächsgang quittiert Simon mit der Bemerkung: Ich, nicht nur ein Magier, sondern auch ein Meister des Syllogismus (συλλογιζόμενον), sollte von Petrus

---

[76] H XVII 18,1f.

[77] H XVII 18,2: τὸ ἀδιδάκτως, ἀνευ ὀπτασίας καὶ ὀνείρων, ἀποκάλυψις ἐστιν.

[78] Vgl. J. Wehnert, Petrus *versus* Paulus in den pseudoclementinischen Homilien 17, in: J. Zangenberg / M. Labahn (Hrsg.), Christians as a Religious Minority in a Multicultural City: Modes of Interaction and Identity Formation in Early Imperial Rome (JSNT.S 243), London 2004, 175–185; alles Wesentliche dazu aber auch schon bei H. J. Schoeps, Theologie (s. Anm. 20) 129–133.421–429; vgl. zur Frage des Anti-Paulinismus außerdem J. Verheyden, The Demonization of the Opponent in Early Christian Literature: The Case of the Pseudo-Clementines, in: T. L. Hettema / A. van der Kooij (Hrsg.), Religious Polemics in Context (Studies in Theology and Religion 11), Assen 2004, 330–359.

[79] H XVIII 1,1–4.

besiegt worden sein? Das ist nicht gut möglich.[80] Hier zeigt sich, dass Simon nicht nur für die Magie einsteht, sondern z. B. auch für Dialektik und Rhetorik.

In die Mitte der Auseinandersetzung rückt das schon zitierte Jesuswort: „Niemand kannte den Vater, nur der Sohn, und niemand kannte den Sohn, nur der Vater, und wem der Sohn es offenbaren mochte" (Mt 11,27 par. Lk 10,22), das Simon im Sinn seiner Behauptung versteht und das sich leitmotivisch durch den Tag hindurch zieht.[81] Wieder kann man sich des Eindrucks nicht ganz erwehren, dass Petrus mit der Widerlegung einige Mühe hat. Er gibt schließlich eine situationsgebundene Erklärung: Die jüdischen Zeitgenossen Jesu dachten, David sei der Stammvater des Messias. Nur Jesus allein wusste, dass Gott sein wahrer Vater war.[82] An diesem Abend geht Simon allein nach Hause. Alle seine Begleiter bleiben bei Petrus.[83]

d) Der vierte Tag

Am letzten Tag geht es um eine Gestalt, die Simon als „Herrscher über das Böse" in die Diskussion einführt.[84] Der Ursprung des Bösen steht zur Debatte, sowohl im Maskulinum, als Person, wie auch im Neutrum, als Macht. Dass der Böse existiert, steht für Petrus fest, aufgrund von Jesusworten wie Lk 10,18: „Ich sah den Satan wie einen Blitz vom Himmel fallen."[85] Wurde auch er vom Schöpfergott erschaffen oder nicht? Wenn ja, ist dann dieser Gott

[80] H XVIII 9,1.

[81] Vgl. H XVIII 4,2; 4,5; 6.3; 7,7; 11,3; 13,1–5; 20,1; siehe auch die Verwendung von Mt 11,25 par Lk 10,21 in H XVIII 15,1–7.

[82] H XVIII 13,1–5.

[83] H XVIII 23,5.

[84] H XIX 2,1: κακίας ἡγεμόνα.

[85] H XIX 2,3.

für alles Böse in der Welt verantwortlich zu machen? Wenn nein, sind seiner Allmacht also Grenzen gesetzt?

Nur unter Vorbehalt lässt sich Petrus auf diese Fragestellung, über die sich in der Schrift keine klare Auskunft findet, überhaupt ein. Er führt aus, dass auch der Böse im Heilsplan Gottes eine Aufgabe zu erfüllen habe.[86] Seine Entstehung könnte auf eine ungewollte Mischung der vier Elemente Hitze und Kälte, Feuchtigkeit und Trockenheit zurückzuführen sein.[87] Generell bringt Petrus den freien Willen des Menschen und seine Sünde ins Spiel.[88] Affekte wie sinnliche Lust und Zorn können zum Sündigen verleiten, können aber auch korrekt eingesetzt werden, Lust z. B. in der Ehe zum Fortbestand der Menschheit.[89] Großen Wert legt Petrus auf das Einhalten der vom jüdischen Gesetz erlaubten Zeiten für den ehelichen Verkehr. Die Durchbrechung dieser Vorschriften trägt erhebliche Mitschuld an der Herrschaft des Bösen.[90] Durch Wiedergeburt in der Taufe und Leben nach dem Gesetz kann der Mensch seine γένεσις, d. h. seine belastete Herkunft und sein Geburtshoroskop, das von vielen als blindes Fatum empfunden wird, zum Besseren hin verändern.[91]

Faustus als Schiedsrichter entscheidet auf Spiel, Satz und Sieg für Petrus. Simon begibt sich voll Wut, aber schweigend von dannen.[92]

---

[86] H XIX 5,1.
[87] H XIX 12,3–5.
[88] H XIX 15,6–8.
[89] H XIX 21,3–6.
[90] H XIX 22,2–7.
[91] H XIX 23,6.
[92] H XIX 24,4; 25,1.

e) Das Nach(t)gespräch

Dass hier echte theologische Probleme anstehen, zeigt die Tatsache, dass die Schüler des Petrus die Diskussion mit ihm nach einer Ruhepause in einem Nachgespräch zur Nacht weiterführen. Petrus deutet an, dass am Ende vielleicht sogar der Böse durch eine Veränderung in der Anordnung der Elemente, aus denen er, wie zuvor dargelegt, zusammengesetzt ist, zu den Guten überwechseln könne.[93] Aber er betont auch, dass solche Lehren nicht in der Schrift enthalten sind und nur auf unseren Vermutungen beruhen. Wir sollten daher nicht so darüber sprechen, als sei uns „durch Nachforschen das Aufdecken von Unsagbarem gelungen", sondern besser „schweigend darüber nachsinnen".[94]

4. Ein Nachspiel

Man sollte meinen, so langsam wäre alles gesagt. Aber auf das große Drama folgt zum Abschluss noch ein Satyrspiel.[95] Es kreist um Faustus, den Vater, der als einziger in der Familie des Clemens noch ungetauft ist, und natürlich um Simon. Inzwischen sind Apion und Annubion, alte Freunde auch des Faustus, zu Simon gestoßen. Petrus erlaubt Faustus, sie aufzusuchen. Bei seiner Rückkehr hat Faustus für alle außer Petrus, der die magische Verwandlung durchschaut, das Aussehen Simons angenommen, aber seine eigene Stimme behalten. Seine Familie reagiert entsetzt, und die Bestürzung

---

[93] H XX 9,6.

[94] H XX 8,4.6.

[95] Vgl. zum Folgenden H XX 11–23. J. WEHNERT, Abriss der Entstehungsgeschichte 223, bezeichnet das Stück als „die Burleske vom verzauberten Faustus".

ist groß. Besonders seine Frau Mattidia will vorerst nichts mehr mit Faustus zu tun haben.

Auch dieses neue Missgeschick der leidgeprüften Familie wird in Rückblenden nach und nach entwirrt. Den Anhängern des Petrus im Lager Simons war es gelungen, zuerst in Antiochien und zuletzt auch in Laodizea die Nachricht zu verbreiten, der Kaiser lasse nach Simon suchen, um ihn als Magier abzuurteilen und hinzurichten, was Simon im Endeffekt zur Flucht nach Judäa bewog. Der Astrologe Annubion, der sich innerlich bereits von Simon abgewandt hatte und zurückblieb, berichtet im Petruskreis, was zuvor noch geschah. Simon verwandelte Faustus, der an einer Mahlzeit mit seinen Freunden teilnahm, durch ein speziell präpariertes Salböl in seine eigene Gestalt, damit dieser an seiner Stelle verhaftet werde. Außerdem wollte er sich so an Nicetas und Aquila (alias Faustinus und Faustinianus), die ihn verlassen hatten, und der ganzen Familie rächen.

Petrus verspricht, dass Faustus seine eigene Gestalt wiedergewinnen werde, aber vorher noch eine Aufgabe zu erfüllen habe. Als Simon solle er nach Antiochien, wo der echte Simon die Bevölkerung gegen Petrus aufgewiegelt hatte, gehen und für einen Stimmungsumschwung sorgen. Er solle öffentlich kundtun: „Ich, Simon, bekenne, dass alles, was ich über Petrus sagte, falsch war … Ich rate euch, auf das zu hören, was er verkündet … Ich bin selbst ein Magier und Betrüger."[96] Diesen Auftrag führt Faustus effektvoll durch. An der Stelle brechen die Homilien unvermittelt ab. Die Rekognitionen fügen noch hinzu, dass Faustus in seine eigene Gestalt zurückverwandelt wird und die Taufe empfängt.[97]

---

[96] H XX 19,2–7

[97] R X 67,2; 72,5.

Simon Magus erweist sich hier letztlich als ein Teil jener Kraft, die stets das Böse will und doch das Gute schafft. Diese Beobachtung hilft uns auch dabei, dem Nachspiel überhaupt einen Sinn abzugewinnen. Die Familie des Clemens ist unter dem Vorzeichen der Taufe wieder zusammengeführt worden und repräsentiert jetzt die *familia Dei*. Sie ist zum Urbild einer christlichen Gemeinde geworden, in der alle Geschwister sind. So leicht aber wird auch die Gemeinschaft der Gläubigen Simon nicht los. Auch aus der Ferne wirkt er mit zerstörerischen Kräften in sie hinein.[98] Nur unter der Führung eines zuverlässigen Hirten wie Petrus kann es gelingen, ihm nicht nur Einhalt zu gebieten, sondern seine Intentionen sogar gegen ihn zu wenden.

IV. Simon Magus und Simon Petrus in den Rekognitionen

Werfen wir noch einen Seitenblick auf die Darbietung der Stoffe, die Simon und Petrus betreffen, in den Rekognitionen.[99] Die Dispute zwischen beiden finden in Caesarea statt, und sie sind auf den Anfang des Erzählwerks, auf die Bücher 2 und 3, konzentriert. Nur in R steht zuvor ein langer Abschnitt, in dem Petrus einen Abriss der Heils-

---

[98] Vgl. D. CÔTÉ, Le thème de l'opposition (s. Anm. 22) 56: „D'une certaine manière, la métamorphose de Faustus en Simon constitue une présence symbolique du magicien dans l'entourage immédiat de l'apôtre et réussit, en outre, à détruire l'œuvre que Pierre et la providence avaient réalisée dans la famille de Clément …".

[99] Vgl. zum Folgenden neben der Edition von REHM, Die Pseudoklementinen II auch A. SCHNEIDER / L. CIRILLO, Les *Reconnaissances* du pseudo Clément. Roman chrétien des premiers siècles (Apocryphes 10), Turnhout 1999.

geschichte aus judenchristlicher Perspektive gibt.[100] Er reicht von der Erschaffung der Welt bis zur Entstehung der Urgemeinde. Für unser Thema ist er deshalb von Interesse, weil gegen Ende hin Saulus als Verfolger der Gemeinde, die nach Jericho flieht, in Erscheinung tritt. Im Tempel greift er den Herrenbruder Jakobus an und stürzt ihn eine Treppe hinab, so dass er wie tot liegen bleibt.[101] Wenn im übernächsten Paragraphen recht unvermittelt Simon Magus in diesen Abriss eingeführt wird,[102] ist die Identifizierung der beiden zwar noch nicht durchgeführt, aber vorbereitet.

1. Das Vorspiel

Am frühen Morgen, vor Beginn der Diskussion mit Simon, werden im Schülerkreis des Petrus für Clemens (und die Leser) alle notwendigen Informationen über Simon ausgebreitet. Nicetas stellt ihn aus eigenem Erleben nicht nur als großen Experten in allen magischen Künsten vor, sondern auch als „sprachgewaltigen Redner (*vehementissimus orator*)", bestens geschult in der Kunst der Dialektik und der Syllogismen.[103] Aquila geht auf seine Selbst- und Fremdbezeichnung als *Stans,* „der Stehende", ein,[104] die ein wichtiges Leitmotiv für den weiteren Textverlauf abgibt.[105]

---

[100] R I 27–71; vgl. dazu F. S. Jones, An Ancient Jewish Christian Source on the History of Christianity: Pseudo-Clementine *Recognitions* 1.27–71 (TaT 37), Atlanta, Ga. 1995.

[101] R I 70,8.

[102] R I 72,3; vgl. aber schon den Aufschub der Diskussion mit ihm um sieben Tage in R I 20–22, der Gelegenheit zu dieser ausführlichen Belehrung des Clemens gab.

[103] R II 5,4.

[104] R II 7,2.

[105] Vgl. dazu M. Vielberg, Clemens (s. Anm. 16) 51–61.

Seine Begleiterin trägt jetzt den Namen *Luna,*[106] was auf der Nähe von „Helena“ und σελήνη, „Mond“, „Mondgöttin“, im Griechischen beruhen dürfte. Im Fremdreferat des Aquila kommt Simon mit einer Liste seiner Wundertaten zu Wort, die noch eindrucksvoller ist als diejenige in den Homilien und die wir uns im Wortlaut anhören sollten:[107]

3 possum enim facere ut volentibus me comprehendere non appaream et rursus volens videri palam sim, si fugere velim montes perforem et saxa quasi lutum pertranseam, si me de monte excelso praecipitem, tamquam subvectus ad terras inlaesus deferar. 4 vinctus memetipsum solvam, eos vero qui vincula iniecerint vinctos reddam, in carcere conligatus claustra sponte patefieri faciam, statuas animatas reddam, ita ut putentur ab his qui vident homines esse, novas arbores subito oriri faciam et repentina virgulta producam, in ignem me ipsum iniciens non ardeam. 5 vultum meum commuto, ut non agnoscar, sed et duas facies habere me possum hominibus ostendere. ovis aut capra efficiar, pueris parvis barbam producam, in aerem volando invehar, aurum plurimum ostendam, reges faciam eosdemque deiciam. 6 adorabor ut deus, publice divinis donabor honoribus, ita ut simulacrum mihi statuentes tamquam deum colant et adorent.

3 Ich kann bewirken, dass ich für die, die mich ergreifen wollen, nicht mehr sichtbar bin und nach Belieben wieder erscheine. Wenn ich fliehen will, durchstoße ich Berge und gehe durch Steine hindurch wie durch Lehm. Wenn ich mich von einem hochragenden Berg herabstürze, werde ich, wie (von Händen) getragen, unverletzt auf der Erde abgesetzt.[108] 4 Bin ich gefesselt, befreie ich mich selbst; die mir die Fesseln anlegten, lasse ich gefesselt zurück. Ins Gefängnis geworfen, kann ich bewirken, dass die Gitter sich von selbst öffnen.[109] Ich kann Statuen Leben verleihen, so dass sie von denen, die sie sehen, für Menschen gehalten werden. Ich lasse Bäume

[106] R II 8,1.

[107] R II 9,3–6; im Lateinischen ist die Liste im Konjunktiv gehalten.

[108] Vgl. Mt 4,6 par Lk 4,9–11.

[109] Vgl. Apg 12,10; 16,26.

plötzlich emporschießen und sofort Äste hervorbringen. Werfe ich mich ins Feuer, verbrenne ich mich nicht. 5 Ich verändere mein Gesicht, so dass ich nicht erkannt werde. Ich kann Leuten sogar zeigen, dass ich zwei Gesichter habe. Ich verwandle mich in ein Schaf oder eine Ziege, lasse kleinen Kindern einen Bart wachsen, bewege mich im Fluge durch die Luft, zeige einen Haufen Gold vor und setze Könige ein und wieder ab. 6 Wie ein Gott werde ich verehrt werden. Man wird mir öffentlich göttliche Ehren erweisen, bis dahin, dass man mir ein Standbild errichtet und es wie einen Gott verehrt und anbetet.

Als Dositheus, Simons Vorgänger als Haupt der Jünger des Täufers, Simon mit einer Rute schlägt, geht die Rute durch seinen Körper hindurch wie durch Rauch.[110] Simon gibt sich in seinem Schülerkreis als Gott aus und behauptet, seine Mutter Rachel habe ihn empfangen, als sie noch Jungfrau war – eine durchsichtige Imitation der jungfräulichen Empfängnis Jesu.[111] Zum Inhalt seiner Lehre scheint auch die Konzeption von einem „fremden Gott" zu gehören, was an Marcion erinnert.[112] Das ganze Geheimnis seiner Magie jedoch besteht, wie Nicetas und Aquila wissen, in Nekromantie. Erneut hören wir von der Seele des gemordeten Knaben, die ihm dienstbar ist und dessen Bild er in seinem Schlafzimmer aufbewahrt.[113]

2. Der erste Tag

Ehe Petrus und Simon am ersten Tag endlich zur Sache kommen, behandeln sie sehr ausführlich Verfahrensfragen. Petrus plädiert für einen friedlichen Ablauf des Disputs und

---

110 R II 11,2.
111 R II 14,2.
112 R II 18,8.
113 R II 15,5f.

zitiert Mt 5,9: „Selig sind die Friedensstifter."[114] Simon setzt Mt 10,34 dagegen: „Ich bin nicht gekommen, Frieden zu bringen, sondern das Schwert", und erweist sich als Vertreter einer agonistischen Kultur.[115]

Zentrales Thema ist sodann die Gottesfrage. Das Credo des Petrus lautet:

unus est deus, idemque conditor mundi, iustus iudex et unicuique pro actibus suis quandoque restituens.

Es gibt einen Gott, und er ist der Schöpfer der Welt, ein gerechter Richter, der einem jedem nach seinen Taten vergelten wird.[116]

Simons höchster Gott, unter dem es viele andere Götter gibt, ist unbekannt und nicht mit dem Schöpfer identisch.[117] In dem Zusammenhang werden Schriften Simons erwähnt (sollten Marcions *Antithesen* gemeint sein?).[118] Sondergut der Rekognitionen sind unter anderem die Ausführungen über die Völkerengel[119] und über Tagträume, die Petrus beim Angeln in Kafarnaum überfielen und bei der Gelegenheit ihre Gefährlichkeit unter Beweis stellten.[120] Doch lässt sich dem wohl die Kritik an visionären Erlebnissen in den Homilien[121] an die Seite stellen.

Simon folgen bei seinem Abschied am Abend des ersten Tages nur noch ein Drittel der tausend Männer, die mit ihm gekommen waren. Die übrigen knien vor Petrus nieder.[122]

---

114 R II 27,2.
115 R II 26,6.
116 R II 36,5.
117 R II 38,3.
118 R II 38,5.
119 R II 42,3–9.
120 R II 62–65.
121 H XVII 13–19.
122 R II 70,3f.

3. Der zweite Tag

Am zweiten Tag steht anders als in den Homilien nicht der Böse, sondern von vornherein das Böse im Mittelpunkt. Den mehr philosophischen Tonfall erkennt man bereits an der Frage des Petrus:

quid est malum, substantia an accidens an actus?

Was ist das Böse? Eine Substanz, ein Akzidenz oder ein Akt?[123]

Gegen den freien Willen, den Petrus verteidigt, bringt Simon das Fatum ins Spiel.[124] Petrus zitiert eschatologische Lehren, die der wahre Prophet hinterlassen hat: Erst muss die Zahl der Seelen voll werden; dann wird der sichtbare Himmel aufgerollt werden wie ein Buch, und die große Scheidung von Guten und Bösen beginnt.[125]

Diesmal begleiten nur noch wenige Getreuen Simon, als er sich am Ende des Tages hinweg begibt.[126]

4. Der dritte Tag

Der dritte Tag ist, abgesehen von üblichem Beiwerk wie esoterischer Unterweisung der Jünger und extensiver Besprechung von Verfahrensfragen, zwei eng zusammenhängenden Problemen gewidmet: Kann Gott zugleich gerecht und gut sein?[127] Ist die Seele unsterblich?[128] Scheinbare Ungerechtigkeit in diesem Leben wird, erklärt Petrus, im künftigen Leben einen Ausgleich finden. Dafür sorgt das Gericht Got-

[123] R III 17,3.
[124] R III 22,1.
[125] R III 26,4f.
[126] R III 30,7.
[127] R III 38,1.
[128] R III 39,1.

tes.[129] Simon gibt sich argumentativ noch nicht geschlagen. Aber Petrus greift zum bewährten Mittel der persönlichen Diskriminierung des Gegners. Er schlägt Simon vor, doch mit ihm und zehn anderen Männern in sein Haus zu gehen und ihnen das Bild des gemordeten Knaben, dessen Seele er sich dienstbar gemacht habe, in seinem Schlafzimmer zu zeigen. Mehr Beweise für Simons Glauben an die Unsterblichkeit der Seele brauchten sie nicht.[130]

Simon bekommt es mit der Angst zu tun. Er täuscht Reue und Umkehr vor, aber darauf fällt Petrus nicht herein.[131] Das versetzt Simon so in Rage, dass er sich offen als Sohn Gottes bekennt und diesmal selbst seiner zahlreichen Wundertaten brüstet:

lapides panes feci, de monte in montem volatu transmeavi, manibus angelorum sustentatus.

Ich habe Steine in Brot verwandelt. Ich habe mich im Flug von Berg zu Berg begeben, getragen von Händen von Engeln.[132]

Am Ende wenden sich die Hörer gegen Simon und vertreiben ihn.[133] Nur ein einziger seiner früheren Anhänger bleibt zunächst bei ihm,[134] aber nur, um am nächsten Tag mit Nachrichten aus dem feindlichen Lager zu Petrus überzulaufen.[135]

---

129 R III 41,1–3.

130 R III 44,3f.; vgl. 48,2; 49,5.

131 R III 45,2–5.

132 R III 47,2.

133 Zur Charakterisierung des Simon in der anschließenden Petrusrede als *vas electionis* des Bösen (R III 49,5) vgl. die Bezeichnung des Paulus als σκεῦος ἐκλογῆς in Apg 9,15.

134 R III 49,1.

135 R III 63,1–10.

5. Der vierte Tag

Der vierte Tag ist der Jüngerbelehrung und der Volkspredigt vorbehalten. Petrus vergleicht seinen Kampf gegen Simon mit dem Streit, den Mose mit den Magiern des Pharao ausfocht (fast wird so etwas wie ein Bewusstsein für die Gattung des Wettkampfs der Zauberer sichtbar).[136] Zwei weitere Male werden bei der Gelegenheit die Mirakel Simons summiert[137] und von Petrus mit den Heilungswundern Jesu kontrastiert.[138] Noch weiter ausholend, trägt Petrus auch eine leicht veränderte Version der Syzygien-Lehre vor. Gut und Böse (und daher auch „falsche Mirakel" und „echte Wunder") sind von Gott paarweise angeordnet.[139] Eine Kette von zehn historischen oder besser heilsgeschichtlichen Paaren wird als Beleg konstruiert. Sie reicht von Kain und Abel zum Antichrist und Christus und schließt an sechster Stelle die ägyptischen Zauberer und Moses (s. u.) und an achter Stelle Simon Magus und Simon Petrus ein.[140]

Der Überläufer aus Simons Lager trifft ein und berichtet, wie Simon die Utensilien seiner schwarzen Kunst im Meer versenkte und sich dann auf den Weg nach Rom machte (vgl. die Petrusakten!).[141] Petrus will ihm nicht gleich folgen, sondern noch drei Monate in Caesarea verweilen. Aber er sendet zwölf Jünger in die heidnische Welt aus, die Simon auf der Spur bleiben und Petrus regelmäßig Bericht erstatten sollen.[142]

[136] R III 55–57.

[137] R III 57,5; 60,1.

[138] R III 60,2 3.

[139] R III 59,1–11.

[140] R III 61,1f.

[141] R III 63–64.

[142] R III 68–70.

6. Das Nachspiel

Damit ist der direkte Konflikt zwischen Simon und Petrus in den Rekognitionen im Wesentlichen zu Ende, auch wenn sein Name ab und zu noch fällt.[143] Einschlägig für seine Wertung sind aber auch die Aussagen des Petrus über den Ursprung der Magie in den Lehrvorträgen des ersten Tages in Tripolis. Zurückzuführen ist die Magie letztlich auf das Wirken der gefallenen Engel aus Gen 6,1–4.[144] Als ihr Archeget unter den Menschen betätigte sich Zoroaster (Zarathustra), von dem die Ägypter, Babylonier und Perser abstammen.[145] Die Entwicklungsgeschichte der Magie mündet im weiteren Verlauf in einen Abriss zu Heroenkult, Idolatrie und Polytheismus schlechthin ein.

Auch was Petrus am zweiten Tag in Tripolis über die alte Schlange sagt, verdient Beachtung, weil Simon oft genug mit ihr verglichen wird.[146] Ihr verderbliches Wirken, dem auch Simon zum Opfer fiel, wird sehr eindrücklich geschildert:

ante omnia ergo intellegere debetis deceptionem serpentis antiqui et callidas eius suggestiones, qui quasi per prudentiam decipit vos et velut ratione quadam serpit per sensus vestros atque ab ipso vertice incipiens per interiores dilabitur medullas, lucrum magnum computans deceptionem vestram. interserit ergo sensibus vestris opiniones quorumcumque deorum, tantum ut vos ab unius dei revocet fide, sciens peccatum vestrum suum esse solacium.

Vor allem aber müsst ihr die Täuschung durch die alte Schlange erkennen und ihre listigen Vorschläge. Unter dem Anschein der

[143] Vgl. R IV 3,3f.; VII 33,1–3; IX 36,5

[144] R IV 26,3.

[145] R IV 27,2f.

[146] Sammlung der Stellen bei M. Vielberg, Clemens (s. Anm. 16) 73.

> Klugheit täuscht sie euch, und durch eine Art Vernunftbeweis schlängelt sie sich in eure Sinne. Vom Haupt beginnend, gleitet sie in euer inneres Rückenmark und verbucht eure Täuschung als einen großen Gewinn. Sie also flößt euren Sinnen Vorstellungen von irgendwelchen Göttern ein, nur um euch vom Glauben an den einzigen Gott abzubringen. Sie weiß eben, dass eure Sünde für sie Trost bedeutet.[147]

Erst im Schlussstück ab R X 52 treffen wir auf Apion, Annubion, Athenodorus und erneut, *in absentia,* auf Simon. Erzählt wird die Verwandlung des Vaters in die Gestalt Simons und die geschickte Auswertung dieser Metamorphose, die wie in den Homilien ablaufen, mit erweitertem Ende. Unter quellenkritischem Gesichtspunkt werden Zweifel an der Herkunft dieses Abschnitts vorgebracht. Er scheint in der griechischen Vorlage der Rekognitionen gefehlt zu haben und könnte aus einer vollständigeren Fassung der Homilien, als wir sie besitzen, sekundär an die lateinischen Rekognitionen angefügt worden sein.[148] Für den Inhalt dieser Burleske, die wir aus den Homilien kennen, ist das nicht weiter von Belang.

---

[147] R V 17,1–2; vgl. H X 10,2.

[148] Vgl. B. Rehm, Zur Entstehung der pseudoclementinischen Schriften, ZNW 37 (1938) 77–184, der, gestützt auf eine arabische Epitome der griechischen Rekognitionen vom Sinai, bemerkt: „Die ursprünglichen Rekognitionen enthielten die Verwandlungsgeschichte also nicht, denn diese effektvolle Szene hätte der Araber bestimmt nicht weggelassen" (81); R X 65a–72 hebt er davon noch einmal als späteren Nachtrag (nach Rufin) ab (83–86); vgl. auch G. Strecker, Das Judenchristentum (s. Anm. 17) 87–89; A. Schneider/L. Cirillo, Les *Reconnaissances* (s. Anm. 99) 19 u. 61.

V. Rückblick und Ausblick

Die Petrusakten inszenieren den Antagonismus zwischen Simon und Petrus vor allem als Wunderwettkampf, und Simon findet bei seinem Flugversuch – eine Parodie der Himmelfahrt Jesu – durch eine Verwünschung des Petrus den Tod. In den Pseudoclementinen spielt sich der Konflikt in erster Linie in der Form von Wortgefechten und Rededuellen ab. Hinsichtlich der Wunder herrscht eine eigentümliche Zurückhaltung. Kein sprechender Hund tritt auf, kein Räucherfisch, der Brotbrocken verzehrt. Simons Wunder werden zwar mehrfach ausführlich summiert, aber nie in der der Praxis vorgeführt. Nie versucht sich Simon zum Beispiel an einem Wunder, das seinen Gegner Petrus treffen könnte. Petrus beschränkt sich auf Heilungswunder und Exorzismen, die in manchen Fällen denen zugute kommen, die zuvor Simons Manipulationen zum Opfer gefallen waren. Nicht einmal eine echte Totenerweckung wird uns geboten.

Eine Stelle, die wir noch nicht besprochen haben, ist in dieser Hinsicht besonders aussagekräftig. Als Petrus in Beirut eintrifft, ereignet sich ein Erdbeben. Petrus lässt die Leute zunächst bei ihrem Glauben, er habe dies verursacht, korrigiert sich aber sehr rasch mit den Worten:

Ἐγὼ σεισμοὺς καὶ πᾶν ὅ, τι βούλομαι ποιεῖν εἰ ἐδυνάμην, Σίμωνα οὐ λέγω ὅτι μετὰ τῶν αὐτοῦ ἑταίρων ἐξωλόθρευον (οὐ γὰρ ἐπὶ φθορᾷ ἀνθρώπων ἀπέσταλμαι).

Selbst wenn ich es vermöchte, ein Erdbeben zu verursachen und alles, was ich wollte, zu vollbringen, ich versichere euch, ich würde dennoch Simon und seine Gefährten nicht vernichten, denn nicht zum Verderben von Menschen bin ich gesandt worden.[149]

[149] H VII 11,1.

Wichtig ist auch, dass im selben Paragraphen die Lehre von der Paarbildung wieder auftaucht:

ἐπέμφθην γὰρ δεύτερος· ἐπεὶ προηγεῖται μὲν νόσος, ἕπεται δὲ ἴασις.

Denn ich (Petrus) wurde als *zweiter* gesandt. Voraus geht die Krankheit, es folgt die Heilung.[150]

Petrus kann und darf Simon gar nicht vernichten, denn beide sind durch ein heilsgeschichtliches Prinzip aneinander gebunden, und so entspricht es dem Schöpferwillen Gottes. Und wenn sogar der Böse durch Neuarrangement seiner Elemente am Ende gerettet werden kann, warum sollte dies dann für Simon unmöglich sein?

Was ist der Sinn dieses eigentümlichen Konstrukts? Oder, anders gefragt, für wen oder für was steht Simon eigentlich ein? Die Antworten, die in der Forschung gegeben werden, lauten: für den Apostel Paulus, für Marcion und seine Theologie, für das gnostische Schulhaupt Simon, für den Magier aus Apg 8. All diese Antworten sind richtig, treffen aber jeweils nur Einzelaspekte seiner Gestalt. Wahrscheinlich müsste man sie außerdem noch auf verschiedene Entstehungsphasen dieses mehrschichtigen Werks verteilen, wo je unterschiedliche Schwerpunkte gesetzt wurden. Aber Simons Gestalt hat noch mehr Facetten, vor allem wenn man seine Freunde Apion, Annubion und Athenodorus mit einbezieht, auf die einige seiner Eigenschaften ausgelagert werden. Simon repräsentiert auch Rhetorik, Dialektik und andere Elemente der griechischen Paideia. Er repräsentiert die Philosophie, aber auch die zu einer geistigen Macht aufgestiegene Astrologie sowie Idolatrie und Polytheismus schlechthin. In seinen Streitreden betätigt er sich nicht zuletzt als versierter Theologe.

[150] H VII 11,4.

Das meiste davon, mit Ausnahme der explizit heidnischen Momente, sind geistige Großmächte, an denen man auch auf christlicher Seite sehr gerne partizipiert, auch wenn man letztlich dem prophetischen Offenbarungswissen des ungebildeten Petrus die Führung zuspricht.[151] Ein Beleg für diese Partizipation ist die literarische Gestalt der Pseudoclementinen selbst, die griechisch-römischen Vorbildern viel verdankt. Ein weiterer Beleg ist die sich wandelnde Personenkonstellation innerhalb der Erzählung. Zwischen der Familie des Clemens und Simon Magus existiert ein eigentümliches Beziehungsgeflecht. Clemens selbst sucht in den Eingangsparagraphen in der Philosophie nach dem Sinn des Lebens, bis zur Selbstaufgabe, und er plant sogar, sich der Magie zuzuwenden, um durch Totenbeschwörung die Unsterblichkeit der Seele zu beweisen oder zu widerlegen. Außerdem ist er mit Apion befreundet. Die Zwillinge Nicetas und Aquila alias Faustinus und Faustinianus werden mit Simon zusammen großgezogen und studieren Philosophie. Der Vater Faustus steht anfangs auf Simons Seite, mit dessen Freunden er von früher her gut bekannt ist, und hat sich ganz der Astrologie ergeben. Die Handlungsstruktur des Romans zielt demnach nicht nur auf die Wiedervereinigung der zersplitterten Familie ab, sondern auch auf die Verlagerung der familiären Solidarität, weg von Simon und hin zu Petrus.

Umso bemerkenswerter erscheint es auf diesem Hintergrund, dass am Schluss der Erzählung der Vater in der Gestalt Simons in der Familie erscheint. So leicht wird selbst die christlich gewordene Familie Simon nicht los. Man wird nicht fehlgehen, wenn man eine unterschwellige Botschaft unserer Texte folgendermaßen umschreibt: „Was die Kirche

[151] Vgl. N. Kelley, Knowledge and Religious Authority (s. Anm. 11) 36–178.

in ihrer Geschichte an Simon Magus erlebt hat, war nicht der numinose Schatten des Magiers, der über die Geschichte streicht, sondern der Kirche eigener Schatten, den sie nicht ertrug und darum in Simons Namen verteufelte."[152] Dadurch gleicht Simon einer anderen urchristlichen Gestalt, mit der er, wenn ich richtig sehe, in den Pseudoclementinen erstaunlicherweise nicht zusammengebracht wird, Judas Iskarioth.

Ein kurzer Ausblick: Die große Popularität unserer Erzählung im Westen (man denke an die oben erwähnte hohe Zahl von lateinischen Handschriften) hatte ungeahnte Folgen. Der Name des „Dr. Faustus" aus dem Volksbuch, das den Anstoß zu Goethes großem Drama gab, ist aus den Pseudoclementinen entnommen. In die Figur des eponymen Helden sind Züge des Vaters und des Simon Magus eingegangen;[153] letzterer stand zugleich Pate für die Gestalt des Mephistopheles.[154] Im Homunculus erkennen wir die

---

[152] K. Beyschlag, Zur Simon-Magus-Frage, ZThK 68 (1971) 395–426, hier 425.

[153] U. Gaier, Johann Wolfgang Goethe: Faustdichtungen. Bd. 3: Kommentar II, Stuttgart 1999, 25: „Auch Melanchthon setzt sich in seinen Wittenberger Vorlesungen mehrfach mit Faust auseinander und stellt ihn mit Simon Magus, dem Erzzauberer der frühen Christenheit, gleich"; ebd. 26 Anm. 6 macht Gaier als Goethes Quelle in dieser Hinsicht Gottfried Arnolds *Unpartheyische Kirchen- und Ketzer-Historie* (1729 u. ö.), die Goethe wohl vertraut war, namhaft. Von Gottfried Arnold stammt aber auch die bislang einzige deutsche Übersetzung der Rekognitionen: *Des heiligen Clementis von Rom Recognitiones, oder Historie von denen Reisen und Reden des Apostels Petri, in zehen Büchern, nunmehr ins Teutsche übersetzt,* Berlin 1702 (ein sehr schwer zu beschaffendes Buch, vorhanden aber unter anderem in der Universitätsbibliothek Jena).

[154] Vgl. O. Cullmann, Le problème littéraire et historique du roman pseudo clémentin. Étude sur le rapport entre le gnosticisme et le judéo-christianisme (EHPhR 23), Paris 1930, 166–168.

Manipulationen mit der Seele des gemordeten Knaben wieder; wir erleben eine Metamorphose mit, sehen unseren Helden mit allerlei Zauberkunststücken beschäftigt und begegnen Helena. Aus Motiven eines antiken christlichen Romans ist auf mancherlei Umwegen große Literatur der Neuzeit geworden. Nur wenigen außerbiblischen Texten wurde eine solche Auszeichnung zuteil.

Kapitel 6

Epistolographie und frühchristliche Literatur: Briefliche Rahmung und Briefeinlage in den Pseudoclementinen

Photius, der gelehrte Patriarch von Konstantinopel, scheint im 9. Jahrhundert die Pseudoclementinen oder einen ihrer Teile von der brieflichen Rahmung her wahrgenommen zu haben. Ihm war, wie er seinem Bruder berichtet, ein Buch mit Clemens von Rom als Verfasser vor Augen gekommen, das „als Dedikation in der Form eines Briefs an den Herrenbruder Jakobus angelegt war".[1] Er beklagt sich im weiteren Verlauf darüber, dass von den Manuskripten dieses Werks, die er kannte, manche einen Brief des Petrus an Jakobus, andere einen Brief des Clemens an Jakobus enthielten. Den *Ersten Clemensbrief,* der in hohem Ansehen stehe und sogar öffentlich verlesen werde, erwähnt er als Werk desselben Clemens, während er einen langen Dialog zwischen Petrus und Apion als Fälschung beurteilt.[2]

[1] Photius, Bibliothecae codices 112–113: τὸ δὲ τὴν προσφώνησιν ὡς ἐν ἐπιστολῆς εἴδει πρὸς Ἰάκωβον τὸν ἀδελφόθεον ποιεῖται, bei R. Henry, Photius: Bibliothèque. Tome II („Codices" 84–185) (Collection Byzantine), Paris 1960, 82f.

[2] Bei R. Henry, Photius (s. Anm. 1) 84; die Wendung ἐπ᾽ ὀνόματι αὐτοῦ Πέτρου καὶ Ἀππίωνος πολύστικος διάλογος muss wohl auf einen Dialog zwischen Petrus und Apion bezogen werden, nicht, wie auch schon vorgeschlagen wurde, auf selbständige Dialoge des Petrus und Dialoge Apions.

In der Fassung der Homilien beginnen die Pseudoclementinen in der Tat mit zwei an Jakobus gerichteten Briefen, einem des Petrus und einem des Clemens. Das allgemein gerühmte erzählerische Glanzstück der Homilien stellt der Dialog zwischen Clemens (nicht Petrus) und Apion im vierten bis sechsten Buch dar. In ihn ist eine kleine Korrespondenz, aus zwei Briefen bestehend, eingebaut. Diese insgesamt vier Briefe haben noch nicht ganz die Beachtung gefunden, die sie unter verschiedenen Gesichtspunkten verdienen.[3]

Die Diskussion um sie wurde in der Forschung vorwiegend unter literarkritischem Gesichtspunkt geführt: Welches Textstück ist welcher Stufe in der komplexen Traditionsgeschichte des pseudoclementinischen Schrifttums zuzuordnen? Diese Fragestellung behält gewiss ihren Stellenwert, interessiert uns aber hier nicht in erster Linie, auch wenn wir jeweils kurz auf sie zurückkommen. Uns geht es mehr um die Inhalte, um die Funktion für das Ganze und um die Identifizierung von Gattungselementen.

---

[3] Die wohl gründlichsten Beiträge zu diesem Thema sind die neueren Untersuchungen von B. Pouderon, L'attribution de l'*Epistula Petri* et la genèse du roman clémentin, in: L. Nadjo / É. Gavoille (Hrsg.), Epistulae Antiquae II. Actes du IIe colloque international „Le genre épistolaire antique et ses prolongements européens", Louvain 2002, 259–278; Ders., La littérature pseudo-épistolaire dans les milieux juifs et chrétiens des premiers siècles: L'exemple des *pseudo-clémentines,* in: L. Nadjo / É. Gavoille (Hrsg.), Epistulae Antiquae I. Actes du Ier colloque international „Le genre épistolaire antique et ses prolongements", Louvain [2]2002, 223–241; Ders., La *Lettre de Pierre à Jacques:* vrai-faux plagiat?, in: H. Maurel-Indart (Hrsg.), *Le plagiat littéraire* (Littérature et nation 27), Tours 2002, 13–34.

I. Ein langes Schreiben an Jakobus

1. Die Homilien

Dem eigentlichen Erzählbeginn der Pseudoclementinen mit „Ich, Clemens, war ein römischer Bürger ..." in beiden Fassungen geht nur in den Homilien ein Vorspann voraus, der aus drei Teilen besteht: einem Brief des Petrus an Jakobus,[4] der Διαμαρτυρία oder *Contestatio*,[5] und einem langen Brief des Clemens an den Herrenbruder Jakobus.[6] Sehen wir uns zunächst diese drei Passagen etwas näher an.[7]

a) Der Brief des Petrus

Dass es sich bei dem ersten der drei Texte um einen Brief handelt, erkennt man sofort an der Einleitung, die in der typischen Form eines christlichen Briefpräskripts gestaltet ist:[8]

---

[4] Im Folgenden zitiert als EpPetr.

[5] Zitiert als Cont; zur Erklärung dieses Titels siehe weiter unten.

[6] Zitiert als EpClem.

[7] Text in B. Rehm, Die Pseudoklementinen I; Übersetzung in G. Strecker, Die Pseudoklementinen: Einleitungsschreiben, in: NTApo[6] II, 447–456; vgl. zum Ganzen auch die französische Übersetzung durch ein Autorenkollektiv in P. Geoltrain / J.-D. Kaestli (Hrsg.), Écrits apocryphes chrétiens II, 1173–2003. Aus der Literatur vgl. A. Hilgenfeld, Die Einleitungsschriften der Pseudo-Clementinen, ZWTh 48 (1905) 21–72; C. Schmidt, Studien zu den Pseudo-Clementinen. Nebst einem Anhange: Die älteste römische Bischofsliste und die Pseudo-Clementinen (TU 46,1), Leipzig 1929, 91–124; W. Ullmann, The Significance of the *Epistola Clementis* in the Pseudo-Clementines, JThS 11 (1960) 295–317; G. Strecker, Das Judenchristentum in den Pseudoklementinen (TU 70), Berlin [2]1981, 197–116.137–145; W. Pratscher, Der Herrenbruder Jakobus und die Jakobustradition (FRLANT 139), Göttingen 1987, 121–150.

[8] Für alle Fragen der Epistolographie, die im Folgenden durch-

Πέτρος Ἰακώβῳ τῷ κυρίῳ καὶ ἐπισκόπῳ τῆς ἁγίας ἐκκλησίας. ὑπὸ τοῦ τῶν ὅλων πατρὸς διὰ Ἰησοῦ Χριστοῦ ἐν εἰρήνῃ πάντοτε.

Petrus an Jakobus, den Herrn, auch Bischof der heiligen Kirche: Friede sei mit Dir allezeit vom Vater des Alls durch Jesus Christus.[9]

Petrus wendet sich an Jakobus, den Herrenbruder und Bischof der Jerusalemer Gemeinde, mit der Bitte, seine in der Anlage enthaltenen Predigten (hier κηρύγματα) nur siebzig ausgewählten Brüdern[10] nach strenger Prüfung anzuvertrauen, in Analogie zu Moses, der seinen Lehrstuhl (καθέδραν) den Siebzig übergab (παρέδωκε), die ihn übernahmen (παρειληφόσιν).[11] Im Judentum hatte diese Sorge um den Traditionsprozess heilsame Folgen. Das Volk ist einig in seiner Lebensführung und im Glauben an den einen, einzigen Gott,[12] trotz der partiellen Vieldeutigkeit, ja Widersprüchlichkeit der Schrift, die man im Judentum am überlieferten Kanon (παραδοθέντα αὐτοῖς κάνονα) auszurichten und dadurch zu harmonisieren (μεταρρυθμίζειν) verstand.[13]

Es gibt noch einen besonderen Grund dafür, diese Vorsicht auch in der eigenen Gruppe walten zu lassen. Man hat noch zu Lebzeiten des Petrus seine streng am Gesetz orientierte Verkündigung über Bord geworfen und sie gegen seinen expliziten Willen durch die gesetzlose Lehre des

---

gehend eine Rolle spielt, sei generell verwiesen auf H.-J. Klauck, Ancient Letters and the New Testament: A Guide to Context and Exegesis, Waco, Tex. 2006.

[9] EpPetr 1,1.

[10] EpPetr 2,1; Lk 10,1.

[11] EpPetr 1,2; Num 11,25; man beachte die *termini technici* der Traditionsweitergabe παραδίδωμι und παραλαμβάνω.

[12] EpPetr 1,5: εἷς θεός, εἷς νόμος, μία ἐλπίς.

[13] EpPetr 1,4f.

„feindlichen Menschen" (gemeint ist Paulus) ersetzt.[14] Gravierend kommt hinzu, dass Petrus mit seinem Tod rechnen muss:

εἰ δὲ ἐμοῦ ἔτι περιόντος τοιαῦτα τολμῶσιν καταψεύδεσθαι, πόσῳ γε μᾶλλον μετ' ἐμὲ ποιεῖν οἱ μετ' ἐμὲ τολμήσουσιν;

Wenn sie aber, während ich noch umhergehe, solches fälschlich zu behaupten wagen, um wieviel mehr werden es die, die nach mir kommen, nach mir zu tun wagen.[15]

Im Schlussparagraphen kommt Petrus auf die Bücher mit seinen Predigten (erneut κηρύγματα) zurück, die er Jakobus in der Anlage zum Brief übersendet, und nimmt Abschied mit „Lebe wohl!" (ἔρρωσο, lateinisch *vale*).[16]

Das Ableben des Autoritätsträgers zu thematisieren, ist ein typischer Gestus pseudepigrapher Literatur. Sie bezieht ihre Existenzberechtigung gerade daraus, dass sie dem Apostel, der nicht mehr in eigener Person reden und schreiben kann, eine neue Stimme leiht. Der hier so entschieden herausgestellte *esoterische* Charakter der petrinischen Überlieferung hat im Korpus des Erzählwerks, das ihre *exoterische* Fassung darbietet, kein echtes Pendant. Aber der Umgang mit falschen und irreführenden Passagen in der Schrift, namentlich bei den Propheten, wird später noch eine Rolle spielen.[17] Das Festhalten am jüdischen Gesetz gehört ebenso wie der Vorbehalt gegen Paulus zum judenchristlichen Erbe des pseudoclementinischen Schrifttums. Zwischen Jakobus und Petrus scheint sogar ein gewisses Autoritätsgefälle sichtbar zu werden, da Petrus vor Jakobus in Form des Briefs mit Anlage Rechenschaft über sein Tun ablegt. Allerdings

---

[14] EpPetr 2,3; vgl. Mt 13,28.

[15] EpPetr 2,7.

[16] EpPetr 3,1–3.

[17] Vgl. G. Strecker, Judenchristentum (s. Anm. 7) 166–187.

agiert er während der ganzen folgenden Erzählung sehr souverän. Vielleicht stellten die Tradenten sich eine Art „Doppelspitze" vor, Jakobus in Jerusalem, dem Vorort der Christenheit, und Petrus auf Missionsreise in der Küstenebene und in Syrien.

b) Die feierliche Verpflichtung

An sich könnte man den Titel des folgenden Abschnitts, Διαμαρτυρία oder *Contestatio,* auch mit „eidliche Verpflichtung", „unter Eid abgelegtes Zeugnis", wiedergeben, denn das entspricht der Bedeutung dieser Termini im Gerichtswesen. Aber das Schwören ist für die Teilnehmer an dieser seltsamen Schwurszene, die keine sein will, ausdrücklich nicht erlaubt.[18] Was bleibt, ist ein feierliches Versprechen an fließendem Wasser unter Anrufung von Himmel, Erde, Wasser und Luft. Erzählt wird von diesem Vorgang aus der Perspektive eines Teilnehmers, denn am Schluss heißt es:

> … ἐγερθέντες προσηυξάμεθα τῷ τῶν ὅλων πατρὶ καὶ θεῷ, ᾧ ἡ δόξα εἰς τοὺς αἰῶνας. ἀμήν.

> … *wir* erhoben uns und beteten zu Gott, dem Vater des Alls, dem die Ehre sei in alle Ewigkeit. Amen.[19]

Vom Inhalt her spielt sich Folgendes ab: Das Schreiben des Petrus ist in Jerusalem eingetroffen. Jakobus ruft daraufhin die siebzig Ältesten zusammen und erlässt Maßregeln für den Umgang mit den Aufzeichnungen des Petrus. Ihr potentieller Empfänger durchläuft eine strenge sechsjähriger Probezeit. Dann muss er versprechen, diese Bücher unter gar keinen Umständen an Unberufene weiter zu geben, nicht einmal an die eigenen Söhne, wenn die ihre Probezeit

---

[18] Cont 1,3; vgl. Mt 5,34; Jak 5,12.

[19] Cont 5,4.

nicht bestehen, und selbst dann nicht, wenn er selbst vom Glauben abfällt. Die Rückgabe der Bücher an den Bischof von Jerusalem ist in solchen Fällen angesagt.

Mit dem voranstehenden Brief des Petrus ist dieses neue Textstück dadurch verbunden, dass es die Reaktionen beim Empfang des Briefes festhält. Die esoterische Tendenz des Eingangsschreibens wird noch verstärkt. Querverbindungen zum Erzählkorpus liegen diesmal nicht so klar auf der Hand wie zuvor. Was auf jeden Fall erreicht wird, ist eine doppelte Autorisierung von allem, was folgt, durch Petrus, der sich meist unmittelbar vor Ort aufhält, und durch Jakobus, den „Bischof der Bischöfe" (siehe im Folgenden), im fernen Vorort der Gemeinschaft der Glaubenden.

c) Der Brief des Clemens

– Der Briefeingang

Mit „Bischof der Bischöfe" redet Clemens im anschließenden Brief Jakobus als Adressaten seines Schreibens an:[20]

Κλήμης Ἰακώβῳ τῷ κυρίῳ καὶ ἐπισκόπων ἐπισκόπῳ, διέποντι δὲ τὴν Ἱερουσαλὴμ ἁγίαν Ἑβραίων ἐκκλησίαν καὶ τὰς πανταχῇ θεοῦ προνοίᾳ ἱδρυθείσας καλῶς, σύν τε πρεσβυτέροις καὶ διακόνοις καὶ τοῖς λοιποῖς ἅπασιν ἀδελφοῖς. εἰρήνη εἴη πάντοτε.

Clemens an Jakobus, den Herrn, den Bischof der Bischöfe, der die heilige Gemeinde der Hebräer zu Jerusalem leitet, und (alle Gemeinden,) die durch Gottes Vorsehung überall wohl gegründet sind, zusammen mit den Presbytern und Diakonen und allen übrigen Brüdern: Friede sei immerdar.

Der respektvolle Brief an Jakobus, dessen Primat in Relation zu Clemens außer Frage steht,[21] beginnt mit einem wahren

[20] EpClem 1,1.

[21] Zur Vorrangstellung des Jakobus in manchen frühchristlichen

Loblied auf Simon Petrus, den Ersten unter den Aposteln.[22] Der Anlass dafür ist ein trauriger: Petrus hat inzwischen in Rom den Tod erlitten. Vorher hat er Clemens zu seinem Nachfolger als Bischof von Rom bestellt, trotz dessen heftiger Gegenwehr. Clemens eignete sich besonders gut für diese Aufgabe, da er, so Petrus, „alle meine Lehrvorträge (πασῶν μου τῶν ὁμιλιῶν) gehört hat" und somit auch die inhaltliche Sukzession gewährleistet war.[23] Mit Rom ist aber der Ort wieder erreicht, von dem aus Clemens zu seinen Abenteuern aufbrach und an den Petrus auch in den Petrusakten und nach breiter altkirchlicher Überlieferung zuletzt gelangen sollte. Die Botschaft dürfte unverkennbar sein: Den Nachfolgern des Petrus in Rom steht der Primat höchstens dann zu, wenn sie sich auch mit der von Jakobus herrührenden Tradition in Übereinstimmung befinden.

– Die Abschiedsrede

Clemens referiert sodann eine längere Rede, die Petrus vor seinem Tod noch hielt.[24] Von der Situation her hat sie den Charakter einer Abschiedsrede, vom Inhalt her mehr den eines Bischofsspiegels und einer Ständetafel (ein Vergleich mit den Pastoralbriefen drängt sich auf). Darin empfiehlt Petrus, der selbst seine Frau auf seinen Reisen mit sich führte,[25] die Ehe, und zwar vorbehaltlos für alle. Er warnt mit beschwörenden Worten vor Ehebruch und Unzucht als

Traditionsbereichen vgl. M. Hengel, Jakobus der Herrenbruder – der erste „Papst"? (1985), in: Ders., Paulus und Jakobus. Kleine Schriften III (WUNT 141), Tübingen 2002, 549–582.

[22] EpClem 1,2–5.

[23] EpClem 2,3; aus πασῶν μου τῶν ὁμιλιῶν ist sekundär der Titel „Homilien" für das ganze Werk abgeleitet worden.

[24] EpClem 3,2–18,4.

[25] H XIII 1,1; 1 Kor 9,5.

Anfang aller Übel, wie er es auch in seinen Predigten im Erzählkorpus tut.[26] In einem schönen, breit ausgeführten Bild vergleicht er die Kirche mit einem großen Schiff, in dem alle ihren zugewiesenen Platz und ihre Aufgabe haben. Christus am Ruder wird es auf gefahrvollem Kurs durch die Stürme der Zeit steuern:

Ἔοικεν γὰρ ὅλον τὸ πρᾶγμα τῆς ἐκκλησίας νηὶ μεγάλῃ, διὰ σφοδροῦ χειμῶνος ἄνδρας φερούσῃ ἐκ πολλῶν τόπων ὄντας καὶ μίαν τινὰ ἀγαθῆς βασιλείας πόλιν οἰκεῖν θέλοντας. ἔστω μὲν οὖν ὑμῖν ὁ ταύτης δεσπότης θεὸς καὶ παρεικάσθω ὁ μὲν κυβερνήτης Χριστῷ, ὁ πρωρεὺς ἐπισκόπῳ, οἱ ναῦται πρεσβυτέροις, οἱ τοίχαρχοι διακόνοις, οἱ ναυστολόγοι τοῖς κατηχοῦσιν, τοῖς ἐπιβάταις τὸ τῶν ἀδελφῶν πλῆθος, τῷ βυθῷ ὁ κόσμος, αἱ ἀντίπνοιαι τοῖς πειρασμοῖς … τὰ δὲ ἀπόγεια τῶν χειμάρρων [καὶ τὰ] φυσήματα ταῖς τῶν πλάνων καὶ ψευδοπροφητῶν ὁμιλίαις … οἱ ὑποκριταὶ τοῖς πειραταῖς παρεικασμένοι νοείσθωσαν … εὐσταθείτωσαν οὖν οἱ ἐπιβάται ἑδραῖοι ἐπὶ τῶν ἰδίων καθεζόμενοι τόπων, ἵνα μὴ τῇ ἀταξίᾳ σεισμὸν ἢ ἑτεροκλινίαν παρέχωσιν. οἱ ναυστολόγοι τοὺς μισθοὺς ὑπομιμνησκέτωσαν. οἱ διάκονοι μηδὲν ἀμελείτωσαν ὧν ἐπιστεύθησαν. οἱ πρεσβύτεροι ὥσπερ ναῦται καταρτιζέτωσαν ἐπιμελῶς τὰ χρῄζοντα ἑκάστῳ. ὁ ἐπίσκοπος ὡς πρωρεὺς ἐγρηγορὼς τοῦ κυβερνήτου μόνου τοὺς λόγους ἀντιβαλλέτω. ὁ Χριστὸς ὡς σωτὴρ κυβερνήτης φιλείσθω καὶ μόνος περὶ ὧν λέγει πιστευέσθω. οἱ δὲ πάντες τῷ θεῷ περὶ τοῦ οὐρίᾳ πλέειν προσευχέσθωσαν.

Denn die ganze Angelegenheit der Kirche gleicht einem großen Schiff, das Menschen, die aus vielen Orten stammen und in der einen Stadt der guten Königsherrschaft wohnen wollen, durch einen heftigen Sturm hindurch trägt. Es sei für euch daher Gott der Kapitän dieses Schiffes, und der Steuermann sei Christus gleich, der Bugoffizier dem Bischof, die Matrosen den Presbytern, die Rudermeister den Diakonen, die Zahlmeister den Katecheten, die

[26] Vgl. z. B. H XIII 13,1–193, aus Anlass der ehelichen Treue der Mattidia, einem Hauptbestandteil im Plot des Clemensromans; die Ehe wird von Petrus durchaus als *remedium concupiscentiae* und in Hinordnung auf die Fortpflanzung gesehen, vgl. auch H III 68,1–4; XIX 21,4–5.

Menge der Brüder und Schwestern den Passagieren, die Welt der hohen See, die widrigen Winde den Versuchungen ... Reißende Strömungen vom Land her und Stürme gleichen den Reden der Verführer und Falschpropheten ... Die Heuchler mögen den Piraten gleich geachtet werden ... Die Passagiere sollen nun ruhig und fest auf ihren Plätzen sitzen, damit sie nicht durch Unruhe Schlingerbewegung und Schlagseiten verursachen. Die Zahlmeister sollen an den versprochenen Lohn erinnern. Die Diakone sollen nichts von dem vernachlässigen, was ihnen anvertraut wurde. Die Presbyter sollen sich wie Matrosen sorgsam um das kümmern, was jeder einzelne nötig hat. Der Bischof soll wie ein wachhabender Bugoffizier allein auf das Kommando des Steuermanns acht geben. Christus, der Retter, soll als Steuermann geliebt werden und allein Vertrauen finden mit dem, was er sagt. Alle aber sollen zu Gott um günstigen Fahrtwind beten ...[27]

Es folgt noch ein Vergleich der Seekrankheit mit dem Zustand von sündigen Menschen. Verfehlungen sind wie ein Gift, das aber durch Reue und Bekenntnis gleichsam „erbrochen" werden kann.[28]

---

[27] EpClem 14,1–15,3; die in der Antike wohlbekannte Metapher vom Gemeinwesen als Schiff (vgl. J. KAHLMEYER, Seesturm und Schiffbruch als Bild im antiken Schrifttum, Diss. phil. Greifswald, Hildesheim 1934) wird hier zu einer Allegorie mit eingebauter Erklärung ausgestaltet; die Entwicklung dazu beginnt schon im Neuen Testament, vgl. E. HILGERT, The Ship and Related Symbols in the New Testament, Diss. theol. Basel, Assen 1962; H.-J. KLAUCK, Allegorie und Allegorese in synoptischen Gleichnistexten (NTA NF 13), Münster [2]1986, 340–348; im frühkirchlichen Schrifttum wird dieses Bildfeld im Anschluss an Lk 5,3 wiederholt auf die Sonderstellung des Petrus angewendet, vgl. H. RAHNER, Symbole der Kirche. Die Ekklesiologie der Väter, Salzburg 1964, 304–360 („Das Schiff aus Holz"); 473–503 („Das Schifflein des Petrus").

[28] EpClem 15,5.

– Ordination und Schreibauftrag

Nach seiner Rede, die auch an anderen Stellen noch mit der Metaphorik der Schifffahrt spielt, ordiniert Petrus den Clemens durch Handauflegung vor der Versammlung.[29] Der ganze Vorgang hat eine enge, bis in den Wortlaut reichende Parallele in der Bestellung des Zachäus zum Bischof von Caesarea.[30] Wie auch immer die Abhängigkeitsverhältnisse verlaufen, ob vom Brief zum Korpus oder umgekehrt vom Korpus zum Brief hin, fest steht, dass beide Passagen jetzt fein aufeinander abgestimmt sind.

Zuletzt erteilt Petrus Clemens den Auftrag, alles, was dieser mit Petrus erlebt und von ihm gehört hat, einschließlich seines Todes, aber auch Begebenheiten aus seiner eigenen Jugendzeit in Rom, in zusammenfassender Form (ἐν ἐπιτομῇ) aufzuzeichnen und an Jakobus zu übersenden.[31] Clemens kommt dem umgehend nach:

Ὅθεν ἐγώ, κύριέ μου Ἰάκωβε, αὐτοῦ ταῦτα εἰπόντος ὑποσχόμενος οὐκ ὤκνησα, ὡς ἐκελεύσθην, τὸ πολὺ τῶν κατὰ πόλιν λόγων τῶν ἤδη σοι προγραφέντων καὶ ὑπ' αὐτοῦ διαπεμφθέντων ἐν βίβλοις ἐπὶ κεφαλαίων ποιῆσαι ὥσπερ σημείου χάριν καὶ οὕτως διαπέμψαι σοι ἐπιγράψαντα· Κλήμεντος τῶν Πέτρου ἐπιδημίων κηρυγμάτων ἐπιτομή. πλὴν τοῦ ἐκτιθέναι ὡς ἐκελεύσθην ἄρξομαι.

Daher habe ich, mein Herr Jakobus, nachdem er dies gesagt hatte, es auf mich genommen, wie mir befohlen war, und habe nicht gezögert, das meiste seiner Reden in den einzelnen Städten, die für Dich

[29] EpClem 19,1.

[30] H III 63,1–72,5. Einen detaillierten Vergleich bietet R. Reuter, Einige Beobachtungen zu den Ordinationserzählungen der Pseudoklementinen, in: Ders. / W. Schenk (Hrsg.), Semiotica Biblica. Eine Freundesgabe für Erhardt Güttgemanns (THEOS 31), Hamburg 1999, 155–180.

[31] EpClem 19,2.

schon vorher aufgezeichnet und (Dir) in (mehreren) Büchern[32] von ihm selbst übersandt worden waren, den Hauptpunkten nach niederzulegen, quasi als Beleg, und es so Dir zuzusenden, nachdem ich es betitelt habe mit: *Des Clemens Zusammenfassung der vor dem Volk gehaltenen Predigten des Petrus.*[33]

– Analepsen und Prolepsen

Das folgende Erzählwerk ist damit bestens eingeleitet. Der Brief des Clemens gibt sich eindeutig als Begleitschreiben zu den Homilien zu erkennen. Die Erwähnung der schon vorher an Jakobus gesandten Reisenotizen des Petrus stellt zugleich eine Verbindung nach rückwärts zum ersten Brief, dem des Petrus, her, der entsprechend als Begleitschreiben zu den früheren Berichten gedacht ist. Genau darauf geht aber auch die Erzählung schon früh in einer Form ein, die jetzt als Analepse zu beurteilen ist. Kaum hat Clemens den Petrus in Caesarea zum ersten Mal getroffen, zeichnet er auch schon dessen Predigten (ὁμιλίας) auf. Der Text fährt fort:

πλὴν γράψας τὸν περὶ προφήτου λόγον, αὐτοῦ κελεύσαντος, ἀπὸ τῆς Καισαρείας τῆς Στράτωνος διαπεμφθῆναί σοι ἐποίησεν τὸν τόμον, παρὰ σοῦ ἐντολὴν ἔχειν εἰπὼν τὰς καθ' ἕκαστον ἐνιαυτὸν ὁμιλίας τε καὶ πράξεις γράφοντα διαπέμπειν σοι.

Als ich die Rede über den Propheten niedergeschrieben hatte, gemäß seinem Befehl, veranlasste er mich, das Schriftstück von Caesarea Stratonis aus an Dich zu senden, sagend, er habe von Dir das Gebot, seine Reden und Taten aufzuzeichnen und Dir zuzusenden.[34]

---

[32] An sich könnte ἐν βίβλοις auch mit den folgenden κεφάλεια des Clemens zusammen genommen werden; ich bevorzuge die andere Option, weil βίβλου auch in EpPetr 1,2 die früheren Zusendungen des Petrus an Jakobus meint.

[33] EpClem 20.

[34] H I 20,2f.

Clemens übernimmt hier die Aufgabe des Sekretärs *ab epistulis* am kaiserlichen Hof und sorgt schon zu Lebzeiten des Petrus für den Schriftverkehr. Seine postume Tätigkeit als Autor schließt sich daran nahtlos an.

Im Umgang mit dieser in den Homilien singulären Notiz kann man verschiedene Strategien wählen. Man kann ihr nur einmaliges Vorkommen betonen und ihren Stellenwert herunterspielen. Man kann aber auch herausheben, dass innerhalb der Erzählung überhaupt ein Rückverweis auf den in den Rahmenstücken konstruierten Ablauf der Kommunikation auftaucht. Der Effekt ist klar: Die Homilien insgesamt präsentieren sich jetzt „als überdimensionale briefliche Mitteilung an den Jerusalemer Oberbischof Jakobus".[35] Genauer noch kann man die umfangreiche Erzählung als Anlage oder gar als Fußnote zum Brief des Clemens charakterisieren, oder, um eine Analogie aus der Welt der elektronischen Nachrichtenübermittlung zu bemühen, als „attachment" zum eigentlichen „mail", das die Kapazitäten des Servers nahezu sprengt.

2. *Die Rekognitionen*

Die Rekognitionen unterscheiden sich von den Homilien nicht zuletzt dadurch, dass sie, zumindest in Rufins Übersetzung,[36] völlig ohne Einleitungsschreiben auskommen. Aber ganz so einfach liegt der Fall nicht. Rufin kommt in seinem eigenen *Widmungsbrief* an Bischof Gaudentius[37] auf den

---

[35] J. WEHNERT, Abriss der Entstehungsgeschichte des pseudoklementinischen Romans, Apocrypha 3 (1992) 211–235, hier 226.

[36] Text bei B. REHM, Die Pseudoklementinen II.

[37] Als *Prologus* abgedruckt bei B. REHM, Die Pseudoklementinen II, 3–5.

„Brief des Clemens" zu sprechen. Er kennt ihn und hat ihn sogar früher schon ins Lateinische übersetzt und herausgegeben,[38] vertritt aber die Meinung, das Begleitschreiben sei erst später zu der griechischen Version der Rekognitionen, die er ins Lateinische übersetzt, hinzugetreten.[39]

Trotz des Fehlens dieses Begleitschreibens redet Clemens an mehreren Stellen im Erzählverlauf Jakobus direkt als Adressaten des vorliegenden Werkes an und erinnert an die frühere Korrespondenz mit ihm. So hören wir gleich im ersten Buch:

> *unde et iubente ipso, ea quae ad me locutus est, in ordinem redigens, librum de vero propheta conscripsi eumque de Caeserea ad te, ipso iubente, transmisi. dicebat enim mandatum se accepisse abs te, ut per singulas annos, si qua a se essent dicta gestaque, ad te descripta transmitterent.*
>
> Da auch er selbst (Petrus) mir befahl, das, was er zu mir gesagt hatte, in eine sinnvolle Reihenfolge zu bringen, habe ich ein Buch über den wahren Propheten verfasst und, erneut auf sein ausdrückliches Geheiß hin, von Caesarea aus *an Dich* gesandt. Er sagte nämlich, er habe *von Dir* das Gebot entgegengenommen, für die einzelnen Jahre, was immer seine Worte und Taten waren, in schriftlicher Form *an Dich* zu senden.[40]

Ein anderer Brief wird von den Brüdern, die vorausgeschickt worden waren, um Simon Magus zu beobachten, an Petrus und seinen Kreis in Caesarea versandt.[41] Das dient als Aufhänger für die erneute Weisung an Clemens, das, was er seinem Gedächtnis anvertraute, auch schriftlich festzuhalten „und es *an Dich,* meinen Herrn Jakobus, zu schicken, was

---

[38] Diese lateinische Version des EpClem steht bei B. REHM, Die Pseudoklementinen II, 373–378.

[39] Prologus 12.

[40] R I 17,2f.

[41] R III 73,1; 74,1; parallel dazu H IV 6,3.

ich auch tat, folgsam seinen Vorschriften".[42] Vorbereitet wird damit das vermutlich fiktive Inhaltsverzeichnis der zehn Bücher, die Clemens schon vor der Niederschrift der Rekognitionen verfasst und an Jakobus weiter geleitet hat.[43] Ein letztes Mal wird am Ende des zweiten Tages der Diskussion mit Simon Magus in Caesarea auf die bereits „an Dich" übersandten Bücher zurückgeblickt.[44]

Wenn wir davon ausgehen, dass klare Parallelen zwischen den Homilien und den Rekognitionen auf die Grundschrift zurückzuführen sind, war in ihr schon die schriftliche Kommunikation mit Jakobus in Jerusalem ein Thema, das, ausgehend vom früheren Schriftwechsel, auf das vorliegende Sammelwerk ausgeweitet werden konnte. Clemens setzt darin nur nach dem Tod des Petrus fort, was er zu dessen Lebzeiten mit ihm zusammen schon begonnen hatte. Dass sich die entsprechenden Rückblicke nur in den frühen Büchern finden, könnte darauf zurückzuführen sein, dass die Eingangskorrespondenz am stärksten auf den Erzählanfang ausstrahlt.

3. Gattungselemente

Aber würde diese Sicht der gesamten Pseudoclementinen als riesiger Brief nicht die Grenzen des Erträglichen sprengen? Nicht unbedingt. Begleitbriefe, oft als Widmungsbriefe stilisiert, waren in der Antike allenthalben üblich, auch

---

[42] R III 74,4

[43] R III 75,1–12.

[44] R V 36,5. Angespielt wird in R IX 29,2 noch auf ein Schreiben des Thomas an Petrus, wohl nicht zufällig in jenem Teil, der sich auf Bardesanes, Liber legum regionum, stützt, vgl. B. REHM, Die Pseudoklementinen II, 312f.; Thomas galt als Apostel Syriens, wo Bardesanes wirkte.

wenn sie eingestandenermaßen das Werk, das sie einleiten, noch nicht notwendig in einen Brief verwandeln. Aber ein noch extremeres Beispiel als die Pseudoclementinen könnte Plinius der Ältere mit seinem Universallexikon *Naturalis historiae* bieten. Er schickt dem Unternehmen, das vorher schon abgeschlossen war, einen mehrseitigen Widmungsbrief an Kaiser Titus voraus. Mit Rücksicht auf die hohe Arbeitsbelastung des Herrschers fügt er dem ein Inhalts- und Quellenverzeichnis an, das das ganze erste Buch ausmacht.[45] Die Bücher II bis XXXVII dienen aus dieser Perspektive nur noch der Ausführung des Programms.

Aus der deuterokanonischen Literatur, den protestantischen „Apokryphen des Alten Testaments", kommt uns das zweite Makkabäerbuch in den Sinn.[46] Der erzählende Hauptteil gibt sich im Vorwort 2 Makk 2,19–32 als Epitome (!) der fünf Bücher des jüdischen Historikers Jason von Cyrene zu erkennen. Zwei Briefe, die es mit jüdischen Festen zu tun haben, gehen voraus, ein kurzer erster Brief in 2 Makk 1,1–9 und ein längeres Schreiben in 2 Makk 1,10–2,18. Sie beziehen sich inhaltlich auf die Reinigung des profanierten Jerusalemer Tempels in der Makkabäerzeit und stehen insofern mit dem Hauptthema des exzerpierten historischen Werks in engem Zusammenhang. Vier Stücke aus einer diplomatischen Korrespondenz sind in 2 Makk 11,16–38 eingestreut. Der Codex Alexandrinus charakterisiert in der *subscriptio* das ganze zweite Makkabäerbuch als

---

[45] R. König / G. Winkler, C. Plinius Secundus d. Ä.: Naturkunde. Buch I (TuscBü), München 1973.

[46] Text bei W. Kappler / R. Hanhart, Zweites Makkabäerbuch (Göttinger Septuaginta IX / 2), Göttingen ²1976; Übersetzung bei C. Habicht, 2. Makkabäerbuch (JSHRZ I / 3), Gütersloh 1976; ausführliche Literaturangaben zu den Briefen bis 2005 bei H.-J. Klauck, Ancient Letters (s. Anm. 8) 261.

„Brief über die *Taten* des Judas Makkabäus“, als Bericht über seine πράξεις in Briefform.

Darüber, dass der clementinische Famlien-, Bildungs- und Reiseroman an der Gattung der kaiserzeitlichen Romanliteratur Maß nimmt, besteht in der Forschung weithin Einigkeit.[47] Bahnbrechend für die Erforschung des antiken Romans war Erwin Rohde, der „Die Wunder jenseits von Thule“ des Antonius Diogenes als Musterexemplar der Gattung ansah.[48] Leider kennen wir dieses Werk nur noch in der ausführlichen Inhaltsangabe, die der Patriarch Photius davon anfertigte.[49] Seine Erzählstruktur war offenbar ungemein komplex, mit bis zu sieben ineinander verschachtelten Erzählebenen. Das beginnt mit dem Eingangsbrief des Autors an einen Adressaten, der zu allem Überfluss auch noch Faustinus heißt, wie einer der Brüder des Clemens. Darin gibt sich der Verfasser als seriöser Quellenforscher. Es folgt (oder ist darin enthalten) ein Widmungsschreiben an die eigene Schwester Isidora mit einer Findungslegende, die Alexander den Großen bemüht. Dieser hat in Tyrus in einem Sarg in einer Krypta Tafeln aus Zypressenholz entdeckt, die sein General Balagros mit einem Begleitbrief an seine Frau Phila weiterleitete und deren Inhalt lautet wie

---

[47] Vgl. M. J. Edwards, The *Clementina:* A Christian Response to the Pagan Novel, CQ 42 (1992) 459–474.

[48] E. Rohde, Der griechische Roman und seine Vorläufer, Leipzig ³1914; Repr. Hildesheim 1960, 269–309; auf diese Parallele machen aufmerksam J. Wehnert, Literarkritik und Sprachanalyse. Kritische Anmerkungen zum gegenwärtigen Stand der Pseudoklementinen-Forschung, ZNW 74 (1983) 268–301, hier 297; M. Vielberg, Clemens in den pseudoklementinischen Rekognitionen. Studien zur literarischen Form des spätantiken Romans (TU 145), Berlin 2000, 21.

[49] Bequeme Zusammenstellung des Vorhandenen bei S. A. Stephens / J. J. Winkler, Ancient Greek Novels: The Fragments, Princeton, N.J. 1995, 101–157.

folgt … Hier setzen beim Leser die ersten Schwindelgefühle ein,[50] aber die doppelte briefliche Rahmung steht sicher im Dienst der doppelten Absicherung der Authentizität der folgenden fabelhaften Geschehnisse.

Zu Alexander dem Großen sei noch angemerkt, dass der ihm gewidmete Romanzyklus „Leben und Taten Alexanders von Makedonien" mehrere Gruppen von diplomatischen Briefen und eine Gruppe von fantastischen Briefen enthält. Möglicherweise ist der Bestand eines älteren Briefromans in die erhaltenen Versionen eingegangen.[51]

Den Terminus „Briefroman" können wir auf die Pseudoclementinen nicht anwenden, weil er in der Forschung anders besetzt ist, nämlich durch Texte, deren Erzählfaden sich in einer Folge von einzelnen Briefen entwickelt und weiterspinnt.[52] Aber mit ihren beiden Einleitungsbriefen, vermehrt noch durch die *Contestatio,* fallen sie keineswegs aus dem jüdisch-hellenistischen und hellenistisch-römischen

---

[50] Ich zitiere S. A. Stephens / J. J. Winkler, Ancient Greek Novels (s. Anm. 49) 103: „A better solution to the small anomaly of two prefatory epistles is to suppose that, just as the narratives of Derkyllis and others are embedded in the narrative of Deinias, and the narrative of Deinias is framed by the letter of Balagros to Phila, and that letter is quoted in Diogenes' letter to Isidora, so his letter to Isidora is contained within his letter to Faustinus."

[51] H. van Thiel, Leben und Taten Alexanders von Makedonien. Der griechische Alexanderroman nach der Handschrift L (TzF 13), Darmstadt 1974; R. Merkelbach, Die Quellen des griechischen Alexanderromans (Zet. 9), München ²1977; P. A. Rosenmeyer, Ancient Epistolary Fictions: The Letter in Greek Literature, Cambridge 2001, 169–192.

[52] Vgl. N. Holzberg (Hrsg.), Der griechische Briefroman: Gattungstypologie und Textanalyse (Classica Monacensia 8), Tübingen 1999; P. A. Rosenmeyer, Ancient Epistolary Fictions (s. Anm. 51) 234–252.

literarischen Kontext heraus, sondern passen sich im Gegenteil gattungsgeschichtlich gesehen vorzüglich darin ein.

4. Zur Literarkritik

Wir wären selbstverständlich auch froh darüber, genauer zu wissen, wann die Einleitungsschreiben entstanden sind[53] und wie sie sich den verschiedenen Traditionsstufen, die die Pseudoclementinen durchlaufen haben, zuordnen lassen. An solchen Stufen müssen wir, selbst bei vorsichtiger Handhabung der Literarkritik, wenigstens vier unterscheiden: (1) die jetzige Gestalt der Homilien und der Rekognitionen, (2) die beiden vorausliegende Grundschrift, (3) mögliche Vorstufen dieser Grundschrift, und (4) spätere Interpolationen im Verlauf der Textgeschichte. Wenn wir das mit den drei Eingangsschreiben, zusammengefasst oder je einzeln genommen, kombinieren, ergibt sich rein mathematisch eine große Zahl von Möglichkeiten. Nicht alle von ihnen, aber eine ganze Reihe davon sind bereits in Erwägung gezogen worden. Dazu nur einige Beispiele, die unter der Voraussetzung gegeben werden, dass ich die jeweiligen Autoren richtig verstanden habe, was nicht immer ganz leicht fällt:

- Der hoch verdiente Herausgeber der Pseudoclementinen, Bernhard Rehm, wundert sich zunächst: Der Brief des Petrus und die Contestatio sind „das merkwürdigste Stück der ganzen pseudoclementinischen Literatur … Nirgends weht ein so dumpfer und fanatischer Geist von Sektierertum, nirgends wird die Feindschaft gegen Paulus und die Heidenchristen so offen zur Schau getragen, nirgends häufen sich so die Seltsamkeiten

[53] A. Hilgenfeld, Einleitungsschriften (s. Anm. 7) 43, setzt EpPetr und Cont noch vor 135 n. Chr. an, um ebd. 53 sogar für vor 106 zu plädieren – ein Reflex der Frühdatierung der Pseudoclementinen in der Tübinger Schule.

des Inhalts."[54] Als Lösung nimmt er an, dass die beiden Texte als Vorrede zu den Homilien geschrieben wurden, aber von einem Späteren, nicht vom Homilisten selbst.[55] In Anlehnung an sie hat erst der Bearbeiter der Rekoginitionen, der neben der Grundschrift auch die Homilien in der erweiterten Form kannte, den Brief des Clemens geschrieben.[56]

– In einer anderen Sicht der Dinge gehören die drei Einleitungsschriften zusammen, sind aber erst „nachträglich und ganz oberflächlich an den pskl. Roman angeflickt worden",[57] und zwar „von der Hand des Homilisten",[58] der die Grundschrift zu den Homilien umgestaltete.
– Insgesamt noch vor der Ebene von Homilien und Rekognitionen bewegt sich der folgende Vorschlag: Der Brief des Petrus an Jakobus war das Begleitschreiben der alten *Kērygmata Petrou*, einer von der Grundschrift verarbeiteten Quelle. Die *Contestatio* wurde von einem strikt judenchristlichen Bearbeiter eingeschoben. Der Verfasser der Grundschrift hat beide Stücke übernommen und um den Brief des Clemens an Jakobus ergänzt, in der Absicht, die *Kērygmata*, eine reine Lehrschrift, mit der Romanerzählung zu verbinden.[59]
– Der Verfasser der Homilien hat aus Anlass der Publikation seines Werks den Brief des Petrus und die *Contestatio* geschrieben. Als Flankenschutz komponierte er nachträglich den Brief des Clemens und ließ ihn isoliert zirkulieren. Irgendwann, aber

[54] B. Rehm, Zur Entstehung der pseudoclementinischen Schriften, ZNW 37 (1938) 77–184, hier 139f.

[55] Ebd. 142f.

[56] Ebd. 146.

[57] J. Wehnert, Abriss der Entstehungsgeschichte des pseudoklementinischen Romans, Apocrypha 3 (1992) 211–235, hier 226f.; mit „pskl. Roman" ist anscheinend die Grundschrift gemeint.

[58] J. Wehnert, Literarkritik und Sprachanalyse (s. Anm. 48) 300.

[59] B. Pouderon, L'attribution (s. Anm.3), bes. 277f.; nicht sehr davon verschieden G. Strecker, Judenchristentum (s. Anm. 7) 90: Der Brief des Clemens und die Grundschrift stammen aus der Hand eines Autors; 137–145: der Brief des Petrus und die Contestatio gehören zu den älteren Kerygmen des Petrus.

> noch vor Rufin, wurde auch dieser Brief in den eröffnenden Abschnitt der Homilien eingearbeitet.[60]

Mir scheint aufgrund der eigenen Einsicht in die Textverhältnisse nichts gegen die These zu sprechen, dass alle drei Schreiben bereits zur Grundschrift gehörten, somit weder vom Redaktor der Homilien noch von einem späteren Interpolator stammen.[61] Ob sich der Brief des Petrus und die *Contestatio* – nicht aber der Brief des Clemens – noch weiter zurückverfolgen lassen, möchte ich offen lassen. Je weiter wir ins Dunkel der Vorgeschichte vordringen wollen, umso unsicherer werden unsere Ergebnisse. Die Annahme späterer Interpolationen führt zu Rechnungen mit zu vielen Unbekannten.

II. Ein Briefwechsel im Namen des Eros

1. Der Kontext

Der unmittelbare Kontext des Briefwechsels, der uns im Folgenden beschäftigen wird, reicht vom vierten bis zum sechsten Buch der Homilien.[62] Wir befinden uns in Tyrus.

---

[60] L. Cirillo, in: P. Geoltrain / J.-D. Kaestli (Hrsg.), Écrits apocryphes chrétiens II, 1196f.

[61] Alle drei Texte listet F. S. Jones, Eros and Astrology in the Περίοδοι Πέτρου: The Sense of the Pseudo-Clementine Novel, Apocrypha 12 (2001) 53–78, hier 58, innerhalb seiner „Outline of the Basic Writing" auf.

[62] Vgl. zum ganzen Abschnitt H IV–VI und Teilen daraus C. Schmidt, Studien (s. Anm. 7) 160–239; W. Adler, Apion's „Encomium of Adultery": A Jewish Satire of Greek Paideia in the Pseudo-Clementine Homilies, HUCA 64 (1993) 15–49; J. van Amersfoort, Traces of an Alexandrian Orphic Theogony in the Pseudo-Clementines, in: R. van den Broek / M. J. Vermarseren (Hrsg.), Studies in Gnosticism

In der Primärerzählung tritt eine Pause ein, da beide Protagonisten, Petrus und Simon Magus, noch nicht (Petrus) oder nicht mehr (Simon) an Ort und Stelle sind. Doch wird Petrus durch Clemens würdig vertreten, der hier schon für seine spätere Aufgabe als Nachfolger des Apostels üben kann. Die Rolle des Simon übernimmt Apion, der bekannte Literat und Judenhasser aus Alexandrien,[63] der hier nicht nur mit Namen vorgestellt wird, sondern auch mit seinem Attribut Πλειστονίκης,[64] „Sieger über viele", das heißt siegreich in vielen Redeschlachten. Er war nicht nur mit Simon, sondern auch mit dem Vater des Clemens befreundet und kannte Clemens daher von Jugend auf. Er möchte Clemens in diesem Zwischenspiel wieder von seiner Neigung zu der „barbarischen" jüdischen Lehre abbringen, mit dem Argument, man müsse sich immer an die Sitten der Väter halten.[65]

In einem idyllischen Garten, seit Platons *Phaidros* der ideale Ort für philosophische Gespräche, findet die erste Runde der Diskussion statt. Clemens gibt ein durchgehendes Thema vor, indem er die Amoralität der griechischen Göttersagen attackiert und im Einzelnen auf Zeus und seine

and Hellenistic Religions (EPRO 91), Leiden 1981, 13–30; D. Côté, Une critique de la mythologie grecque d'après l'Homélie pseudoclémentine IV, Apocrypha 11 (2000) 37–57.

[63] Siehe zu ihm P. W. van der Horst, Who was Apion?, in: Ders., Japheth in the Tents of Shem: Studies on Jewish Hellenism in Antiquity (Contributions to Biblical Exegesis and Theology 32), Leuven 2002, 207–221; J. N. Bremmer, Foolish Egyptians: Apion and Anoubion in the Pseudo-Clementines, in: A. Hilhorst / G. H. van Kooten (Hrsg.), The Wisdom of Egypt: Jewish, Early Christian, and Gnostic Essays in Honour of Gerard P. Luttikhuizen (Ancient Judaism and Early Christianity 59), Leiden 2005, 311–329.

[64] H V 6,2.

[65] H IV 7,2f.

amourösen Abenteuer eingeht. Menschen, die mit solchen Mythen aufwachsen, werden fast notwendig zu Ehebruch und Unzucht verführt, die große Übel sind.[66] Apion verschiebt seine Antwort auf den folgenden Tag.

Als er zur festgesetzten Stunde nicht erscheint, nimmt Clemens die Gelegenheit zu einem erzählerischen Rückblick wahr. Er berichtet über einen Streich, den er als Jugendlicher Apion gespielt hat. Die vergebliche Suche nach der Wahrheit hatte ihn so geschwächt, dass er krank zu Bette lag. Als väterlicher Ratgeber mit ärztlichen Kenntnissen diagnostizierte Apion Liebeskummer.[67] Er bot Clemens an, ihm die ferne Geliebte, vermutlich eine verheiratete und deshalb unerreichbare Frau, durch Magie zu verschaffen, was ihm selbst in seiner Jugendzeit mit Hilfe eines ägyptischen Magiers gelungen war (eine weitere Erzählebene innerhalb des Rückblicks).[68] Clemens geht auf das Spiel ein, macht aber deutlich, dass er die ferne Geliebte nicht durch Beschwörung gewinnen wolle, sondern durch Überredung, zumal sie philosophische Neigungen hege. Er setzt also auf die Magie der Worte, auf die persuasive Rhetorik. Es verwundert nicht, dass Apion die Differenz zwischen diesen Arten von Magie gering einschätzt und die vorgetäuschten Skrupel des Clemens nicht ganz versteht.[69]

---

[66] H IV 21,1–4.

[67] Zu den medizinischen Kenntnisse siehe H V 2,3; zu den väterlichen Gefühlen H V 3,2. Zur Liebeskrankheit vgl. P. Tohey, Love, Lovesickness, and Melancholy, Illinois Classical Studies 17 (1992) 265–286.

[68] H V 3,4f.

[69] H V 7,1–3. Clemens hat selbst in der Vorgeschichte mit dem Gedanken gespielt, nach Ägypten zu gehen, um mit magischen Mitteln die Unsterblichkeit der Seele zu beweisen oder zu widerlegen, vgl. H I 5,1–4.

2. Der Briefwechsel

– Apion schreibt im Namen des Clemens an die Geliebte

Dennoch lässt Apion sich auf den Annäherungsversuch mit rhetorischen Mitteln ein. Er setzt noch in der Nacht einen Text auf, ein Enkomium der freien Liebe und des Ehebruchs, das Clemens in eigenem Namen als Brief an die Geliebte senden soll.[70] Passenderweise hat Clemens in Tyrus das Dokument gleich zur Hand und liest es der Gesprächsrunde vor.[71] Das Schreiben beginnt mit einem hübschen Präskript:

Ὁ ἐρῶν τῇ ἐρωμένῃ (ἀνωνύμως διὰ τοὺς ἐκ τῶν ἀνοήτων ἀνθρώπων νόμους) ἐπιταγαῖς Ἔρωτος τοῦ πάντων πρεσβυτάτου παιδὸς χαίρειν.

Der Liebende an die Geliebte (anonym wegen der Gesetze von ignoranten Menschen), auf Geheiß des Eros, des Kindes, (zugleich) des Ältesten von allen,[72] zum Gruß.[73]

Die Beibehaltung der Infinitivform χαίρειν lässt diesen Brief im Stil hellenistischer erscheinen, als die beiden Eingangsbriefe, die an dieser Stelle εἰρήνη verwendeten, es waren. Im Briefinnern bezeichnet Apion Eros als den mächtigsten

[70] H V 9,2–4.

[71] Der Wortlaut des Schreibens umfasst H V 10,1–19,4.

[72] Vgl. Lukian, Dialogiae deorum 6(2),1, wo Eros um Milde bittet, da er doch nur ein Kind sei, während Zeus ihn als Greis und alten Nichtsnutz bezeichnet; das erotische Begehren zwang Zeus dazu, Magie anzuwenden und sich in verschiedene Gestalten wie Satyr, Stier, Gold, Schwan und Adler zu verwandeln, um sein Ziel bei Frauen und Knaben zu erreichen (vgl. die Ausführungen im Folgenden und diejenigen zur Polymorphie unten in Kapitel 7). Zur Figur des Eros in H IV–VI vgl. D. Côté, La figure d'Éros dans les *Homélies pseudo-clémentines,* in: L. Painchaud / P.-H. Poirier (Hrsg.), Coptica – Gnostica – Manichaica: Mélanges offerts à Wolf-Peter Funk (BCNH.E 7), Québec 2006, 135–165, mit umfassenden Quellen- und Literaturangaben.

[73] H V 10,1.

Gott, dessen Diktat sich selbst Zeus unterwerfen müsse. Als Beweis stellt er einen beeindruckenden Katalog von Formen zusammen, die Zeus zum Zweck der Verführung angenommen hat: Satyr, Adler, Bär, Löwe, Stier, Ameise, Geier, Schwan, Stern, Wiedehopf, Feuer, Schlange, einen Hirten und diverse Ehemänner.[74] Die Geliebte ist selig zu preisen (μακαρία οὖν ἔσῃ), wenn sie diesen und andere Götter[75] imitiert und nicht ignorante Menschen.[76]

Apion zitiert außerdem Philosophen, die der Lust freien Lauf ließen, und beruft sich auf eine Sammlung von erotischen Briefen aus der Feder des Chrysipp, des großen Stoikers, der darin eine Statue von Zeus und Hera in schamloser Stellung beschrieben habe.[77] Unmittelbar vor dem Abschiedswunsch ἔρρωσό μοι bittet er die Angeredete noch darum, in einer schriftlichen Antwort (διὰ γραμμάτων) ihre Entscheidung kundzutun.[78]

Wenn dieser Brief aus jüdischer oder christlicher Perspektive gelesen wird, hat er überhaupt nichts Attraktives mehr an sich. Er sorgt im Gegenteil auch ohne weiteren Kommentar schon für eine gründliche Entlarvung und Destruktion der mythischen Götterwelt, und er übt dadurch implizite Kritik an Lebensformen der Umwelt, die als viel zu liberal und lax empfunden werden. Dass auch noch Philosophen, die auf ihre Ethik stolz sind, in den allgemeinen

[74] H V 13,1–14,2.

[75] Deren alphabetische Liste steht in H V 15,2f.

[76] H V 16,2.

[77] H V 18,6; das verleitet J. R. Harris, Notes on the Clementine Romances, JBL 40 (1921) 125–145, hier 143, zu der These: „That the Clementine Homilist transcribed an epistle of Chrysippus the Stoic"; gründliche Kritik daran übt B. Pouderon, La littérature pseudo-épistolaire (s. Anm. 3) 231–235.

[78] H V 19,4.

Chor mit einstimmen, verschlimmert die Sache nur noch. Dem realen Autor, wer immer es war (siehe unten), ist mit diesem Brief, den er in entlarvender Absicht komponierte, ein kleines Kunststück gelungen.

– Clemens schreibt im Namen der Geliebten an Apion

Clemens verfasst im Namen der fiktiven Geliebten den Antwortbrief,[79] der in indigniertem Ton beginnt. Ein Präskript fehlt, das Schreiben kommt gleich zur Sache:

Θαυμάζω πῶς ἐπὶ σοφίᾳ με ἐπαινέσας ὡς ἀνοήτῳ γράφεις.

Ich wundere mich, wieso du mich zunächst wegen meiner Weisheit lobst, dann aber wie an eine Ignorantin schreibst.

Apions Argumente werden Schritt um Schritt auseinandergenommen. Besonders effektiv ist das euhemeristische Argument, das im Vergleich zu seinem Urheber Euhemeros noch gesteigert wird: Die Götter waren ursprünglich nicht nur Menschen, wie das Vorhandensein ihrer Gräber an verschiedenen Orten belegt, sie waren sogar Tyrannen und üble Magier.[80]

Der Brief kommt dann auf die erotische Antriebskraft zu sprechen. Sie existiert überhaupt nur „gemäß der Vorsehung dessen, der alles ins Werk setzte", wie der Schöpfergott hier noch zurückhaltend umschrieben wird.[81] Sie dient der Erhaltung des Menschengeschlechts, und die rechte Form des Umgangs mit ihr bietet die Ehe.[82] Im Schlussparagraphen deutet das Schreiben an, dass diese und ähnliche

[79] Er reicht von H V 21,1–26,4.

[80] H V 23,1–4; Clemens wird dieses Argument in H VI 20,1–22,2 weiter entfalten.

[81] H V 24,5.

[82] H V 25,3.

Einsichten einem jüdischen Lehrer verdankt werden.[83] Der letzte Satz lässt den Schreiber des ersten Briefs als denjenigen erscheinen, der dringend Beistand, auch ärztlichen Beistand, braucht:

θέλοντι δέ σοι καὶ σπουδάζοντι σωφρονεῖν, φλεγμαινούσῃ ψυχῇ πρὸς ἔρωτα βοηθοίη θεὸς καὶ τὴν ἴασιν παράσχοι.

Möge Gott Dir helfen und Deiner vor Liebesverlangen brennenden Seele Heilung gewähren.[84]

Schon hier fühlt sich Apion, dem Clemens ja ärztliche Kenntnisse zugestanden hatte, in seinem Judenhass bestärkt.[85] Die Frau gibt er verloren, weil ein Jude sie „überredet" hat, nicht er. Clemens enthüllt den Streich, den er Apion gespielt hat, und gesteht, dass er selbst es ist, der von einem jüdischen Händler in Rom und dessen Botschaft von dem einen Gott sehr beeindruckt war.[86] Apion gerät erst recht in Zorn und verlässt Rom.[87] Der „Sieger in vielen Redeschlachten" hat ein rhetorisches Desaster erlebt.

Nach diesem ausführlichen „flashback" auf dokumentarischer Grundlage (Clemens führte den Briefwechsel mit sich) kehren wir im sechsten Buch wieder nach Tyrus und damit

[83] H V 26,3.

[84] H V 26,4.

[85] H V 27.

[86] H V 28,2; hier wird anscheinend Anschluss gesucht an den Romaneingang, wo Clemens in seiner Jugend in Rom von einem jüdischen Missionar zum ersten Mal die christliche Botschaft vernimmt (H I 9,1–3; vgl. den τίς in H I 7,1), obwohl ein echter Ausgleich der verschiedenen Angaben nicht recht gelingen will. Zur Differenz zwischen Homilien und Rekognitionen in diesem Punkt vgl. M. VIELBERG, Clemens (s. Anm. 48) 193: In den Homilien verhält es sich so, dass Clemens „schon in früher Jugend mit dem Judenchristentum in Berührung kommt, so daß seine diesbezügliche Ausbildung und Konversion gewissermaßen vorverlegt sind".

[87] H V 29,1.

zum dritten Tag des Zwischenspiels zurück, das erst durch das Eintreffen des Petrus beendet wird.[88] Der hermeneutisch sehr aufschlussreiche Disput am dritten Tag dreht sich um die Tragweite der allegorischen Exegese der Mythen; doch können wir dem in unserem Rahmen nicht weiter nachgehen.

3. Gattungselemente

Wie William Adler in seinem schönen Beitrag gezeigt hat,[89] verarbeiten die Homilien hier ein novellistisches Motiv, das letztlich schon bei Euripides im *Hippolytus* ein Vorbild hat und in hellenistisch-römischer Zeit meist folgende Gestalt annimmt: Der Arzt der Familie gibt dem Vater zu verstehen, dass die schwere Erkrankung des Sohns von dessen unerfüllter Liebe zur zweiten, jungen Frau des Vaters her rührt. Besetzt werden die Positionen in diesem Familiendrama z. B. vom syrischen König Seleucus, seiner jungen Frau Stratonice, seinem Sohn Antiochus und dem klugen Hofmediziner Erasistracus.[90] Über den Sachverhalt informiert, tritt der Vater großzügig seine Frau und einen Teil seines Reiches an den Sohn ab. Dieses Grundgerüst mit seinen zahlreichen Möglichkeiten der Variation und Expansion ging als Schulbeispiel in den Rhetorikunterricht ein.[91] Der Rhetor Aristainetos transformiert es in einem

---

[88] In H VI 26,1f.

[89] Vgl. W. Adler, Apion's „Encomium of Adultery" (s. Anm. 62).

[90] Vgl. besonders Appian, Historia Romana XI 10,59–61; ferner Pseudo-Lukian, De dea Syria 17–18; Plutarch, Demetrius 38,1–9.

[91] Als solches nehmen es Valerius Maximus, Factorum et dictorum memorabilia V 7 ext. 1, und Seneca der Ältere, Controversiae 6,7, im 1. Jahrhundert n. Chr. in ihre Beispielsammlungen auf.

seiner beiden Bücher mit erotischen Briefen in eine andere Gattung, die des Liebesbriefs.[92]

Damit wäre die Epistolographie erreicht. In den Homilien wird nicht das gesamte Motivfeld aus der Romanze am Königshof in Briefform gekleidet, sondern zwei Briefe werden in die Adaptation der novellistischen Erzählung eingefügt. Mit ihr zusammen werden die Briefe zum Bestandteil des Clemensromans, der seinerseits als Anlage zu einem Brief gelesen werden kann. Die beiden Briefe im Apion-Dialog sind also Briefeinlagen („embedded letters") innerhalb eines größeren Werks. Dieses Phänomen begegnet uns in der antiken Literatur vor allem in den Romanen (außerdem auch im Schauspiel und bei den Historikern).

Als Beispiel[93] kann uns *Leukippe und Kleitophon* des Achilleus Tatius (ca. 2. Jahrhundert n. Chr.) dienen.[94] Wie üblich sind die Liebenden durch Schicksalsschläge voneinander getrennt. Als erste erkennt Leukippe ihren Kleitophon wieder und schreibt ihm einen vorwurfsvollen Brief, den dieser aufgrund ihrer Handschrift sofort identifizieren kann und in dem es natürlich um Liebe und verratene Liebe geht.[95] Im Brief, den Kleitophon Wort für Wort wiederholt, sieht Kleitophon Leukippe selbst leibhaftig vor sich stehen

---

[92] Aristainetos (5. Jahrhundert n. Chr.), Epistulae 1,13; Text bei O. Mazal, Aristaeneti Epistularum libri II (BSGRT), Stuttgart 1971, 31–34; Übersetzung bei A. Lesky, Aristainetos: Erotische Briefe (BAW), Zürich 1951, 73–76.

[93] Zur Funktion von Briefen in Chariton, Callirhoe, vgl. H.-J. Klauck, Ancient Letters (s. Anm. 8) 136–138; zum Ganzen das Kapitel „Embedded letters in the Greek novel" bei P. A. Rosenmeyer, Ancient Epistolary Fictions (s. Anm. 51) 133–168.

[94] Zu Text und Übersetzung siehe S. Gaselee, Achilles Tatius (LCL 45), Cambridge, Ma. 1969; K. Plepelits, Achilleus Tatios: Leukippe und Kleitophon (BGL 11), Stuttgart 1980.

[95] Achilleus Tatius V 18,1–6.

– ein unentbehrlicher Topos der Briefhermeneutik.[96] Er antwortet noch im selben Buch mit einem eigenen Brief.[97] Einige weitere Entwicklungen dergestalt, dass die Briefe in falsche Hände geraten,[98] sind vorprogrammiert. Beachten wir auch, dass dieser Briefwechsel, wie in den Homilien, innerhalb eines einzigen Buches des Erzählwerks stattfindet.

Zwei weitere, kleinere Hinweise sollten nicht fehlen. Eine Sammlung freistehender erotischer Briefe (siehe oben zu Aristainetos) hat Flavius Philostratus geschaffen. In einem von ihnen listet er die sprichwörtlichen Verwandlungen des Zeus im Liebesdienst auf.[99] Andere Schreiben können charakterisiert werden als „letters of erotic persuasion", wie Apions Brief es der Intention nach sein wollte.[100] Besonders nahe kommt ihm ein Schreiben, in dem der Autor eine verheiratete Frau zum Ehebruch verführen will, mit nicht sonderlich dezentem Hinweis auf die Metamorphosen von Poseidon und Zeus und die uneheliche Abstammung von Dionysos, Apollo und Herakles.[101]

Für das Preislied (ἐγκώμιον) auf Eros, mit dem Apion in den Pseudoclementinen seinen Brief einsetzen lässt, kommt

---

[96] Ebd. V 19,5.

[97] Ebd. V 20,5.

[98] Ebd. V 24,1–3; vgl. zu diesem Thema T. E. Jenkins, Intercepted Letters: Epistolarity and Narrative in Greek and Roman Literature (Roman Studies: Interdisciplinary Approaches), Lanham u. a. 2006.

[99] Die Nr. 35 (20) bei A. R. Benner / F. H. Fobes, The Letters of Alciphron, Aelian and Philostratus (LCL), Cambridge, Ma. 1946, 486f.

[100] P. A. Rosenmeyer, Ancient Epistolary Fictions (s. Anm. 51) 325; vgl. 328: „methods of erotic persuasion, cleverly sustaining the epistolary illusion".

[101] Nr. 30 (58): „Der Akt ist ein und derselbe, ob er mit dem Ehemann oder einem Ehebrecher vollzogen wird …"; die Herausgeber nennen das ein μοιχείας ἐγκώμιον (S. 479 Anm. b).

aus den spätantiken Briefstellern, den Τύποι Ἐπιστολικοί des Pseudo-Demetrius und den Ἐπιστολιμαῖοι Χαρακτῆρες des Pseudo-Libanius,[102] als korrespondierende Größe ein Brieftyp in Betracht, der ἐπαινετικός, preisend oder enkomiastisch, genannt wird.[103] Die Antwort der fiktiven Geliebten ist entsprechend im Stil des schmähenden (ἐκτικός) Briefs gehalten.[104]

Die Briefform erweist sich immer wieder als ungemein elastisch und variabel. Sie kann in den unterschiedlichsten Kontexten zu einer Vielzahl von Zwecken eingesetzt werden. Speziell die pseudoclementinischen Homilien machen von ihr reichen Gebrauch, nach den Eingangsbriefen nun auch im Apion-Dialog.

4. Zur Literarkritik

Wie aber steht es diesbezüglich mit den Rekognitionen? Sie enthalten die Apion-Disputation mit dem Briefwechsel nicht, aber die darin verhandelten mythologischen Stoffe, auch solche aus dem Apion-Brief, kehren fast alle im zehnten Buch der Rekognitionen wieder.[105] Fast alle Forscher, die sich intensiver mit den Pseudoclementinen unter quellenkritischem Gesichtspunkt beschäftigten, haben sich dazu

---

[102] Vgl. A. J. Malherbe, Ancient Epistolary Theorists (SBL.SBibSt 19), Atlanta, Ga. 1988, 30–41.66–81.

[103] Die Nr. 10 bei Pseudo-Demetrius und Nr. 26 bei Pseudo-Libanius.

[104] Die Nr. 9 bei Pseudo-Demetrius.

[105] Vgl. vor allem R X 13–41; Einzelnachweise bei G. Strecker, Judenchristentum (s. Anm. 7) 80; für die parallelen Götterlisten in H V 12–13 (innerhalb des Apion-Briefs) und R X 22,1–8 vgl. die Synopse bei B. Pouderon, La littérature pseudo-épistolaire (s. Anm. 3) 235.

geäußert, mit sehr unterschiedlichen Resultaten.[106] Eine kleine Blütenlese:

- Hans Waitz folgt einer bewährten Faustregel: Das Material befindet sich in den Rekognitionen am ursprünglichen Platz, hat aber in den Homilien seine ursprünglicher Gestalt bewahrt. Der Apion-Dialog stand also in der Grundschrift; er war von ihrem Verfasser aus einer unbekannten Quelle übernommen und am Ende – wie jetzt noch in den Rekognitionen – angehängt worden.[107]
- Nach Werner Heintze, dessen Modell Carl Schmidt in den Hauptpunkten übernimmt und fortschreibt, war die Quelle des Apion-Dialogs ein rein jüdisches, apologetisch ausgerichtetes „Disputationsbuch" (noch nicht in Romanform), das in die Grundschrift nur sehr partiell aufgenommen wurde. Der Homilist kannte nicht nur die Grundschrift, sondern hatte außerdem direkten Zugang zur Quelle und ergänzte seine Wiedergabe der Grundschrift dementsprechend. Der Redaktor der Rekognitionen kannte wahrscheinlich alle drei Texte, den jüdischen Roman, die Grundschrift und (vielleicht) auch die Homilien.[108]
- Georg Strecker geht vom „Standardmodell" aus. Die wesentlichen Inhalte des Apion-Dialogs haben Parallelen im Lehrvortrag der Faustussöhne über die griechische Mythologie im zehnten Buch der Rekognitionen. Der Lehrvortrag gehört in dieser Fassung und an dieser Stelle der Grundschrift an. Zum Apion-Dialog hat ihn erst der Homilist ausgestaltet, der auch die beiden Briefe frei geschaffen hat.[109]

---

[106] Ein Überblick bei F. S. Jones, The Pseudo-Clementines: A History of Research, SecCen 2 (1982) 1–33.63–96, hier 27–29.

[107] H. Waitz, Die Pseudoklementinen. Homilien und Rekognitionen: Eine quellenkritische Untersuchung (TU 25,4), Leipzig 1904, 30–32.251–256.

[108] W. Heintze, Der Clemensroman und seine griechischen Quellen (TU 40,2), Leipzig 1914, 14–23.42–51; C. Schmidt, Studien (s. Anm. 7), bes. 197f.223–226.237f.

[109] G. Strecker, Judenchristentum (s. Anm. 7) 78–87; er hält diese Position für „(v)öllig evident" (83).

– Bernard Pouderon führt den Apion-Dialog einschließlich des Briefwechsels auf den Autor eines rein jüdischen Romans zurück, der – auf der Grundlage einer paganen Vorlage aus dem 1. Jahrhundert n. Chr. ohne den Dialog – um 100 n. Chr. in Alexandrien sein Werk schuf. Aus diesem Roman ging der Apion-Dialog weithin unverändert in die christianisierte Grundschrift ein und gelangte über die Grundschrift auch in die Homilien. Erst der Bearbeiter, der die Rekognitionen herstellte, hat den Apion-Dialog weitgehend getilgt bzw. durch die späteren Lehrvorträge ersetzt.[110]

Eine Entscheidung zu treffen fällt sehr schwer. Ich neige aber eher der Ansicht zu, dass der Apion-Dialog im Wesentlichen schon in der Grundschrift enthalten war und vom Homilisten von dort übernommen wurde. Die Frage, welche Quellen und Materialien dem Autor der Grundschrift dafür zur Verfügung standen, lasse ich offen. Auf jeden Fall kam ihm seine Kenntnis der kaiserzeitlichen Romanschriftstellerei zur Hilfe sowie speziell für den Briefwechsel noch seine rhetorische Schulung. Briefe zu erfinden und sie bekannten Persönlichkeiten in den Mund zu legen, war Teil der Einübung in die Technik der Prosopopoiie („speech-in-character"), das heißt der glaubwürdigen Fingierung von wörtlichen Äußerungen textinterner Figuren.

III. Eingangsbriefe und Briefwechsel

Die rahmenden *Eingangsbriefe* und der *Briefwechsel* innerhalb des Apion-Dialogs verweisen zwar auf das gleiche

[110] B. POUDERON, La littérature pseudo-épistolaire (s. Anm. 3) 240; vgl. DERS., Origène, le pseudo-Clément et la structure des *Periodoi Petrou,* Apocrypha 12 (2001) 29–51, hier 48; DERS., La Genèse du Roman Clémentin et sa signification théologique, StPatr 40 (2006) 483–507, hier 484f.488f.

literarische und kulturelle Milieu, sind aber, was ihre Relation zum Gesamtwerk der Pseudoclementinen angeht, verschieden zu bewerten. Die Eingangsbriefe sind zwar auch fingiert, aber im Sinne einer Glaubwürdigkeitsfiktion, die der Leser für bare Münze nehmen soll. Der Briefwechsel in Liebesdingen stellt im Vergleich dazu eine Fiktion zweiter Stufe dar. Er ist in doppelter Weise pseudepigraph: Apion schreibt als Clemens an die nichtexistente Geliebte; Clemens schreibt in der Rolle der Geliebten an Apion zurück. Das Spiel wird noch innerhalb des fünften Buches als solches entlarvt.

Die *Eingangsbriefe* lassen sich in mancher Hinsicht mit den Paulusbriefen vergleichen, zu deren inzwischen erreichter Geltung sie in Konkurrenz treten wollen. Sie installieren andere Führungsfiguren, Jakobus, Petrus und dessen Nachfolger Clemens, nicht neben Paulus, sondern an seiner Stelle. Sie schaffen sich so ihre eigene Art von apostolischer Sukzession. Daneben darf man auch an den *Ersten Clemensbrief* denken, der ein Gefühl der Verantwortung für die Gesamtkirche verrät und in der Großkirche weithin rezipiert wurde. Was lag näher, als sein Ansehen formal durch die Wahl der Briefform und inhaltlich durch den Ausdruck der Sorge um die judenchristliche Kirche zu usurpieren.

Der textinterne *Briefwechsel* fällt trotz des ernsten Anliegens – Verteidigung der monogamen Ehe gegen jede Form von Libertinage – im Ton so frivol aus, dass man sich fast scheut, nach einem neutestamentlichen Ansatzpunkt Ausschau zu halten. Aber übersehen wir nicht, dass es sich dabei um eine Briefeinlage handelt. Im Neuen Testament ist es gerade die Apostelgeschichte mit ihrem erzählenden Gestus, die zwei Briefeinlagen enthält, das Aposteldekret in Apg 15,23–29 und den Brief des Claudius Lysias in Apg

23,26–30. Beide Schreiben sind wahrscheinlich fingiert, sie sind aber nicht doppelt fiktiv wie der Briefwechsel im Apion-Dialog. Insofern trägt diese Analogie nur ein Stück weit.

Im Rückblick auf die *Eingangsbriefe* und den *Briefwechsel* im Apion-Dialog kann man auf sie und im Grunde auch auf die Pseudoclementinen insgesamt anwenden, was von einem klassischen Philologen nur mit Bezug auf die dialogischen Momente der Komposition bemerkt wurde: „Auffällig ist die Hervorhebung der hellenischen Bildung selbst da, wo sie abgelehnt wird.“[111] Was hier stattfindet, ist ein einziger Kampf um die Gewinnung einer genuin jüdischen und christlichen Paideia innerhalb einer sich immer noch überlegen gebenden griechisch-römischen Kultur.

---

[111] B. R. Voss, Der Dialog in der frühchristlichen Literatur (STA 9), München 1970, 74.

Kapitel 7

Christus in vielen Gestalten: Die Polymorphie des Erlösers in apokryphen Texten[1]

I. Annäherungen

1. Ein Blick in die antike Mythologie

In nova fert animus mutatas dicere formas corpora: di, coeptis (nam vos mutastis et illas) adspirate meis primaque ab origine mundi ad mea perpetuum deducite tempora carmen.

Von Gestalten zu künden, die in neue Körper verwandelt wurden, treibt mich der Geist. Ihr Götter – habt ihr doch jene Verwandlungen bewirkt –, beflügelt mein Beginnen und führt meine Dichtung ununterbrochen vom allerersten Uranfang der Welt bis zu meiner Zeit!

Dies sind die Eingangszeilen von Ovids *Metamorphosen,* des wohl berühmtesten Werks seiner Art in der Weltliteratur.[2]

---

[1] In ihren Grundzügen wurden die folgenden Ausführungen am 20. Dezember 2007 als Gastvorlesung an der Theologischen Fakultät der Universität in Zürich vorgetragen. Für die freundliche Einladung danke ich Samuel Vollenweider in seiner „polymorphen" Eigenschaft als Freund, Fachkollege und – zu der Zeit – Dekan der Fakultät. Ich danke aber auch allen Damen und Herren aus dem Kreis der Fakultät, Lehrenden und Studierenden, für die gastfreundliche Aufnahme und den regen Gedankenaustausch.

[2] Ovid, Metamorphosen 1,1–4; Text und Übersetzung bei M. von Albrecht, P. Ovidius Naso: Metamorphosen (Reclams-Universalbibliothek 1360), Stuttgart 1994; vgl. auch G. Fink, Publius Ovidius Naso: Metamorphosen (TuscBü), Düsseldorf / Zürich 2004.

Gut zweihundertfünfzig Fälle eines Gestaltwandels werden nachgezeichnet, mit hoher Erzählkunst und feinem psychologischen Einfühlungsvermögen. Bereits das Proömium hat einen subtilen Doppelsinn. Die Götter, die um Beistand und Inspiration gebeten werden, haben nicht nur die berichteten mythischen Verwandlungen, für die Ovid aus zahlreichen Quellen schöpft, bewirkt. Sie sollen auch dabei helfen, diese Szenen in große Literatur zu verwandeln.[3] Die eigentlichen Adressaten sind nicht mehr die Erstzeugen, sondern die Hörer und Leser des vorliegenden Werks. Dass auch sie am Ende nicht mehr ganz dieselben sind wie zuvor, ist eine Hoffnung, die das dichterische Großunternehmen speist.

Die meisten Verwandlungen in Ovids kanonisch gewordenem Katalog finden einmalig statt und werden nicht mehr rückgängig gemacht. Insofern erfüllen sie nicht den Tatbestand der Polymorphie, denn dieser Begriff bedeutet dem Wortsinn nach „vielfache Verwandlung" oder „Verwandlung in viele Gestalten", sei es simultan, sei es sukzessiv. Aber auch nach echter Polymorphie brauchen wir in der antiken Tradition nicht lange zu suchen. Wir übergehen Zeus, der für seine erotischen Abenteuer auch vor der Metamorphose in subhumane Formen nicht zurückschreckt, obwohl sie in polemischer Absicht in den judenchristlichen Pseudoclementinen aufgelistet und mit

[3] Diese naheliegende Deutung würde textlich noch abgesichert, wenn in Z. 2 nicht *illas* (bezogen auf *mutatas formas,* die verwandelten Gestalten), sondern mit einigen Handschriften *illa* (bezogen auf *coeptis meis,* meine Unternehmungen) zu lesen wäre, vgl. die Erwägungen bei H. GARCIA, La polymorphie du Christ: Remarques sur quelques définitions et sur des multiples enjeux, Apocrypha 10 (1999) 16–55, hier 33 Anm. 56.

dem Fachausdruck „Metamorphosen" belegt werden: τᾶς διὰ τῆς μεταμορφώσεως λανθανούσας κοινωνίας.[4] Allein Homers *Odysse* enthält schon Vergleichsmaterial genug. Der Meergott Proteus, hinter dem noch der „shape shifter" aus der allgemeinen Ethnologie sichtbar wird,[5] verwandelt sich, um dem Zugriff des Menelaos und seiner Gefährten (drei an der Zahl) zu entgehen, der Reihe nach in einen Löwen, eine Schlange, einen Panther, ein Wildschwein, in Wasser und in einen Baum.[6] Athena, die Göttin mit den Augen der Eule, schwingt sich wie ein Funken sprühender Stern vom Himmel herab, ehe sie menschliche Gestalt annimmt.[7] Wie ein Windhauch dringt sie durch die geschlossene Tür und erscheint Nausikaa im Schlaf als Tochter eines bekannten Schiffskapitäns.[8] Ihrem Schützling Odysseus zeigt sie sich als Mann[9] und als junger Königssohn mit Lanze,[10] verwandelt sich im folgenden Gespräch aber in eine schöne Frau,[11] was Odysseus damit kommentiert, sie sei schwer zu erkennen und könne sich nach Belieben jedem gleich machen.[12] Zum Thema gehört ferner die Warnung an die Adresse des Antinoos, den als Bettler verkleideten Helden

---

[4] Das Zitat in H V 12,2; vgl. die Listen in H V 12–14; R X 21–23.

[5] Vgl. das Kapitel „The Shape-Shifters" bei P. M. C. Forbes Irving, Metamorphoses in Greek Myths (Oxford Classical Monographs), Oxford 1990, 171–194.

[6] Od 4,454–460; wie man eigentlich „flüssiges Wasser" weiterhin „eisern gepackt halten" kann, wird nicht erklärt.

[7] Ilias 4,73–81.

[8] Od 6,19–22.

[9] Od 8,194.

[10] Od 13,221–225.

[11] Od 13,288f.

[12] Od 13,312f.

nicht zu misshandeln. Es könnte sich auch um einen der himmlischen Götter handeln, die *in mancherlei Gestalten* durch die Städte gehen, um der Menschen Verhalten zu prüfen, und dabei aussehen wie Fremde vom Ausland.[13]

Die Belege ließen sich multiplizieren.[14] Begnügen wir uns hier mit einem weiteren Werk, das den Titel *Metamorphosen* trägt. Sein Verfasser Apuleius kündigt im Eingangssatz *fabulas* im milesischen Stil an: „Gestalten und Schicksale von Menschen, die verwandelt werden und im Wechsel wieder das ursprüngliche Aussehen erhalten, sollst du bestaunen."[15] Ins Blickfeld kommt damit die Verwandlung des Hauptheldens Lucius in einen Esel, die aber wieder rückgängig gemacht wird, im elften Buch, dem sogenannten Isis-Buch. In seinem Gebet an die „Himmelskönigin" vergleicht Lucius die Göttin Isis mit der dreigestaltigen Proserpina (*triformi facie*) und wendet sich an sie mit den Worten, „unter welchem Namen, nach welchem Brauch, in welcher Erscheinung auch immer (*quaqua facie*) man dich anrufen muss ...".[16] Die Göttin geht in ihrer Selbst-

[13] Od 17,483–486.

[14] Ich verstehe deshalb nicht ganz, warum P. Foster, Polymorphic Christology: Its Origins and Development in Early Christianity, JThS 58 (2007) 66–99, in seinem ansonsten gründlichen Beitrag kaum ein Wort über die antike Mythologie verliert. Wenn man z. B. über „Appearing in Closed Rooms" (71) schreibt, mit Bezug vor allem auf Joh 20,19.26, hätte Athena wenigsten eine (intertextuelle) Fußnote verdient. Erstaunlich ist aber auch, dass man im *Handbuch Religionswissenschaftlicher Grundbegriffe* nach Ausweis des Registers kaum etwas zur Thematik findet.

[15] Apuleius, Met I 1,1; Text und Übersetzung bei R. Helm, Apuleius: Metamorphosen oder der goldene Esel (SQAW 1), Darmstadt [7]1978.

[16] Met XI 2,4f.; bei ihrem zuvor geschilderten Auftauchen aus dem Meer trägt die Göttin das Abbild des Mondes auf ihrem Haupt; die

vorstellung darauf ein, wenn sie von sich sagt, sie sei „die Erscheinung der Götter und Göttinnen in einer einzigen Gestalt (*deorum dearumque facies uniformis*) …, deren einzigartiges Walten in vielgestaltigem Bild (*multiformi specie*), in mannigfachem Brauch, unter vielerlei Namen der ganze Erdkreis verehrt".[17]

Eine auf Papyrus erhaltene Isis-Aretalogie (POxy XI 1380) aus dem zweiten Jahrhundert n. Chr. nennt die Göttin denn auch „vielgestaltig" (Z. 9: πολύμορφον),[18] „von schöner Gestalt" (Z. 18: καλλίμορφον),[19] „von gnädiger Gestalt" (Z. 59f.: χαρειτόμορφον), „von dreifacher Natur" (Z. 84: τριφύην)[20] und „vielnamig" (Z. 102: πολυώνυμον).[21] Auch in den Zauberpapyri wird die „Herrin Isis" als πολύμορφος und πολυώνυμος herbeigerufen.[22] Damit wäre die Mehrzahl der Konzepte, die wir bei Apuleius vorfanden und die uns im Folgenden wieder und wieder beschäftigen werden, schon beisammen.

Assoziation mit den wechselnden Formen des Monds legt es nahe, der Mondgöttin Vielgestaltigkeit zuzuschreiben, vgl. Lukian, Philopseudes 14: Der Magier zwingt Selene vom Himmel herab; sie bietet einen „vielgestaltigen Anblick" (πολύμορφόν τι θέαμα) als Frau zunächst, dann als Rind und schließlich als Hündin.

[17] Met XI 5,1.

[18] Wiederholt in Z. 70f.

[19] Wiederholt in Z. 53f.

[20] Hier verweisen die Editoren B. P. Grenfell / A. S. Hunt, The Oxyrhynchus Papyri. Bd. 11, London 1915, 214, in einer Anmerkung auf die dreigestaltige Hekate.

[21] Wiederholt in Z. 97 u. Z. 101f.; vgl. auch πάνταρχον in Z. 137.

[22] PGM VII 502f.; im selben Papyrus wird πολύμορφος erneut verwendet in 784; πολυώνυμος und πάνμορφος in 757f., wo der Text fortfährt mit: „deren Gestalt nicht einer kennt außer dem, der den gesamten Kosmos geschaffen hat"; πολύμορφε fälschlich als πουρύμορφε geschrieben in Nr. 97,II,6f. bei R. W. Daniel / F. Maltomini, Supplementum Magicum. Bd. 2 (PapyCol 16,2), Opladen 1992, 255 (im Kommentar nicht weiter erlautert). Die Zauberpapyri bedürften in dem Zusammenhang einer eigenen Behandlung.

Als Resultat dieses raschen Durchgangs wird man zumindest dies festhalten können, dass in der griechisch-römischen Welt für eine christologische Polymorphie der Boden bereitet war. Wahrscheinlich kann man sogar einen Schritt weitergehen und konstatieren, dass sie – ungeachtet ihrer innerchristlichen Ursprünge (dazu später mehr) – in der Interaktion mit diesem paganen Rezeptionshorizont ihre volle Ausbildung erfuhr.

2. Probleme mit der Definition

Allerdings stellen sich hier zunächst einige Definitionsprobleme ein, die es vor allem mit dem ungeklärten Verhältnis von Metamorphose und Polymorphie zu tun haben.[23] In der an sich überschaubaren Spezialliteratur zu unserem Thema[24] hat diese Tatsache bereits zu grundsätzlichen Kontroversen geführt. Zunächst hat Guy G. Stroumsa in einer materialreichen Studie eine Fülle von Belegen zusammen-

---

[23] J.-M. van Cangh, Miracles évangéliques – Miracles apocryphes, in: F. van Segbroeck u. a. (Hrsg.), The Four Gospels 1992. Festschrift Frans Neirynck (BEThL 100), Leuven 1992, Bd. 3, 2277–2319, verbucht einen Teil der polymorphen Szenen unter den Wundern.

[24] Vgl. außer den noch zu nennenden Titeln E. Peterson, Einige Bemerkungen zum Hamburger Papyrus-Fragment der Acta Pauli, VigChr 3 (1949) 142–162, hier bes. 158–161 (aber mit irriger Verhältnisbestimmung der Paulus- und der Thomasakten); auch in: Ders., Frühkirche, Judentum und Gnosis. Studien und Untersuchungen, Rom u. a. 1959, 183–208; P. Weigandt, Der Doketismus im Urchristentum in der theologischen Entwicklung des zweiten Jahrhunderts, Diss. theol., Heidelberg 1961, 39–56; D. E. Cartlidge, Transfigurations of Metamorphosis Traditions in the Acts of John, Thomas, and Peter, Semeia 38 (1986) 53–66; I. Czachesz, Commission Narratives: A Comparative Study of the Canonical and Apocryphal Acts (Studies on Early Christian Apocrypha 8), Leuven 2007, 100–122.

gebracht, darunter dankenswerterweise auch rabbinische.[25] Er war selbst weniger an der Begriffsbestimmung interessiert, sondern mehr an der Trimorphie (Dreigestaltigkeit), die er als sekundäre Fortgestaltung der Trinitätslehre ansah, und an der Bimorphie (Zweigestaltigkeit), die er aus zwei Wurzeln erklärte: dem antiken Topos des *puer-senex,* der sich zugleich als Knabe und als Greis erweist,[26] und dem Gegensatz von μορφὴ θεοῦ und μορφὴ δούλου im Hymnus des Philipperbriefs (Phil 2,6f.).[27] Nur wenig später gab Eric Junod in einem kurzen Beitrag, der sichtlich aus der Arbeit an der Edition der Johannesakten erwachsen war, der Diskussion einen weiterführenden Anstoß.[28] Er bestimmte die Polymorphie als beabsichtigtes Auftreten einer Person

---

[25] G. G. Stroumsa, Polymorphie divine et transformation d'un mythologème: l'*Apocryphon de Jean* et ses sources, VigChr 35 (1981) 412–434; das Apokryphon des Johannes dient ihm mehr als bloßes Sprungbrett.

[26] Siehe dazu C. Gnilka, Aetas spiritalis. Die Überwindung der natürlichen Altersstufen als Ideal frühchristlichen Lebens (Theoph. 24), Bonn 1972. Unter Berufung auf F. Létoublon, Les Lieux communs du roman. Stéréotypes grecs d'aventure et d'amour (Mn.S 123), Leiden 1993, 93–103, macht H. Garcia, La Polymorphie (s. Anm. 3) 48, darauf aufmerksam, dass eine Begegnung von Jüngling und altem Mann zu den Topoi der Romanliteratur gehört; vgl. auch H. Garcia, L'enfant vieillard, l'enfant aux cheveux blancs et le Christ polymorphe, RHPR 80 (2000) 479–501.

[27] Zu μορφή siehe die Belege bei C. Spicq, Theological Lexicon of the New Testament. Translated and Edited bei J. D. Ernest, Peabody, Ma. 1994, Bd. 2, 520–525; zu den Apostelakten besonders 524 Anm. 14.

[28] E. Junod, Polymorphie du Dieu Sauveur, in: J. Ries (Hrsg.), Gnosticisme et monde hellénistique (PIOL 27), Louvain la Neuve 1982, 38–46.

in mehreren Gestalten, das für Zeugen sichtbar ist,[29] was simultan oder sukzessiv geschehen kann.[30]

Die bisher präziseste und zugleich engste Definition hat sodann Pieter J. Lallemann vorgelegt, der die Polymorphie als seltenen Sonderfall der Metamorphose versteht.[31] Er schränkt Polymorphie auf den Fall ein, wo eine Person von verschiedenen Zeugen zur gleichen Zeit in unterschiedlichen Gestalten wahrgenommen wird. Das trifft letztlich nur noch auf wenige Stellen in den apokryphen Apostelakten zu, und man ist versucht, das Sprichwort anzuwenden: „Allzu scharf macht schartig." Energisch protestiert hat denn auch Hugues Garcia.[32] Er dreht den Spieß um und erklärt die Metamorphose zur Spezialform der Polymorphie, die man als Multiplikation oder sukzessive Folge von Metamorphosen ansehen kann. Unter seinen Händen wird die Polymorphie zu einem von der Epiphanie kaum noch zu unterscheidenden, all-

---

[29] Ebd. 39: „Or la polymorphie est une apparition délibérée de quelqu'un sous plusieurs formes; le changement des formes n'est pas dissimulé, il est au contraire rendu évident pour le témoin."

[30] Ebd.: „apparitions simultanées et successives d'un même être sous des formes différentes et destinées à être vue."

[31] P. J. Lalleman, Polymorphy of Christ, in: J. N. Bremmer (Hrsg.), The Apocryphal Acts of John (Studies on the Apocryphal Acts of the Apostles 1), Kampen 1995, 97–118; vgl. auch Ders., The Acts of John: A Two Stage Initiation into Johannine Gnosticism (Studies on the Apocryphal Acts of the Apostles 4), Leuven 1998, besonders 170–179; ungeachtet der oben geäußerten Kritik bereichern Lallemans Arbeiten die Forschung zu den ActJoh ganz erheblich.

[32] H. Garcia, La Polymorphie (s. Anm. 3) 16–55; nicht zugänglich war mir H. Garcia, La polymorphie du Sauveur gnostique. Une contribution à l'étude du gnosticisme ancien, Diss. École pratique des hautes études, Paris 2003; ich bedaure das, denn mir scheint, dass unter allen genannten Autoren Garcia dem hermeneutischen Potential, das in der Polymorphie steckt, und der theologischen Herausforderung, die sie bedeutet, am meisten gerecht wird.

umfassenden Instrument der Religionsgeschichte. Sie wird mit Allgegenwart (Ubiquität), Allgestaltigkeit (Pantomorphie) und Vielnamigkeit (Polyonymie) mehr oder weniger in eins gesetzt. Hier besteht etwas die Gefahr, dass zuletzt alle Konturen verschwimmen. Doch fügt Garcia hinzu, dass man dieses breite Feld weiter strukturieren müsse, indem man verschiedene Subtypen von Polymorphie unterscheidet. Dem ist vorbehaltlos zuzustimmen.

Ohne uns auf weitere terminologische Querelen einzulassen, halten wir uns im Folgenden an eine lockere, aber nicht allzu weite Definition, die vom Wort selbst ausgeht: Polymorphie als das Erscheinen einer Person in mehr als einer Gestalt. Letztlich geht es ja darum, mit Hilfe von Suchbegriffen bestimmte Textdaten zu erfassen und zu beschreiben, die anders nicht die verdiente Beachtung finden würden. Wir wenden uns zwei großen Corpora zu, die je einen besonders prominenten Text mit einer Beschreibung von Polymorphie enthalten. Das sind zum einen die apokryphen Apostelakten mit den Johannesakten als „Leitfossil“ und zum anderen die Schriften von Nag Hammadi, wo der Petrusapokalypse eine ähnliche Bedeutung zukommt. Andere Vorkommen werden diesen Leittexten zugeordnet. Vollständigkeit in der Darbietung der Belege ist nicht angestrebt.

II. Die apokryphen Apostelakten

1. Die Johannesakten

Der für uns einschlägige Abschnitt der Johannesakten steht in den Paragraphen 87–105 (nach Bonnets Zählung).[33] Er

[33] M. Bonnet, Acta Apostolorum Apocrypha II,1, 151–216; im

ist – im Unterschied zu anderen Textfragmenten – nur in einer einzigen Handschrift überliefert (C). Da er auf das irdische Leben Jesu und seine Passion zurückblickt, kann er als „Evangeliumsverkündigung" oder „Miniatur-Evangelium" charakterisiert werden und stellt eine Art Einlage in den Erzählverlauf der Akten dar.[34]

a) In der Grabkammer

Der Text beginnt recht unvermittelt mit einem Rückblick der Drusiana, der zwar sofort ins Thema einführt: „Mir ist der Herr im Grab erschienen wie Johannes und wie ein Jüngling" (§ 87), aber doch einige Informationen aus der Vorgeschichte erforderlich macht.[35] Drusiana, Ehefrau des Andronikos, wird wegen ihrer Schönheit von Kallimachos heftig begehrt. Sie nimmt sich das so zu Herzen, dass sie

---

Folgenden wird die Neuausgabe zugrunde gelegt: E. Junod / J.-D. Kaestli, Acta Iohannis, mit französischer Übersetzung und ausführlichem, wichtigem Kommentar. Zum Thema vgl. außerdem noch P. G. Schneider, The Mystery of the Acts of John: An Interpretation of the Hymn and the Dance in the Light of the Acts' Theology (Distinguished Dissertation Series 10), San Francisco 1991, 57–66.98–113; K. Beyschlag, Die verborgene Überlieferung von Christus (Siebenstern-Taschenbuch 136), München / Hamburg 1969, 88–116; R. I. Pervo, Johannine Trajectories in the *Acts of John,* Apocrypha 3 (1992) 47–68, hier 57–67.

[34] Zu seiner möglichen Bedeutung für das Gesamtverständnis der Johannesakten vgl. G. Luttikhuizen, A Gnostic Reading of the Acts of John, in: J. N. Bremmer (Hrsg.), The Apocryphal Acts of John (Studies on the Apocryphal Acts of the Apostles 1), Kampen 1995, 119–152.

[35] Ich folge der Rekonstruktion der Textfolge bei Bonnet, nicht der Umordnung bei Junod / Kaestli, die auf Schäferdiek zurückgeht, vgl. K. Schäferdiek, Johannes-Akten, RAC 18 (1998) 564–595, hier 568–571; Ders., Herkunft und Interesse der alten Johannesakten, ZNW 74 (1983) 247–267.

darüber stirbt. Aber Kallimachos verfolgt sie bis in die Grabkammer und ist bereit, Leichenschändung an ihr zu begehen. Dazu wird er vom „vielgestaltigen (πολυμόρφου)" Satan inspiriert (§ 70), und er gewinnt Fortunatus, den Verwalter des Andronikos, als Gehilfen. In der Grabkammer verhindert eine riesige Schlange die Untat. Sie tötet den Verwalter und lässt sich auf dem ohnmächtig gewordenen Kallimachos nieder (§ 71). Die Polymorphie steht anscheinend auch dem Vertreter des Bösen zur Verfügung. Religionsgeschichtlich gesehen ist außerdem interessant, dass die Seelen von Verstorbenen und Heroen oft die Gestalt einer Schlange annehmen und Schlangen im Grabkult eine Rolle spielen.

Das ist die Situation innerhalb der Erzählung, als sich Johannes am frühen Morgen des dritten Tages mit Andronikos und anderen Brüdern zum Grab begibt. Als erstes trifft er einen wohlgestalten (εὔμορφον) und lächelnden jungen Mann, was er nur mit den Worten kommentiert: „Auch hier also kommst du mir zuvor?" (§ 93). Wer anders als Jesus, der Herr, sollte damit gemeint sein?

Nach und nach enthüllen sich die ganzen Umrisse des Dramas, das sich abgespielt hatte. Kallimachos berichtet, was er außer der Schlange noch wahrgenommen hat, nämlich einen wohlgestalten (εὔμορφον) Jüngling, der Drusianas entblößten Leichnam mit seinem eigenen Gewand bedeckte. Aus der Perspektive Drusianas hört sich das so an:

ὁ ἐμφυσήσας μοι ἑαυτὸν τῇ πολυμόρφῳ σου ὄψει καὶ ἐλεήσας παντοίως·

Du hast dich mir gezeigt mit deinem vielgestaltigen (πολυμόρφῳ) Angesicht und hast dich meiner auf vielfältige Weise erbarmt. (§ 82)

Hier korrespondiert die vielfache Erscheinung des Herrn mit den vielen Formen seiner Zuwendung zu den hilfsbedürftigen Menschen. Wir sind also schon auf das Thema der Polymorphie eingestimmt, ehe es zu seiner vollen szenischen Entfaltung kommt.

b) Die Evangeliumsverkündigung

An der Stelle schließt sich die schon zitierte Rückerinnerung der Drusiana an. Johannes spürt zu Recht, dass er den anwesenden, im Glauben noch nicht sonderlich gefestigten Hörern eine Erklärung für diese seltsame Erscheinung in zwei Gestalten schuldig ist. Er gibt ihnen zu verstehen, diese Polymorphie sei nichts „Befremdliches" (ξένον) oder „Paradoxes" (παράδοξον). Vielmehr hätten alle Apostel schon vor Ostern andauernd Ähnliches mit Jesus erlebt (§ 88). Sodann führt er in wörtlicher Rede, die bis § 104 reicht, zwölf Beispiele[36] für dieses Phänomen an. Nicht alle von ihnen implizieren Polymorphie im strikten Wortsinn; sie unterstreichen aber insgesamt, dass es für den Gott auf Erden eigentlich keine „normale" Erscheinungsweise gibt. Im Einzelnen handelt es sich um folgende Fälle:

(1) Bei der Berufung der ersten Jünger[37] sieht Jakobus einen Knaben am Ufer stehen, der nach ihnen ruft und ihnen zuwinkt, während sein Bruder Johannes einen wohlgestalten (εὔμορφον), schönen, heiter blickenden Mann wahrnimmt. Johannes gibt Jakobus freundlich zu verstehen:

Διὰ τὴν πολλὴν ἡμῶν ἀγρυπνίαν τὴν κατὰ θάλασσαν γεγονυῖαν οὐκ εὖ ὁρᾷς, ἀδελφέ μου Ἰάκωβε·

Wegen unserer langen Nachtwache, die wir auf dem See verbracht haben, siehst du nicht mehr gut, mein Bruder Jakobus. (§ 88)

---

[36] Vgl. E. Junod / J.-D. Kaestli, Acta Iohannis. Bd. 1, 190–199; Bd. 2, 474–490.

[37] Vgl. Mk 1,16–20.

(2) Als die beiden Brüder dieser Gestalt folgen, erscheint sie dem Johannes plötzlich als ein nahezu kahlköpfiger Mann mit einem herabwallenden Bart, dem Jakobus hingegen als flaumbärtiger junger Mann (§ 89). Das macht diesmal beide ratlos, und auch längeres Nachdenken hilft ihnen nicht weiter. Den Jüngern erging es also damals so, wie jetzt den Zuhörern in Drusianas Grabkammer (es wird jeweils das Verb ἀπορέω verwendet, in § 87 einmal und in § 89 dreimal). Auf diese beiden Szenen trifft Lallemanns enge Definition von Polymorphie zu: eine Person, zwei Gestalten, zwei Zeugen, ein und derselbe Zeitpunkt.

(3) Noch Seltsameres (παραδοξότερον) hat Johannes zu Gesicht bekommen (ἐμοὶ ... ἐφαίνετο). Nie, auch nicht wenn sie allein (κατ᾽ ἰδίαν) waren, sah er Jesus die Augen schließen; immer waren sie geöffnet (§ 89). Das ist zwar kein Fall von Polymorphie, aber dennoch eine Epiphanie des Göttlichen in Jesus, die sich in diese Serie von Ereignissen gut einpasst.

(4) Oft zeigte Jesus sich Johannes als kleiner, wenig ansehnlicher (δύσμορφον) Mensch (man beachte das Spiel mit Worten, die mit der Wurzel -μορφ- gebildet sind, ebenso das mehrfache Auftauchen von φαιν-). Ein andermal schien Jesu Antlitz direkt in den Himmel zu blicken, vermutlich aufgrund seiner übermenschlichen Größe (§ 89). Hier besteht die Polymorphie aus zwei sukzessiven Metamorphosen.

(5) Eine weitere wunderbare Begebenheit (θαυμαστόν) beschreibt Johannes so:

ἀνακείμενον ἐμὲ ἐπὶ τὰ ἴδια στήθη ἐδέχετο, κἀγὼ συνεῖχον <αὐτὸν> ἑαυτῷ· καὶ ποτὲ μέν μοι λεῖα καὶ ἁπαλὰ τὰ στήθη αὐτοῦ ἐψηλαφᾶτο, ποτὲ δὲ σκληρὰ καὶ ὥσπερ πέτραις ὅμοια ...

Er zog mich, als ich zu Tische lag, an seine Brust,[38] und ich presste ihn an mich. Und ich spürte seine Brust, manchmal glatt und weich, ein andermal hart wie Felsen …

Wiederum ist Ratlosigkeit das Resultat (§ 89; am Schluss könnte ein Herrenwort ausgefallen sein, etwa: „Sei getrost, ich bin es"). Das hier verwendete Verb ψηλαφάω weist uns auf eine traditionsgeschichtliche Spur. Es wird nämlich auch für das Betasten Jesu in 1 Joh 1,1 verwendet.[39] Clemens von Alexandrien wiederum gibt diesem Versteil die folgende Auslegung mit auf den Weg: „In den Überlieferungen wird gesagt, dass Johannes, als er den äußeren Körper (Jesu) berührte, seine Hand tief ins Innere ausgestreckt habe und dass die Festigkeit des Fleisches keinen Widerstand bot, sondern der Hand des Jüngers wich."[40] Erst tief im Innern bekommt der Lieblingsjünger die göttliche Kraft des Logos unmittelbar zu packen, so dürfte die damit verbundene Vorstellung aussehen.

(6) Es folgen in § 90 zwei Versionen der Verklärung Jesu.[41] Die erste ist sehr kurz.[42] Auf dem Berg, auf dem Jesus zu beten gewohnt war, sehen Johannes, Jakobus und Petrus den Herrn in einem unbeschreiblich hellen Licht erstrahlen.

---

[38] Vgl. Joh 13,23–25; 21,20.

[39] Siehe dazu H.-J. Klauck, Der „Rückgriff" auf Jesus im Prolog des ersten Johannesbriefs. 1 Joh 1,1–4, in: H. Frankemölle / K. Kertelge (Hrsg.), Vom Urchristentum zu Jesus (FS J. Gnilka), Freiburg i. Br. 1989, 433–451.

[40] Clemens von Alexandrien, Adumbrationes in epistola Johannis prima (GCS 17), 210,12–15.

[41] Zur Verbindung zwischen Verklärung Jesu und Polymorphie vgl. D. E. Cartlidge, Transfigurations of Metamorphosis Traditions (s. Anm. 24), der ebd. 66 bemerkt: „The transfiguration tradition becomes an allegory for the diversity of revelational experiences within the church", nach dem Motto „there is a Jesus for everyone".

[42] Bonnet vermutet, dass hier etwas ausgefallen sei.

Echte Polymorphie liegt hier noch nicht vor, wohl aber in der zweiten, langen Variante.

(7) Wieder sind die drei Vorzugsjünger zur Stelle. Aber nur Johannes, den Jesus liebt,[43] nähert sich ihm vorsichtig. Er sieht den Herrn nur von hinten,[44] stellt aber fest, dass er keine Kleider mehr trägt und überhaupt nichts Menschliches mehr an sich hat. Seine Füße, weißer als Schnee,[45] erhellen die Erde ringsum, und sein Haupt stößt an den Himmel.[46] Als Johannes vor Furcht aufschreit, wendet sich der Herr um und ist nur noch ein kleiner Mensch (μικρὸν ἄνθρωπον ὀφθῆναι). Er zieht Johannes tadelnd am Bart und schilt ihn mit den Worten: „Sei nicht ungläubig, sondern gläubig,[47] und sei nicht so neugierig." Vom Erzählgefälle her ist zu beachten, dass sich der Apostel Johannes wieder an seine unmittelbaren Adressaten innerhalb der Primärerzählung wendet, wenn er die Folgen dieser Handlung Jesu beschreibt: „Ich sage euch, Brüder, die Stelle, wo er mich am Bart packte, hat mich dreißig Tage lang geschmerzt …".

---

[43] Vgl. Joh 20,2 u. ö.

[44] Vgl. Ex 33,23.

[45] Mk 9,3.

[46] Dazu kann man das Petrusevangelium vergleichen, wo in 10,39–42 drei Männer aus dem Grab Jesu hervorkommen, gefolgt von einem Kreuz. Die Köpfe der beiden Begleiter, sicher Engel, reichen bis zum Himmel. Das Haupt des Mittleren, des Auferstandenen, überragt die Himmel. Als eine Himmelsstimme fragt: „Hast du den Entschlafenen gepredigt?", ergeht vom Kreuz, das anscheinend ebenfalls bis in den Himmel ragt, die Antwort „Ja". Zu Text und Übersetzung vgl. T. J. Kraus / T. Nicklas (Hrsg.), Das Petrusevangelium und die Petrusapokalypse. Die griechischen Fragmente mit deutscher und englischer Übersetzung (Neutestamentliche Apokryphen I) (GCS NF 11), Berlin 2003, hier 42f.; vgl. aber auch immer noch H. B. Swete, The Akhmîm Fragment of the Apocryphal Gospel of St Peter, London 1893, hier 18f.

[47] Joh 20,27.

(8) Anschließend machen sich Petrus und Jakobus bemerkbar. Sie fragen Johannes: „Der alte Mann, der mit dem Herrn auf der Höhe geredet hat, wer war das? Denn wir haben doch die beiden miteinander reden sehen." Hier verhält es sich offenbar so, dass der irdische Jesus seinem himmlischen Widerpart begegnet ist; es liegt eine Verdoppelung der Personen vor. Das erkennt anscheinend nur Johannes. Er meditiert daraufhin über die Einheit des Herrn, die doch so viele Gesichter hat (πολυπρόσωπον[48] ἑνότητα), und über seine stets auf uns Menschen hin ausgerichtete Weisheit (§ 91).

(9) Das hier angedeutete Motiv vom Doppelgänger dürfte auch die nächste Szene bestimmen. Bei einer Übernachtung aller Jünger in Gennesaret[49] lugt Johannes unter seinem Mantel hervor, woraufhin ihm Jesus befiehlt, endlich zu schlafen. Johannes „gibt (oder spielt) den Schlafenden (προσποιησάμενος τὸν καθεύδοντα)". Er sieht und hört aber tatsächlich einen anderen, der Jesus gleicht, mit Jesus reden. Der Doppelgänger sagt: „Jesus, die, die du erwählt hast, glauben noch nicht an dich." Jesus antwortet: „Du hast Recht; es sind ja nur Menschen" (§ 92).

(10) Die letzten drei Begebenheiten stehen in § 93. Zunächst erleben wir von neuem etwas schon Bekanntes mit: Bei seinen Versuchen, den Herrn anzufassen und zu betasten (ψηλαφῶντος), stößt Johannes manchmal auf einen festen und dichten Körper, ein andermal auf etwas Immaterielles, Unkörperliches, Nicht-Existentes. Offensichtlich wurde das „Betasten" Jesu aus 1 Joh 1,1 (im Verein mit der Thomasperikope in Joh 20,24–29) als gleichermaßen wichtig

---

[48] Vergessen wir nicht, dass πρόσωπον auch „Person" bedeuten kann, gerade in christologischen Kontroversen.

[49] E. JUNOD / J.-D. KAESTLI, Acta Iohannis. Bd. 2, 485, fragen, ob vielleicht eine Verwechslung mit Getsemani vorliegt.

und erklärungsbedürftig empfunden; es konnte aber durchaus auch in doketischem Sinn interpretiert werden, wie es wohl im *Evangelium Veritatis* geschieht.[50] Während wir hier noch einmal mit Bimorphie konfrontiert werden, tragen die abschließenden beiden Szenen nach wie vor Epiphaniecharakter, ohne jedoch speziell auf die Polymorphie zu rekurrieren.

(11) Jesus folgt mit seinen Jüngern der Einladung in das Haus eines Pharisäers.[51] Sie alle erhalten, wie es Brauch ist, ein Brot. Jesus isst sein Brot nicht selbst, sondern segnet es und verteilt es unter die Jünger. Alle werden von den Bruchstücken satt, und ihre eigenen Brote bleiben ganz erhalten. Die Nähe zu den Speisungswundern in den vier kanonischen Evangelien ist deutlich, zumal für das Sattwerden der Jünger ἐχορτάζετο verwendet wird.[52] Aber der Akzent liegt eher darauf, dass Jesus keine irdische Nahrung zu sich nimmt.

(12) Auf ihren Wanderungen wollte Johannes oft genug eine Spur der Füße Jesu im Staub der Erde ausmachen, aber es gelingt ihm nicht. Zusätzlich inspiriert ist dieser Versuch des Johannes, Jesus irgendwie zu „erden", durch die Tatsache, dass er tatsächlich gesehen hatte, wie Jesus sich über die Erde erhob.[53] Dieser Fall von Levitation will besagen, dass Jesu Leib schon nicht mehr der Erde angehört,

---

[50] EV NHC I,3 p. 30,27–31: „Denn als sie ihn sahen und hörten, veranlasste er, dass sie von ihm kosteten, dass sie ihn rochen und dass sie den geliebten Sohn anfassten ...".

[51] Vgl. Lk 7,36; 11,37; 14,1.

[52] Wie in Mt 14,20; 15,33.37; Mk 6,42; 8,4.8; Lk 9,17; Joh 6,26.

[53] Im *Heroicus* des Flavius Philostratus hat niemand dem ins Leben zurückgekehrten Heros Protesilaos je beim Essen zugesehen (11,9); wenn er läuft, hinterlassen seine Füße keine Spur auf der Erde; er scheint im Gegenteil vom Grund abzuheben und wie auf Wellen dahin zu schweben (13,3f.); zu Text und Übersetzung vgl. J. K. B. MAC-

ihr möglicherweise nie wirklich angehört hat, sondern von Anfang an zum Himmel strebt.

Dieser bemerkenswerte Katalog wird am Ende von § 93 abgeschlossen durch eine paränetische Hinwendung zu den Erzählfiguren. Sie blick ihrerseits voraus auf den Abschluss der direkten Rede in § 104, auf den wir an gegebenem Ort zurückkommen.

c) Die Passionsgeschichte

Die folgenden Paragraphen 94–102 haben eine Neubewertung der evangeliaren Leidensgeschichte, insbesondere der johanneischen, aus unverkennbar gnostischer Perspektive zum Ziel.[54] Aus dem berühmten Reigentanz mit begleitendem Hymnus (§ 94–97) halten wir nur fest, dass er in seiner zweiten Strophe mit kontrastierenden Aussagen arbeitet (§ 96, Z. 2–17): „Gerettet werden will ich und retten will ich … Befreit werden will ich und befreien will ich … Verwundet werden will ich und verwunden will ich …". Das steht als Sprach- und Denkform in einem gewissen Zusammenhang mit der Polymorphie. Denken wir an Gegensatzpaare wie alt und jung oder groß und klein, die gleichzeitig von Jesus gelten sollen. Angedeutet wird durch die antithetische Form bereits, dass letztlich die Grenzen des Aussagbaren überhaupt erreicht und gesprengt werden.

Nach der Tanzszene geht die Erzählung damit weiter, dass sich Johannes in eine Höhle am Ölberg zurückzieht.[55] Exakt zur Stunde der Kreuzigung, als Finsternis auf der

---

LEAN / E. B. AITKEN, Flavius Philostratus: Heroikos (SBL Writings from the Greco-Roman World 1), Atlanta, Ga. 2001, hier 36–39.

[54] Zum Folgenden vgl. durchgehend E. JUNOD / J.-D. KAESTLI, Acta Iohannis. Bd. 2, 581–677.

[55] Anders Joh 19,26.

Erde herrscht,[56] erscheint ihm dort der Herr, erleuchtet ihn und sagt zu ihm: „Johannes, nur für die Menge drunten in Jerusalem werde ich mit Lanzen gestoßen und mit Rohren[57] und mit Essig und Galle getränkt."[58] Johannes aber soll sich eines Besseren belehren lassen (§ 97).

Als nächstes zeigt der Herr ihm in einer Vision ein Lichtkreuz von anscheinend kosmischen Dimensionen (§ 98).[59] Was dann folgt, immer noch innerhalb der Beschreibung der Vision, ist ebenso bedeutsam wie schwierig. Johannes sieht Folgendes:

> … καὶ περὶ τὸν σταυρὸν ὄχλον πολύν, μίαν μορφὴν μὴ ἔχοντα. καὶ ἐν αὐτῷ ἦν μορφὴ μία καὶ ἰδέα ὁμοία. αὐτὸν δὲ τὸν κύριον ἐπάνω τοῦ σταυροῦ ἑώρων σχῆμα μὴ ἔχοντα ἀλλά τινα φωνὴν μόνον, φωνὴν δὲ οὐ ταύτην τὴν ἡμῖν συνήθη, ἀλλά τινα ἡδεῖαν καὶ χρηστὴν καὶ ἀληθῶς θεοῦ.

> … um das (Licht)kreuz herum eine große Menge, die nicht eine einzige (feste) Form hatte; und in ihm (dem Lichtkreuz) war eine einzige Form (μορφήν) und eine ähnliche Figur (ἰδέα ὁμοία). Den Herrn selbst erblickte ich über dem Kreuz. Er hatte keine (sichtbare) Gestalt (σχῆμα), sondern allein eine Stimme,[60] aber nicht die uns gewohnte Stimme, sondern eine süße und gütige und wahrhaft (die Stimme) eines Gottes.

Unter Zuhilfenahme der §§ 99–101, die eine Deutung der Vision enthalten, kann man die vier Größen rund um

---

56 Mk 15,33.

57 Joh 19,34; Mk 15,19.

58 Mk 15,36; Mt 27,34; Joh 19,29.

59 Vgl. A. BÖHLIG, Zur Vorstellung vom Lichtkreuz in Gnostizismus und Manichäismus, in: B. Aland (Hrsg.), Gnosis (FS H. Jonas), Göttingen 1978, 473–491; weitere Literatur und Diskussion bei E. JUNOD / J.-D. KAESTLI, Acta Iohannis. Bd. 2, 656f.

60 Vgl. Dtn 4,12: „Ihr hörtet den Donner der Worte, aber eine Gestalt habt ihr nicht gesehen. Ihr habt nur eine Stimme (LXX: φωνήν) gehört."

das Lichtkreuz, in ihm und über ihm, folgendermaßen bestimmen: Die große Menge um das Kreuz herum sind jene Menschen, die keine Aussicht auf Rettung haben. Der Erlöser über dem Kreuz, der gar keine Gestalt mehr hat, sondern nur noch aus φωνή besteht, ist in seine himmlische Heimat zurückgekehrt. Die problematische mittlere Gruppe mit zweifacher μορφή kann man auf die Gnostiker beziehen, die auf Grund ihrer inneren Verwandtschaft mit dem Erlöser zur oberen Welt gehören, für die sich der Prozess der Sammlung und Läuterung aber gerade erst vollzieht. Sie werden als erstes verwandelt in das Gleichbild des Herrn hinein. Die Aufsplitterung der Person Christi in mehrere Gestalten wird uns in der Petrusapokalypse noch deutlicher begegnen; von dort aus wird auch erneut Licht auf diese Passage der Johannesakten fallen.

Auch das Lichtkreuz hat somit eine kritische Funktion, und es wird in § 98 dementsprechend als Grenze (διορισμός) definiert (präziser noch dürfte der Querbalken des vermutlich T-förmigen Kreuzes diese Grenze bilden[61]). Nur um der Menschen willen, die anschauliche Begriffe brauchen, wird es auch mit anderen Namen belegt wie Logos, Vernunft, Christus, Tür, Weg, Brot, Same, Auferstehung, Sohn, Vater, Geist, Leben, Wahrheit, Glaube, Gnade (hier geht *Polymorphie,* Vielgestaltigkeit, über in *Polyonymie,* Vielnamigkeit). Abgetrennt und nach draußen verwiesen werden Mächte, Gewalten, Herrschaften, Daimones, Kräfte, Drohungen, Gemütsaufwallungen, Verleumdungen, Satan und „die untere Wurzel, aus der die Natur des Bestehenden hervorgeht".

---

[61] Vgl. P. G. SCHNEIDER, Mystery (s. Anm. 33) 96; G. LUTTIKHUIZEN, Gnostic Reading (s. Anm. 34) 134f.

In § 99 unterscheidet der Herr das Lichtkreuz von dem hölzernen Kreuz auf Golgota und betont: „Ich bin nicht der am Kreuz“, sondern, so fährt er fort, „der, den du jetzt nicht siehst, sondern von dem du nur die Stimme hörst“. Für die Verortung des ganzen Ablaufs im gnostischen Mythos hat auch folgende Bemerkung in § 100 eine Schlüsselfunktion: „Denn solange du dich noch nicht selbst mein eigen nennst, bin ich noch nicht das, was ich war. Aber wenn du mich hörst, wirst auch du als Hörender sein wie ich, und ich werde wieder sein, was ich war.“ Durch das Sammeln aller zur Erlösung bestimmten Menschen konstituiert sich auch der Erlöser selbst und kehrt in den anfänglichen Idealzustand zurück, der z. B. durch Ruhe und Fülle charakterisiert ist.

Auf fast schon obsessive Weise fährt § 101 damit fort, die synoptische und johanneische Passionsgeschichte zu berichtigen: „Nichts von dem, was sie über mich sagen werden, habe ich gelitten.“ Das wird bis in die Details hinein konsequent durchgeführt: „Du hast gehört, dass ich gelitten habe – aber ich habe nicht gelitten ...; dass ich durchbohrt wurde – aber ich wurde nicht geschlagen ...; dass Blut aus meiner Seite floss – aber es ist nicht geflossen.“ Nur im Rätselwort kann vom Mysterium des wahren Leidens die Rede sein, das im Tanz gezeigt wurde und sich auf den spirituellen und mythischen Weg des Logos bezieht, auf den zuletzt alle Begriffe aus der Passionsüberlieferung symbolisch (vgl. συμβολικῶς am Ende von § 102) bezogen werden. Wir verstehen jetzt, warum Johannes, als er anschließend wieder nach Jerusalem hinab geht, alles, was man ihm dort über das Leiden des Herrn erzählt, mit Lachen quittieren kann (§ 102). Aber die narrative Oberfläche hat dennoch ihren Sinn, weil sie dem Verständnisvermögen der Menschen angepasst ist und, richtig verstanden, zu seiner Rettung beitragen kann.

Zum Schluss des autobiographischen Erzählstücks, in § 104, werden die zuvor herausgestellten Gegensätze in ihrer paradoxen Gleichzeitigkeit und die Tatsache, dass zuletzt nur noch eine unsichtbare Stimme übrig bleibt, in negative, apophatische Theologie überführt. Johannes verkündet einen „unveränderlichen Gott, einen unfassbaren Gott", der sich „oberhalb jeder Autorität und Macht" befindet, der „älter und stärker ist als alle Engel und die ganze Schöpfung". Das scheint der eigentliche Clou der Polymorphie zu sein, dass Christus als Gott zuletzt gar keine Gestalt mehr hat, die man sprachlich schildern könnte. Hier ließe sich mit Recht sagen, dass sich seine Form ganz in das Wort der Verkündigung hinein verwandelt hat.[62]

Dazu kann man mit Gewinn das Corpus Hermeticum vergleichen, das von Gott z. B. sagt: Er ist größer als jeder Name (ὀνόματος κρείττων); er ist zugleich unsichtbar (ἀφανής) und höchst sichtbar (φανερώτατος); er ist, mit den Worten des Texts, gleichzeitig „leiblos" (ἀσώματος), „vielleibig" (πολυσώματος) und vor allem auch παντοσώματος, dass heißt alle Formen eines Leibes annehmend und in sich vereinend.[63] Aus der frühchristlichen Literatur wären auch die Exzerpte aus Theodotos, einem gnostischen Lehrer des Clemens von Alexandrien, einschlägig. Ihnen zufolge ist der Sohn nicht ohne Form (ἄμορφος), ohne Gestalt (ἀνείδεος), ohne Konturen (ἀσχημάτιστος) oder ohne Leib (ἀσώματος), sondern hat seine eigene Gestalt (μορφή) und seinen eigenen Leib (σῶμα), allerdings, je nach Lesart, ἀνὰ λόγον oder ἀνάλογον. Das heißt, seine Weisen der Selbstdarstellung sind pneumatischer Art und nicht mit irdischen Gegebenheiten zu verrechnen.[64]

---

[62] Vgl. die knappen, aber treffenden Bemerkungen bei Z. PLEŠE, Poetics of the Gnostic Universe: Narrative and Cosmology in the *Apocryphon of John* (NHMS 52), Leiden 2006, 33–35.

[63] CH 5,10; Text und Übersetzung bei A. D. NOCK / A. J. FESTUGIÈRE, Corpus Hermeticum, Bd. 1, 64.

[64] Excerpta ex Theodoto 10,1; Text und Übersetzung bei F. SAG-

Nach dieser erstaunlich geschlossenen und breit angelegten Demonstration der Polymorphie des Erlösers, die auf eine eminent theologische Aussage hinausläuft, haben die übrigen Apostelakten keine großen Überraschungen mehr zu bieten. Sie tragen dennoch auf ihre Weise manche Einzelheiten zum Gesamtbild, das erhellend auf die individuellen Szenen zurück wirkt, bei.

2. Paulusakten und Petrusakten

a) Die Paulusakten

In den Paulusakten (unter Einschluss der Theklaakten) erscheint Jesus als Doppelgänger des Apostels und als schöner Knabe. Beide Motive wären für sich allein betrachtet noch nicht unbedingt als polymorph anzusprechen; sie sind uns aber in den Johannesakten als Bausteine der Polymorphie begegnet.

– Thekla

Zu Beginn der Theklaakten, noch in Ikonium, wurde Paulus gegeißelt und aus der Stadt verbannt, Thekla hingegen zum Feuertod verurteilt. Die Bevölkerung, die sich dieses Schauspiel nicht entgehen lassen will, strömt ins Theater (der Ort solcher Zusammenkünfte in der frühen Kaiserzeit im Osten; man hat in diesem Zusammenhang zu Recht von einer „Theatralisierung" des öffentlichen Lebens gesprochen). Folgende Szene spielt sich ab:[65]

NARD, Clement d'Alexandrie: Extraits de Théodote (SC 23), Paris 1970, 76–79; vgl. H. GARCIA, La polymorphie (s. Anm. 3) 37.49f.

[65] ActThekla 21 = ActPaul 3,21 in der neuen Zählung von W. RORDORF, Actes de Paul, in: F. Bovon / P. Geoltrain (Hrsg.), Écrits apocryphes chrétiens I, 1115–1177; die Übersetzung folgt M. EBNER

ἡ δὲ Θέκλα ὡς ἀμνὸς ἐν ἐρήμῳ περισκοπεῖ τὸν ποιμένα, οὕτως ἐκείνη τὸν Παῦλον ἐζήτει. Καὶ ἐμβλέψασα εἰς τὸν ὄχλον εἶδεν τὸν κύριον καθήμενον ὡς Παῦλον, καὶ εἶπεν Ὡς ἀνυπομονήτου μου οὔσης ἦλθεν Παῦλος θεάσασθαί με. Καὶ προσεῖχεν αὐτῷ ἀτενίζουσα· ὁ δὲ εἰς οὐρανοὺς ἀπίει.

Wie ein Lamm in der Wüste nach seinem Hirten ringsum Ausschau hält, so suchte Thekla nach Paulus. Sie schaute in die Menge und sah dort den Herrn sitzen – er sah aus wie Paulus. „Als ob ich nicht standhaft genug wäre", dachte sie. „Er ist wohl gekommen, um mich zu beobachten." Sie fixierte ihn, er aber entschwand in den Himmel.

In einer Umkehr der „normalen" Relation von Sender und Gesandtem vertritt der Herr hier den abwesenden Apostel. Dass er sich sodann in seine himmlische Heimat zurückzieht, anstatt rettend einzugreifen, mag zunächst verwundern. Aber gegen Ende von § 22 wird die berstende Wolke, deren Wasser das Feuer löscht, auf Gottes Handeln zurückgeführt, und in der Arena in Antiochien betet Thekla zu dem Herrn, „der mich aus dem Feuer rettete" (§ 31). Er war also doch in irgendeiner Weise auch in Ikonium aktiv.

– Paulus

Nach dem griechischen PHamburg[66] und seiner vollständigeren koptischen Parallele[67] sitzt Paulus in Ephesus im Gefängnis und wartet auf seinen Tierkampf.[68] In der Nacht vor dem Ereignis, das an einem Sonntag stattfindet, bitten

(Hrsg.), Aus Liebe zu Paulus? Die Akte Thekla neu aufgerollt (SBS 206), Stuttgart 2005, 18.

[66] C. Schmidt / W. Schubert, *Acta Pauli.*

[67] Jetzt endlich zugänglich bei R. Kasser / P. Luisier, Le Papyrus Bodmer XLI. Nur im koptischen Text steht in p. 1,16–24 die Notiz, dass in die Versammlung mit Paulus im Haus von Aquila und Priska ein Engel eintritt, der sichtbar ist, dessen Stimme aber nur Paulus hört – in Umkehrung des Sachverhalts bei anderen Epiphanien.

[68] In Rordorfs Zählung umfasst die ganze Szene ActPaul 9,1–28.

Eubula (schon getauft) und Artemilla (die Gattin des Statthalters, noch ungetauft) um Artemillas Taufe. Ein schöner Knabe tritt lächelnd ein und löst die Fesseln des Apostels. Dieser fühlt sich geradezu ins Paradies versetzt (9,19).

Als nächstes öffnen sich die Gefängnistore von selbst, und die Wachen sind von tiefem Schlaf umfangen.[69] Auf dem Weg zum Meer geht der kleinen Gruppe ein Jüngling voran, der Paulus ähnlich sieht. Mit seinem strahlenden Körper sorgt er für die notwendige Beleuchtung (9,20). Als das Meer so gewaltig aufbraust, dass Artemilla in Ohnmacht fällt, wendet Paulus sich an ihn mit der Bitte: „Du Leuchtender und Scheinender, hilf mit, damit nicht die Heiden sagen, der gefangene Paulus sei geflohen, nachdem er Artemilla getötet hat" (9,21). Der Jüngling lächelt nur, und alles wird gut (oder fast alles; immerhin steht noch die Konfrontation mit dem Löwen in der Arena bevor).[70]

Nach weiteren dramatischen Ereignissen erscheint den beiden Frauen des Nachts nicht mehr der Herr, sondern, ebenfalls in Gestalt eines Kindes oder eines Jünglings, ein Engel des Herrn, um sie zu trösten (9,27; Lakunen im Text lassen allerdings keine ganz sichere Deutung zu). Schließlich bittet selbst der Statthalter Hieronymus, der am Ohr verletzt wurde, den Engel oder Jüngling, „der [hindurch] gegangen ist im Traumgesicht durch [das verschlossene] Schlafgemach", um medizinischen Beistand (9,27f.). Für diese himmlischen Gestalten gibt es keine räumlichen Barrieren wie verschlossene Türen mehr. Je nach Lesart der beiden Schlussparagraphen kommt es zu einer gewissen Nähe von Polymorphie und angelomorpher Christologie.

---

69 Vgl. Apg 12,6–10.

70 Siehe dazu oben in Kapitel 2 den Abschnitt II.2.

b) Die Petrusakten

– Auf hoher See

Auch in den lateinischen *Actus Vercellenses,* der uns fast allein noch erhaltenen Version der alten Petrusakten,[71] werden wir hinsichtlich unseres Themas an verschiedenen Stellen fündig.[72] Beginnen wir mit der Seereise, die Petrus von Caesarea nach Rom führt und die von Epiphaniemotiven begleitet wird (alles Folgende in § 5).

Der Schiffskapitän Theon hatte zuvor bei Nacht eine menschliche Stimme vernommen, die vom Himmel her kam. Sie rief ihn zweimal mit Namen an und legte ihm Petrus als Passagier ans Herz. Das Schiff gerät in eine Windstille. Petrus nutzt die Gelegenheit, Theon, den er inzwischen bekehrt hat, im Meer zu taufen. Dazu lassen sich beide an einem Tau über die Bordwand hinab. An der Taufstelle erscheint ein Jüngling, strahlend vor Schönheit (*decore splendidus*), der ihnen den Friedensgruß entbietet.[73] Beim anschließenden Brotbrechen an Bord kommentiert zunächst der Erzähler, dass es der Herr war, der als Jüngling erschien, und gibt dann Petrus das Wort: „Du Bester und allein Heiliger, denn du bist uns erschienen, Jesus Christus …“.[74] Ein sanfter Wind (vom Himmel her gesandt?) kommt auf und bringt das Schiff in sechs Tagen sicher nach Puteoli.

---

71 Text bei R. A. Lipsius, Acta Apostolorum Apocrypha I, 45–103; L. Vouaux, Les Actes de Pierre.

72 Vgl. P. Foster, Polymorphic Christology (s. Anm. 14) 90–93.

73 Vgl. Joh 20,19.

74 Meist wird hier übersetzt: „du Gott Jesus Christus“; bedenkenswert ist aber der Vorschlag von G. Poupon, Actes de Pierre, in: F. Bovon / P. Geoltrain (Hrsg.), Écrits apocryphes chrétiens I, 1039–1114, hier 1063, *deus* zu „Theon“ zu korrigieren.

– Evangeliare Akkomodation

Im Haus des Marcellus in Rom, das inzwischen (wir befinden uns in § 20) von allen Spuren des Simon Magus gereinigt wurde, findet ein Wortgottesdienst statt, bei dem aus dem Evangelium die Verklärungsszene verlesen wird.[75] Petrus nimmt die Gelegenheit wahr zu einer Predigt, einer Art Evangeliumsverkündigung wie in den Johannesakten, nur im Kleinen.

In seiner Ansprache stellt Petrus die Akkomodation, die Anpassung der Offenbarung an die Erkenntnismöglichkeit der Menschen, in den Mittelpunkt und erklärt von ihr aus auch Polymorphie und Polyonymie. Gott hat in seiner großen Güte veranlasst, dass der Herr sich in einer anderen Form (*alia figura*) und in menschlicher Gestalt (*effigie hominum*) zeigte, obwohl ihn selbst die Apostel auch so nicht in seiner ganzen Fülle wahrnehmen konnten, sondern nur entsprechend ihrer eigenen Fassungskraft („jeder von uns sah ihn, wie er zu sehen fähig war, wie er es vermochte"). Die Verklärungsszene mit ihrem strahlenden Glanz hat sie im Grunde überfordert, und Petrus glaubte in ihrem Verlauf zu erblinden. Aber sie geht eben deshalb vorüber, und Petrus kann Jesus wieder im Rahmen seiner eigenen Möglichkeiten anschauen.

– Zwei Serien von Antithesen und Metaphern

Die Reminiszenz an die Verklärung Jesu geht über in eine Abfolge von dreizehn Antithesen, deren beide Hälften der Herr anscheinend je nach Lage der Dinge beliebig realisieren

[75] Vgl. Mk 9,2–10 parr. und hier vor allem 2 Petr 1,17f.

konnte. Grammatisch sind sie konstruiert als Akkusativobjekt zu der Einladung, ihn, Jesus, zu lieben (§20):[76]

hunc magnum et minimum,
formosum et foedum,
iuvenem et senem
tempore adparentem et in aeternum utique invisibilem;
quem manus humana non detinuit et tenetur a servientibus,
quem caro non vidit et videt nunc,
quem non obauditum sed nunc cognitum, obauditum verbum
et nunc est tamquam nos passionem expertus,
castigatum numquam sed nunc castigatum,
qui ante saeculum est et tempore intellectus est,
omni principio initium maximum et princibus traditum,
speciosum sed inter nos humilem
fidum visum sed providum

diesen Großen und ganz Kleinen,
wohlgestalt und hässlich,
jung und alt,
erscheinend in der Zeit und gänzlich unsichtbar in Ewigkeit;
den eine menschliche Hand nicht hielt und der (jetzt) gehalten wird von seinen Knechten,[77]
den das Fleisch nicht sah und jetzt doch sieht,
das Wort, nie vernommen, aber jetzt vernommen und bekannt,
dem das Leiden fremd war und der jetzt wie wir Leiden erfährt,
niemals gezüchtigt, aber jetzt doch gezüchtigt;
den, der vor dem Weltalter existiert und in der Zeit wahrgenommen wird,
den Uranfang jeglicher Herrschaft, doch jetzt Herrschern ausgeliefert,
auffallend schön, doch unter uns niedrig gestellt,
unsichtbar, aber vorausschauend …

[76] Der lateinische Grundtext für diesen Katalog muss mit Hilfe des Apparats bei Lipsius an einigen Stellen erst rekonstruiert werden.

[77] Z. B. in der Form des Brotes in der Eucharistie.

Vor allem die vier ersten Begriffspaare tragen polymorphe Züge, aber insgesamt fällt doch auf, dass über die Bedingungen dieser paradoxen Gleichzeitigkeit nicht weiter reflektiert wird (die Johannesakten sind hier schon weiter). Direkt an den letzten Satz der Antithesenreihe schließt sich eine Folge von achtzehn christologischen Metaphern an, wiederum im Akkusativ, die vorwiegend dem Johannesevangelium,[78] daneben auch synoptischen Gleichnissen entlehnt sind:[79]

hunc Iesum habetis, fratres,	Diesen Jesus habt ihr, Brüder, als
ianuam,	Tür (Joh 10,7),
lumen,	Licht (Joh 1,9; 8,12),
viam,	Weg (Joh 14,6),
panem,	Brot (Joh 6,35),
aquam,	Wasser (Joh 4,10),
vitam,	Leben (Joh 14,6),
resurrectionem,	Auferstehung (Joh 11,25),
refrigerium,	Erquickung (Mt 11,28),
margaritam,	Perle (Mt 13,46),
thesaurum,	Schatz (Mt 13,44),
semen,	Saat (Mt 13,24),
saturitatem,	Überfluss (Mt 14,20 ?),
granum sinapis,	Senfkorn (Mt 13,31),
vineam,	Weinstock (Joh 15,1),
aratrum,	Pflug (Lk 9,62),
gratiam,	Gnade (Joh 1,14.16f.),

[78] Vgl. auch ActJoh 98 und 109; zur Abhängigkeit der ActPetr von den ActJoh vgl. P. J. LALLEMAN, The Relation between the *Acts of John* and the *Acts of Peter,* in: J. N. Bremmer (Hrsg.), The Apocryphal Acts of Peter: Magic, Miracles and Gnosticism (Studies in the Apocryphal Acts of the Apostles 3), Leuven 1998, 161–177, hier speziell 165f. und die Bibliographie in Anm. 3.

[79] Diese Liste bildet den Schluss des langen § 20; die Auflösung der Anspielungen verdankt sich G. POUPON, Actes de Pierre (s. Anm. 74) 1088.

fidem,	Glaube (Hebr 12,2),
verbum:	Wort (Joh 1,1) –
hic est omnia et non est alius maior nisi ipse;	er ist das alles, und es gibt nichts, das größer wäre als er;
ipsi laus in omnia saecula saeculorum. amen.	ihm sei Lob in alle Ewigkeit. Amen.

Diese eindrückliche Metaphernreihe fügt zur Polymorphie eine metaphorische Polyonymie hinzu. Man kann dies nach wie vor als Realisierung des Programms der Akkommodation verstehen, denn die Bildersprache will, gestützt auf Erfahrungswerte, den Adressaten näher bringen, wer Jesus in seiner irdischen Existenz war und in seiner pneumatischen Seinsweise immer noch für uns ist.

– Eine Neuauflage der Verklärung Jesu

In unmittelbarem Anschluss daran, in § 21, wiederholt sich die Verklärungsszene in aktualisierter Form. Schon bei seiner Ankunft in der Versammlung im Haus des Marcellus hatte Petrus einer alten, blinden Witwe die Sehkraft wiedergegeben. Es befinden sich im Raum aber mehr Frauen, auf die diese Charakterisierung zutrifft. Auch sie bitten Petrus um wunderbare Heilung. Petrus ermuntert sie als erstes, die Chance zu nutzen und mit den inneren Augen des Geistes Jesus Christus zu erblicken, ruft aber auch zum Herrn, er möge sich ihrer erbarmen. Daraufhin erfüllt ein Licht von so blendender Helligkeit den Raum, dass die Anwesenden, die sehen können, es nicht zu ertragen vermögen. Es dringt jedoch in die Augen der blinden Frauen ein und schenkt ihnen, im Sinn des Wortes, das Augenlicht wieder.

Auf die Aufforderung des Petrus hin berichten die Frauen, was sie während dieses Vorgangs gesehen haben. Den einen war ein älterer Mann von unbeschreiblichem Aussehen erschienen, den anderen ein heranwachsender Jüngling, wieder anderen ein Knabe, der ihre Augen zart berührte. Petrus zieht das Resümee: Die alten Witwen haben – mit den Augen des Geistes – den einen Herrn, der sie gerettet hat, in verschiedener Gestalt gesehen. So hat sich ihnen die überlegene Größe Gottes offenbart.

Doketisch muss man die Christologie, die sich so artikuliert, nicht nennen. Dazu ist sie zu wenig programmatisch ausgestaltet, und sie enthält auch inkarnatorische Züge. Man wird dem Verfasser dessen, was uns hier, in den *Actus Vercellenses,* von den Petrusakten überkommen ist, kein Unrecht tun, wenn man seine Reflexionskraft um einiges geringer einstuft als die des Autors und Endredaktors der Johannesakten.

3. Die Thomasakten

Die Thomasakten[80] sind in unserem Zusammenhang nicht zuletzt deshalb von Bedeutung, weil uns hier das Leitwort πολύμορφος wieder begegnet.[81] Außerdem legt die Bezeichnung des Judas Thomas als „Zwillingsbruder" Jesu (basierend auf Δίδυμος in Joh 11,16; 20,24; 21,2 und dem Herrenbruder „Judas" in Mk 6,3) bereits den Verdacht nahe, das Doppelgängermotiv könne wieder zum Einsatz kommen.[82] Aber folgen wir auch hier dem Erzählfaden.

---

[80] Griechischer Text bei M. Bonnet, Acta Apostolorum Apocrypha II,2, 99–288; die syrische Fassung bei W. Wright, Apocryphal Acts of the Apostles I, 171–333 (Text); II, 146–298 (Übersetzung). Der syrische Text liegt auch zugrunde bei A. F. J. Klijn, The Acts of Thomas, und bei P.-H. Poirier / Y. Tissot, Actes des Thomas, in: F. Bovon / P. Geoltrain (Hrsg.), Écrits apocryphes chrétiens I, 1321–1470.

[81] Vgl. P. Foster, Polymorphic Christology (s. Anm. 14) 93–96.

[82] Vgl. auch die „Zwillinge gebärende heilige Taube" in der zweiten

a) Eine ungewohnte Rollenverteilung

Auf seiner Reise nach Indien gelangt Thomas in seiner ersten Tat nach Andropolis, der „Menschenstadt", im syrischen Text „Sandaruk" genannt. Dort findet aus Anlass der Hochzeit der einzigen Tochter des Königs gerade ein großes Fest statt, zu dem auch die Fremdlinge eingeladen sind (§ 4). Am Abend zieht sich der Apostel zurück, aber nicht ohne den Brautleuten die Hände aufzulegen und – mit feinem Hintersinn? – zu sagen: „Der Herr sei mit euch" (§ 10). Der Bräutigam findet in der Schlafkammer zu seiner Überraschung den Herrn Jesus vor, der genau so aussieht wie der Apostel Thomas und sich mit der Braut unterhält (§ 11). Der Bräutigam fragt nach: „Bist du nicht vor aller Augen hinausgegangen? Wieso befindest du dich jetzt hier?" Jesus erklärt ihm: „Ich bin nicht Judas, auch Thomas genannt; ich bin sein Bruder."

In einem längeren Redestück (§ 12) legt Jesus die Botschaft dar, die sonst Thomas verkündet. Er fordert die Neuvermählten auf, sich des „schmutzigen Geschlechtsverkehrs (τῆς ῥυπαρῆς τῆς κοινωνίας ταύτης)" zu enthalten und „heilige, reine Tempel" (des Geistes, vgl. 1 Kor 6,19) zu werden. Anhand von drastischen Beispielen sucht er sie von den Mühsalen des Ehestandes und der Elternschaft zu überzeugen. Als Lohn für die permanente Enthaltsamkeit verspricht er ihnen ein unbeschwertes Leben und das Eingehen in das wahre, himmlische Brautgemach. Das Brautpaar folgt ihm aufs Wort, und Jesus verabschiedet sich mit dem Segenswunsch, der besser zu seinem Apostel passen würde: „Die Gnade des Herr wird mit euch sein" (§ 13; vgl. 1 Kor 16,23).

Epiklese in § 50 (bei BONNET, Acta Apostolorum Apocrypha II,2, 166, Z. 112f.).

Die königlichen Eltern sind alles andere als erfreut über diese Wendung der Dinge. Aber die Braut beharrt darauf, jetzt mit dem „wahren Mann", das heißt ihrem himmlischen Bräutigam, vermählt zu sein. Das ausführliche Dankgebet des Bräutigams in § 15 wäre eigentlich in seinem ganzen Umfang von Interesse. Heben wir daraus nur die Antithese hervor: „der du dich bis zu mir und meiner Wenigkeit verkleinert hast, um mich neben deine Größe zu stellen durch Vereinigung mit dir" sowie die (besonders im Griechischen) „gnosisverdächtige" Formulierung:

ὑποδείξας μοι ζητῆσαι ἐμαυτὸν καὶ γνῶναι τίς ἤμην καὶ τίς καὶ πῶς ὑπάρχω νῦν, ἵνα πάλιν γένωμαι ὁ ἤμην.

Der du mir gezeigt hast, mich selbst zu suchen und zu erkennen, wer ich war und wer und wie ich jetzt bin, damit ich wieder würde, was ich war.

Halten wir im Vorbeigehen noch fest, dass in der dritten Tat ein junger Mann, der aus der Welt der Toten ins Leben zurückkehrt, zum Apostel sagt: „Du bist ein Mann, der zwei Gestalten (δύο μορφάς) hat" (§ 34). Die Lösung des Rätsels: Er hat in seinem früheren Zustand „jenen Menschen", nämlich Jesus, neben Thomas stehen sehen und ihr Gespräch mitverfolgt.

b) Zweifache Polymorphie

In der fünften Tat setzt sich der Apostel mit einem Dämon auseinander, der schon seit fünf Jahren jede Nacht eine schöne Frau heimsucht und missbraucht.[83] Alles fing damit

[83] Vgl. I. Czachesz, The Bride of the Demon: Narrative Strategies of Self-definition in the Acts of Thomas, in: J. N. Bremmer (Hrsg.), The Apocryphal Acts of Thomas (Studies on the Apocryphal Acts of the Apostles 6), Leuven 2001, 36–52, hier 40f.

an, dass die Frau auf dem Rückweg vom Bad einen unverschämten Jüngling trifft, während ihre Magd gleichzeitig einen alten Mann mit ihr reden sieht (§ 43). Dieses Erscheinen in zwei Gestalten (ὅτι δυσὶ μορφαῖς ὤφθη μοι) ist verdächtig, und prompt nimmt das Unheil seinen Lauf. Der Apostel klagt in einer förmlichen Litanei (§ 43) über die Bosheit und den Neid des Feindes, der „selbst hässlich, sich die Schönen dienstbar macht" und der als „Vielgestaltiger (πολύμορφος) erscheint, wie immer er will, ohne sein Wesen ändern zu können".[84] Auch das Böse und der Böse haben viele Gestalten.

Der Widersacher des Apostels ist noch nicht aus dem Feld geschlagen. Er tritt selbst hinzu, sichtbar nur für Thomas und die Frau, aber aufgrund seiner lauten Stimme vernehmbar für alle Anwesenden, und verteidigt sich mit dem Hinweis, dass ihm und seinesgleichen noch Zeit zum Wirken eingeräumt sei (§ 45). Er bestätigt die große Ähnlichkeit des Apostels mit dem Sohn Gottes, und er beklagt, dieser habe sie alle bei seiner Herabkunft getäuscht „durch seine äußerst hässliche Gestalt (τῇ μορφῇ αὐτοῦ τῇ δυσειδεστάτῃ), seine Armut und seine Bedürftigkeit". Sie hätten ihn für einen mit Fleisch umhüllten Mann (σαρκοφόρον ἄνδρα) gehalten, ohne zu wissen, dass er es ist, der den Menschen das Leben schenkt. Nach seiner mehrteiligen, wohlgesetzten Rede bleiben vom Dämon, der entschwindet, nur noch Feuer und Rauch zurück (§ 46).

Thomas reagiert in § 47–48 mit einem Gebet zu Jesus, das voll ist von Titeln, Attributen, Prädikationen und – erneut – Antithesen. Der folgende Auszug, der den Schlüsselbegriff enthält, muss genügen (§ 48):

[84] In Bonnets Ausgabe S. 161, Z. 14–16.

Ἰησοῦ ὕψιστε, φωνὴ ἀνατείλασα ἀπὸ τῶν σπλάγχνων τῶν τελείων, πάντων σωτήρ, ἡ δεξιὰ τοῦ φωτὸς ἡ καταστρέφουσα τὸν πονηρὸν ἐν τῇ ἰδίᾳ φύσει, καὶ πᾶσαν αὐτοῦ τὴν φύσιν συναθροίζων εἰς ἕνα τόπον, ὁ πολύμορφος, ὁ μονογενὴς ὑπάρχων, ὁ πρωτότοκος πολλῶν ἀδελφῶν, θεὲ ἐκ θεοῦ ὑψίστου, ὁ ἄνθρωπος ὁ καταφρονούμενος ἕως ἄρτι·

Höchster Jesus, Stimme, die aufgeht aus vollkommenem Erbarmen, Retter aller, rechte Hand des Lichtes, das den Bösen unterwirft *durch seine eigene Natur* und seine ganze Natur an einem einzigen Ort[85] versammelt, *Vielgestaltiger,*[86] der du der Einziggezeugte bist,[87] der Erstgeborene von vielen Brüdern,[88] Gott vom höchsten Gott, (zugleich) Mensch, (und als solcher) bis heute verachtet …

„Durch seine eigene Natur" kann man auf die Vielgestaltigkeit beziehen und so interpretieren: Es bedarf eines vielgestaltigen Erlösers, denn nur ein solcher Erlöser kann mit dem vielgestaltigen Bösen fertig werden. Eine Spannung zwischen diesem Attribut der Vielgestaltigkeit und den übrigen, orthodox klingenden Aussagen über Jesus Christus wird offenkundig nicht empfunden.

In der anschließenden sechsten Tat hat eine junge Frau sogar eine veritable Unterweltsreise absolviert (§ 54–57). Erwähnung verdient dies deshalb, weil ihr dabei „ein anderer Mann" beistand, der wie Thomas aussah und sie zum Schluss dem Apostel übergab.[89]

c) Konzertierte Aktionen

Auch das dritte und letzte Vorkommen von πολύμορφος in den Thomasakten kann nicht losgelöst von seinem narrati-

---

[85] Einem unterirdischen zum Beispiel.

[86] In Bonnets Ausgabe S. 164, Z. 15.

[87] Joh 1,14.18; 1 Joh 4,9.

[88] Röm 8,29.

[89] Bei Bonnet S. 171, Z. 8: ὁ ἄλλος ὁ συνών σοι; S. 174, Z. 7: ὁ δέ σοι ὅμοιος.

ven Kontext betrachtet werden (die gegenseitige Spiegelung von Motiven in den Erzähl- und in den Redestücken ist ein Kompositionsprinzip des ganzen Werks).

Wir befinden uns in der dreizehnten Tat, der letzten vor dem Martyrium des Thomas. Der Apostel sitzt im Gefängnis. Vazan, der Sohn König Misdais, und andere von den Getreuen befinden sich bei ihm (§ 151). Die beiden Frauen Tertia und Mygdonia sind von ihren Ehemännern in einem Zimmer eingeschlossen worden, treffen aber dennoch bei der kleinen Schar im Gefängnis ein. Als der Apostel sie fragt, wie das möglich sei und wie sie die versiegelte Tür ihres Zimmers überwunden hätten, erklärt ihm Tertia ganz erstaunt, er selbst sei doch die ganze Zeit bei ihnen gewesen und habe ihnen alle Türen geöffnet. Erst kurz vor dem Gefängnistor sei er wieder verschwunden und habe sich vermutlich in seine Zelle begeben. Auf Nachfrage des Apostels hin bekräftigt sie noch einmal ausdrücklich diese Darstellung (§ 152).

Hier war offenkundig Jesus in der Gestalt des Thomas am Werk. Deshalb eröffnet der Apostel sein – diesmal kurzes – Dankgebet mit den Worten: „Ehre sei dir, vielgestaltiger (πολύμορφε) Jesus.[90] Ehre sei dir, der du erscheinst nach Maßgabe unserer Menschennatur“ (§ 153). Während die Wärter und die übrigen Gefangenen fest schlafen, wird das Gefängnis für die Glaubenden hell wie der Tag.[91] Auch dieses Licht lässt sich als eine Form der Präsenz des Herrn verstehen, denn der Apostel hat ihn unmittelbar zuvor als „unseren Lichtspender“ angeredet und gebeten, ihn mit dem Licht seiner Natur zu erleuchten (nach dem syrischen Text).

Das nächste Türöffnungswunder beim Verlassen des Gefängnisses fällt kaum noch ins Gewicht. Die ganze Gruppe

---

[90] Bei Bonnet S. 262, Z. 9.

[91] Vgl. Apg 12,7.

um den Apostel macht sich auf den Weg zu Vazans Haus. Vazan bildet die Vorhut und trifft seine Frau Mnesar, die seit Jahren an ihr Bett gefesselt war, aber jetzt in der Gegenrichtung zum Gefängnis unterwegs ist. Er fragt sie, wieso sie überhaupt aufstehen konnte. Sie verweist auf einen Jüngling, der sie an der rechten Hand führt, aber für andere unsichtbar bleibt (§ 154). Als sie den Apostel erblickt, fällt sie vor ihm auf die Knie und erklärt, das sei der Mann, der sie von ihrer Krankheit erlöst und dem Jüngling anvertraut habe, damit der sie ins Gefängnis führe. Dieser Mann, den Mnesar mit Thomas verwechselt, war Jesus, während es sich beim Jüngling, der sie an der Hand führte, diesmal wohl um einen Engel handelt, der plötzlich auch für Mnesar verschwunden ist. Doch Thomas tröstet sie: „Jesus wird dich weiterhin an der Hand führen" (§ 155). Auch in Vazans Haus, das sie bald erreichen, ist mitten in der Nacht helles Licht um sie herum ausgegossen.

Diese Form der Polymorphie, die mit der Austauschbarkeit der Zwillingsbrüder Thomas und Jesus geradezu spielt, schiebt sich im Verlauf der Thomasakten derart in den Vordergrund, dass der Apostel zuletzt selbst eine leise Korrektur für angebracht hält. In seiner Abschiedsrede sagt er: „Ich bin nicht Jesus, ich bin nur ein Knecht Jesu. Ich bin nicht Christus, ich bin nur ein Diener Christi. Ich bin nicht Gottes Sohn, bete aber darum, bei ihm für würdig erachtet zu werden" (§ 160).

4. Nachklänge und Kontexte

a) Die Pseudoclementinen

In den Pseudoclementinen tragen weder der wahre Prophet, Jesus Christus, noch sein Vorzeigeapostel, Simon Petrus, polymorphe Züge. Dennoch ist diese Schriftensammlung keineswegs belanglos für unsere Fragestellung. Wir haben gesehen, dass in den Johannesakten und den Thomaskten auch der Satan über polymorphe Qualitäten verfügt.[92] Das übertragen die Pseudoclementinen auf seinen Platzhalter Simon Magus und fügen noch einen guten Schuss paganer Mythologie hinzu, was den Einbezug subhumaner Morphologien teils erklärt. Simon kann fliegen; er verwandelt sich in eine Schlange, eine Ziege oder ein Schaf; er kann sein Aussehen beliebig verändern oder gleichzeitig zwei Gesichter zeigen; er wird zu Gold; er öffnet verschlossene Türen und befreit sich selbst von allen Fesseln; er geht durch harten Fels hindurch; selbst mitten im Feuer verbrennt er sich nicht; er kann sich unsichtbar machen.[93] Eine andere seiner Erscheinungsformen ist die Statue, die man ihm als Gott errichten wird.[94]

Simons Gestalt wird sogar in eine doketische Perspektive gerückt. Als sein zeitweiliger Meister Dositheus Simon mit einem Stock schlägt, geht der Stock durch Simons Körper hindurch wie durch eine Rauchwolke. Dositheus akzeptiert

---

[92] H. Garcia, La polymorphie (s. Anm. 3) 23 Anm. 25 u. 53f., macht darauf aufmerksam, dass ein Apologet wie Firmicus Maternus diesen Gedanken geschickt gegen die gesamte pagane Götterwelt wenden kann, vgl. in seiner Schrift *De errore profanarum religionum* 21,2: „Dieser euer Gott ist nicht zweigestaltig (*biformis*), sondern vielgestaltig (*multiformis*). Es verändert sich nämlich in viele Erscheinungsformen (*species*) das Aussehen (*forma*) seines Gesichts“, und 26,4: „Deshalb hat er (der Teufel) sich in vielfachen Wandlungen (*multiplici diversitatis*) unter allen möglichen Gestalten (*omnes formas*) gezeigt …“; siehe R. Turcan, Firmicus Maternus: L'erreur des religions païennes (CUFr), Paris 1982, 126.149.

[93] H II 32,2 par. R II 9,2–5; siehe die vollen Texte oben in Kapitel 5, Abschnitt III.1 und IV.1.

[94] R II 9,6.

fortan Simon als den Überlegenen, als den „Stehenden" und als Haupt der Täuferschüler.[95]

b) Die Philippusakten

– Trimorphie und Trinität

Die vorletzte, vierzehnte Tat der jüngeren Philippusakten[96] skizziert ein inzwischen fast schon vertrautes Szenarium. Zu dem apostolischen Trio, bestehend aus Philippus, Barnabas und Mariamne, das sich in der Hauptstadt der Schlangenmutter in einer Arztpraxis niedergelassen hat, kommt Stachys, der blinde Oberpriester der Schlangenmutter. Er hatte bei Nacht eine Stimme gehört, die ihn aufforderte, die neue Heilstätte aufzusuchen (§ 4). Mit seinen immer noch blinden Augen sah er dreimal einen nächtlichen Traum mit dem Gleichbild (ὁμοιότητα) eines schönen jungen Mannes, der drei Gesichter oder Erscheinungsformen (τρία πρόσωπα) aufwies, die im Text je einzeln μορφή genannt werden. Es sind dies ein bartloser Jüngling, eine Frau in strahlendem Gewand und ein alter Mann, was wohl als Dreiheit von Vater, Mutter und Sohn zu deuten ist. Der junge Mann trug ein Wassergefäß, die Frau eine brennende Fackel mit sich, die auf Taufe und Heilung der Sehkraft vorausweisen. Auf einer ersten Ebene dürfte diese Vision sich also auf die

[95] H II 24,5f. par. R II 11,2f.

[96] Text, Übersetzung und Kommentar in der vorbildlichen Ausgabe von F. Bovon / B. Bouvier / F. Amsler, Acta Philippi. Bd. 1; F. Amsler, Acta Philippi. Bd. 2: Commentarius (CChr.SA 12), Turnhout 1999; siehe auch die leichter erschwinglichen Übersetzungen von F. Amsler / F. Bovon / B. Bouvier, Actes de l'apôtre Philippe; Dies., Actes de Philippe, in: F. Bovon / P. Geoltrain, Écrits apocryphes chrétiens I, 1179–1320.

drei Sendboten des Herrn, zwei Männer und eine Frau, beziehen.

Philippus geht einen Schritt weiter. Er stellt in seinem Gebet (in § 5) fest, dass Jesus als Gott ihm in drei vollkommenen Gestalten (ἐν τρίσιν μορφαῖς τελείαις),[97] die ihrerseits Bilder des Unsagbaren sind, zur Seite steht. Die Trimophie wird hier an die Trinitätslehre angenähert (mit dem Geist qua Sophia als weibliche Figur) und soll helfen, sie im Bild zu vermitteln.[98]

– Adler und Lichtkreuz

In der dritten Tat[99] macht sich Philippus zu seinen Wanderungen und Reisen auf, im Verborgenen (§ 3: ἐν κρυπτῷ) geleitet von Jesus und innerlich erfüllt vom Geist des Herrn. Es verlangt ihn aber nach einer deutlicher sichtbaren Demonstration dieser verhüllten δόξα, ein Wunsch, der ihm in der dritten Praxis auf zweifache Weise erfüllt wird.

Als erstes erscheint in § 5 plötzlich ein großer Baum in der Wüste. Auf dem Baum erblickt Philippus die Gestalt eines großen Adlers, der seine Flügel nach Art des Kreuzes ausgebreitet hatte (was aus dem Baum bereits eine Art Lebensbaum macht und auf das gleich folgende Lichtkreuz vorbereitet). Philippus redet ihn mit „prächtiger Adler" an und trägt ihm auf, seiner Sehnsucht nach einer Erscheinung des Herrn im Himmel Ausdruck zu verleihen.[100] Noch sieht

[97] Die Kommentatoren verweisen auf die Göttin Hekate mit den Epitheta τριπρόσωπος und τρίμορφος, vgl. F. Bovon / B. Bouvier / F. Amsler, Acta Philippi. Bd. 1, 322 Anm. 16.

[98] Vgl. F. Amsler, Acta Philippi Bd. 2 (s. Anm. 96) 395f.

[99] In der Langform des *Xenophontos 32;* vgl. zum Folgenden den Kommentar von F. Amsler, Acta Philippi. Bd. 2, 129–185.

[100] Schöne Belege für den Adler als Botenvogel in Judentum, Christentum und klassischer Antike finden sich im Umkreis der Brief-

er demnach den Adler allenfalls als Vorboten des Herrn an. Bei weiterem Nachdenken gelangt er aber in § 6–7 zu der Einsicht, dass sich ihm Jesus Christus selbst als Adler gezeigt hat. Jesus bestätigt das, indem er „wie aus dem Mund des Adlers" (§ 8) zu Philippus redet.

Das zweite Zeichen ist von Beginn an eindeutiger. Während einer Seereise kommt starker Wind auf; Heuschrecken machen den Passagieren zu schaffen.[101] Philippus ruft den Herrn zur Hilfe (§ 12). Im Dunkel der Mitternacht leuchtet ein strahlendes Siegel in Kreuzesform auf und taucht alles in helles Licht. Der Wind legt sich, die Heuschrecken lassen von ihren Opfern ab. Fische und Meeresmonster bilden einen Kreis, verehren das Licht und singen ihm in ihren Sprachen Hymnen.

Technisch gesehen liegt also in diesem Kapitel der Philippusakten eine sukzessive Dimorphie vor. Das Lichtkreuz überrascht uns nicht mehr so sehr, wohl aber der Adler. Die Traditionen über den Adler in Mythologie, Literatur und Ikonographie sind so reichhaltig, dass wir hier nicht einmal daran rühren können.[102] Festzuhalten ist aber, dass diesmal die christologische Polymorphie auch die theriomorphe Darstellungsweise für ihre Zwecke usurpiert, was auch, wie wir weiter oben sahen, im Fall des Simon Magus geschah. Hier tun sich ganz neue Verbindungsmöglichkeiten auf, etwa zu den viel belächelten ägyptischen Tierkulten oder zu Ovids *Metamorphosen,* wo oft die Tiergestalt am Ende

---

thematik, vgl. H.-J. KLAUCK, Ancient Letters and the New Testament: A Guide to Context and Exegesis, Waco, Tex. 2006, 497 s.v. „Eagle".

[101] Vgl. Ex 4,10–19 und zum Folgenden das Wunder am Schilfmeer mit Hymnus in Ex 14–15.

[102] Eine gute Zusammenstellung von Material und Sekundärliteratur findet sich bei I. CZACHESZ, Commission Narratives (s. Anm. 24) 153–161.

übrig bleibt. Im Neuen Testament finden wir zwar keinen Adler als Christussymbol, wohl aber ein „Lamm Gottes" (Joh 1,29.36) und ein „Lamm, das wie geschlachtet war, mit sieben Hörnern und sieben Augen" in Offb 5,6, sowie einen sprechenden Adler in Offb 8,13.

c) Die Andreasakten

Die Andreasakten und verwandte Schriften sind für unser Thema nicht sonderlich ergiebig. Erwähnung verdienen aber einige Einzelheiten, die sich in das langsam entstehende Gesamtbild gut einfügen.

– Maximilla, Iphidama und der Herr

In § 32 des griechischen Texts der Andreasakten[103] wird Maximilla und Iphidama eine Gebetserhörung zuteil. Am Eingang zum Gefängnis, in dem Andreas einsitzt, treffen die beiden Frauen einen Knaben von schöner Gestalt (εὔμορφον), der ihnen die Tür öffnet und sie förmlich beim Apostel anmeldet wie ein Kammerdiener oder Hofmarschall. Ein andermal werden sie, wieder auf dem Weg zum Gefängnis, vom Herrn geleitet, der dafür das Aussehen (ἰδέᾳ) des Andreas angenommen hat (§ 46).

– Jesus als Kapitän und als Kind

Die *Akten des Andreas und Matthias in der Stadt der Kannibalen*[104] sind als selbstständiges, jüngeres Werk zu bewerten

---

[103] Den besten Zugang zu ihnen bietet J. M. Prieur, Acta Andreae; vgl. auch J. M. Prieur, Actes d'Andrée, in: F. Bovon / P. Geoltrain (Hrsg.), Écrits apocryphes chrétiens I, 887–972.

[104] Text bei M. Bonnet, Acta Apostolorum Apocrypha. Bd. II,1, 65–116; Text und Übersetzung bei D. R. MacDonald, Acts of Andrew and Matthias; die Übersetzung allein bei D. R. MacDonald, The Acts of Andrew.

und nicht als Teil der alten Andreasakten.[105] In § 5 steuert Jesus als Kapitän zusammen mit zwei Engeln als Matrosen das Boot, in dem der Apostel Platz nimmt, ohne den Herrn, der seine Gottheit verbirgt (κρύψας τὴν ἑαυτοῦ θεότητα), zu erkennen. Eine nachträgliche Erkennungsszene, die sich auf einen ähnlichen Vorfall bezieht, steht in § 17.

Die bevorzugte Erscheinungsweise Jesu als „äußerst hübsches kleines Kind"[106] darf nicht fehlen.[107] Bei einer dieser beiden Gelegenheiten sagt Jesus zu Andreas: „Ich habe dir gezeigt, dass ich alles tun kann und dem Menschen erscheinen kann, wie immer ich will" (§ 18). Satan weicht für sein Auftreten auf die Gestalt eines alten Mannes aus (§ 24: ὁμοιωθεὶς γέροντι).

d) Die Akten des Petrus und der zwölf Apostel

Bleiben wir noch bei der Gattung der Apostelakten, schauen wir aber schon auf unser nächstes Schriftenkorpus, die Texte von Nag Hammadi, voraus. *Die Akten des Petrus und der zwölf Apostel* in NHC VI,1 p. 1,1–12,22 sind ein ebenso

---

[105] Vgl. A. Hilhorst / P. J. Lalleman, The Acts of Andrew and Matthias: Is it Part of the Original Acts of Andrew?, in: J. N. Bremmer (Hrsg.), The Apocryphal Acts of Andrew (Studies on the Apocryphal Acts of the Apostles 5), Leuven 2000, 1–14.

[106] § 18, § 33; so auch die Akten des Petrus und des Andreas 2 und 16, bei M. Bonnet, Acta Apostolorum Apocrypha. Bd. II,1, 117.124.

[107] Der Erstübersetzung zufolge liegt sie auch im neu entdeckten Judasevangelium in p. 33,21 vor, vgl. R. Kasser / M. W. Meyer / G. Wurst (Hrsg.), The Gospel of Judas, 20; doch wurden dort in Anm. 7 schon die Probleme mit dem seltenen koptischen Wort, das z. B. auch φάντασμα meinen könnte, angedeutet. Die kritische Ausgabe von R. Kasser / G. Wurst (Hrsg.), The Gospel of Judas, 185, verzichtet auf eine Übersetzung; Vorsicht bei der Verwendung dieses Belegs ist also angebracht.

bezaubernder wie rätselhafter Text,[108] der gerade durch seine schwebenden, märchenhaften Züge gefangennimmt. Wieweit er überhaupt den Apostelakten zuzuordnen ist, können wir hier offen lassen.[109] Im Mittelpunkt steht in der Tat nicht ein Apostel, auch nicht mehrere, sondern der auferstandene Herr, der in verschiedenen Gestalten – und das heißt „polymorph" – auftritt.

Die Apostel erreichen eine Stadt auf einer Insel. Auf der Suche nach einer Herberge geht Petrus allein voraus. Nur er trifft einen Mann, „schön von Gestalt und Haltung" (p. 2,18f.), der ein Leintuch[110] mit einem goldenen Gürtel[111] um den Leib geschlungen hat, während Kopf, Hände, Schultern und Brust von einem Schweißtuch[112] bedeckt sind. Petrus erblickt vier Teile seines Körpers: die Sohlen seiner Füße, einen Teil seiner Brust, seine Handflächen und sein Gesicht (p. 2,19–24).[113] Außerdem trägt der Fremde ein Buchfutteral in der Linken und einen Stab in der Rechten, der aus Styrax-Holz, das ein wohlriechendes und heilsames Harz absondert, gefertigt ist. Neben seiner Funktion als

---

[108] Der Text mit englischer Übersetzung bei R. McL. Wilson / D. M. Parrott, The Acts of Peter; deutsche Übersetzung bei H. M. Schenke, in: H.-M. Schenke / H.-G. Bethge / U. U. Kaiser (Hrsg.), Nag Hammadi Deutsch II, 443–453; als monographische Bearbeitung vgl. A. L. Molinari, The Acts of Peter and the Twelve Apostles (NHC 6.1): Allegory, Ascent, and Ministry in the Wake of the Decian Persecution (SBL.DS 174), Atlanta, Ga. 2000.

[109] In der Diskussion sind neben der Apostelakte auch Elemente folgender Gattungen identifiziert worden: *narratio fabulosa* (Molinari), Gleichnis, Allegorie, Visionsschilderung, Reisebericht, Jenseitsreise, Ostererscheinung, Offenbarungsdialog und Kirchenordnung.

[110] Vgl. Joh 13,14

[111] Vgl. Offb 1,13.

[112] Vgl. Joh 20,7.

[113] Hier fühlt man sich an die Wundmale des Auferstandenen in Joh 20,27 erinnert.

Wanderstab soll er wohl auch eine Assoziation zu dem Heilgott Asklepios herstellen.

Langsam, mit hallender Stimme, ruft der Fremde: „Perlen (zu verkaufen)! Perlen (zu verkaufen)!" (p. 2,32; p. 3,13).[114] Petrus ahnt seltsamerweise immer noch nicht, dass es sich bei dem Perlenkaufmann um den auferstandenen Herrn handelt. Er hält ihn für einen Einwohner und wendet sich mit der höflichen Anrede „Mein Bruder und mein Freund" (p. 2,35) an ihn, um ihn nach einem Quartier zu fragen. Aber der Perlenkaufmann ist auch nur ein Fremder in der Stadt.

Wenig später stellt der Perlenkaufmann sich vor: „Lithargoël ist mein Name",[115] und der Erzähler kommentiert: „was übersetzt wird mit ‚der leichte Stein, gleich einer Gazelle'" (p. 5,16–18).[116] Lithargoël also lädt die Apostel in seine Stadt ein, die nur auf gefahrvollem Weg zu erreichen ist. Als die Apostel schließlich doch dort eintreffen, kommt Lithargoël gerade aus der Stadt heraus, ohne dass die Apostel ihn erkennen. Er hat jetzt das Aussehen eines Arztes, trägt auch eine Büchse für Salben unter dem Arm, und ein Schüler folgt ihm mit einem Behälter für Arzneien. Petrus fragt ihn nach dem Haus Lithargoëls, das sie vor Anbruch des Abends noch aufsuchen möchten. Aber der fremde Arzt muss erst rasch seinen Weg fortsetzen und jemand heilen.

---

114 Vgl. Mt 13,45f.; EvThom 76; Pseudoclemtinen, R 3,62,2; das Perlenlied der ActThom.

115 Zum Namen (mit alternativer Deutung) und zum theophoren Bestandteil -el siehe I. CZACHESZ, Commission Narratives (s. Anm. 24) 168f.

116 Die koptische Kirche kennt einen Engel „Litharküël" als Heiler mit einem Arzneikasten (s. H. M. SCHENKE, Die Taten des Petrus und der zwölf Apostel, in: NTApo6 II, 368–380, hier: 374).

Bei seiner Rückkehr redet er Petrus mit Namen an. Petrus reagiert bestürzt: Woher kennt der Fremde seinen Namen? Dieser fragt ihn, wer ihm den Namen Petrus denn beigelegt habe, und als Petrus antwortet, dass sei Jesus Christus, der Sohn des lebendigen Gottes, gewesen,[117] stellt sich der Fremde endlich vor: „Ich bin (es)! Erkenne mich, Petrus" (p. 9,14f.). Dann legt er sein Gewand (seinen irdischen Leib?) ab, das ihn unkenntlich gemacht hatte. Die Apostel identifizieren ihn jetzt als den auferstandenen Herrn und werfen sich vor ihm nieder.

In der längeren Schlusspassage werden die Apostel in die Inselstadt, die die Schöpfung repräsentiert, zurückgesandt, mit dem Auftrag, zu lehren, den Armen zu helfen und die an Leib oder Seele kranken Menschen zu heilen. Aber das würde über unser Thema hinausführen. Im Rahmen der Diskussion um die Polymorphie des Erlösers verdient dieser Text mehr Aufmerksamkeit, als ihm bislang zuteil wurde, nicht nur wegen des Auftretens Jesus in mindestens zwei detailliert beschriebenen Gestalten und seiner Unerkennbarkeit, sondern auch wegen der Nähe zu den Ostererzählungen der Evangelien, die in diesem Text bewusst gesucht wird. Wir kommen darauf am Ende zurück.[118]

---

[117] Vgl. Mt 16,16.

[118] P. J. Lalleman, Polymorphy (s. Anm. 31) 102f., und H. Garcia, La Polymorphie (s. Anm. 3) 18f.36f., erwähnen in ihren Überblicken noch die *Ascensio Isaiae* und den *Physiologus,* auf die hier wenigstens kurz verwiesen sei. In AscJes 10,8–31 verkleidet sich Jesus beim Abstieg zur Erde, indem er sich vom fünften Himmel an in die Gestalt des jeweils residierenden Engels verwandelt (eine Hilfe beim Umgang mit den sehr unterschiedlichen Versionen der AscJes in den verschiedenen Sprachfamlien bietet: P. Bettiolo u. a., Ascensio Isaiae. Textus [CChr.SA 7], 1995). Physiologus 1 deutet die drei φύσεις des Löwen darauf, wie der Erlöser sein Gottsein erfolgreich verbarg; vgl. O.

III. Die Schriften von Nag Hammadi

Mit den *Akten des Petrus und der zwölf Apostel* haben wir bereits ein weites neues Feld betreten, das der koptischen Schriften aus Nag Hammadi. Als Leittext für unsere Fragestellung drängt sich die koptische Petrusapokalypse geradezu auf. In ihr stoßen wir erneut auf jene Form der Polymorphie, die sich aus einer Aufsplitterung der Person Jesu ergibt und die im Passionsbericht der Johannesakten bereits realisiert wurde.[119] Andere maßgebliche Parallelen, namentlich aus dem *Zweiten Logos des großen Seth,* dem *Apokryphon des Johannes* und dem *Evangelium nach Philippus,* werden im Anschluss an die Besprechung der Petrusapokalypse erörtert.

1. Die koptische Petrusapokalypse

Die nicht mehr erhaltene griechische Vorlage der koptischen Petrusapokalypse aus NHC VII,3 p. 70,13–84,14, die mit der altkirchlichen Petrusapokalypse inhaltlich nichts gemein hat, kann man aufgrund verschiedener Erwägungen ins frühe dritte Jahrhundert n. Chr. datieren.[120] In dieser

Schönberger, Physiologus. Griechisch / Deutsch (Reclams Universal-Bibliothek 18124), Stuttgart 2001, 5f.

[119] Die wenigen Zeilen bei P. Foster, Polymorphic Christology 97f., werden der Bedeutung dieses Traktats für das Konzept der Polymorphie nicht gerecht.

[120] Text, Übersetzung, Kommentar und Behandlung der Einleitungsfragen bei H. Havelaar, The Coptic Apocalypse of Peter; die Standardausgabe ist M. Desjardins / J. Brashler, NHC VII,3: *Apocalypse of Peter,* in: B.A. Pearson (Hrsg.), Nag Hammadi Codex, 201–247; deutsche Übersetzung von H. Havelaar, Die Apokalypse des Petrus (NHC VII,3), in: H.-M. Schenke / H.-G. Bethge / U. U. Kaiser (Hrsg.), Nag Hammadi Deutsch II, 591–599; an monographischen

Schrift wird Petrus als Autoritätsträger und Offenbarungsmittler einer gnostischen Gruppierung etabliert.[121] In einem visionären Rahmen gibt der Erlöser (σωτήρ) – so seine bevorzugte Bezeichnung in dieser Schrift –,[122] der Form nach einen Vorausblick auf künftige Geschehnisse, die *de facto* aber die eigene Gegenwart des Autors betreffen und in Form eines „flashback" auch auf die Kreuzigung Jesu zurückblicken.

a) Polymorphe Gegner

Im langen monologischen Mittelteil (p. 73,10–81,3),[123] in dem nur der Erlöser redet, wird die proto-orthodoxe Kirche mit ihren Amtsträgern (vgl. die „Bischöfe" und „Diakone" p. 79,25f.) heftig attackiert, obwohl oder gerade weil die eigenen Anhänger in „gemischten" Gemeinden in deren

---

Behandlungen vgl. K. KOSCHORKE, Die Polemik der Gnosis gegen das kirchliche Christentum. Unter besonderer Berücksichtigung der Nag-Hammadi-Traktate „Apokalypse des Petrus" (NHC VII,3) und „Testimonium Veritatis" (NHC IX,3) (NHS 12), Leiden 1978, 11–90; U. SCHOENBORN, Diverbium salutis. Studien zur Interdependenz von literarischer Struktur und theologischer Intention des gnostischen Dialogs, ausgeführt an der koptischen „Apokalypse des Petrus" aus Nag Hammadi (NHC VII,3) (StUNT 19), Göttingen 1995.

[121] Vgl. T. V. SMITH, Petrine Controversy in Early Christianity: Attitudes towards Peter in Christian Writings of the First Two Centuries (WUNT II / 15), Tübingen 1985.

[122] Doch vgl. auch die singuläre Bezeichnung „der lebendige Jesus" p. 81,18; zu weiteren Titeln wie „Christus" (p. 74,8), „Herr" (p. 81,8) und „Menschensohn" (p. 71,12) siehe H. HAVELAAR, The Coptic Apocalypse of Peter (s. Anm. 120) 180.

[123] Vgl. zum Aufbau der Schrift besonders D. HELLHOLM, The Mighty Minority of Gnostic Christians, in: Ders. u. a. (Hrsg.), Mighty Minorities? Minorities in Early Christianity – Positions and Strategies (FS J. Jervell), Oslo u. a. 1995, 41–66.

Mitte leben.[124] Der entscheidende Fehler der Gegner besteht darin, sich an den Namen eines toten Mannes, Jesus, zu klammern (p. 74,11f.). Verleitet werden sie dazu durch einen Intriganten, der eine vielgestaltige Lehre (das Koptische verwendet hier die griechischen Lehnwörter δόγμα und μορφή) propagiert (p. 7,18–20). Es ist keinesfalls von der Hand zu weisen, dass hier Paulus gemeint sein könnte.[125]

Aber auch andere, mehr gnostische Richtungen bekommen ihr Fett ab: Einige von den Gegnern benennen sich nach einem Mann und einer nackten Frau, die vielgestaltig ist und viel erduldet[126] hat (p. 74,28–34). Sie wäre also, auf Griechisch, πολύμορφος und πολύπαθος. Bei ihr handelt es sich um Helena, die Gefährtin des Simon Magus, die als trojanische Helena mancherlei Transformationen durchgemacht hat, ehe Simon sie der Legende nach aus einem Bordell in Tyrus freikaufte.[127] Das Konzept der Polymorphie ist also schon eingeführt, ehe wir überhaupt zur Christologie kommen.

b) Der Schlüsseltext und seine Auslegung

Die an Petrus gerichtete Aufforderung des Erlösers: „Komm nun, lass uns gehen … Denn siehe, sie, die das Gericht auf

---

[124] Das geht aus p. 74,1f. hervor; vgl. auch die zeitweilige „Vermischung" von unsterblichen Seelen und sterblichen Seelen (p. 75,26–76,4) und ihr erzwungenes Zusammenleben (p. 78,1–7), was den metaphysischen Grund für die Existenz von „mixed communities" abgibt.

[125] Vgl. 2 Petr 3,16; dazu K. Koschorke, Polemik (s. Anm. 120) 39.

[126] Ihre Beschreibung als „very sensual" (p. 74,33f) bei J. Brashler (in der Standardausgabe 229) dürfte irreführend sein; ein ähnliches Problem ergibt sich p. 78,33.

[127] Vgl. H. Havelaar, The Coptic Apocalypse of Peter (s. Anm. 120) 90f.

sich selbst herab bringen, nahen sich" (p. 80,23–28; vgl. Mt 26,46), leitet zur Neuauflage des Kreuzigungsberichts über. Hier bündeln sich auf nur drei Seiten des Manuskripts die entscheidenden christologischen Aussagen. Sie wirken nicht nur für den Erstleser verwirrend, und sie zu entwirren fällt nicht leicht, weil sich hier verschiedene Denkmodelle überlagern. Grundlegend ist die Dualität von irdischem, fleischlichem Jesus und himmlischem, pneumatischem Christus. Aber die Christusfigur wird noch einmal in drei Figuren aufgespalten und ist in diesem Sinn polymorph. Als Folge davon wird die zweiteilige Grundstruktur durch ein drei- und vierteiliges Schema fast verdeckt. Wir versuchen im Folgenden, anhand einer Schlüsselstelle die vier Größen zu identifizieren und ihnen die weiteren Textpassagen zuzuordnen.[128] Die entscheidenden Zeilen lauten (p. 81,28–82,12):

28 Aber er (der Erlöser) sagte zu mir (Petrus):
29 „Ich habe dir gesagt:
30 ‚Lass blinde (Menschen) in Ruhe.'[129]
31 Und du, beachte, wie
32 sie nicht wissen, was sie reden.
1 Denn den *Sohn von*
2 *ihrer Herrlichkeit* anstelle *meines Die-*
3 *ners* haben sie zu Schanden gemacht." Ich (Petrus)
4 aber sah *jemanden*, der im Begriff war, sich
5 zu nähern, der *ihm* glich und auch *dem*,
6 welcher lachte oben über dem Holz.
7 Und *er* war erfüllt von (oder: bestand aus)[130]
8 Heiligem Geist, und *er* ist der

[128] Vgl. dazu H. Havelaar, The Coptic Apocalypse of Peter (s. Anm. 120) 177–191.

[129] Vgl. z. B. p. 72,10–12; p. 73,12–14.

[130] Havelaar übersetzt „gewebt in", was philologisch möglich, aber vom Sinn her schwierig ist.

9 Erlöser. Und es war da ein großes
10 Licht, das *sie* umgab,
11 das unaussprechlich ist, und die
12 Menge der Engel …

– Der fleischliche Ersatzmann (1)

Beginnen wir bei der Auslegung mit einer Nullstelle. Wir hörten in Z. 6, dass sich jemand *über* dem Holz des Kreuzes befindet. Wer aber hängt dann *am* Kreuz? Es ist, mit den Worten von Z. 1–2, „der Sohn ihrer (falschen) Herrlichkeit“. Die Menschen, die Jesus zu kreuzigen meinten, und die dämonischen Mächte, die dabei Regie führten, sind getäuscht worden. Sie haben einen aus ihren eigenen Reihen umgebracht (in anderen Texten wird er wahlweise als einer der Archonten, als Simon von Cyrene oder als Judas Iskarioth charakterisiert). Von dieser Figur sagte der Erlöser schon vorher p. 81,18–20: „Der aber, in dessen Hände und Füße sie die Nägel trieben, ist nur sein (d. h. des wahren Erlösers) fleischlicher Teil (σαρκικόν), ein bloßer Ersatz“, der ihm äußerlich ähnlich sieht.

Im Anschluss an unsere Schlüsselstelle wird dieser Ersatzmann noch massiver abqualifiziert (p. 82,21–26): „Er, der angenagelt wurde, ist der Erstgeborene und das Haus der Dämonen, der Steinkrug, in dem sie wohnen, zu Elohim gehörend und zum Kreuz (σταυρός), das unter dem Gesetz (νόμος) ist.“ Das christologische Prädikat „Erstgeborener“ wird hier ebenso polemisch verwendet wie der Name des Schöpfergottes, Elohim, was zumindest ansatzweise dessen für die Gnosis typische Abwertung erkennen lässt. Schließlich heißt es von diesem fleischlichen Menschen, den man wahrscheinlich nicht einmal mehr „Jesus“ nennen sollte, noch: „Daher bleibt der, der leidet, zurück, denn der Leib (σῶμα) ist nur ein Ersatzstück“ (p. 83,4–6).

– Der lebendige Jesus (2)

Die Frage, wer es denn sei, der sich *über* dem Kreuz befindet und lacht (so unser Schlüsseltext in Z. 6), schließt sich hier sinnvoll an. Das Lachen haben wir noch aus den Johannesakten im Ohr, obwohl es dort der Apostel ist, der lacht, und nicht der Erlöser über dem Kreuz.[131] Auch ein Vers aus dem messianisch gedeuteten zweiten Psalm kommt uns in den Sinn: „Der im Himmel wohnt, lacht, der Herr spottet ihrer" (Ps 2,4).[132] Die Petrusapokalypse kann sich gar nicht genug daran tun, dieses Motiv weiter zu verfolgen. Petrus fragt: „Wer ist der, der heiter ist und der lacht über dem Kreuz? Ist es ein anderer, dem sie auf Füße und Hände schlagen?" (p. 81,10–14). Der Erlöser gibt eine klare Antwort: „Der, den du über dem Kreuz siehst, heiter und lachend, ist der *lebendige Jesus*" (p. 81,15–18). Wir haben damit schon zwei Größen identifiziert, den fleischlichen Ersatzmann und den lebendigen Jesus, der sich bester Gesundheit und guter Laune erfreut. Später heißt es erneut in einer längeren Passage (p. 82,27–83,3):

27 Doch er, der bei ihm (dem Gekreuzigten) steht,
28 ist der lebendige Erlöser, der zuvor
29 in dem war, den sie ergriffen;
30 und er wurde freigelassen,
31 während er heiter dasteht,
32 indem er auf die blickt, die an ihm handeln wollten
33 mit Gewalt, wie sie untereinander gespalten sind.

---

[131] Vgl. ActJoh 98 und 102.

[132] Vgl. zu möglichen weiteren Hintergründen G. G. Stroumsa, Christ's Laughter: Docetic Origins Reconsidered, Journal of Early Christian Studies 12 (2004) 267–288; H. Garcia, L'enfant vieillard (s. Anm. 26) 486–489.

1 Daher lacht er also
2 über ihre Unfähigkeit zu sehen. Denn
3 er weiß, dass sie als Blinde geboren wurden.

Die letzte Aussage in dieser Reihe, die sich immer noch auf den lebendigen Jesus bezieht, ist möglicherweise die wichtigste: „Denn er, welcher freigelassen wird, ist mein Leib (σῶμα), der unkörperliche“ (p. 83,6–8). Das könnte nämlich bedeuten, dass eine dreiteilige Anthropologie, die den Menschen aus Leib, Seele und Geist bestehen lässt, hier unter Missachtung des irdischen Leibes auch auf den unirdischen Erlöser projiziert wird.[133] Bei dem „lebendigen Jesus“ hätten wir es dann mit seinem eigentlichen, unkörperlichen Leib zu tun.

– Der pneumatische Erlöser (3)

Wer aber würde unter dieser Voraussetzung die überirdische Seele repräsentieren? Dafür käme der Teilaspekt des Erlösers in Frage, der dadurch charakterisiert ist, dass für ihn auch die Ich-Form verwendet wird. Es ist die Figur, die die meiste Zeit redet und als Deuteengel für Petrus fungiert. In unserem Ausgangstext ist dieser Erlöser an zwei Stellen mehr indirekt präsent. Er spricht in Z. 2 davon, dass der fleischliche Ersatzmann gekreuzigt wird anstelle „meines Dieners“. Der „Diener“ ist der lebendige Jesus, während „meines“ sich auf den Sprecher bezieht. In Z. 4–6 sieht Petrus jemand nahen, „der ihm glich und auch dem, der über dem Holz lacht“. Während die zweite Satzhälfte wieder den lebendigen Jesus im Blick hat, steht das erste „ihm“ für den ständigen Gesprächspartner des Petrus. Er stellt sich in p. 83,8–10

[133] Vgl. K. Koschorke, Polemik (s. Anm. 120) 25; D. Hellholm, Mighty Minority (s. Anm. 123) 56, auch wenn ich die Zuordnungen ein wenig anders sehe.

auch direkt vor: „Ich bin der vernünftige Geist (νοερὸν πνεῦμα),[134] der erfüllt ist von strahlendem Licht." Das lässt sich gut mit seiner Aufgabe im Gesamtwerk korrelieren: Er ist zuständig für die vernunftgemäße, einsichtsvolle Kommunikation. Nennen wir ihn der Unterscheidung halber den „pneumatischen Erlöser".

– Der pleromatische Geist (4)

Damit bleibt zuletzt nur noch eine unbekannte Größe übrig. Er ist derjenige, der sich im Schlüsseltext in Z. 4–5 nähert, der ganz aus heiligem Geist besteht (Z. 8), der gleichfalls „Erlöser" genannt wird (Z. 9) und der, vermutlich vom Himmel her, Scharen von Engeln mit sich bringt (Z. 11–14; vgl. Mk 8,38). Ansonsten erfahren wir über ihn nicht besonders viel. Die hauptsächliche weitere Information gibt p. 83,10–14: „Der, den du (Petrus) auf mich (den pneumatischen Erlöser oder Kommunikator) zukommen sahst, ist *unsere* (d.h. des lebendigen Jesus und des pneumatischen Erlösers) vernünftige Fülle (νοερὸν πλήρωμα), der das vollkommene Licht mit meinem (des Sprechers) heiligem Geist (πνεῦμα) verbindet." Diesen Dritten im Bunde können wir somit als pleromatischen Geist einstufen, der aus dem von Licht erfüllten himmlischen Pleroma herabkommt, um nach dem Rechten zu sehen. Dass es sich um einen Verbund von Dreien handelt, die sich jetzt wiedervereinigen, erkennt man an den Pronominalformen im Plural: Petrus sieht ein unaussprechlich großes Licht, das *sie,* das heißt alle drei, umgibt (p. 82,10), und er bekommt mit, dass die Engel *sie* insgesamt preisen (p. 82,14).

---

[134] Dieser Ausdruck fällt auch schon p. 77,19; außerdem korrespondiert νοερόν mit „Erkenntnis" [koptisch] p. 71,21, γνῶσις p. 73,22 und διάνοια p. 80,14.

c) Ein exegetischer Vergleich

Was wir hier also vor uns haben, ist ein sehr komplexes Gebilde mit fleischlichem Ersatzmann einerseits und lebendigem Jesus, pneumatischem Erlöser und pleromatischem heiligem Geist andererseits. Es liegt nicht viel daran, ob wir das „doketisch" und „gnostisch" zu nennen bereit sind (wie eigentlich sonst?) oder nicht. Das Drama der Erlösung spielt sich so ab, dass zunächst der fleischliche Teil ausgeschaltet wird. Das ermöglicht es den drei polymorphen Aspekten des einen Erlösers, wieder zusammen zu finden und so das Pleroma in seiner ursprünglichen Ganzheit zu restituieren. Das alles bleibt sehr unanschaulich. In der Form eines Gedankenexperiments sei daher vorgeführt, wie man durch eine gnostische Lektüre des ersten Kapitels des Johannesevangeliums auf einen solchen Gedankengang verfallen kann (wohlgemerkt: kann, nicht muss).[135]

Aus dem Kernsatz in Joh 1,14, dass der Logos Fleisch wurde, halten wir zunächst nur den Begriff σάρξ, „Fleisch", fest. Das Fleisch ist Merkmal des Ersatzmanns, der bereit steht und zeitweilig gebraucht wird. Wie seine Vereinigung mit dem Logos vor sich geht, lässt sich ziemlich klar bestimmen. Der Täufer berichtet, dass bei der Taufe Jesu der Geist (πνεῦμα) auf ihn herabkommt und bei ihm bleibt (Joh 1,32f.), jedenfalls so lange, bis er am Kreuz wieder freigegeben wird (Joh 19,30: παρέδωκεν τὸ πνεῦμα). Eben deshalb kann er sich in der Apokalypse des Petrus neben

[135] Die folgenden Anmerkungen sollen lediglich belegen, dass die so fremdartig wirkende gnostische *relecture* von Joh 1 teils bei echten Schwierigkeiten des Textes ansetzt, die auch der modernen Exegese manche Rätsel aufgeben.

oder über dem Kreuz befinden.[136] Dieses Pneuma wäre, in den Worten der Apokalypse des Petrus, der lebendige Jesus. Wir hören aber zugleich in Joh 1,18 in der Präsensform, dass der „einzig gezeugte Gott“ sich an der Seite des Vaters befindet.[137] Wenn wir das so verstehen, dass diese

[136] Vgl. Kerinths adoptianisches Verständnis der Tauferzählung und sein Modell einer Trennungschristologie bei Irenäus, Adversus Haereses I 26,1; es überrascht nicht, dass C. S. KEENER, The Gospel of John. A Commentary. Bd. 1, Peabody, Ma. 2003, 461, energisch protestiert: „The adoptianist interpretation of 1:32 has little to comment it contextually or culturally, failing completely to reckon with Johannine Christology in general“; aber noch die Heftigkeit der Gegenwehr verrät, dass der Text dieses Verständnis nicht mit letzter Klarheit ausschließt. M. THEOBALD, Die Fleischwerdung des Logos. Studien zum Verhältnis des Johannesprologs zum Corpus des Evangeliums und zu 1 Joh (NTA. NF 20), Münster 1988, 272, stellt denn auch zur älteren, idealistischen Exegese fest: „Man empfand die Rede von der Inkarnation des Logos in Jesus und die von der Herabkunft des Geistes auf ihn als zwei miteinander konkurrierende christologische Modelle …“; immerhin könnte die Betonung des „Bleibens“ des Geistes die zweite Hälfte des Trennungsmodells, seine Freisetzung am Kreuz, ausschließen wollen (ebd. 281).

[137] Die Exegese tut sich mit ὁ ὢν εἰς τὸν κόλπον τοῦ πατρός schwer. R. BULTMANN, Das Evangelium des Johannes (KEK), Göttingen [18]1968, 56, lässt zunächst nur die Alternative offen: „ist der Präexistente gemeint, der am Busen das Vaters war? Oder der Postexistente, der jetzt schon wieder beim Vater ist?“, um in Anm. 6 hinzuzufügen: „Schwerlich soll das ὤν das ständige zeitlose Sein des Offenbarers beim Vater angeben“; J. BECKER, Das Evangelium nach Johannes. Kapitel 1–10 (ÖTBK 4.1), Gütersloh / Würzburg [3]1991, 104, weicht allen Schwierigkeiten aus, wenn er schreibt, man werde „nur eine übertragene und ganz abgeblaßte Aussage anzunehmen haben“; R. E. BROWN, The Gospel According to John (i–xii) (AncB 29), Garden City, N.Y. 1966, 17, fragt: „Does the use of the present participle (‚the one who is‘) imply that the earthly Jesus, the Word-become-flesh, was with the Father at the same time that he was on earth?“ Gegen Positionen, die allzu rasch mit einem Nein bei der Hand sind, bringt er die Mehrheitslesart „der Menschensohn, der im Himmel ist (ὤν)“ in 3,13 zur

Größe während der ganzen Zeit der irdischen Wirksamkeit Jesu beim Vater in der Herrlichkeit des Himmels verblieb, hätten wir den pleromatischen Geist. Bei der Gelegenheit fällt uns auch auf, dass wir den Vater in der Apokalypse des Petrus vermissen. Er könnte sich hinter der „lebendigen, unbefleckten Größe" der Eingangspassage (p. 70,18f.) verbergen.[138] Außerdem spricht der Erlöser gleich anschließend von denen, „die zum Vater gehören" (p. 70,21f.), der das Leben offenbart (p. 70,23f.; vgl. p. 80,25f.: der „unbefleckte Vater"). Auch der große „Unsichtbare" (ἀόρατος) in p. 81,3 und die Erwähnung dessen, der aus seinem eigenen Überfluss unsterbliche Substanz (οὐσία) schenkt, in p. 83,23–26 spielen auf ihn an.

Es fehlt noch der pneumatische Erlöser, dessen Rolle als Kommunikator uns an den johanneischen Parakleten denken lässt. Erinnern wir uns auch daran, dass er in der Petrusapokalypse die Rolle des *angelus interpres* ausübt. Dann kommt uns der Schlussvers des ersten Kapitels in Joh 1,51 in den Sinn: Der Himmel steht offen, und Engel Gottes steigen auf und ab über dem Menschensohn.[139] Hier sorgen Engel dafür, dass die Kommunikation

Geltung und schließt mit: „No conclusive decision about these various interpretations seems possible"; zu den erheblichen Problemen von Joh 3,13 vgl. H. Thyen, Das Johannesevangelium (HNT 6), Tübingen 2005, 202–208.

[138] Vgl. zu diesem Eingangsstück J.-D. Dubois, Le préambule de l'Apocalypse de Pierre (Nag Hammadi VII,70,14–20), in: J. Ries (Hrsg.), Gnosticisme et monde hellénistique (PIOL 27), Louvain-la-Neuve 1982, 384–393.

[139] Der berühmte Einspruch von E. Käsemann, Jesu letzter Wille nach Johannes 17, Tübingen ³1971, gegen eine Deutung von Joh 1,14 als reine Inkarnationsaussage setzt nicht zufällig bei 1,18 und 1,51 an, vgl. 27: „Beinahe überflüssigerweise konstatiert der Evangelist, daß dieser Jesus allezeit am Busen des Vaters liegt und daß die Engel zu ihm,

zwischen dem lebendigen Jesus unten auf der Erde und dem pleromatischen Geist oben im Himmel während der ganzen Zeit, von der das Johannesevangelium erzählt, nicht abbricht. Die Mehrzahl der Engel aber kann, angeregt vielleicht durch Reste einer angelomorphen Christologie,[140] zu einer Person verdichtet werden.[141] Damit würden wir zur narrativen Hauptfigur der Petrusapokalypse gelangen. Sie stellt die bleibende Verbindung zwischen den beiden anderen Aspekten der Erlösergestalt her und ist zugleich zuständig für deren Vermittlung an Petrus, sprich für die

---

der mit dem Vater eins ist, herabkommen und von ihm wieder auffahren" (tatsächlich fahren sie im Text erst von ihm auf und kommen dann wieder herab).

[140] Zu diesem neuerdings viel diskutierten Konzept verweise ich lediglich auf K. P. Sullivan, Wrestling with Angels: A Study of the Relationship between Angels and Humans in Ancient Jewish Literature and the New Testament (AGAJU 55), Leiden 2004, und den Überblick bei S. Vollenweider, Zwischen Monotheismus und Engelchristologie. Überlegungen zur Frühgeschichte des Christusglaubens, ZThK 99 (2002) 21–44; auch in: Ders., Horizonte neutestamentlicher Christologie. Studien zu Paulus und zur frühchristlichen Theologie (WUNT 144), Tübingen 2002, 3–27.

[141] R. Bultmann, Johannes (s. Anm. 137) 74f., bemerkt: „Im Sinne des Evglisten ist das Auf- und Absteigen der Engel auf dem ‚Menschensohn' Jesus ein mythologisches Bild für die ununterbrochen zwischen Jesus und dem Vater bestehende Gemeinschaft … Angelophanien werden ja im Folgenden nicht erzählt"; vgl. J. Becker, Johannes (s. Anm. 137) 125: der Vers bringt zum Ausdruck, dass der Menschensohn „immer schon als gesandter Präexistenter in direkter Dauerverbindung mit Gott steht"; diese die Vorstellungskraft sprengende Zuordnung sucht F. J. Moloney, The Gospel of John (Sacra Pagina), Collegeville, Minn. 1989, 41.46f., dadurch zu erklären, dass er die Präposition εἰς aus Joh 1,18 ernst nimmt und als Sinn herausliest: Der irdische Jesus bleibt die ganze Zeit seines Wirkens über dem Vater zugewandt („turned toward"); man könnte das in gewissem Sinn eine entmythologisierende Auslegung nennen, im Unterschied zur Apokalypse des Petrus, die kräftig mythologisiert.

Offenbarung. Es ist kein Zufall, dass gerade in ihrem Mund der Terminus μυστήριον öfter auftaucht.[142]

2. Der zweite Logos des großen Seth

Auf der Suche nach Parallelen zu dieser eigenartigen Gedankenwelt brauchen wir im selben Codex VII nur wenige Seiten zurückzublättern und werden sogleich im *Zweiten Logos des großen Seth* fündig.[143] Zwar fehlt die Dreigestaltigkeit des himmlischen Christus und somit ein wichtiger Aspekt der koptischen Petrusapokalypse, aber andere verwandte Motive sind vorhanden,[144] und einige kommen neu hinzu.

Bei seiner Herabkunft auf die Erde betritt der Erlöser „ein leibliches (σωματικόν) Haus", nachdem er zuvor die sterbliche Seele dessen, der diesen Leib bisher bewohnte, daraus vertrieben hatte (p. 51,20–24; vielleicht ein Reflex exorzis-

---

[142] p. 73,16; p. 76,26.28f.33 (polemisch); p. 82,19.

[143] 2LogSeth = NHC VII,2 p. 49,10–70,12; Text, Übersetzung und Erläuterungen bei G. Riley, NHC VII,2: *Second Treatise of the Great Seth,* in: B.A. Pearson (Hrsg.), Nag Hammadi Codex, 129–199; L. Painchaud, Le Deuxième Traité; deutsche Übersetzung bei S. Pellegrini, Der zweite Logos des großen Seth (NHC VII,2), in: H.-M. Schenke / H.-G. Bethge / U. U. Kaiser (Hrsg.), Nag Hammadi Deutsch II, 569–590; ein kurzer Vergleich bei H. Havelaar, The Coptic Apocalypse of Peter (s. Anm. 120) 187–189; etwas ausführlicher C. Scholten, Martyrium und Sophiamythos im Gnostizismus nach den Texten von Nag Hammadi (JbAC.E 14), Münster 1987, 80–97.

[144] So hängen die großkirchlichen Gegner z. B. der von den Archonten dieser Welt inspirierten „Lehre von einem Toten" an, die nur ein „Zerrbild" (ἀντίμιμον) der Wahrheit ist (p. 60,20–23; vgl. ἀντίμιμον, kombiniert mit dem „Namen eines Toten", in ApcPt p. 78,16f.). Zu sagen, „wir werden mit Christus sterben", bedeutet Knechtschaft (2LogSeth p. 49,26f.). Außerdem bricht der Erlöser andauernd in Lachen über die Unheilsgeschichte der Menschheit von Adam über Mose und alle Propheten bis zu Johannes dem Täufer aus.

tischer Praxis?). Mit einer etwas schwierigen Wendung wird gesagt, dass die Archonten der materiellen Welt zitterten, als sie „die Gleichheit des vermischten Bildes (εἴκων)" sahen (p. 51,24–31). Das wird, nicht ohne leichte Spannungen, später wieder aufgenommen durch die Aussage, dass der Erlöser beim Herabsteigen andauernd seine Form (p. 56,23: μορφή) ändert, von Gestalt zu Gestalt (p. 56,25: zweimal ἰδέα), indem er das Aussehen des jeweils zuständigen Archon annimmt (p. 56,27).

Dazwischen steht in p. 55,16–56,19 ein kurzer Kreuzigungsbericht. Der Erlöser hat nicht wirklich gelitten. Nicht er war es, der mit Galle und Essig getränkt, mit einem Rohr geschlagen und mit einem Kranz aus Dornen gekrönt wurde. Wer aber war es dann? Hier ist Vorsicht am Platz. Es heißt zwar in p. 56,9–11: „Ein anderer war es, der das Kreuz auf seine Schultern nahm, nämlich Simon." Daraus könnte man folgern, dass ein Austausch im Aussehen zwischen Simon von Cyrene und Jesus stattgefunden habe, eine Ansicht, für die es Parallelen bei Irenäus von Lyon[145] und Epiphanius von Salamis[146] gibt. Aber das sagt unser Text gerade nicht. Er wählt eine andere Option: Die Archonten „nagelten ihren eigenen Mann" ans Kreuz (p. 55,34f.),[147]

---

[145] Adversus Haereses I 24,4: „Darum hat auch nicht er gelitten, sondern ein gewisser Simon von Cyrene, den man zwang, sein Kreuz für ihn zu tragen. Der wurde dann aus Unwissenheit und Irrtum gekreuzigt, nachdem er von ihm (Christos) so verwandelt worden war, dass man ihn für Jesus hielt; Jesus selbst hatte die Gestalt Simons angenommen, stand dabei und machte sich über sie lustig", in der Übersetzung von N. Brox, Irenäus von Lyon: Epideixis, Adversus Haereses, 301.

[146] Panarion XXIV 3,2: οὐχὶ Ἰησοῦν φάσκων πεπονθέναι, ἀλλὰ Σιμῶνα τὸν Κυρηνεῖον.

[147] Vgl. p. 58,24f.: „… sie nagelten ihn ans Kreuz, sie befestigten ihn mit vier Nägeln aus Bronze".

sie peinigten ihren eigenen Vater (p. 55,6) und trugen so zu ihrem Untergang bei. Man kann verstehen, warum der Erlöser über ihren Unverstand lacht (p. 56,18f.).

Sowohl für die Verwechslung bei der Kreuzigung wie auch für das daraus resultierende Lachen des Erlösers ließen sich noch weitere Beispiele aus den Schriften von Nag Hammadi beibringen.[148] Aber diese Motive sind nicht schon an sich polymorph, sondern sie werden es erst in bestimmten Kontexten.[149] Wir verlassen daher diesen Themenkreis und wenden uns Reflexen von Polymorphie in zwei anderen Traktaten zu.

3. Das Apokryphon des Johannes

Über die hohe Bedeutung der *Geheimschrift des Johannes* als Referenzgröße für die Gnosis braucht man kaum ein Wort zu verlieren. Von ihr sind vier Exemplare erhalten, die sich auf zwei Stränge verteilen: eine Kurzfassung in NHC III,1 und BG 2 (dem *Berolinensis Gnosticus*) und eine Langfassung in NHC II,1 und NHC IV,1.[150] Die Kurzfassung bietet den

---

[148] Ein Überblick bei U. SCHOENBORN, Diverbium salutis (s. Anm. 120) 187–194.

[149] Interessant wäre im Blick auf ActJoh 89 u. 93 (in der „polymorphen" Passage) auch eine Stelle wie 2ApcJac NHC V,3 p. 57,12–16: „Und sogleich streckte ich (Jakobus) meine Hände aus. Aber ich fand ihn (Jesus) nicht so, wie ich es erwartete", die für sich allein betrachtet nicht so viel hergibt.

[150] Unentbehrliche synoptische Ausgabe bei M. WALDSTEIN / F. WISSE, The Apocryphon of John; deutsche Übersetzung bei M. WALDSTEIN, Das Apokryphon des Johannes (NHC II,1; III,1; IV,1 und BG 2), in: H.-M. Schenke / H.-G. Bethge / U. U. Kaiser (Hrsg.), Nag Hammadi Deutsch II, 95–150; zu BG 2 siehe W. C. TILL / H. M. SCHENKE, Die gnostischen Schriften 33–51.78–195. Vgl. den Kommentar von K. L. KING, The Secret Revelation of John, Cambridge,

älteren Text, die Langfassung entstand durch ihre nachträgliche Auffüllung mit weiterem Material. Ferner besteht Grund zu der Annahme, dass eine beiden Fassungen voraus liegende Gestalt dieser Schrift, auf die sich Irenäus möglicherweise in Adversus Haereses I 29,1–4 bezieht, nachträglich mit einem dialogischen Rahmen versehen wurde.[151]

Die uns interessierende Aussage, für die wir BG 2 folgen (wo nötig ergänzt aus NHC II,1), steht innerhalb des Eingangsdialogs. Sie gehört also nicht zum ältesten Bestand unseres Traktats, kann aber noch aus einer Zeit um 200 n. Chr. stammen. Die Ähnlichkeiten mit den Johannesakten erklären sich entweder durch Rückgriff auf gemeinsame Überlieferungen oder, eher noch, aus der Benutzung der Johannesakten durch einen Redaktor des Apokryphon des Johannes.

Johannes hat sich nach Jesu Tod zum Ölberg begeben, um dort allein zu trauern. Die Himmel öffnen sich, die Schöpfung erstrahlt in hellem Licht (BG p. 20,20f.). Dem Johannes erscheint ein Kind, das sich, während er noch hinschaut, in einen alten Mann verwandelt (BG p. 21,4f.) und sodann in einen Diener (NHC II,1 p. 2,4f.).[152] Johannes wundert sich über die vielen Erscheinungsweisen (BG p. 21,9: μορφή), die durcheinander laufen, als ob es sich im Endeffekt um eine einzige Erscheinung mit drei

Ma. 2005, und die Monographie von Z. Pleše, Poetics of the Gnostic Universe (s. Anm. 62).

[151] Vgl. J. Hartenstein, Die zweite Lehre. Erscheinungen des Auferstandenen als Rahmenerzählungen frühchristlicher Dialoge (TU 146), Berlin 2000, 63–95.

[152] Zur Diskussion über die Rekonstruktion des korrupten Texts vgl. Z. Pleše, Poetics of the Gnostic Universe (s. Anm. 62) 28–32; es geht letztlich darum, ob an dritter Stelle nicht vielleicht doch „eine Frau“ zu lesen ist, was natürlich gut zum Folgenden (Vater, Mutter, Sohn) passen würde.

Gesichtern handelte (BG p. 21,11–13). Jesus spricht ihm Mut zu und stellt sich vor als Vater, Mutter und Sohn (BG p. 21,19–21). Die Polymorphie wird reduziert zur Trimorphie, die wiederum mit der gnostischen Trinität zusammenhängt.

In der anschließenden Offenbarungsrede wird diese Triade von Vater, Mutter und Sohn im Einzelnen entfaltet. Es stellt sich heraus, dass auch Jaldabaoth, der Weltenschöpfer, über eine Vielzahl von Formen (BG p. 42,11: μορφή) oder Gesichtern (NHC II,1 p. 12,1: πρόσωπον) verfügt. Wir erinnern uns an die Vielgestaltigkeit des Widersachers in den Johannesakten und den Thomasakten. Im Kontext des Apokryphon des Johannes bezieht sich diese Aussage unmittelbar auf die Gesichter von Jaldabaoths Kreaturen, die einen bunten Zoo abgeben (BG p. 41,17–42,10):

> Der erste ist Jaoth, das Löwengesicht; der zweite ist Eloaios, das Eselsgesicht; der dritte ist Astaphaios, das Hyänengesicht; der vierte ist Jao, das siebenköpfige Schlangengesicht; der fünfte ist Adonaios, das Schlangengesicht; der sechste ist Adoni, das Affengesicht; der siebte ist Sabbataios, das leuchtende Feuergesicht. Das ist die Siebenzahl der Woche. Das sind diejenigen, die über die Weltordnung herrschen.

Anthropomorphe Gestalten bleiben offenbar für den Erlöser reserviert, während den Weltmächten auch theriomorphe Gesichter zugesprochen werden, die sicher etwas von ihrer Wildheit, Verschlagenheit und Tücke einfangen wollen. Dass sich dahinter politische und religiöse Institutionen der paganen Welt verbergen, liegt durchaus im Bereich des Möglichen.[153]

---

[153] Siehe den instruktiven Abschnitt „Utopian Desire, Social Critique, and Resistance“ bei K. L. King, Secret Revelation (s. Anm. 150) 157–173.

4. Das Philippusevangelium

Auf das Apokryphon des Johannes als erste Schrift folgt in Codex II das Thomasevangelium und darauf wiederum das Philippusevangelium (NHC II,3).[154] Letzteres entwickelt in § 26a (p. 57,28–58,10) folgenden für unser Thema aufschlussreichen Gedankengang:

28 Jesus nahm sie (sc. die Gestalten) unbemerkt alle an.
29 Denn er erschien nicht, wie
30 er war, sondern er erschien,
31 wie sie ihn würden sehen können.
32 Er erschien ihnen allen.
33 Er erschien den
34 Großen als Großer. Er erschien den
35 Kleinen als Kleiner. Er erschien
1 den Engeln als Engel und
2 den Menschen als Mensch. Deswegen
3 verbarg sich sein Wort (λόγος) vor einem jeden. Einige
4 zwar sahen ihn, indem sie dachten, sie sähen
5 sich selbst. Aber als er er-
6 schien seinen Jüngern in Herrlichkeit

---

[154] NHC II,3 p. 51,29–86,19; vgl. H. M. Schenke, Das Philippus-Evangelium (Nag-Hammadi-Codex II,3) (TU 143), Berlin 1997 (Text, Übersetzung und ausführlicher Kommentar; danach die Zählung); Ders., Das Evangelium nach Philippus (NHC II,3), in: H.-M. Schenke / H.-G. Bethge / U. U. Kaiser (Hrsg.), Nag Hammadi Deutsch I, 183–213; W. W. Isenberg / B. Layton, The Gospel According to Philip, in: B. Layton (Hrsg.), Gospel According to Thomas, 129–217; aus der Sekundärliteratur vgl. M. L. Turner, The Gospel according to Philip: The Sources and Coherence of an Early Christian Collection (NHMS 38), Leiden 1996; außerdem verweise ich auf die neue Monographie von H. Schmid, Die Eucharistie ist Jesus. Anfänge einer Theorie des Sakraments im koptischen Philippusevangelium (NHC II 3) (VigChr.S 88), Leiden 2007, die ich bei der Niederschrift dieser Zeilen noch nicht zur Hand hatte, um deren Entstehen ich aber schon seit längerem wusste.

auf dem Berg, war er nicht klein. Er wurde groß. Aber er machte (auch) die Jünger groß, damit sie ihn zu sehen vermöchten in seiner Größe.

Die Variationen zu „groß“ und „klein“ (Z. 33–35) können sich auf die – manchmal bis zum Himmel reichende – Körpergröße beziehen, aber auch die Altersstufen Kind und Greis mit einschließen. In Z. 5–10, wo diese Antithese mit der Erzählung von der Verklärung Jesu verwoben wird, stehen sogar eher Herrlichkeit und Niedrigkeit im Vordergrund. Die Erscheinung vor Engeln erfolgt angelomorph (Z. 1), die vor Menschen entsprechend anthropomorph (Z. 3). Das entspricht exakt dem Grundsatz, dass Jesus immer so erschien, wie ihn die Adressaten der Epiphanie würden wahrnehmen können (Z. 31).

Im Zentrum steht also hier das Prinzip der Akkomodation, das auch Origenes auf Formen der Polymorphie, die ihm offenbar bekannt sind, anwendet.[155] Die Erscheinungsweisen des Göttlichen passen sich dem Fassungsvermögen der Menschen an. Da dieses Fassungsvermögen individuell verschieden ausfällt, kommt es auch zu verschiedenen Formen der Selbstoffenbarung Jesu. Innerhalb des Philippusevangeliums können wir diese Konzeption noch verbinden mit der Theorie, dass die „Wahrheit nicht nackt zur Welt

[155] Contra Celsum 2,64: „Auch wenn er sich sehen ließ, erschien er denen, die ihn sahen, nicht in der gleichen Weise, sondern so, wie die, die ihn sahen, ihn zu fassen vermochten.“ Als erstes Beispiel folgt die „Metamorphose“ bei der Verklärung Jesu. Im selben Kapitel wertet Origenes das Faktum, das Jesus von Judas mit einem Kuss identifiziert wurde, als Beweis dafür, dass er nicht immer als derselbe erschien (μὴ τὸν αὐτὸν ἀεὶ φαίνεσθαι). Vgl. auch Contra Celsum 4,16; 6,77: die verschiedenen Gestalten Jesu sind auf die Natur des göttlichen Wortes zurückzuführen (τὰς τοῦ Ἰησοῦ διαφόρους μορφὰς ἀναφέρεσθαι ἐπὶ τὴν τοῦ θείου λόγου φύσιν).

kam, sondern sie ist gekommen in Symbolen und Bildern. Sie (die Welt) kann sie (die Wahrheit) nicht anders empfangen" (§ 67a). Die Welt begreift die Wahrheit nur, so können wir hinzufügen, in vielfältigen Bildern. Von hier aus liegt der Schritt zur Erkenntnis der prinzipiellen Begrenztheit menschlicher Sprache nicht mehr fern. Diesen Gedanken hat das Philippusevangelium bereits zu Beginn in einer anspruchsvollen Reflexion auf den Stellenwert von „Namen" und Begriffen entfaltet (§ 11–12; vgl. auch § 33).

Als trimorph erweist sich im Philippusevangelium im Übrigen auch Maria: Die drei Marien unter dem Kreuz aus Joh 19,25 (Maria, die Mutter Jesu; Maria, die Frau des Klopas; Maria Magdalena) repräsentieren in § 32 die eine geistige Gefährtin Jesu.[156] Diese Möglichkeit der Ausweitung der Polymorphie auf apostolische Gestalten kann hier nur im Vorbeigehen notiert werden.

Ein Wissen um diese Möglichkeit, eine Wesenseigenschaft des Herrn auf die, die ihm nahestehen, zu übertragen, trägt zu einem besseren Verständnis einer vieldiskutierten Stelle im *Hirt des Hermas* bei. Dem Hermas erscheint in seinen Visionen die Kirche als Frau, was zunächst nicht überrascht, sondern sich im Rahmen einer gängigen Personifikation bewegt. Doch nahm die Frau, wie sich im Nachhinein erst herausstellt, sukzessiv drei Formen (μορφαί) an. Zuerst wirkte sie „sehr alt und auf einem Sessel sitzend"; dann zeigt sie sich um einiges jünger und im Stehen; beim dritten Mal schließlich ist sie „im ganzen jünger und von außerordentlicher Schönheit, nur ihre Haare waren älter" (was wohl heißen soll: mit

[156] Vgl. H.-J. Klauck, Die dreifache Maria. Zur Rezeption von Joh 19,25 in EvPhil 32, in: F. Van Segbroeck u. a. (Hrsg.), The Four Gospels 1992. Festschrift Frans Neirynck (BEThL 100), Leuven 1992, Bd. 3, 2343–2358; auch in: Ders., Alte Welt und neuer Glaube. Beiträge zur Religionsgeschichte, Forschungsgeschichte und Theologie des Neuen Testaments (NTOA 29), Freiburg (Schweiz) / Göttingen 1994, 145–162.

weißen Haaren).[157] Der Deuteengel korreliert dieses unterschiedliche Erscheinungsbild mit dem jeweiligen Zustand der Gläubigen auf Erden und ihrer Fassungskraft. Mit anderen Worten: Es sieht momentan trübe aus, aber es besteht noch Hoffnung. Die „Idee der allegorischen Polymorphie", die Norbert Brox zu Recht hier realisiert sieht,[158] wird in erster Linie paränetisch eingesetzt.

IV. Ansatzpunkte im Neuen Testament

Eine Frage haben wir bisher bewusst ausgespart: Gibt es auch neutestamentliche Ansatzpunkte für die Vorstellung von der Polymorphie des Erlösers? Die Antwort auf diese Frage lautet: Ja, es gibt sie. Fündig werden wir in erster Linie in den Erzählungen von den österlichen Erscheinungen des Auferstandenen und ihrem Umfeld.[159] Die Texte und Daten sind an sich gut bekannt und brauchen nur summiert zu werden.

Im jetzigen evangeliaren Kontext ist die Verklärung Jesu, ungeachtet des Disputs um ihre Herkunft (vorgezogene Ostererscheinung oder nicht?), in österliches Licht getaucht. Hier zeichnet sich schon innerhalb der synoptischen Evangelien eine Entwicklung ab. Bei Markus heißt es zwar, dass Jesus „verwandelt wurde" (Mk 9,2: μετεμορφώθη), aber das scheint sich bei ihm nur auf Jesu Kleider zu beziehen,

---

[157] Herm vis III 10,2–6; Text und Übersetzung bei M. LEUTZSCH, in: U. H. J. Körtner / M. Leutzsch, Papiasfragmente 180f., mit materialreicher Anmerkung 426–431, wo unter anderem das *puer-senex*-Motiv ausgewertet wird.

[158] N. BROX, Der Hirt des Hermas (KAV 7), Göttingen 1991, 154 Anm. 77, in Auseinandersetzung mit Petersons Rückgriff auf die „dreigestaltige Sibylle".

[159] Vgl. P. J. LALLEMAN, Polymorphy (s. Anm. 31) 115f.; P. FOSTER, Polymorphic Christology (s. Anm. 14) 67–77.

die strahlendes Weiß annehmen (Mk 9,3). Bei Matthäus hingegen wird Jesus selbst vor den Augen der drei Jünger verwandelt, und sein Gesicht strahlt auf wie die Sonne (Mt 17,2). Lukas begnügt sich mit der Bemerkung, dass das Aussehen seines Gesichts ein anderes wurde (Lk 9,29).

In Lk 24,37f. steht der Auferstandene plötzlich in der Mitte seiner Jünger, die von Furcht ergriffen werden und meinen, ein *πνεῦμα* zu sehen (vgl. das *φάντασμα* in Mk 6,49 par. Mt 14,26). In Joh 20,19 betritt er den Raum, in dem sie sich aufhalten, durch geschlossene Türen hindurch. Diese Art von Materialisierung (vgl. eventuell auch als Entmaterialisierung Lk 4,30; Joh 8,59) ist nur möglich, wenn eine neue, pneumatische Leiblichkeit die alte, irdische abgelöst hat, ganz ungeachtet der Tatsache, dass auch dieser Leib die Spuren der Kreuzigung an sich trägt (Joh 20,20.27).

Der Auferstandene erscheint ferner in fremder Gestalt, so dass man ihn nicht sofort erkennt. Maria Magdalena hält ihn zunächst für den Gärtner (Joh 20,14f.). Die Jünger sehen einen Fremden am Ufer des Sees von Tiberias stehen (Joh 21,4). Im Fall der beiden Jünger auf dem Weg nach Emmaus scheint das Nichterkennen primär auf der Rezipientenseite zu liegen, denn Lukas betont, dass ihre Augen „gehalten“ waren (Lk 24,16). Erst beim Brotbrechen gehen ihnen die Augen auf, aber der Herr entschwindet (Lk 24,31).

An die zuletzt erwähnte Erzählung dürfte der sekundäre, längere Markusschluss anknüpfen,[160] der eine klare Aussage enthält: „Nach diesen Dingen erschien er zweien von

---

[160] Dazu bemerkt B. Gifillan Upton, Hearing Mark's Endings: Listening to Ancient Popular Texts through Speech Act Theory (BIS 79), Leiden 2006, 155: „the ‚longer ending‘ has been by far the most commonly received conclusion to the gospel in overall terms, eventually becoming part of the textus receptus“; zu allen Einzelheiten vgl. J. A. Kelhoffer, Miracle and Mission: The Authentication of Missionaries

ihnen, die auf dem Weg waren, *in einer anderen Gestalt* (ἐν ἑτέρᾳ μορφῇ), während sie sich aufs Land begaben" (Mk 16,12).[161] Hier wird ein einfacher Gestaltwechsel vorausgesetzt. Die durch ἐν ἑτέρᾳ μορφῇ (vgl. εἶδος ἕτερον in der Verklärungsszene in Lk 9,29) angezeigte Differenz betrifft wahrscheinlich den Unterschied im Aussehen zwischen dem irdischen Jesus und dem nachösterlichen Herrn. Man könnte es aber auch mit der ersten Ostererscheinung vor Maria Magdalena in Mk 16,9 verbinden und hätte dann zwei verschiedene Gestalten des Auferstandenen vor sich. Als Entstehungszeit kommt für den längeren Markusschluss die erste Hälfte des zweiten Jahrhunderts n. Chr. (aber kaum vor 120 n. Chr.) in Frage. Das bringt uns zeitlich nahe an die Johannesakten (entstanden um die Mitte des zweiten Jahrhunderts) heran.[162]

All diese Beispiele aus dem Neuen Testament sind wohlgemerkt noch nicht als echte Polymorphie zu verbuchen. Aber im Rückblick kann man erkennen, dass sie sich auf dem Weg dorthin befinden und der längere Markusschluss

---

and their Message in the Longer Ending of Mark (WUNT II/112), Tübingen 2000.

[161] Für diesen Vers ist immer noch am ergiebigsten J. Hug, La finale de l'Évangile de Marc (Mc 16, 9–20) (EtB), Paris 1978, 61–67, weil er auch griechisch-römisches Vergleichsmaterial (Ovid, Apuleius) heranzieht.

[162] Es besteht noch eine weitere Querverbindung speziell zur Johannestradition. In Mk 16,18 heißt es von den Jüngern, dass ihnen kein Schaden zugefügt wird, „selbst wenn sie etwas Todbringendes trinken". Nach Papias bei Eusebius, Hist Eccl III 39,9, trifft das auf Justus Barsabas (Apg 1,23) zu. Die *Virtutes Iohannis* des Pseudo-Abdias, die *Passio Iohannis* des Pseudo-Melito und *Die Akten des Johannes in Rom* übertragen das auf den Apostel Johannes, siehe E. Junod/J.-D. Kaestli, Acta Iohannis II, 750–886, und den langen Abschnitt „Drinking a Deadly Substance with Impurity" bei J. A. Kelhoffer, Miracle and Mission (s. Anm. 160) 417–472.

sie fast schon erreicht hat. Die spätere Tendenz, solche Begebenheiten in das Leben des irdischen Jesus zurückzuprojizieren, kann an die Erzählung von seiner Verklärung anknüpfen und tut es auch.[163] Das Bestreben nach narrativer Expansion und die Bedeutung der Metamorphose im religiösen Denken der Zeit tragen das Ihre zu dieser Entwicklung bei, der sodann in der apokryphen Überlieferung eine große Zukunft beschieden ist.

V. Auswertung

Wir sind davon ausgegangen, dass die Polymorphie selbst ein vielfältiges, nur schwer zu packendes Phänomen ist und der Strukturierung in Subtypen bedarf. Eine erste, wichtige Einschränkung haben wir implizit schon dadurch vorgenommen, dass wir uns auf die Polymorphie des Erlösers Jesus Christus konzentriert haben, so dass also auf der „Geberseite" eine bereits einmal in Menschengestalt erschienene Person steht. Das trägt schon dazu dabei, das Faktum zu verstehen, dass wir auch auf der „Empfängerseite" eine deutliche Dominanz von anthropomorphen Erscheinungsweisen vor uns haben, obwohl es auch hier Ausnahmen – wie den Adler mit den ausgebreiteten Schwingen in den Philippusakten – gibt.

In diesem ersten Selektionsprozess entdeckt Hugues Garcia sogar eine Tendenz zur Entmythisierung.[164] Diese Konzentration „réduit le genre et le nombre des formes présentées et en extrait le ridicule, le caractère anarchique et amoral".[165] Deswegen fehlen weithin Verwandlungen in subhumane Formen, wie sie Zeus bei seinen

[163] Vgl. oben zu ActJoh 90 und ActPetr 20–21.

[164] Vgl. H. Garcia, La Polymorphie (s. Anm. 3) 34f.53f.

[165] Ebd. 53.

moralisch fragwürdigen Aktionen zugeschrieben werden. Ohne diesen Beigeschmack listen die Epiklesen der Isis im eingangs schon erwähnten POxy XI 1380 auch Tiergestalten der Göttin auf. So hat sie das Aussehen eines Geiers (Z. 66f.: γυρόμορφον) und einer guten Schlange (Z. 58f.: ἀσπίδα ἀγαθήν) und das Gesicht eines Stiers (Z. 107: ταυρῶπις). Sie ist das Lieblingstier aller Götter (Z. 126f.: θεῶν πάντων τὸ καλὸν ζῶον). Die Polymorphie geht hier mit dem ägyptischen Tierkult eine ganz unproblematische Verbindung ein. Sie wird außerdem dadurch weiter „verortet", dass die einzelnen Erscheinungsweisen einer enormen Fülle von Orten, die für uns oft auf der Landkarte gar nicht identifizierbar sind, zugeordnet werden, nach dem Muster: im Delta (rufen wir sie an) als … (Z. 10), in Samothrake als … (Z. 107), in Rom als … (Z. 83), und so weiter.[166]

Außerdem können wir im Rückblick auf die frühchristliche Überlieferung zwei Grundformen der Polymorphie herausstellen, die in unseren beiden Leittexten in differenzierter Weise realisiert werden. In der „Evangeliumsverkündigung" der Johannesakten schiebt sich ein Modell in den Vordergrund, das enger mit individuellen Fällen der Metamorphose verwandt ist: Der eine Jesus nimmt verschiedene Gestalten an. Aber im Kreuzigungsbericht der Johannesakten deutet sich auch schon jene zweite Möglichkeit an, die in den Petrusakten schließlich allein noch dominiert: Den einen Jesus gibt es im Grunde gar nicht. Um ihn und seine Rolle im Drama der Erlösung zu verstehen, muss man ihn aufspalten in mehrere Gestalten.

Wir haben auch gesehen, dass die Polymorphie nicht prinzipiell mit Gnosis und Doketismus in Verbindung zu bringen ist. Mehr „unverdächtige" Belege haben wir in den Paulusakten und den Petrusakten aufgespürt. Die

166 Der Kommentar bei B. P. Grenfell / A. S. Hunt, The Oxyrhynchus Papyri. Bd. 11, London 1915, 201–220, müht sich zur Hauptsache mit der Lokalisierung dieser zahllosen Orte ab.

Tendenz der Johannesakten, die Polymorphie in eine negative, apophatische Theologie zu überführen, könnte auch von Seiten der Orthodoxie eingeholt werden. Aber es lässt sich dennoch kaum bestreiten, dass eine gewisse Affinität zwischen doketischer Christologie und Gnosis einerseits und Polymorphie des Erlösers andererseits besteht. Speziell das Modell der Aufspaltung seiner Person in zwei, drei und vier Bestandteile scheint geradezu auf gnostisches Denken zugeschnitten zu sein.

Einleitend haben wir zu Ovid kurz festgestellt, dass seine *Metamorphosen* auch auf die Verwandlung von Überlieferung in Literatur und auf die Verwandlung des Lesers abzielen. Dass trifft letztlich auch auf die frühchristlichen Texte zu, die, anknüpfend an bestimmte Aussagen aus dem Neuen Testament, der Polymorphie breiteren Raum gewähren. Sie wollen Antworten geben auf bedrängende christologische Fragen. Sie tun es in schriftlicher Form. Sie versuchen, ihre Adressaten von der Richtigkeit ihrer Sicht der Dinge überzeugen, und nehmen sie dazu hinein in einen Prozess, der sie zuletzt verändert zurücklässt, als wahre Gläubige, gleich welcher Richtung.

Bibliographie

F. Amsler / F. Bovon / B. Bouvier, *Actes de l'apôtre Philippe* (Apocryphes 8), Turnhout 1996

C. W. Barlow, *Epistolae* Senecae ad Paulum at Pauli ad Senecam <quae vocantur> (PMAAR 10), Rom 1938

J. Brankaer / H.-G. Bethge, *Codex Tchacos.* Texte und Analysen (TU 161), Berlin 2007

L. Bocciolini Palagi, *Il carteggio apocrifo* di Seneca e San Paolo: introduzione, testo, commento (Accademia Toscana di scienze e lettere La Colombaria, Studi 46), Florenz 1978

L. Bocciolini Palagi, *Epistolario apocrifo* di Seneca e San Paolo (BPatr 5), Florenz 1985, ^{2}1999 (editio minor)

M. Bonnet, *Acta Apostolorum Apocrypha. Bd. II,1:* Passio Andreae, Ex Actis Andreae, Martyria Andreae, Acta Andreae et Matthiae, Acta Petri et Andreae, Passio Bartholomaei, Acta Ioannis, Martyrium Matthaei, Leipzig 1898; Repr. Hildesheim 1972

M. Bonnet, *Acta Apostolorum Apocrypha. Bd. II,2:* Acta Philippi et Acta Thomae, accedunt Acta Barnabae, Leipzig 1903; Repr. Hildesheim 1972

F. Bovon / B. Bouvier / F. Amsler, *Acta Philippi. Bd. 1:* Textus (CChr. SA 11), Turnhout 1999

F. Bovon / A. G. Brock / C. R. Matthews (Hrsg.), The *Apocryphal Acts of the Apostles.* Harvard Divinity School Studies (Religions of the World), Cambridge, Ma. 1999

F. Bovon / P. Geoltrain (Hrsg.), *Écrits apocryphes chrétiens I* (Bibliothèque de la Pléiade 442), Paris 1997

N. Brox, *Irenäus von Lyon.* Adversus Haereses / Gegen die Häresien. Bd. II (FC 8,2), Freiburg i. Br. 1993

N. Brox, *Irenäus von Lyon. Epideixis, Adversus Haereses* (FC 8,1), Freiburg i. Br. 1993

E. A. W. Budge, *Miscellaneous Coptic Texts* in the Dialect of Upper Egypt, London 1915

A. D. DeConick, The *Original Gospel of Thomas* in Translation: With a Commentary and a New Translation of the Complete Gospel (Library of New Testament Studies 287), London 2006

J. K. Elliott, *Apocryphal New Testament:* A Collection of Apocryphal Christian Literature in an English Translation, Oxford 1993

J. K. Elliott, *The Apocryphal New Testament:* A Collection of Apocryphal Christian Literature in an English Translation (1993), Oxford 2005

J. A. Fischer, *Die Apostolischen Väter* (SUC 1), Darmstadt 1970

W. Frankenberg, *Die syrischen Clementinen* mit griechischem Paralleltext. Eine Vorarbeit zu dem literargeschichtlichen Problem der Sammlung (TU 48,3), Leipzig 1937

P. Geoltrain / J.-D. Kaestli, *Écrits apocryphes chrétiens II* (Bibliothèque de la Pléiade 516), Paris 2005

H. Havelaar, *The Coptic Apocalypse of Peter* (Nag-Hammadi-Codex VII,3) (TU 144), Berlin 1999

E. Hennecke, *Neutestamentliche Apokryphen* in Verbindung mit Fachgelehrten in deutscher Übersetzung und mit Einleitungen, Tübingen 1904

E. Junod / J.-D. Kaestli, *Acta Iohannis*. Bd. 1–2 (CChr.SA 1–2), Turnhout 1983

C. Kappler u. a., *Apocalypses et voyages* dans l'au-delà, Paris 1987

R. Kasser / P. Luisier, *Le Papyrus Bodmer XLI* en édition princeps. L'épisode d'Éphèse des *Acta Pauli* en copte et traduction, Muséon 117 (2004) 281–384

R. Kasser / M. W. Meyer / G. Wurst (Hrsg.), The Gospel of Judas from Codex Tchacos. With Additional Commentary by B. D. Ehrman, Washington, D. C. 2006, 19–45 (*KMW*)

R. Kasser / G. Wurst (Hrsg.), *The Gospel of Judas*. Critical Edition: Together with the Letter of Peter to Philip, James, and a Book of Allogenes from Codex Tchacos, Washington, D. C. 2007, 177–235 (*Critical Edition*)

A. F. J. Klijn, *The Acts of Thomas:* Introduction, Text, and Commentary (NT.S 108), Leiden ^{2}2003

U. H. J. Körtner / M. Leutzsch, *Papiasfragmente,* Hirt des Hermas (SUC 3), Darmstadt 1998

B. Layton (Hrsg.), Nag Hammadi Codex II,2–7 together with XII,2*, Brit. Lib. Or.4926 (1), and P. Oxy. 1, 654, 655, Bd. I: *Gospel According to Thomas,* Gospel According to Philip, Hypostasis of the Archons, and Indexes (NHS 20), Leiden 1989, 37–128

L. Leloir, *Écrits apocryphes* sur les apôtres: Traduction de l'édition arménienne de Venise. I: Pierre, Paul, André, Jacques, Jean (CChr.SA 3), Turnhout 1986

A. Lindemann / H. Paulsen, *Die Apostolischen Väter*. Griechisch-deutsche Parallelausgabe, Tübingen 1992

R.A. Lipsius, *Acta Apostolorum Apocrypha*. Bd. *I:* Acta Petri, Acta Pauli, Acta Petri et Pauli, Acta Pauli et Theclae, Acta Thaddaei, Leipzig 1891; Repr. Hildesheim 1972, 45–103

D. Lührmann, *Fragmente apokryph gewordener Evangelien* in griechischer und lateinischer Sprache (MThSt 59), Marburg 2000

D.R. MacDonald, The Acts of Andrew and the *Acts of Andrew and Matthias* in the City of the Cannibals (SBL.CA 1), Atlanta, Ga. 1990

D.R. MacDonald, *The Acts of Andrew* (Early Christian Apocrypha 1), Santa Rosa 2005

P. Nagel, Das *Evangelium des Judas,* ZNW 98 (2007) 213–276

M. Natali, *Anonimo: Epistolario* tra Seneca e San Paolo. Saggio introduttivo, traduzione, note e apparati (Testi a fronte 18), Mailand 1995

A.D. Nock / A.J. Festugière, *Corpus Hermeticum* (CUFr), Paris 1978 (*CH*)

L. Painchaud, *Le Deuxième Traité* du Grand Seth (NH VII,2) (BCNH.T 6), Québec 1982

B.A. Pearson (Hrsg.), *Nag Hammadi Codex* 7 (NHMS 30), Leiden 1996

J.M. Prieur, *Acta Andreae*. Bd. 1–2 (CChr.SA 5–6), Turnhout 1989

B. Rehm, *Die Pseudoklementinen I:* Homilien; 3. Aufl., hrsg. von G. Strecker (GCS 42), Berlin 1992 (*H*)

B. Rehm, *Die Pseudoklementinen II:* Rekognitionen in Rufins Übersetzung; 2. Aufl., hrsg. von G. Strecker (GCS 51), Berlin 1994 (*R*)

G. Ricciotti, *L'Apocalisse di Paolo* Syriaca, Bd. 1–2, Brescia 1932

H.-M. Schenke / H.-G. Bethge / U. U. Kaiser (Hrsg.), *Nag Hammadi Deutsch.* 1. Band: NHC I,1-V,1 (GCS.NF 8 = Koptisch-Gnostische Schriften 2), Berlin / New York 2001; 2. Band: NHC V,2-XIII,1, BG 1 und 4 (GCS.NF 12 = Koptisch-Gnostische Schriften 3), Berlin / New York 2003

C. Schmidt / W. Schubert, ΠΡΑΞΕΙΣ ΠΑΥΛΟΥ. *Acta Pauli.* Nach dem Papyrus der Hamburger Staats- und Universitätsbibliothek (Veröffentlichungen aus der Hamburger Staats- und Universitäts-Bibliothek 2), Glückstadt / Hamburg 1936

W. Schneemelcher, Neutestamentliche Apokryphen in deutscher Übersetzung. Bd. I: Die Evangelien, Tübingen [5]1987; [6]1990; Bd. II: Apostolisches, Apokalypsen und Verwandtes, Tübingen [5]1989 (auch als Paperback 1999) (*NTApo*[6])

T. Silverstein / A. Hilhorst, *Apocalypse of Paul:* A New Critical Edition of Three Long Latin Versions (COr 21), Genf 1997

T. Smith / P. Peterson / J. Donaldson, Pseudo-Clementine Literature, in: The Ante-Nicene Fathers. American Reprint of the Edinburgh Edition, Grand Rapids 1995, 73–346

W. C. Till / H. M. Schenke, *Die gnostischen Schriften* des koptischen Papyrus Berolinensis 8502 (TU 60), Berlin [2]1972

K. von Tischendorf, *Apocalypsis Apocryphae* Mosis, Esdrae, Pauli, Iohannis, item Mariae dormitio, additis Evangeliorum at actuum Apocryphorum supplementis, Leipzig 1866; Repr. Hildesheim 1966

L. Vouaux, *Les Actes de Paul* et ses lettres apocryphes, Paris 1913

L. Vouaux, *Les Actes de Pierre:* Introduction, textes, traduction et commentaire, Paris 1922

M. Waldstein / F. Wisse, *The Apocryphon of John:* Synopsis of Nag Hammadi Codices II,1; III,1; and IV,1 with BG 8502,2 (NHMS 33), Leiden 1995

K. Wengst, *Didache (Apostellehre),* Barnabasbrief, Zweiter Klemensbrief, Schrift an Diognet (SUC 2), Darmstadt 1984

R. McL. Wilson / D. M. Parrott, NHC VI,1: *The Acts of Peter* and the Twelve Apostles, in: D. M. Parrott (Hrsg.), Nag Hammadi Codices V, *2–5* and VI with Papyrus Berolinensis 8502, *1* and *4* (NHS 11), Leiden 1979, 197–229

W. Wright, *Apocryphal Acts of the Apostles*. Edited from Syriac Manuscripts in the British Museum and other Libraries. Bd. 1–2, London 1871; Repr. Hildesheim 1990

Stellenregister
(in Auswahl)

Altes Testament

Neues Testament

Christliche Apokryphen

Sonstige frühchristliche Literatur

Christliche Autoren

Nag-Hammadi-Schrifttum und Verwandtes

Papyri

Griechische Autoren

Lateinische Autoren

Sach- und Namensregister

Tria Corda

Jenaer Vorlesungen zu Judentum, Antike und Christentum

Herausgegeben von Walter Ameling, Karl-Wilhelm Niebuhr und Meinolf Vielberg

Die Vorlesungsreihe „Tria Corda. Jenaer Vorlesungen zu Judentum, Antike und Christentum" wird gemeinsam von den Lehrstühlen für Altes und Neues Testament der Theologischen Fakultät und vom Institut für Altertumswissenschaften der Philosophischen Fakultät der Friedrich-Schiller-Universität in Jena veranstaltet. Die kleinformatigen Bände bieten zahlreiche Quellenzitate, in der Regel sowohl in der Originalsprache als auch in moderner Übersetzung. Auf diese Weise werden die Leser in wesentliche Probleme und Fragestellungen der gegenwärtigen Forschung zur hellenistisch-römischen Antike, zum antiken Judentum, und zum frühen Christentum eingeführt und zugleich zur eigenen Begegnung mit wichtigen Quellentexten aus diesen kulturellen Bereichen angeregt.

Bisher erschienene Bände:

1 *Kaiser, Otto:* Des Menschen Glück und Gottes Gerechtigkeit. Studien zur biblischen Überlieferung im Kontext hellenistischer Philosophie. 2007. XVI, 269 Seiten. Fadengeheftete Broschur.

2 *Eck, Werner:* Rom und Judaea. Fünf Vorträge zur römischen Herrschaft in Palaestina. 2007. XIX, 263 Seiten. Fadengeheftete Broschur.

3 *Klein, Richard:* Zum Verhältnis von Staat und Kirche in der Spätantike. Studien zu politischen, sozialen und wirtschaftlichen Fragen. XI, 177 Seiten. Fadengeheftete Broschur.

4 *Klauck, Hans-Josef:* Die apokryphe Bibel. Ein anderer Zugang zum frühen Christentum. 2008. X, 393 Seiten. Fadengeheftete Broschur.